当代人力资源管理系列教材

社会保障学

马　斌　主编

科　学　出　版　社
北　京

内 容 简 介

社会保障已日益成为各国经济社会发展的政策实践和社会经济制度的重要组成部分，本书集中分析和阐述了社会保障理论和实践方面的主要问题，阐述了社会保障制度的发展历程和基本理论；研究了社会保障制度良好运行的现实基础——社会保障基金问题；全面分析了社会保障制度的核心内容——社会保险问题；比较系统地介绍了社会保障制度方面的其他内容，如社会福利、社会救助、社会优抚、住房保障及农村社会保障等；还探讨了完善社会保障制度的配套措施，如社区服务、社会保障立法及社会保障管理体制等。

本书适合经济学、管理学专业的大学本科生及研究生阅读。

图书在版编目(CIP)数据

社会保障学 /马斌主编. —北京：科学出版社，2015.3

(当代人力资源管理系列教材)

ISBN 978-7-03-041420-5

Ⅰ.①社… Ⅱ.①马… Ⅲ.①社会保障-教材 Ⅳ.①C913.7

中国版本图书馆 CIP 数据核字（2014）第 165844 号

责任编辑：张 宁 方小丽 / 责任校对：张怡君

责任印制：李 利 / 封面设计：蓝正设计

科学出版社 出版

北京东黄城根北街 16 号

邮政编码：100717

http://www.sciencep.com

铭浩彩色印装有限公司印刷

科学出版社发行 各地新华书店经销

*

2015 年 3 月第 一 版 开本：787×1092 1/16

2019 年11月第十次印刷 印张：20 3/4

字数：492 000

定价：39.00 元

(如有印装质量问题，我社负责调换)

Series Preface
丛书序

人力资源管理是企业管理的重要职能。与财务管理等其他职能管理相比，人力资源管理的效果会更多地受到雇员主观能动性的影响，因而具有更大的不确定性。这需要人力资源管理者充分理解雇员个性的多样性，根据雇员不同的需求特点，设立具有针对性的激励制度和约束机制，最大程度地激发雇员的工作热情和工作潜能，以实现雇员利益目标和组织绩效目标的一致。人力资源管理者一定是企业绩效的追求者，也一定是雇员利益的守护者。

与土地、资本、技术等企业生产要素相比，知识的重要性越来越突出，知识管理已成为人力资源管理的重要内容。设计知识创新机制、实现企业知识编码、构建知识共享平台是人力资源管理者面临的重要任务。这需要将人力资源管理的重点从绩效管理拓展到创新管理、从雇员的工作技能管理拓展到雇员的学习能力培养。人力资源管理者不仅是监督者，同时也应该是教育者。

与作业管理等需要严格的时间控制和空间界限的管理活动相比，人力资源管理具有长期性和渗透性。价值观、行为模式、道德规范等企业文化要素对人力资源管理制度的设计和人力资源管理活动的效果起关键作用。企业文化的设计与修炼、传承与发展是人力资源管理者的重要责任。只有升华雇员的社会责任、提高企业的信用资本，人力资源管理才能达到维持企业持续经营的长远目的，才能实现企业提高社会福利的使命和愿景。

人力资源管理是华南师范大学经济与管理学院重要的教学和科研领域。长期以来，一批年富力强的中青年教师在该领域辛勤耕耘，取得了可喜的成效。在科学出版社的精心组织下，学院组织力量撰写了这套丛书，试图反映人力资源管理的主要内容及人力资源管理的新趋势，并就教于同行专家和社会各界人士。

彭壁玉

二〇一五年一月十九日于广州

Foreword
前言

社会保障作为维护社会公平正义、化解国民生活风险、共享发展成果的基本的不可替代的制度安排，既是社会发展和进步的产物，也是现代社会文明的标志。在今天，社会保障比过去任何时期都更受社会的广泛关注。它已日益成为各国经济社会发展中的政策实践和社会经济制度的重要组成部分。随着我国经济体制改革的深化、经济结构调整力度的加大以及市场竞争的加剧，经济运行中的一些深层次矛盾逐步显现，无论是经济的持续、快速、健康发展还是国家的长治久安，都离不开健全完善的社会保障制度。因此，建立具有中国特色的社会保障制度势在必行。

党的十八大明确提出要统筹推进城乡社会保障体系建设，社会保障是保障人民生活、调节社会分配的一项基本制度，要坚持全覆盖、保基本、多层次、可持续方针，以增强公平性、适应流动性、保证可持续性为重点，全面建成覆盖城乡居民的社会保障体系。党的十八届三中全会也提出建立更加公平可持续的社会保障制度。“没有社会的安定，就没有社会的发展；没有社会保障，就没有社会的安定。”这是国际劳工组织的名言，它客观地描述了社会保障在当代社会发展进程中的不可忽视的作用。在新世纪、新形势下，我国改革正进入攻坚克难阶段，同时也是我国发展的重要战略机遇期，如何探索改革、建立和完善一套与我国社会主义市场经济发展相适应的中国特色社会保障制度，对于我国经济和社会的长远发展具有重要的意义。

尽管我国社会保障制度的建设取得了重大成就，但是与发达国家相比，还存在着一些差距，社会保障制度的改革也存在许多问题，仍然需要不断探索。第一，作为社会主义法治国家，立法先行应该是社会保障制度的一项基本原则，而我国往往是先出台相关规定，再通过地区试点推而广之的模式，这样做使得有些推而广之的模式缺乏应有的法律约束。第二，我国的社会保障管理体制虽历经多次改革，但仍存在政出多门、机构重叠、相互掣肘的问题，尚未形成统一有效的社会保障管理体制。第三，社会保障应当是惠及全民的，只有这样，才能在全社会范围内起到稳定器的作用。但是我国的社会保障在一些城乡地区仍是空白。第四，统筹层次决定动员社会保障资金的伸缩能力，也能从一个侧面反映社会保障制度的完善程度。虽然养老保险已基本建立省级统筹，但是社会保险的其他项目如失业、医疗保险等方面的统筹层次都不同程度地偏低，大部分落实到地、市级统筹，还有不少的县级统筹。第五，社会保障资金监管不到位，保值增值困难大。我国人力资源和社会保障部公布的2013年人力资源社会保障季度数据显示，仅2013年上半年，督促缴纳社会保险费金额为12.9亿元，可见，拖欠社会保险费金额巨大。另外，人力资源和社会保障部发布的《2012年全国社会保险情况》显示，2012年年末，全国城镇职工基本养老保险、居民社会养老保险、职工基本医疗保险、居民基本医疗保险、工伤保险、失业保险及生育保险基金资产总额为39835亿元。其中，各级政府财政专户存款为33 401亿元，各级社会保险经办机构支出户2100.5亿元，暂付款2098.3亿元，债券投资259.2亿元，委托运营918亿元，协议存款1058亿元。由此可见，我国社保基金多用于投资存款和债券，投资渠道单一，收益率低，在较高的通货膨胀率下很难保值增值。以人力资源和社会保障部发布的2013年第三季度全国企业年金基金业务数据为例，有72%的全国企业年金的投资组合收益率在4%以下。第六，作为社会保障政策落实的重要载体，我国的社区服务体系在构成上行政化色彩浓厚，专业化程度不够，服务水平有限，没有充分体现社区服务的福利性和公益性。

综上所述，在我国经济和社会的快速发展时期，社会保障制度建设确实面临一些新问题，但这也正是不断完善我国社会保障制度的良好契机。如果说社会主义市场经济主要体现效率问题，那么社会主义的社会保障制度则主要体现公平问题。构建和谐社会，体现社会文明进步，需要完善的社会保障制度。

本书的结构设计如下：一是阐述社会保障制度的发展历程和基本理论（第一章、第二章）；二是研究社会保障制度良好运行的现实基础——社会保障基金问题（第三章）；三是全面分析社会保障制度的核心内容——社会保险问题（第四至第九章）；四是介绍社会保障制度的其他内容，如社会福利、社会救助、社会优抚、住房保障及农村社会保障等（第十至第十四章）；五是探讨完善社会保障制度的配套措施，如社区服务、社会保障立法、社会保障管理体制等（第十五至第十七章）。

本书由马斌主编，负责本书的结构设计、相关资料的提供、各个章节的内容安排以及统稿工作。朱勇、林文炼、吴梦迪、蔡欣彤、夏娟娟、杨丽、常记飞、杨娜、何斓、孙宇轩、徐立洪等同志参与了本书资料的收集、整理和写作工作，在此表示感谢。由于社会保障问题涉及经济学、社会学、人口学、管理学等多个学科，是一项综合性、跨学科的研究，加之我们的研究水平有限、研究资料不足，本书难免存在一些不足之处，恳请读者批评指正。

马 斌
2014年5月

Contents

目录

CHAPTER 1

第一章 社会保障制度的产生和发展

[内容摘要]

本章全面阐述了社会保障制度产生的背景，社会保障产生的理论基础，社会保障制度的类型，以及美国、日本、英国、瑞典的社会保障制度，中国社会保障制度的内容、现状、存在的问题。

[学习要点]

（1）社会保障产生的五大理论基础。

（2）美国、日本、英国、瑞典的社会保障制度。

（3）我国社会保障制度的内容、现状、存在的问题及相应对策。

社会保障作为现代社会文明的标志，日益成为各国经济社会发展中的政策实践和社会经济制度的重要组成部分。社会保障是国家和社会通过立法实施的，以国民收入再分配为手段，为社会成员的基本生活权利提供安全保障的社会行为及其机制、制度和事业的总称。它是现代社会对遭遇各种风险的社会成员实施基本生活保障的一种制度安排。因此，社会保障制度是指由国家依据一定的法律和法规，为保证社会成员的基本生活权利而提供救助和补贴的一种制度。社会保障制度是现代工业社会快速发展及无产阶级长期斗争的结果，是进行社会化大生产、保障社会安定的客观要求，同时也是社会经济发展的必然结果。

第一节　社会保障制度产生的历史背景

社会保障制度是现代工业社会衍生的成果之一。18 世纪欧洲大陆产业革命的兴起，使得机器大生产迅速替代传统的手工业生产方式。澎湃的城市化浪潮形成之后，作为非正式制度的家庭保障功能日趋衰微，工业革命以不可抗力形式强加在产业工人群体身上的种种风险，起初表现为劳资关系的严重对立，而后进一步演化成共产主义思潮主导下的工人运动。在工人运动的推动和政府的干预下，欧美各国相继建立起各自的社会保障制度。

而在中国，随着经济体制改革的深化、经济结构调整力度的加大、市场竞争的加剧，经济运行中的一些深层次矛盾逐步显现，无论是经济的持续、快速、健康发展，还是国家的长治久安，都离不开健全完善的社会保障制度。因此，建立具有中国特色的社会保障制度势在必行。

一、社会保障的定义

社会保障概念的首次公开使用是 1935 年美国的《社会保障法案》，随后这一概念又在 1938 年新西兰通过的一项法案中出现。1944 年第 26 届国际劳工大会发表《费城宣言》，国际组织开始正式采纳社会保障的概念。自此，社会保障概念在越来越大的范围内为人们所普遍使用。国际劳工局社会保障司编著的《社会保障导论》一书对社会保障一词作了概括：社会通过一系列的公共措施向其成员提供的用以抵御因疾病、生育、工伤、失业、伤残、年老和死亡而丧失收入或收入锐减引起的经济和社会灾难的保护，医疗保险的提供，以及有子女家庭补贴的提供。目前，这一概念得到越来越多的国家的认可与使用。

在中国，社会保障制度的主要内容有社会保险制度、社会福利制度、社会救济制度以及社会优抚制度。各项不同性质、作用和形式的社会保障制度共同构成了我国整个社会保障体系。其中社会保险制度居于核心地位，社会福利制度是社会保障的最高层次，社会救济制度是社会保障体系的最低层次，社会优抚制度是社会保障的特殊构成部分。

二、社会保障产生的理论基础

社会保障制度的产生与发展过程是渐进式的。纵观其理论史，我们发现，以下理论对社会保障理论的发展产生了深刻影响。

（一）英国古典学派的反社会救济思想

反社会救济思想的代表人物是英国的李嘉图、马尔萨斯和萨伊。其主要思想包括两点：

①贫穷与懒惰有关，社会对于贫困的责任应当让位于社会对于穷人的压制；②济贫行为不是使贫者富而使富者贫，它能够制造出一个穷人世界，使人人变得懒惰与傲慢，极易摧毁英国的制造业。

（二）德国新历史学派的社会改良思想

社会改良思想的代表人物是施穆勒，这一学派非常强调伦理道德因素在经济生活中的地位和作用，因此也被称为历史伦理学派。其主要思想有：①从理论道德出发，认为劳资冲突不是经济利益上的对立，而是感情、教养和思想上存在差距而引起的对立，因此，劳资问题是一个伦理道德问题，不需要阶段斗争，只要对工人进行教育，改变其心理和伦理道德观念，便可以解决；②主张国家至上，国家直接干预经济生活的管理，承担起“文明和福利”的职责。正是在这种背景下，1885 年德国在世界上第一次推出了《劳工疾病保险法》，并随之颁布了一系列重要的社会保险法律。

（三）庇古的经济福利思想

经济福利思想的代表人物是庇古。他认为，一个社会要增进福利，要在以下两个方面做出努力：①要增进社会福利就必须增进国民收入量，而要增进国民收入量，就必须使生产资源在各个部门中的配置能够达到最佳状态；②政府通过税收机制把富人收入的一部分转移给穷人，社会福利就会增加。

（四）凯恩斯的有效需求不足理论与国家干预思想

有效需求不足理论与国家干预思想的代表人物是凯恩斯，他是最早对社会保障制度进行实证分析和推理的经济学家。1936 年凯恩斯在其《就业、利息和货币通论》中，彻底摒弃了“供给会自动创造需求”的传统经济学信条，运用总量分析方法，提出了有效需求不足理论以及相应的国家干预思想。

有效需求不足理论是凯恩斯用来解释决定就业量的因素和导致“非自愿失业”成因的基本理论。他认为：①一个国家的总就业量取决于有效需求的大小，失业是由有效需求不足所造成的。边际消费倾向递减、资本边际效率递减和心理上的流动偏好等基本心理规律的作用，造成资本主义通常情况下消费需求和投资需求的不足，因此，总会有“非自愿失业”的存在。而市场机制本身没有力量使总需求和总供给相等，这就不可避免地要出现萧条和失业，因此，只有国家干预才能使资本主义经济实现充分就业。②在凯恩斯的国家干预思想中，社会保障占有相当重要的地位。他主张通过累进税和社会福利等办法重新调节国民收入的分配，不仅强调了政府应该干预，而且从技术上论证了政府应该怎样干预，干预到什么程度。

（五）《贝弗里奇报告》中的福利国家思想

福利国家思想的代表人物是贝弗里奇。《贝弗里奇报告：社会保险和相关服务》中确立了第二次世界大战后英国福利体系重建的四条基本原则：①普遍性原则。社会保障应是普遍而非选择性的（即只针对穷人）。②满足最低需求原则。社会保障应旨在维持生存所需的最低限度的收入并防止贫困。③充分就业原则。贝弗里奇认为，一个没有维持充分就业以防止大规模失业的社会保障计划是不能令人满意的。他一再强调，社会保障必须与充分就业联系起来。④费用共担原则。社会保障计划实行由雇员、雇主和财政三方承担社会保障费用的原则。按照这些原则，贝弗里奇设计的社会保障计划涵盖了养老、疾病、残疾、死亡、工伤、失业和家庭津贴七个大保险项目。

以上这些思想对社会保障制度的发展起了积极的推动作用，同时对中国社会保障制度的发展与改革也起到了重要作用。

三、社会保障制度实施的重要意义

从国际范围看，社会保障制度是维护社会安定、促进经济发展、关系到全体社会成员切身利益的一项基本的社会政策。

就我国的国情而言，在当前经济体制转型和产业结构调整过程中，建立和完善社会保障制度具有现实的紧迫性，主要体现在以下几个方面：①建立和完善社会保障制度，是加速经济发展和社会进步的基本保证。社会保障制度是社会的“安全网”，有了健全完善的社会保障制度，才能实现老有所养、病有所医、伤有所保、失业有救济、残疾有安置、贫困有支援；同时，社会保障制度还是经济发展的“助推器”和“稳定器”。就宏观经济而言，雄厚的社会保障基金能够有力地支撑经济发展，并对经济发展的格局发挥宏观调控的重要作用；从微观经济来看，社会保障体系的建立，还可以规范和均衡企业的社会负担，有助于社会主义市场经济微观基础的形成和完善，促进经济稳定增长。社会保障制度作为一种再分配手段，还是社会不同群体收入分配的“调节器”，通过保障人们的基本生活需要，实现社会公平，最终达到共同富裕的目的。②健全和完善的社会保障制度，是社会主义市场经济体制的重要支柱。只有建立健全了社会保障体系，社会主义市场经济体制才能获得有效的支撑，才能有效地预防和克服市场失效方面的各种消极现象，才能避免经济社会秩序的混乱。③建立和完善社会保障制度，是顺利进行国有企业改革的基本前提和必要条件。因为国企改革需要资源的重新配置，而资源的重新配置必然带来人员的流动和进出，这些进出国企的人员需要相应的制度保障，例如，失业保险制度等。

第二节　社会保障制度的类型

由于世界各国的社会制度、经济实力和文化背景等不同，推行社会保障制度的时间有先有后、有长有短，因此，各国社会保障制度在政策取向、制度设计、项目多寡、具体标准及实施办法等方面既有共同点，也有差异之处。从社会保障的主要方面进行分析和综合，世界各国社会保障制度大致可以分为救助型、保险型、福利型、国家保障型和自助型五种模式。

一、救助型社会保障制度

救助型社会保障制度是指国家通过建立健全社会保障的有关规章制度，保证每个社会成员在遇到各种不测事故时，能得到救助而不致陷入贫困；对于已经处于贫困境遇的人们，则发给社会保障津贴，以维持其基本生活。其特征是：①政府通过相应的立法，作为实施救助的依据。公民申请和享受社会救助是其依法应享受的权利，不附带屈辱条件，既不同于慈善机构的“施善”或“恩赐”，也不同于资本主义初期的济贫和赈济。②社会救助的费用列入政府的财政支出，其资金来源于国家税收，个人不缴纳保险费。③救助的对象为因失业或天灾人祸而陷入贫困的公民、弃婴、孤儿、残疾人和老年人。④救助的标准为低水平，以维持生存为限。

这种救助型社会保障制度是工业化开始前后所实行的单项或多项救助制度。按社会保障的标准来衡量，只能说它处于起步阶段，是社会保障制度中的一种初级的、不成熟的、不完备的形式。这种制度目前主要在一些发展较为迟缓的非洲国家实行。

二、保险型社会保障制度

保险型社会保障制度是在工业化取得一定成效、经济有雄厚基础的情况下实行的。其目标是国家为公民提供一系列的基本生活保障，使公民在失业、年老、伤残，以及由于婚姻关系、生育或死亡而需要特别支出的情况下，得到经济补偿和保障。它起源于德国，随后为西欧各国以及美国、日本所仿效。

这种保障制度具有以下特征：①政府通过有关社会保障的立法，作为实施的依据。②这种保险为强制性保险，个人缴纳社会保障费，企业主为雇员缴纳社会保障金，各国政府以不同标准拨款资助。公民只在履行缴费义务取得享受权利后，才能依法领取各种社会保障津贴。对公民来说，它是权利与义务的统一。③保障的覆盖面大，几乎包括了社会全体成员。④保险的项目有多有少，在一定程度上解决了人们生、老、病、死、失业、伤残的后顾之忧。⑤资金来源多元化，有利于形成保障基金，增强社会保障的经济后盾。

三、福利型社会保障制度

福利型社会保障制度是在经济比较发达、整个社会物质生活水平提高的情况下实行的一种比较全面的保障形式，其目标在于"对于每个公民，由生到死的一切生活及危险，诸如疾病、灾害、老年、生育、死亡以及鳏、寡、孤、独、残疾人都给予安全保障"。这项制度来源于福利国家的福利政策，由英国初创，接着在北欧各国流行。

福利型社会保障制度的主要特征是：①社会保障政策是福利国家的一项主要政策，依法实施，并设有多层次的社会保障法院来监督执行。②强调福利的普遍性和人道主义、人权观念，服务对象为社会全体成员。③个人不缴纳或低标准缴纳社会保障费，福利开支基本上由企业和政府负担。④保障项目齐全，一般包括"从摇篮到坟墓"的一切福利保障，标准也比较高。⑤保障的目的已不完全是预防贫困和消灭贫困，而在于维持社会成员一定标准的生活质量，增强个人安全感，不仅要满足人员的社会保障需求，而且开始注意满足人们的社会福利需求。

四、国家保障型社会保障制度

国家保障型社会保障制度是传统的社会主义国家以公有制为基础的社会保障制度，具有国家保障性质。其宗旨是"最充分地满足无劳动能力者的需要，保护劳动者的健康并维持其工作能力"。苏联是这一类型的首创者与代表，我国于20世纪50年代参照这一模式建立了劳动保险制度。

这种国家保障型社会保障制度的特征是：①宪法把社会保障确定为发展中的国家制度，公民所享有的保障权利是由生产资料公有制保证的，是根据国家社会经济政策在整个国家国民经济范围内实行管理取得的。②社会保障支出全部由政府和企业承担，个人不缴纳保障费。其传统观念认为国家已经事先对社会保障费用作预留和扣除。③工会组织保障事业的决策与管理，一方面，劳动者通过人民代表机构对社会保障施加影响；另一方面，工会从基层工会到全国总工会，都参加实施社会保障。④保障对象为全体公民。宪法规定，每一个有劳动能力的人都必须积极参加社会生产，对无劳动能力的一切社会成员提供物质保障。保障的经济来源靠全社会的公共资金无偿提供。

五、自助型社会保障制度

自助型社会保障制度是指以自助为主，以促进经济发展为目标的保障形式。其特征是政府不提供资助，除公共福利与文化设施外，费用由雇主和雇员负担。这种制度主要在新加坡、马来西亚、印度尼西亚等国家实行，并在新加坡等国家取得了显著成效。

第三节　国内外社会保障制度的主要内容

一、中国的社会保障制度

中国的社会保障体系是由社会救助、社会保险、社会福利和社会优抚四部分组成的。

（1）社会救助——最低层次的社会保障，保障公民的最低生活需求，是由国家和社会按照法律的标准，在公民无法维持最低生活水平时向其提供满足最低生活需求的物质援助的社会保障制度，是对已经陷入贫困的社会成员提供最低标准的生活保障的有效手段。在当代中国，社会救助仍是整个社会保障体系中经常使用的保障方式之一。

（2）社会保险——基本保障，保障劳动者在失去劳动能力从而收入中断后仍能满足基本生活需要，是国家通过立法构建的旨在保障劳动者在因年老、疾病、伤残、生育、死亡失业等风险事故暂时或永久失去劳动能力从而收入发生中断、减少甚至丧失的情况下，仍能享有基本生活权利的一项社会保障制度。由于社会保险的保障对象是整个社会成员中最活跃、最富创造力的群体——劳动者，其分支项目涵盖养老、医疗、失业、工伤等重要险种，因此，社会保险体系是现代社会保障制度的核心与主体。

（3）社会福利——增进城乡全体公民生活福利的高层次的社会保障，是中国社会保障体系的有机组成部分和基本手段之一，是由国家或社会向立法、政策规定范围内的公民提供旨在保证一定标准生活水平和生活质量的资金与服务的社会保障制度。从一般意义上讲，社会福利囊括了除社会保险、社会救助之外的其他所有的社会保障内容。

（4）社会优抚——特殊性质的社会保障，保障社会上备受尊敬的军人及其眷属，以及因维护国家或社会利益、从事公务活动而致使生命或健康受到损害的人员及其眷属的基本生活，是国家或社会依据规定对法定的优抚对象提供确保一定生活水平的资金与服务的社会保障制度。社会优抚是现代社会保障制度框架内针对特殊对象的特殊保障手段。

我国现代社会保障制度的建立是新中国成立后的事情，可以将我国社会保障制度的发展分为三个阶段。1949~1967 年为第一阶段，属于我国社会保障制度的创建与发展初期。一般以 1951 年 2 月 26 日政务院公布《中华人民共和国劳动保险条例》为我国现代社会保障制度建立的开端，是新中国成立后的第一次劳动保险立法，在经过 1953 年和 1956 年两次修订后，拓宽了劳动保险的覆盖范围，宽泛地调整待遇标准，从而初步形成了适用于中国城镇职工的劳动保险制度。1968~1985 年为第二阶段，属于我国社会保障制度的停滞与恢复时期。我国这一时期有 8 年处于“文化大革命”时期，在这一时期，企业停止提取劳动保险金，保险基金也停止积累，工会组织机构遭到严重破坏，原有的社会保障演变为企业保险，我国社会保障制度发展停滞，甚至出现了倒退。1986 年至今为第三阶段，是我国社会保障制度的改革与完善时期。这是我国社会保障制度发展的重要阶段，社会保障的概念在 1986 年 4 月第六届全国人民代表大会第四次会议上首次提出，并于 7 月颁布了《国营企业实行劳动合同制暂行规定》，开始在全国范围内推行劳动合同制，明确规定合同职工退休养老进行社会统筹，大大推进了我国职工保障的社会化步伐，进而启动了我国社会保障制度的改革之旅。

党的十八大明确提出要统筹推进城乡社会保障体系建设，社会保障是保障人民生活、调节社会分配的一项基本制度，要坚持全覆盖、保基本、多层次、可持续方针，以增强公平性、适应流动性、保证可持续性为重点，全面建成覆盖城乡居民的社会保障体系。党的十八届三中全会也提出建立更加公平、可持续的社会保障制度。在新世纪、新形势下，我国改革正进入攻坚克难阶段，同时也是我国发展的重要战略机遇期，如何探索改革、建立和完善一套与我国社会主义市场经济发展相适应的中国特色社会保障制度，对于我国经济和社会的长远发展具有重要的意义。

二、美国的社会保障制度

美国的社会保障制度始于 20 世纪 30 年代。1935 年，美国国会通过了《社会保障法案》。经过半个多世纪的发展完善，美国已建立起一套较为完备的社会保障体系。美国的社会保障制度内容广泛，包括社会保险、社会福利、社会救济三个部分。其中，社会保险是最重要的，它包括养老保险、医疗保险、失业保险和工伤保险。在社会保险中，养老保险又是最重要的。

美国的养老保险有政府强制性的养老保险制度、雇主养老金计划和个人储蓄养老金计划三大支柱。这三大支柱无论在功能定位方面，还是在组织主体和具体运作方式等方面都是彼此独立的。

（一）政府强制性的养老保险制度

它是美国目前覆盖面最广、最基础的养老制度，由国会立法，强制执行。其基本的制度特点和运行情况可归纳为以下几点：

（1）筹资方式为专项税收，资金运行方式为现收现付（pay-as-you-go）。资金来源为参保人缴纳的社会保障税。

（2）由联邦政府统一组织。其具体管理部门为联邦政府的社会保障署，下设 10 个由社会保障署垂直领导的局及 6 个服务中心和 1 个鉴定中心。社会保障署在全国有 1000 多个分支机构，具体从事社会保障税缴纳情况记录、受益资格认定、咨询，以及资金发放工作等。

（3）社会保障税由雇员和雇主共同缴纳。从这一体系建立开始，虽然税率不断调整，社会保障税一直都是由雇主和雇员各自缴纳 50%。例如，2001 年法定税率为雇员工资的 15.3%，雇主和雇员分别缴纳雇员工资额的 7.65%。对于工资收入特别高的人，并非完全按照其实际收入作为纳税基数，而是有一个上限，即超出上限的部分不必再缴纳社会保障税。2001 年，法定的最高纳税基数为每年 8.04 万美元。这一体系不仅包括一般的企业或非企业机构的雇员，也包括各种形式的个体业者。个体业者既是雇主也是雇员，必须承担雇主和雇员的共同责任。但考虑到其负担问题，在具体操作上给了这部分人员某些退税的优惠政策。

（4）有比较严格的受益资格与条件规定，包括年龄和纳税贡献。它规定的领取年龄为 65 岁，自 1935 年以来一直如此。当然，要提前领取也可以，但最早不得早于 62 岁；而且如果提前，只能领取打了一定折扣的养老金。

（5）基本实现了对就业人员的全覆盖。自 20 世纪 80 年代后，这一政府强制性的社会保障计划就基本实现了对就业人员的全覆盖。美国全国对该支柱纳税的人口约为 1.5 亿人。截至 2000 年 10 月，受益人总数约为 4450 万人，其中养老金领取者有 2800 万人，遗属津贴领取者有 870 万人，残疾津贴领取者有 500 万人，另外还有少量其他受益人。

（6）目前有较多的资金积累。虽然它属于现收现付体系，但由于在实施初期的抚养率非常低，而后随着抚养率的不断提高，税率也不断提高，所以该体系一直有资金积累。特别是在 20 世纪 80 年代中期进一步提高了税率后，每年都有相当数量的结余，如 2000 年当年的社会保障税收结余比例为 27.5%。结余加上投资收益，积累额一直呈较快增长之势。至 2000 年年底，该体系的累计积累额已经高达近 1 万亿美元。目前，所积累的资金主要投资于政府长期债券。同所有发达国家一样，美国也面临老龄化问题。根据社会保障署测算，在税率及各种受益条件不变的情况下，由于抚养率因老龄化而攀升，预计 2016 年将是当年收支平衡的年份，此后每年都会出现收不抵支的情况，且赤字将越来越大，必须用积累进行弥补。到 2037 年，所有累计积累将全部用光。因此，目前美国各界都在探讨未来的对策。

（二）雇主养老金计划

美国的雇主养老金计划基本上都是待遇确定型（DB 模式）。自 20 世纪 80 年代以来，以个人账户为基础的缴费确定型（DC 模式）迅速发展，目前是两种方式并存，但在具体组织方式上存在较大区别。

（1）待遇确定型。待遇标准由雇主和雇员谈判确定。雇员退休后，可以按照与雇主的约定，按照一定的计算公式领取固定数量的养老金。但因为它是一种非政府强制性计划，没有全国统一的待遇标准，而且也没有法定的最高限额。每个雇员可以享受何种标准，取决于雇主与雇员的谈判和协商，但要根据联邦税法缴纳个人所得税。究其实质，雇主养老金计划是雇员报酬的一种延迟支付方式，因此，不仅没有全国统一的待遇标准，在具体机构内部，不同雇员的待遇标准也往往有差异。

（2）缴费确定型。一般由雇主和雇员共同缴费。实施缴费确定型的基本方式是为在职的雇员建立个人账户，按期进行资金注入并进行积累、投资。雇员退休后，账户中的本金及投资收益归雇员所有，用于养老。

无论是待遇确定型还是缴费确定型，都一直呈现不断增长之势。至 2001 年，待遇确定型计划的积累额为 18 650 亿美元，缴费确定型计划的积累额更是高达 24 520 亿美元。

（三）个人储蓄养老金计划

（1）它是一个完全由个人自愿参加的计划。按照美国现行规定，所有 70 岁以下且有收入者都可以开设个人退休账户，而且不论其是否参加了其他养老金计划。

（2）政府提供税收优惠。为鼓励个人储蓄养老的发展，政府对个人开设退休账户提供税收优惠。

（3）资金投向。个人退休账户大都开设于银行、共同基金等金融机构，换句话说，投资是通过银行、共同基金等金融机构完成的。在美国，人们可以便利地将个人储蓄养老金从银行转到共同基金，或从一只共同基金转向另一只共同基金。总体来说，通过共同基金投资是目前个人储蓄养老金投资的最主要方式。到2000年，进入共同基金的个人储蓄养老金资产就已经超过1.2万亿美元。

（4）政府的责任。政府在个人储蓄养老金计划中的责任与政府在缴费确定型雇主养老金计划中的责任基本相同：一是提供税收优惠；二是监督资本市场运行，防范风险，政府同样也不对个人储蓄计划的养老金提供担保；三是在与个人储蓄养老账户有关的缴费和提取上，也有一些约束性政策。

三、日本的社会保障制度

日本的社会保障制度形成于20世纪20年代，在第二次世界大战后取得长足发展，基本形成综合性的体系。但是，在社会保障制度的建立和运行过程中，日本实行了重视家庭功能的社会保障政策，体现了东方文化的特色。

日本社会保障制度的种类繁多，结构复杂，主要包括养老保险制度、医疗保险制度、失业保险制度和工伤事故保险制度等。

养老保险制度主要包括：基础养老金（也称国民养老金）、厚生养老金和共济养老金。国民养老金是全民皆有养老金；厚生养老金是针对企业薪职人员；共济养老金是针对公务员的。

医疗保险制度主要包括健康保险、国民健康保险、共济组织、老人保健制度所设置的医疗保险制度。健康保险是以各企事业单位在职职工为保险人，在他们及其抚养人员伤病、死亡、分娩时支付保险金的医疗制度。目前，缴费率为工资的8.2%，由雇主和被保险人各负担50%。国民健康保险是以从事农林渔业的人员、个体经营者、小企业雇员、无业人员为对象的医疗保险制度。共济组织主要是向参加国家公务员共济组合、地方公务员共济组合、私立学校教职员共济组合等各种组合的成员及其家属提供医疗和意外灾难的救助服务。老人保健制度是向70岁以上的老人提供医疗费，所需费用70%由中央政府负担，其余的30%由地方政府负担。其中健康保险和国民健康保险共同构成了日本医疗保险制度的两大支柱。

失业保险制度的被保险人包括全国各行业职工，不分行业和规模，所有企业都必须参加该项保险。农林渔业的个体经营者和雇佣人数在4人以下的小企业，可自行决定是否参加。该保险向失业者支付的保险金主要包括基本津贴、学习技能津贴、寄宿津贴、丧病津贴等。

工伤事故保险制度分为业务灾难保险和通勤灾难保险。前者为工作时间内引起的受伤、疾病、伤残和死亡等事故发生时的赔偿；后者为通勤途中引起的伤害、疾病、伤残和死亡等事故发生时的赔偿。

四、英国的社会保障制度

英国的社会保障体系建于1946~1948年，其主要依据是经济学家贝弗里奇的社会保障思想，通过多年的发展，基本形成了一套“从摇篮到坟墓”的社会保障制度。

（一）英国社会保障制度的主要内容

英国是福利型社会保障制度的代表国家，其社会保障体系主要包括四个部分。

（1）国民保险。国民保险是由国民保险计划提供各种保障待遇，包括养老保险、失业保险、疾病保险、工伤保险、生育保险以及家庭收入补助等。国民保险计划由政府有关部门及分布在各地的500多个办事机构管理和实施，其对象是16岁以上的公民，前提条件是事先缴纳一定数量的保险费。

英国的养老保险制度有三大支柱。第一个支柱是实行现收现付的国家基本养老保险，由两部分组成：一部分是符合领取养老金条件的退休人员都可以得到相等数额的基础年金。这是一种强制性缴费制度，由国家财政、雇主和职工共同负担。另一部分是于1978年正式实施的政府收入关联养老金计划，它根据个人的实际缴费年限和基数区别确定。第二个支柱由职业年金计划和强制性的个人年金账户构成，它是英国养老保险体系中最重要的组成部分。目前，第二支柱养老金实行缴费确定型和待遇确定型两种制度，但越来越多的职业年金计划正在从待遇确定型转向缴费确定型。第三个支柱为个人自愿性的商业养老保险，通过个人购买商业保险，为个人将来退休后仍能维持较高的生活水平提供保障。

（2）国民医疗保健服务。英国是世界上最早实行全民医疗保健的国家，早在1948年就建立了国民医疗保健制度，其费用来自个人雇主和政府，其服务对象是英国公民以及在英国居住一年以上的外籍人。

（3）社会救济。1948年英国颁布了国民救济法，建立了社会救济制度，1976年建立了补充津贴法，完善了社会救济体系。

（4）社会福利。社会福利包括两个层次：一是政府有关部门和社会志愿者有关组织对有特殊困难者提供的各种福利设施和有关服务；二是向全体公民提供的各种公共设施和津贴补助。

（二）英国社会保障制度的特点与存在的问题

英国社会保障体系具有以下特点：①全民保障。保障范围几乎无所不包。②各种保障待遇都以法律形式固定下来，强调了社会保障的平等性与普遍性。③政府统一管理，全国最高领导机构是卫生和社会保障部。④社会保障资金主要来源于国家一般性税收。

英国社会保障制度存在的主要问题包括：①社会保障支出增长过快，财政不堪重负。②高福利容易养懒罚勤。③高赋税影响了企业的竞争活力。④社会保障的服务管理机构臃肿，效率低下。

五、瑞典的社会保障制度

（一）瑞典社会保障制度的主要内容

瑞典的社会保障体系主要包括养老保险（年金制度）、失业保险、医疗保险、工伤保险、社会福利津贴。

（1）养老保险。瑞典在2001年对养老保险体系进行了改革，从原来的完全国家管理转变为国家管理和私人管理相结合，从现收现付制度转变为现收现付与基金积累制相结合。现在的养老保险体系由以下几个部分组成：①保证养老金，主要保障对象是收入很低或没有工资收入的人，资金来源于一般税收。②收入型养老金，缴费率为个人工资收入的16%，实行现收现付制度。③基金制养老金，缴费率为个人工资收入的2.5%，全部进入个人账户，实行完全积累制。个人有权决定养老金的投资渠道，他可以全权委托给瑞典基金制养老金管理局进行投资，也可以自己投资到在瑞典注册的600多个基金之中的5个基金。④职业养老金，是由雇主和雇员通过协商分别按雇员工资收入的一定比例的资金建立补充养老金账户，可以进行投资运作，在个人退休后领取，以提高生活水平。⑤私人养老金，是通过个人购买商业保险，为将来自己的退休生活进行自愿储蓄。其中①、②、③是基本养老保险，④是补充养老保险，都属于国家法定养老保险。

（2）失业保险。它包括政府部门举办的普通失业保险和私营的失业保险协会举办的补充失业保险。

（3）医疗保险。它包括法定医疗保险和自愿医疗保险两部分。

（4）工伤保险。它包括医疗费补贴、病假津贴、终身养老和抚恤金。

（5）社会福利津贴。它包括老人福利、儿童福利、残疾人福利和教育福利等。

瑞典和英国都是福利型社会保障制度的代表国家，具有基本相同的特点和问题。瑞典的"幼有所养、病有所医、老有所终"的社会保障制度，被西方许多国家奉为"福利国家"的楷模。

（二）资金筹集与管理

瑞典的社会保险费由雇主、雇员和国家财政共同负担，这是一条基本原则。瑞典的基本社会保险项目都采取了现收现付、代际支付的筹资模式，具体来说：①基本养老保险基金来源是基本养老保险缴费、国家财政拨款补贴、地方财政拨款补贴。②补充养老保险基金来源是补充养老保险缴费、基金收入；国家财政和地方财政不承担费用补贴。③失业保险基金来源是失业保险缴费、政府失业津贴、企业缴费、基金收入。④医疗保险基金来源是医疗保险缴费、财政拨款、基金收入。⑤工伤保险基金来源是工伤保险缴费、基金收入和其他收入。

瑞典基金制养老金管理局作为瑞典的养老金的主要投资管理机构，负责收入型养老金中结余部分（缓冲基金）的投资和基金制养老金中个人委托其管理的养老金的投资。其投资范围和投资比例没有任何限制，可以投资于全球市场，为其降低投资风险提高收益提供了有利条件。2001年年底其投资组合为17%瑞典股票、65%全球股票、9%指数化政府债券、4%对冲基金、4%私营公司股票、1%现金。其中，40%资产为主动式投资，60%资产为被动式投资。养老金管理局直接管理20%的资产，主要集中在指数化债券和瑞典股票市场的主动式投资，其余80%的资产委托给外部的投资管理人进行投资。

第四节 中国社会保障制度的发展现状

经过60多年的发展，我国的社会保障制度已基本建立。特别是改革开放以来，我国的社会保障事业取得了巨大的成绩，社会保障制度不断完善，各项社会保险覆盖范围继续扩大，参保人数和基金规模持续增长。

（一）城镇基本养老和医疗保险制度逐步走向完善

1986年劳动合同制的确立，标志着个人缴费制度的逐步建立，原有体制下职工的"铁饭碗"已不复存在，退休养老的责任由国家层面逐步下移。1991年6月《关于企业职工养老保险制度改革的决定》确定在我国建立多层次养老保险制度，即社会基本养老保险、企业补充养老保险和个人储蓄型养老保险相结合的养老保险制度。同时，医疗保险制度也逐步走向完善。1994 年江苏省镇江市和江西省九江市进行的医疗保险改革试点，确定了单位和个人缴费责任，确立了社会统筹和个人账户相结合的筹资模式，1998 年《关于建立城镇职工基本医疗保险制度决定》正式确立了统账结合的医疗保险制度模式。

（二）农村社会养老和医疗保险制度建立并发展

我国在 1991 年决定在有条件的地区开展农村养老保险制度试点工作，1992 年民政部出台《县级农村社会养老保险基本方案》，但主要依靠个人缴费筹资，显然这种制度缺乏激励。2006 年劳动和社会保障部又开始了新型农村社会养老保险的试点工作，推行的是“个人缴费、集体补助和财政补贴相结合”的制度。2009 年 9 月 1 日，国务院颁布《关于开展新型农村社会养老保险试点的指导意见》，正式开始在全国实行新型农村社会养老保险制度。新中国成立后，我国建立的是农村合作医疗制度，即形成了县—乡—村三级医疗卫生网络和以“赤脚医生”为核心的农村基层卫生工作队伍。但是，改革开放以来，随着家庭联产承包责任制在我国农村地区的推行，这种农村合作医疗制度开始逐渐衰落。2002 年，国务院颁布了《关于进一步加强农村卫生工作的决定》，决定建立以大病统筹为主的新型农村合作医疗制度，2003 年开始在全国范围内进行试点，自试点工作开展以来，各级政府加大了对农村医疗卫生的财政投入，对农村医疗机构进行技术改革和设备更新，大量引入高水平的医疗卫生人才；同时还降低了医疗费用的收费标准，规范医疗服务行为，提高医疗服务水平，为投保人提供更多便利。各地区还建立了医疗救助制度，通过政府的财政支持帮助贫困的农村居民获得医疗保障。

（三）城镇居民养老和医疗保险制度初步建立

2007 年 7 月，国务院发布了《关于开展城镇居民基本医疗保险试点的指导意见》，从而城镇居民基本医疗保险试点工作开始起步，其对象包括在校学生、学龄期儿童及其他非从业城镇居民。我国城镇医疗保险制度得到了进一步完善。2010 年又在全国开始了城镇居民养老保险制度的试点工作，实行个人缴费和财政补助的筹资模式，建立基础养老金和个人账户基金相结合的给付模式，从而为非农业城镇居民的养老问题提供了一个可行的制度探索。

（四）失业、工伤、生育保险不断完善

我国失业保险制度是在 1999 年 1 月国务院颁布《失业保险条例》之后开始建立的，在这之前，我国仅有国营企业职工待业保险。《失业保险条例》以“失业保险”代替“待业保险”，同时将参保范围扩大到所有类型单位和企业职工。1998 年通过《关于切实做好国有企业下岗职工基本生活保障和再就业工作的通知》，确立了下岗职工的基本生活保障制度。2000 年后，失业保险制度和下岗职工的基本生活保障制度开始并轨，使我国失业保险制度逐步完善。我国工伤保险制度改革始于 1988 年，目标是建立社会化工伤保险制度，扩大覆盖面，建立工伤保险基金，调整工伤保险待遇。2003 年，《工伤保险条例》和《工伤认定办法》的相继颁布，大大完善了我国的工伤保险制度。1994 年，我国开始着手建立社会统筹的生育保险制度。1995 年发布的《中国妇女发展纲要》明确提出，要在 2000 年完成普遍建立生育保险制度的目标。到 2006 年年底，全国有 23 个省（直辖市、自治区）出台了生育保险地方性法规。

（五）社会福利事业稳步发展

社会福利事业是社会保障事业的重要组成部分，迄今为止，我国社会福利事业取得重大成就。首先，1990 年《中华人民共和国残疾人保障法》的通过为残疾人提供了法律保障，2008 年修订的《中华人民共和国残疾人保障法》进一步完善充实了残疾人福利保障内容。其次，1992 年《中华人民共和国妇女权益保障法》及 1991 年《中华人民共和国未成年人保护法》为我国妇女和儿童的福利保障提出了要求。最后，1996 年通过的《中华人民共和国老年人权益保障法》，标志着我国老年人福利事业的起步，后来又提出居家养老和社区照料相结合的服务模式，大大促进了我国老年人的社会福利事业的发展。

（六）社会救助范围不断扩大

近年来，在其他社会保障制度不断得到加强和完善的同时，我国社会救助的范围不断扩大，力度不断加强，城乡医疗救助、城乡最低生活保障和其他社会救助的制度逐步得以建立和完善。2000 年 12 月国务院颁布的《关于完善城镇社会保障体系的试点方案》规定，要积极探索建立社会医疗制度。2002 年 10 月首次提出国家将对农村贫困家庭实行医疗救助。2003 年，民政部、卫生部和财政部联合发布了《关于实施农村医疗救助的意见》，农村医疗救助试点工作开始展开。2005 年《关于建立城市医疗救助制点试点工作的意见》，推动了城市医疗救助的制度化和规范化。1997 年，国务院下发的《关于在全国建立城市居民最低生活保障制度的通知》，首次明确了城市居民最低生活保障制度的内容、形式以及实施程序。1999 年又对这项制度做出了法律规定，以法律的形式将其确定下来。2001 年对此项制度的政策性问题做出了更为明确和具体的规定。2003 年又开始了农村最低生活保障制度的部署工作，2007 年全面推进了农村最低生活保障制度建设。

2003 年出台的《城市生活无着的流浪乞讨人员救助管理办法》，2006 年《农村五保供养工作条例》，进一步完善了其他社会救助制度。自此，一个以城乡低保、农村五保供养、灾害救助、城市流浪乞讨人员救助制度为基础，以临时救助为补充，与医疗救助、住房救助、教育救助、司法救助等专项救助制度衔接配套的、覆盖城乡的社会救助制度体系全面建立起来了。①

第五节　中国社会保障制度存在的问题及其对策

改革开放以来，伴随着经济的高速发展，经过不懈的努力，我国基本建立起了一套具有中国特色的覆盖全体公民的养老、医疗保险制度，失业、工伤、生育保险制度不断完善，城乡社会救助体系基本形成，社会福利事业稳步发展。但是，尽管我国社会保障制度的建设取得了重大成就，与发达国家相比，还存在着较大的差距，社会保障制度的改革也存在着许多问题，这些仍然需要不断探索。

① 许琳．2012. 社会保障学．北京：清华大学出版社．

（一）我国社会保障制度存在的主要问题

1. 社会保障立法滞后，法制建设不规范

社会主义市场经济作为法治经济，必然要求法治化的社会保障制度与之相适应。但是，新中国成立以来，我国还没有出台一部专门的社会保障基本法，关于社会保障建设的立法较为滞后。这也是我国社会保障制度与西方国家存在的一个重要的不同之处，西方国家社会保障制度的实行往往更多的是采用“立法先行”的做法，而我国则相反，往往只出台相关规定，通过地区试点推而广之的模式，在社会保障法制建设这一环节较为薄弱。

作为社会主义法治国家，立法先行应该是社会保障制度的一项基本原则。在社会保障建设方面，走在前列的许多工业化国家以及一些发展中国家在建立本国的社会保障制度时都会遵循这一原则，到目前为止，我国的社会保障制度改革主要还是以部门行政法规的形式出台，对企业的法律约束力并不强。在我国，关于社会保障的法律除了 1953 年颁布的《中华人民共和国劳动保险条例》尚可视为社会保障的立法外，至今仍没有出台第二部社会保障法律。仅仅依据一些《决定》或《条例》显然是不够的，它们并不能代替法律的作用，从而也有损于我国社会保障制度的权威性，使得我国的社会保障功能无法充分发挥出来，许多改革措施难以得到有效的实施。社会保险制度作为社会保障体系的中流砥柱，还没有建立起一套统一、有效的法律制度，致使一些企业拖欠社会保险费、不参加社会保险的事件时有发生。根据人力资源和社会保障部发布的《2012 年全国社会保险情况》，2012 年全国累计实地稽核企业 212 万户次，涉及参保职工 17 515 万人次，查出少报漏报人数 816 万人次，少缴漏缴社会保险费 35 亿元。全国共核查五项社会保险待遇享受情况 9041 万人项，查出 7 万人冒领待遇 11 807 万元，2012 年全国清理收回企业欠缴养老保险费 500 亿元。

总体来讲，我国社会保障立法还缺乏合理的理念，社会保障立法运作制度发展滞后，社会保障的法律实施机制和监督机制薄弱，必要的法律责任制度欠缺。社会保障立法应当形成一套独立的法律体系，仅由有关部委制定法规或地方出台有关改革方案，与社会保障法应有的地位不相称，有时还会产生部门规章之间不衔接、地方标准差距过大等问题。

2. 社会保障管理体制不顺，管理水平低

自我国发展社会保障制度以来，我国的社会保障管理体制虽历经多次改革，但仍存在政出多门、机构重叠、相互掣肘的问题，尚未形成统一有效的社会保障管理体制。在社会保障制度的实际运行中，哪些保障政策应该由全国统一制定，哪些可以由地方政府制定并不十分明确。在一些保障项目的责任担负上，中央和地方的责权同样不清晰，社会保障整体功能难以发挥作用。

比如，从当前我国的现状不难看出，企业职工的基本养老保险属于国家劳动部门管理，机关事业单位养老保险属于人事部门管理，不同部门的管理导致了同样是离退休人员，退休工资差别却很大，导致了养老保险制度难以实现和谐、公平和公正。这种社会保障管理结构重叠、政出多门的例子到处可见。在地方上，劳动部门管理企业的失业保险，社会保险部门管理城镇养老保险，而民政部门管理农村养老保险，这种各自为政、分散管理的体制增加了管理成本，造成了巨大浪费，延缓了社会保障制度的改革进程。

3. 社会保障覆盖面较窄，城乡差别较大

社会保障是一个广泛的概念，一般而言，它是指一种公共福利计划，因此是以全体国民为对象，借助整个社会的力量，保证其最低生活水平，并在此基础上通过公益性服务提高整个社会的福利水平。和谐社会，必须有一张覆盖全民的保障网。社会保障应当是惠及全民的，只有这样，才能在全社会范围内起到稳定器的作用。近年来，我国社会保障的覆盖率较过去有了很大程度的提高，但是相对于全体国民的社会保障需求而言，中国目前社会保险的覆盖能力非常有限，保障水平也较低。一些普通城镇居民仍处于空白地带。而在农村，受限于财力投入，农民社会保障一直处于低水平。

一方面，我国的社会主义市场经济是由以前单一的公有制转轨而来的，以前单一的计划经济体制导致相应的社会保障制度也比较单一，社会保障的对象只限于国家机关、事业单位和国有集体企业的职工，而众多的农民、城镇居民、外企职工和个体工商业户是被排除在社会保障体系之外的。我国传统的社会保障项目主要保障对象为国有企业内部员工，并且大多国有企业开展了一系列的社会保障体制改革，相关的制度仅在国有企业能够有效地贯彻落实，而大多数私营企业的社会保障制度、企业员工的社会保障权利大多无法实现，逐渐形成了目前的失业保险制度仅适用于国有企业，医疗保险改革试点与取得的成绩也局限于国有企业，而非公有制企业和灵活就业人员的参保比例相对较低。这导致了目前许多社会灵活就业人员心存疑虑，对自己的社会保障问题较为关心。即使在已经享受社会保障的人群中，享受的社会保障水平也是参差不齐的。

另一方面，如果从全部人口来考察，在社会保障覆盖人数这个绝对数量上，我国社会保障的覆盖面也较窄。目前，社会救济应该说已经实现了人口的全覆盖，但作为社会保障主体的社会保险却相差很远。根据人力资源和社会保障部公布的 2013 年人力资源社会保障季度数据，2013 年上半年，城镇职工基本养老保险覆盖人数达到 31 076 万人，城乡居民社会养老保险（新农村保险和城镇居民保险合并）覆盖人数达到 48 697 万人，基本医疗保险为 56 020 万人，失业、工伤、生育保险覆盖人数分别为 16 002 万人、19 279 万人和 15 759 万人，尽管这些数字看起来庞大，但和我国庞大的总人口相比，却是很小。可见我国社会保障的覆盖面还是较窄的。

4. 社会保障统筹层次低，属地原则明显

统筹层次决定动员社会保障资金的伸缩能力，从一个侧面也能反映社会保障制度的完善程度。目前，我国社会保险费的统筹层次很低，人力资源和社会保障部发布的《2012 年度人力资源和社会保障事业发展统计公报》指出，至 2012 年年末，全国 31 个省份和新疆生产建设兵团已建立养老保险省级统筹制度。虽然养老保险已基本建立省级统筹，但由于我国各地的自然资源、经济基础各不相同，管理水平和人才条件也存在着一定差异，社会保险的其他项目如失业、医疗保险等方面的统筹层次都不同程度地偏低，大部分落实到地、市级统筹，还有不少的县级统筹。而各个市县的经济发展水平也不一致，这就难以保障全民都公平享有一定的社会保障。同样我国在社会救济、优抚安置、社会福利等方面也是按归属地进行划分和管理的，由于我国各地区之间的贫富不均，逐渐削弱了基本养老保险基金的社会共济作用。

在我国，城镇和农村之间的差距较大，农村人口由于文化水平较低，普遍收入较低，因此对社保的依赖性相对较大。不过由于我国的社会保障制度的许多细则都是地方性的，和当地的财政有着非常大的关系，这样就容易导致经济较为困难的地方的社保水平也较低。特别是新疆等地方，由于经济水平落后，社保的投入力度非常薄弱。当前在我国的东、西、中部地区，由于发展水平不同，保障水平的差距已经越来越明显，这是当前迫切需要解决的问题。

5. 社会保障资金筹措困难，监管不到位

社会保障是一种盈者缴费、险者享用，盈时投保、险时受益的保障措施，所以在一定时期内社会保障基金应有一定数量的存储。

首先，我国的社会保障基金来源不足，筹措困难。社会保障基金筹措困难、管理不到位是现阶段我国社会保障体制难以取得进一步进展的关键性问题。众所周知，社会保险基金主要来源于企业、劳动者和政府三方。其中，企业承担着筹资的大部分责任。然而，在社会保险统筹中占主体地位的国有企业出于各种各样的原因，其经营现状并不理想，甚至出现亏损，致使企业无法按时足额完成社会保障金的缴纳任务。

其次，社会保障资金监管不到位，难度大。社会保障制度是为了保障公民的基本生活权利的，但是同时也出现了不少违法行为，例如，有部分民众通过钻空子两边领取社会保险基金，或者挤占、挪用社保费用等。另外，企业、个人不缴或欠缴社会保险费的情况也时有发生，根据人力资源和社会保障部公布的 2013 年人力资源社会保障季度数据，仅 2013 年上半年，督促缴纳社会保险费金额 12.9 亿元，可见，拖欠社会保险费金额巨大，这给本来社保基金不充足的我国带来巨大的困难，加剧我国财政负担，使社会保障水平难以得到提高。这些违法现象的存在与社保监督力度不够有着极大的关系。在社会保障制度的相关法律中并没有对政府、企业、个人的责任规范进行具体的规定，对于违法行为也缺乏行之有效的制裁办法。除此之外，由于社会保障是面对全体社会成员的，涉及面较为广泛和复杂，监管起来存在较大的难度。

最后，社保资金的保值增值困难。人力资源和社会保障部发布的《2012 年全国社会保险情况》显示，2012 年年末，全国城镇职工基本养老保险、居民社会养老保险、职工基本医疗保险、居民基本医疗保险、工伤保险、失业保险及生育保险基金资产总额为 39 835 亿元。其中，各级政府财政专户存款 33 401 亿元，各级社会保险经办机构支出户 2100.5 亿元，暂付款 2098.3 亿元，债券投资 259.2 亿元，委托运营 918 亿元，协议存款 1058 亿元。由此可见，我国社保基金多用于投资存款和债券，投资渠道单一，收益率低，在较高的通货膨胀率下很难保值增值。以人力资源和社会保障部发布的 2013 年第三季度全国企业年金基金业务数据为例，有 72%的全国企业年金的投资组合收益率在 4%以下。

（二）完善我国社会保障制度的具体措施

社会保障是保障人民生活、调节社会分配的一项基本制度。在我国经济腾飞、城市化高速发展的今天，我国的社会保障制度也要跟上时代发展的步伐。《中共中央关于制定国民经济和社会发展第十二个五年规划的建议》提出，要坚持广覆盖、保基本、多层次、可持续方针，加快推进覆盖城乡居民的社会保障体系建设，稳步提高保障水平。党的十八大指出，要统筹推进城乡社会保障体系建设，要坚持全覆盖、保基本、多层次、可持续方针，以增强公平性、适应流动性、保证可持续性为重点，全面建成覆盖城乡居民的社会保障体系。针对我国社会保障制度所存在的问题，统筹推进城乡社会保障建设，完善覆盖城乡居民的社会保障体系建设，可以从以下途径来逐步解决。

1. 加强社会保障法制建设，健全社会保障法律体系

良好制度的有序运行，必须依赖法律法规的保障。社会保障是事关国计民生的大事，加强社会保障法制建设，健全社会保障法律体系刻不容缓。

首先，尽快完善我国社会保障法律体系。可以借鉴德国的模式，德国先后制定工人医疗保险法、工伤保险法、养老保险法，直至1911年才将“三法”合并为社会保险大法。综合我国实际，借鉴国际经验，我国可以采取先立子法，待时机成熟再立大法的循序渐进的原则。各项社会保障项目的立法形成一个有序的体系。当前，我国不仅应当关注社会保障方面的法制建设，在加强社会保障法制体系建设的同时，更应当将注意力集中到基本的社会保障法律的制定上。

其次，提高社会保障法律责任建设。社会保障关乎我国经济运行的持续健康发展，其重要性不言而喻，提高社会保障相关法律的威慑力度，对于确保社会保障制度的有效运行具有重要意义。要加大对不缴、拖欠、挪用社保资金等不法行为的处罚力度，维护社会保障制度的有效运行。

2. 探索和完善具有中国特色的新型社会保障体系

党的十八届三中全会指出，建立更加公平可持续的社会保障制度。这也是具有中国特色的新型社会保障体系的要求。探索和完善具有中国特色的新型社会保障体系，应当以全面建成覆盖城乡居民的社会保障体系为目标，是一个项目齐全、内容完整、分工负责和协调发展的体系。

首先，加快完善社会保险制度。应该坚持社会统筹和个人账户相结合的基本养老保险制度，完善个人账户制度，健全多缴多得激励机制，确保参保人的权益，实现基础养老金全国统筹，坚持精算平衡原则。推进机关事业单位养老保险制度改革。整合城乡居民基本养老保险制度、基本医疗保险制度。健全覆盖城乡居民的基本医疗保障体系，进一步完善城镇职工基本医疗保险、城镇居民基本医疗保险、新型农村合作医疗和城乡医疗救助制度。完善社会保险关系转移接续政策，扩大参保缴费覆盖面，适时适当降低社会保险费率。研究制定渐进式延迟退休年龄政策。

其次，加强社会救助体系建设。推进城乡最低生活保障制度统筹发展，完善城乡最低生活保障制度，规范管理，分类施保，实现应保尽保。健全低保标准动态调整机制，合理提高低保标准和补助水平。加强城乡低保与最低工资、失业保险和扶贫开发等政策的衔接。提高农村五保户供养水平。做好自然灾害救助工作。完善临时救助制度，保障低保边缘群体的基本生活。建立健全合理兼顾各类人员的社会保障待遇，确定和正常调整机制。健全符合中国国情的住房保障和供应体系，建立公开规范的住房公积金制度，改进住房公积金提取、使用、监管机制。

最后，积极发展社会福利和慈善事业。以扶老、助残、救孤、济困为重点，逐步拓展社会福利的保障范围，推动社会福利由补缺型向适度普惠型转变，逐步提高国民福利水平。坚持家庭、社区和福利机构相结合，逐步健全社会福利服务体系，推动社会福利服务社会化。加强残疾人、孤儿福利服务。加强优抚安置工作。加快发展慈善事业，增强全社会慈善意识，积极培育慈善组织，落实并完善公益性捐赠的税收优惠政策。

3. 加快健全社会保障管理体制和经办服务体系

首先，应清晰地认识到当前社会保障制度存在的问题，进而立足我国现状和基本国情，对原有体制进行完善和改革。加强对社会保障的统一管理，做到保险制度的统一、收费标准的统一、业务管理的统一和基金使用的统一。

其次，应全面打破以往的部门管理模式，将以往的部门管理在一定的时期内转变为由政府职能机构进行集中统一管理。

最后，建立系统的社会保障监管机制，增强管理者的责任意识。系统的社会保障监管机制对保证社会保障制度的有效实施和健康运行起着重要的作用。其主要有以下三个层次：一是人民代表大会的监督；二是健全的社会保障争议解决机制；三是发挥新闻媒体、民间组织和社会公众的社会监督作用。通过健全监管机制并进行充分的监督，使社会保障的管理效率大大提高，社会保障管理者的责任意识大大提高，进而提高社会保障管理的工作效率，改善社会保障政策的实施效果。

4. 继续扩大社会保障覆盖范围

必须清醒地认识到当前城乡社会保障工作中所存在的问题，以及面临的新情况，正确把握发展方向和战略前景，不仅能够将改革大潮当作挑战，还应该看到改革带来的新机遇，进行大胆创新和探索，努力寻求能够有效扩大社会保障覆盖范围的新方式。对于在国有企业和灵活就业的人员，都应要求其参加法律规定的社会保险，尤其是加强对私有企业的检查力度，要求私有企业为广大员工缴纳社会保险基金。这样不仅可以促进劳动力的自由流动，促进企业发展，还有利于消除企业、部门和地区之间的障碍，为建立全国范围的统一社会保障大市场开辟道路。

5. 逐步提高社会保障统筹层次

我国的基本国情决定了经济发展的地域不平衡性，这也给社会保障的全国统筹带来了极大的困难，尽管如此，我们仍然可以随着经济的发展逐步提高社会保障的统筹层次。

一方面，从提高统筹层次的社会保障项目入手，如养老保险，通过提高这些社会保障项目的统筹层次，还可以为其他项目提供经验，从而为其他社会保障项目逐步提高统筹层次提供基础。另一方面，针对我国二元经济的情况，要加快推进统筹城乡社会保障体系建设。

6. 加强社会保障资金的筹集与管理

首先，健全社会保障财政投入制度，完善社会保障预算制度。社会保障的性质决定了财政投入在其中的作用。在财政收入快速增加之初，出于公平的考虑，可由国家财政多承担一些，等到财政收入进入均衡发展阶段，应考虑加大社会资金的投入，这样有助于逐步提高保障程度和水平。

其次，加强社会保险基金投资管理和监督，推进基金市场化、多元化投资运营。在加强征缴的同时，还须保证社保基金具有较高的收益性，社会保障是一项技术性、专业性非常强的事业，需要大批熟悉政策、精通业务的高素质管理人才，如精算师、基金管理人、基金投资人等，建立一支既有理论和政策水平又有实际操作能力的队伍，应当加强对这类专业人才和干部队伍的教育与培养，保证新的社会保障体制的有效运作，更好地行使社保机构的管理职能。

最后，制定实施免税、延期征税等优惠政策，加快发展企业年金、职业年金、商业保险，构建多层次社会保障体系。继续通过划拨国有资产、扩大彩票发行等渠道充实全国社会保障基金，积极稳妥推进养老基金投资运营。

CHAPTER 2

第二章　社会保障理论

[内容摘要]

任何制度的建设和运行都是基于一定的理论基础的。本章全面阐述了西方社会保障理论的主要流派，阐述了马克思主义社会保障理论，以及中国社会保障理论的发展与实践情况。

[学习要点]

（1）西方社会保障理论的主要流派。

（2）马克思主义社会保障理论。

（3）我国社会保障理论的发展情况。

马克思主义认为，理论来源于实践，实践是理论的源泉，反过来，理论又指导实践。科学的、符合国情的理论将正确地指导实践的运行，错误的理论将阻碍实践的发展。任何制度的建设和运行都是基于一定的理论基础的。

第一节 西方社会保障理论主要流派

“社会保障”一词来源于英文“social security”，首次为官方使用见于美国 1935 年的《社会保障法案》。迄今为止，各国学者和有关国际组织给“社会保障”下的定义不下十种，概括地讲，它是指国家为了维护经济发展和社会稳定，通过立法和行政措施设立的，以国民收入分配和再分配的形式，保证社会成员基本经济生活需要的制度。

社会保障制度的萌芽，最早出现在 17 世纪的英国。1601 年，伊丽莎白《济贫法》的颁布正式宣告了国家对劳动者安全保障问题的介入。19 世纪末在德国建立的现代社会保险方式的雏形，标志着社会保障开始走上国家化、社会化的轨道，为以后许多国家建立“从摇篮到坟墓”的完整社会保障体系奠定了基础。

虽然正式的社保制度的建立时间不过百年，但其理论渊源却溯及遥远。首先，欧洲在 3000 多年前便有了互助互济的道德观念。早在 2000 年前，古巴比伦国王就曾命令僧侣、法官和市长向其所管辖的地区居民征收特别赋税，以筹集重灾救济基金。同时，作为西方文化基石、精神内核的基督教，其教义中明确反对富人对穷人的剥削，主张建立大家平等、普遍幸福的千年王国。这些传统的慈善道德思想，虽然琐碎、零乱，但经过长久文明的锤炼，无疑为“国家社会对公民的生存权负有义务”的观念提供了丰厚的历史文化土壤。

随着资本主义的发展壮大和矛盾的累积，空想共产主义、空想社会主义及社会改良主义在批判资本主义，唤醒人民为争取自由和民主而斗争的同时，对建立未来人类理想社会组织形式提出了许多积极的设想。其中充满了大量有关社会福利的闪光思想，较全面、系统、深刻地显示了社会保障理念在未来完美社会中的重要作用，为后世推动社会改革、建立现代社会保障制度提供了强大的思想支持。

西方社会保障理论最早可以追溯到 18~19 世纪，以边沁、约翰·密尔、亚当·斯密和大卫·李嘉图为代表的自由放任主义。他们坚持功利主义的自由主义理论基础，崇尚个人自由，主张国家和政府对经济、社会生活采取“放任主义”和“不干涉原则”。这时属于政府零星的救济为辅的阶段。到了 19 世纪后期，随着资本主义的发展和阶级的分化，由经济危机引发的社会和阶级矛盾加剧。以英国工业革命为标志的生产力发展，产生了高度集中的社会化大生产模式，导致了传统家庭保障的危机。20 世纪 30 年代，西方经济危机使政府对经济的干预成为潮流，第二次世界大战后，受凯恩斯主义的影响，以《贝弗里奇报告》为蓝本，英国首先建成了福利国家，之后，欧洲各国纷纷效仿，此时引人注目的是民主社会主义学派和“中间道路”学派两支社会保障理论流派。20 世纪 70 年代，西方国家爆发了严重的经济“滞胀”，英、美等国的右翼政府相继上台，社会保障改革成为这些政府施政的重点之一，以哈耶克、弗里德曼为代表的新自由主义对社会保障政策的制定产生着深刻影响。进入 90 年代以后，随着科技产业革命的快速发展以及全球经济一体化的日益加剧，在社会保障领域中又出现了“第三条道路”学派。新老自由主义学派、民主社会主义学派以及“中间道路”学派，可以说是西方社会保障理论中三大最为活跃的流派，下面试对其作简要评述。

（一）民主社会主义学派

1. 民主社会主义学派的产生与发展

民主社会主义学派是在“讲坛社会主义”和“费边社会主义”的基础上发展起来的一支社会保障流派。其发展经历了三个阶段。

第一阶段主要是19世纪中叶到第一次世界大战以前，德国的“讲坛社会主义”和英国的“费边社会主义”。德国的“讲坛社会主义”的主要代表人物有德国学者阿道夫·瓦格纳、古斯塔夫·施穆斯等。他们一方面反对自由放任的资本主义举措，主张国家干预经济，鼓吹劳资合作和推行社会保险，缩短劳动时间，改善劳动条件，但又反对马克思主义，后人也称其为新历史学派，视为社会保障制度的支柱——社会保险制度产生的直接理论基础。英国“费边社会主义”以英国著名文学家乔治·萧伯纳、悉尼·韦伯等为主要代表人物，最重要的著作是1889年出版的《费边论丛》。他们指出，个人无法控制的环境、年老、伤残、疾病、低额工资以及失业率上升等是导致英国存在高比例贫困人群，尤其是导致工人处境悲惨的真正原因，而贫困和社会不平等是导致社会不稳定的根源。他们主张以温和的方式实行社会改良，由国家举办各种社会公共福利，以保障工人的基本生活水平，从而缓和劳资矛盾。其改良理论对西方国家实行社会保障制度有着重要影响。

第二阶段主要是在两次世界大战之间，英国经济学家庇古提出的福利经济学和凯恩斯的“充分就业”思想。20世纪20年代福利经济学理论获得了很大发展，其主要代表人物是英国经济学家庇古，代表作即庇古的《福利经济学》。一方面，该学派主张通过增加国民收入来增进普通福利。促使国民收入增长的关键是要合理地配置生产要素，而生产要素中最主要的就是劳动力，为了使劳动力合理配置，就必须给劳动者适当的劳动条件，改善他们的生活福利，使他们在患病、伤残、生育、失业、年老、死亡时，能得到适当的物质帮助和社会服务，增加必要的货币补贴。另一方面，主张通过国民收入的再分配来增进普遍福利。庇古基于边际效用递减规律得出结论：在不减少国民收入总量的前提下，通过税收把收入从相对富裕的人转移给相对贫穷的人。因此许多学者认为福利经济学理论确立了社会保障制度的公平化原则，是西方福利国家的理论基础。

1936年，英国著名经济学家约翰·梅纳德·凯恩斯的著作《就业、利息和货币通论》问世，标志着“凯恩斯主义”的形成。这一理论流派对西方现代社会保障理论做出了很大贡献。凯恩斯认为，一个国家的经济和就业状况是由社会有效需求决定的。国家必须走积极干预经济的道路，通过扩大财政支出，甚至采取赤字财政政策，大幅度提高居民的生活福利，扩大社会公共福利，加快基础设施建设，刺激有效需求增长，实现充分就业和实行社会保障。凯恩斯还提出了消除贫民窟、建立累进税制和颁布最低工资法等一系列具体的政策主张，从而为建立失业社会保险等社会保障制度以及社会保障基金的保值增值奠定了理论基础。

第三阶段主要是第二次世界大战以后，英国工党提出的“公平分配收入”、“混合经济”等理论主张。克罗斯兰提出的关于“民主社会主义”的五项原则，即“政治自由、混合经济、福利国家、凯恩斯主义和平等信念”，为多数的西欧社会民主党所接受。

民主社会主义学派的代表之一蒂特姆斯，直接抨击资本主义市场经济对社会弱势群体的剥削，主张以更为普遍的财政福利和以工业成就为基础的制度性资源再分配，来实现分配的正义以及建立一个更为平等的社会，认为“普遍主义”可促进社会整合，可回应资本主义市场经济的缺陷和不平等的社会后果，主张使资本主义制度朝混合的经济、福利的多元主义、公民权利和义务并重的模式发展。

2. 民主社会主义学派的基本观点

在经济上，主张采取混合经济与国家干预并行的模式，主张国有化和计划经济推进福利国家政策，提倡劳资合作，强调通过高额累进税对收入和财富进行再分配，以使无法从市场中满足需要的个人和家庭得到支持。

在政府与市场的关系上，认为国家对公民的福祉承担着重要的责任，政府的角色是为社会中有需要的个人提供资金和服务，只有这样才能维护社会公平。市场具有重要作用，但市场的副作用也是很大的，因而必须加以限制并进行规范。

在社会理想上，认为社会发展是一个循序渐进的过程，拒绝暴力革命，主张通过社会改良来实现社会主义。资本主义的特征是剥削和无政府状态，因而社会主义必须由政府掌握生产资料和收入分配的主动权。①

在社会福利方面，认为社会福利是以国家经济繁荣为目的的投资，可以充当刺激消费和生产的手段，因而主张实行全面的社会保障计划。同时，在对待私人服务方面，民主社会主义学派也并不是一味地否定，而认为在某些领域(如教育、卫生领域等)可以发挥私人服务的作用，但是，在个人的社会保障领域则不宜提倡，因为私人服务的繁荣有可能导致政府忽视国家福利的提供。

在价值取向上，民主社会主义学派推崇自由、平等和博爱，认为作为人类社会长期追求之目标的自由、平等和博爱应得到贯彻落实；国家作为制定政策的主体应确保社会群体的需要和权利得到满足，应实行全面主义和平均主义，尽量减少社会不平等的现象，同时在社会成员中培养互助、自助的氛围。

3. 对民主社会主义学派的评价

民主社会主义学派的许多观点和主张，是西欧、北欧福利国家实施普遍福利政策的理论依据，在当时的影响力相当大，由于其大力推动，社会保障在20世纪50~60年代处于发展的黄金时期，并取得了可喜的成效。人民生活水平显著提高，贫富差距逐步缩小。

民主社会主义学派对于第二次世界大战后西欧国家进行的社会改革，对于战后这些国家社会福利基本结构的确定，也起到了倡导和推动作用。

但是，民主社会主义学派提出的收入均等化、福利社会化、就业充分化、国有化等主张，在福利国家广泛推行高标准、广范围、多项目的普遍福利政策，随着社会的发展，受到了现实的严峻挑战，从而有必要对其进行重新检视。

（二）自由主义学派

1. 自由主义学派的产生与发展

自由主义实际上分为古典自由主义和新自由主义。古典自由主义产生于18~19世纪，其代表人物有亚当·斯密、边沁、穆勒。他们主张自由竞争，强调国家不应干预经济。古典自由主义思想在整个19世纪引导着西方国家政府的政策，一直持续到20世纪早期。到20世纪

①郑功成. 2000. 社会保障学. 北京：商务印书馆：95.

70 年代，以哈耶克和弗里德曼为代表的新自由主义，进一步倡导市场经济及自由竞争，反对国家对经济和社会生活的干预，认为自由是人的不可侵犯的权利。新自由主义在政治上以 70 年代末撒切尔夫人和 80 年代里根政府为其行为的代言人，在经济政策和社会福利实施方案上，都强调以市场自由经济为主导，放弃国家干预。正因为如此，有的学者认为，新自由主义从根本上说是亚当·斯密的经济观和穆勒等的政治理论的一种综合。

2. 自由主义学派的基本观点

认为以个人自由为基础的私人企业制度和自由市场制度是迄今为止所能选择的最好制度。集体主义和社会主义是违背“人的本性”的一种制度，实行计划经济更是一条“通向奴役的道路”。[①]

主张市场经济下的自由竞争，反对国家对经济和社会生活的干预，认为人的自由是不可侵犯的，强调对个人自由的保护，包括使个人权利和私有财产免受侵犯。

全面否定福利国家的普遍福利政策。20 世纪 60 年代以来，随着凯恩斯主义的逐渐失效，人们对国家干预市场经济的作用持怀疑态度，尤其是 70 年代以“滞胀”为特征的经济危机，使凯恩斯的国家干预经济成为众矢之的。由于自由主义崇尚个人、理性和自由市场的至高无上，因此，在自由主义学派看来，第二次世界大战后始于英国建成的“福利国家”，从经济上和政治上都是难以接受的。在经济上，基于高税率的税收政策降低了人们的工作、储蓄和投资的积极性，从而出现了经济上的低效率；“充分就业”政策减少了私营部门的劳动力的供应，使经济发展缺乏弹性；国有化使服务垄断，缺乏竞争；全面福利摧毁了个人自我照顾能力，增加了个人的依赖性。而在政治上，政府对经济生活的干预更是导致个人自由的丧失，因而应用“最小的政府”来界定“自由的范畴”。如哈耶克特别强调，“福利国家”完全忽视了自由社会是市场经济中建立“自发秩序”的必要条件，因为福利国家是一种人为设计而不是单纯的人类行为，由政府对社会经济生活的干预违背了人类行为的自然倾向。弗里德曼认为，个人的福利应通过市场购买来实现，个人的生活满足感或幸福也只有从市场的交换中才能得以改善，国家福利应是一种以非再分配形式体现的“公共利益”。[②]

3. 对自由主义学派的评价

自由主义学派其思想多年来在英国美国等国家大行其道，一方面是和这些国家政治上保守势力的盛行有关，另一方面是和经济的萎靡不振使政府在社会保障中的支出大打折扣有关，也就是说，这种流派存在有其历史必然性。同时，自由主义对个人自由、责任、理性及市场调节的分析有一定的道理，并且对福利国家的一些剖析和批判也是切中要害的。

但是，自由主义学派对福利国家模式的全盘否定过于极端，因为福利国家模式毕竟发挥过巨大的作用，并且至今还有相当数量的国家仍在沿用这种模式。

（三）中间道路学派

1. 中间道路学派的产生与发展

作为一种学说或思潮，中间道路理论产生于 20 世纪 30 年代。1938 年英国前首相麦克米兰出版《中间道路》（*The Middle Way*）一书，提出走中间道路就是要对资本主义进行调节，

---

①哈耶克. 1992. 通向奴役的道路. 北京：商务印书馆：104.

②弗里德曼. 1982. 自由选择的个人声明. 北京：商务印书馆：86.

这种受到调节的资本主义不仅使经济得到发展，还将为社会成员提供一定的社会福利。麦克米兰在福利问题上采取的方法实际上与凯恩斯、贝弗里奇、马歇尔等的观点有许多相似或相近之处，都认为在分配资源、促进经济增长和保证个人自由方面，市场是最好的机制，但市场机制确实也引发和加深了一些社会矛盾，因而需要调节、控制。他们既不同意完全的自由放任，也不支持民主社会主义学派的主张；他们是反集体主义者，但不是反对国家干预者，因而，后人把他们称为中间道路学派。

中间道路理论在20世纪50~70年代曾经作为英国、德国、美国等在不同时期确定有关经济政策的依据，并在一定程度上促成这些国家的经济财富大量增加，人们生活水平显著提高，贫富差距日益缩小。进入90年代以后，曾在80年代备受推崇的新保守主义的经济政策受到批判。随着科技产业革命的快速发展以及经济全球化的日益加剧，西方国家社会的贫富差距过大，处于中下层的社会成员普遍没有安全感，在此背景下布莱尔适时地重新提出社会成员应当相互依靠、共同承担责任，即向贫穷、偏见和失业开战，以创造条件真正建设国家的容忍、公平，富有创业精神和包容能力。随后英国、德国及各国执政党均不约而同地选择了取自由主义学派和民主社会主义学派之长的“第三条道路”的策略。英国首相布莱尔及其幕僚吉登斯合作出版的《第三条道路》，引起了欧美国家的广泛关注和强烈共鸣。由于“第三条道路”与中间道路相似，在内政上都采取左右中和的态度，因此，实际上可以看成是中间道路理论的回归与发展。

2. 中间道路学派的基本观点

在政府与市场的关系上，首先，认为国家是用来解决社会问题、消除不平等和不公正的责任主体，因此，应对福利的提高负主要责任。政府应针对社会中的不公正采取措施，保障人们的财产权，保护自由，应通过保障机制使人们获得安全感，保护家庭这一基本社会单位，为个人提供基本的生活条件，使其能够在此基础上去履行个人的责任，应担负起调节资本主义经济的任务，避免因市场失效带来的问题等。其次，中间道路学派虽然认为国家应对福利负主要责任，但是对于国家如何干预福利、干预到何种程度却有所保留，既希望国家提供保障，又希望限制国家的行为，不赞成国家过多地提供福利，认为这样会造成社会成员对国家的依赖，并侵蚀人们的生活意志和自我负责精神。因此，中间道路学派主张国家负责应当与个人负责并重，福利的提供应当是政府、非政府组织和个人共同参与的结果。最后，中间道路学派强调市场自由与国家干预之间的平衡。[①]麦克米兰等认为，个人主义和集体主义都是极端的思想，适合社会需要的应当是介于两者之间的更温和的政策，他们制定了一个由私营经济与公益经济组成的混合经济的经济重组计划，并认为在一些领域，市场规则发挥主要作用，私人竞争性公司只是接受公共部门适当的调节，从而把一定程度上的市场竞争与国家干预结合起来。中间道路学派反对集体主义但不反对干涉主义，认为市场自由是需要管理的，它的负面影响也需要加以控制，进而主张政府有责任而且必须对自由市场进行干预。纯粹的经济自由和纯粹的国家控制福利都是不好的，双方应当妥协，使其在经济运动和社会发展之间求得一种平衡。

在收入的分配和再分配上，中间道路学派十分强调社会的整体性，为了保持其整体性，

---

① 苑涛. 2000. 欧洲社会福利理论中的中间道路学派及其影响. 南开大学学报，(2)：91-96.

就必须维护社会的秩序和稳定。由于造成社会的不稳定和无秩序的一个重要原因是分配的不公平和不公正，因而国家应当及时进行干预，设法减少不公平和不公正，对社会弱势群体给予更多的关注。通过资源的分配和再分配解决由贫富差距悬殊、失业、贫困等市场失效而引发的社会问题，真正使社会弱势群体也能享受到经济发展所带来的好处。

在福利服务的提供上，认为国家提供福利是为了促进社会公平，同时，福利政策的制定和执行还应注意提高效率。政府服务部门的低效率和对人们需求的不敏感，其原因之一是在某些领域中总会形成垄断。因此必须破除垄断，可以通过私营部门和志愿者组织的介入，使社会服务领域多样化，从而提高服务效率和质量。毋庸置疑，由于受利益的驱动，私营部门总比公共部门更有效率。因而中间道路学派强调混合的福利经济，在这个混合经济中，无法由私人完全提供的服务可交由国家完成，在国家提供服务的领域，私营部门也可同政府在服务效益、效率等方面展开竞争。中间道路学派还鼓励私人的、志愿的和家庭的服务形式，以此来增加人们选择的范围，这不仅不会使公共责任遭到削弱，相反，它会使公共责任和个人责任都得到加强。

在价值取向上，中间道路学派认为，对于一个健康的社会来说，个人责任是至关重要的，因为个人对国家的过度依靠，不仅会损害个人的生活，而且还会损害社会的群体福利，而人们越是能够承担责任，就越有可能使他们自己和社会变得更好。同时，中间道路学派认为政府的主要目标应该是使个人在机会上能够平等，以此去追求一个公平的社会，而不是单纯追求结果上的均等，因而他们提出“不一定要均等，但要公平”的观点。

3. 对中间道路学派的评价

中间道路学派的福利理论对欧洲福利国家的建立与发展及改革产生了巨大的影响，其所倡导的福利政策执行的结果是非常引人注目的。不过，从现实情况来看，从福利国家获益最多的不是最富的人，也不是穷人，而是中产阶级。因此，在中间道路理论的影响下，福利国家的福利开支普遍大幅度地上升，为维持其政策的推行而引致的高税收和高赤字正成为经济进一步发展的绊脚石。

中间道路学派是在矛盾和妥协之中发展起来的一种折中理论，在其理论构建和价值取向上明显地反映出民主社会主义和自由主义冲突的痕迹，在其所提供的政策制定中呈现出左右摇摆和前后不一致的倾向。但是，我们也应该看到中间道路学派的一些观点和政策主张在现实生活中发挥了一定的作用，并解决了福利国家的一些现实问题。当然，中间道路理论能否被西方国家长期采纳，并作为其施政纲领，以促进社会的稳定和经济繁荣，还有待时间来加以检验。

从上述论述中我们可以看到西方社会保障理论发展的大致脉络，19 世纪末 20 世纪初，适应资本主义的蓬勃发展，自由主义思潮得到极度的张扬；到第二次世界大战后，为集聚国家整体实力重振经济，国家干预主义备受推崇；自 20 世纪 90 年代以来，西方国家社会保障进入两难选择境地，而奉行中和左右、采取自由放任主义和国家干预主义相互融合的“中间道路”。西方社会保障理论流派的演进与发展，从表面上看，是自由放任主义和国家干预主义思潮的兴衰交替，从深层次上分析，乃是市场经济发展的客观需要，是世界经济一体化的必然结果。

第二节　西方社会保障理论的特点

一、公平与效率的关系问题始终是其研究的核心

公平与效率的关系问题是西方社会保障经济理论最显著的特征。这是因为社会保障制度具有浓厚的公平色彩，是作为公平的基本权利和义务由法律加以保证和强制实施的。其功能是为满足社会公平目标而提供的一种安全稳定机制，以弥补市场分配的缺陷，同时社会保障又会对经济效率起着独特的作用。从福利经济学的社会保障经济理论来看，他们是以社会公平为出发点来论证社会福利最大化的实现问题。甚至凯恩斯的社会保障经济理论也是如此，凯恩斯的经济学产生于20世纪30年代的经济大萧条过程中，其《就业、利息和货币通论》，主要是为了寻找资本主义大萧条的原因及其救治措施，但他始终也未能逃避公平与效率这一基本的社会哲学问题。第二次世界大战以后，随着资本主义经济中“滞胀”问题的出现，西方社会保障经济理论虽然仍以公平与效率为其理论核心，但更关注经济效率，并在西方各国社会保障制度的改革实践中得到了广泛采纳和运用。从20世纪80年代西方社会保障经济理论的新进展来看，这些理论主要以经济效率为目标，从宏观经济稳定和经济增长的角度来研究社会保障问题。

二、理论研究内容的逐步扩大并系统化

从当代西方社会保障经济理论的演变历程来看，其理论内容不断地扩展，并随着理论的演化而进一步地系统化。20世纪以前的西方社会保障经济理论主要镶嵌在西方经济学的收入分配理论当中，因而社会保障仅仅被当作一种收入再分配以及实现收入均等化的工具而存在。当代社会保障经济理论中其内容则有所扩大。庇古的福利经济学采用了边际分析法，在理论上论证了社会保障政策在增进一国福利方面的作用。凯恩斯的社会保障经济理论的内容进一步扩大，他一方面从经济稳定与经济均衡的角度论证了社会保障制度对宏观经济的均衡效用，指出通过社会保障政策既能给失业者以救助，又能实现社会经济的稳定与宏观经济的均衡；另一方面把社会保障制度与财政政策相结合，针对不同时期的经济运行态势，采取不同的社会保障收支方式，使社会保障的收支成为财政政策的一项内在稳定器。第二次世界大战以后，西方社会保障经济理论的范围进一步扩大，在原来单一的经济稳定功能的基础上，逐步形成了经济调节、再分配等多项功能，并与一国的宏观经济政策日益融合在一起，成为20世纪70年代以后西方国家社会保障制度改革的理论指导。

三、西方社会保障经济理论研究对西方社会保障模式的演变产生了导向作用

在19世纪中叶，新历史学派和费边学派曾提出过“福利国家”的设想，他们主要强调和证明了建立社会保障制度的客观必要性，即如果不建立社会保障制度，则容易导致劳资矛盾。正是在这种理论的导向下，“补救模式”得到了建立和发展。20世纪初，庇古创立的福利经济学主张国家实行养老金制度和失业救助制度，以扩大社会救济支出。它与先前福利国家理论的不同之处在于论证了社会保障政策的经济意义，认为实行具有收入再分配性质的社会保障政策可以扩大一国的“经济福利”。庇古的这种理论对西方“机制模式”的社会保障制度的产

生和发展起到了一定的推动作用。第二次世界大战以后，“机制模式”在各国的迅速发展，与凯恩斯经济学的影响密切相关。正是在凯恩斯理论体系框架的基础上，其追随者发现了社会保障具有促进经济稳定和经济均衡的效应。在凯恩斯经济学的影响下，社会保障逐渐由一种救残助缺的措施演变成了一种财政政策的内在稳定器，并日益演变成促进经济增长的手段。在其理论的引导下，“机制模式”逐渐完备，并成为西方国家占统治地位的社会保障模式。

在不同的经济理论指导下建立的社会保障模式也不同。从 20 世纪 70 年代以来，世界各国都对本国的社会保障制度进行了较大范围的改革，改革的基本方向是围绕削减社会保障内容、降低社会保障支付水平而展开的，原因在于过高的社会保障支付内容与支付水平导致了国家财政在这方面的过重负担，并已影响到国家和企业在产业领域的投资，而这被认为是 70 年代以来西方国家经济危机的一个重要原因，虽然各国改革的力度并不完全相同，但目的都是为了保持本国经济的持续增长。

综上所述，在西方发达国家，社会保障是伴随着市场经济的确立而产生和发展的，是完善市场经济体制和弥补市场失败的一种制度。其中，公平与效率的关系问题始终处于西方社会保障经济理论研究的核心地位，这是西方社会保障经济理论最显著的特征。而第二次世界大战后，随着经济理论研究和经济形势的变化，西方社会保障经济理论的范围进一步扩大，在原来单一的经济稳定功能的基础上，逐步形成了经济调节、再分配等多项功能，并与一国的宏观经济政策日益融合在一起，探讨如何使得一国的社会保障制度适应社会经济进步的要求，以推动经济的发展，同时又建立一个公平的、有激励的、可持续的社会保障制度。而在不同理论指导下建立的社会保障模式也有所不同，从作为危机管理的补救模式到作为促进经济增长手段的机制模式的转变，是与经济发展的外部环境和不同的经济发展阶段密切相关的，即一国的社会保障制度往往是伴随着该国经济的发展而不断得到补充和完善的。

第三节 马克思主义社会保障理论

一、马克思、恩格斯关于社会保障理论的论述

马克思、恩格斯在揭示资本主义经济发展规律的同时，也对社会保障理论进行了研究，概括起来主要有以下几个方面。

（一）揭示了社会保障制度建立的必要性

在论述资本主义社会中各种收入及源泉时，马克思指出：“这个不变资本在再生产过程中，从物质方面来看，……总是处在各种会使它遭到损失的意外和危险中，……因此，利润的一部分，即剩余价值的一部分，从而已体现所追加劳动的剩余产品（从价值方面来看）的一部分，必须充当保险基金，……甚至在资本主义生产方式消灭之后，也必须继续存在的唯一部分。”①马克思只是从自然灾害和意外事故对生产资料所造成的损失进行补偿的角度来谈建立保险制度，没有涉及灾害和事故对生活资料和劳动力所致损失的补偿问题。众所周知，资本主义是以私有制为基础的，生产资料归资本家私人所有，工人一无所有，只能出卖自己的劳

①马克思. 1975. 资本论（第 3 卷）. 北京：人民出版社：958.

动力。在资本主义再生产过程中，如果发生了灾害和意外事故，对资本家来说，重要的是对不变资本的物质形态即生产资料所造成的损失及其补偿，至于可变资本，则是用来购买工人的。工人的伤亡对资本家来说并不构成对再生产的威胁，因为在资本主义生产过程中存在着一支强大的产业后备军，当工人伤残了可踢出门外，死亡了可换一批。因此，马克思只是从不变资本物质形态遭到损失的角度谈建立保险制度就绝非偶然的。然而，在社会化大生产中，不仅仅是生产资料，处于“会遭到损失的意外和危险之中”，而且生活资料和劳动力也是经常处于遭到损失的意外和危险之中的。由自然灾害和意外事故对生活资料和劳动力造成的巨大损失或损害，是经常发生的。但是，“大工业在瓦解旧家庭制度的经济基础以及与之相适应的家庭劳动的同时，也瓦解了旧的家庭关系本身”①。因此，国家有必要建立社会保障制度。

马克思和恩格斯在描绘未来社会的宏伟蓝图时，不仅提出要对生产资料建立保险制度，而且论述了对劳动者也要建立保障制度。早在1848年，马克思、恩格斯在《共产党在德国的要求》一文中就提出：“建立国家工厂。国家保证所有的工人都有生活资料，并且负责照管丧失劳动力的人。”②马克思在《哥达纲领批判》中也指出社会主义社会必须建立保障制度。

（二）阐明保险基金的来源

马克思认为，不管资本主义社会，还是社会主义社会，保险基金最终都是来源于社会剩余劳动所创造的剩余产品或剩余价值。他指出，为了补偿自然灾害和意外事故所致的经济损失，“利润的一部分，从而只体现新追加劳动的剩余产品(从价值方面来看)的一部分，必须充当保险基金”③；又说，“保险必须由剩余价值补偿，是剩余价值的一种扣除”④。恩格斯说：“防止‘损失’的保险费确实是从剩余价值中提取的，但它算在利润之外”。⑤马克思在《哥达纲领批判》中指出：“如果我们把‘劳动所得’这个用语首先理解为劳动的产品，那么集体的劳动所得就是社会总产品。现在从它里面应该扣除……用来应付不幸事故、自然灾害等的后备基金或保险基金。”⑥“剩下的总产品中的其他部分是用来作为消费资料的。在把这部分进行个人分配之前，还得从里面扣除：第一，和生产没有关系的一般管理费用……第二，用来满足共同需要的部分，如学校、保健设施等……第三，为丧失劳动能力的人等设立的基金，总之，就是现在属于所谓官办济贫事业的部分。”⑦这里马克思不仅指出社会主义社会必须建立保险制度，而且论证了社会主义社会保险基金是社会总产品的一种扣除。这部分扣除是人们的剩余劳动所创造的剩余产品的一部分。因为这种扣除必须是在除了维持人们的最低生活水平和社会简单再生产还有剩余的条件下，才有可能进行。在社会主义制度下，由于社会生产是劳动人民为自己创造财富的手段，因而社会主义生产是劳动人民自己的生产。作为社会再生产不断进行的重要保障的保险基金，对劳动者来说是必要的，因此创造保险基金所花费的劳动也是必要劳动。这种从阶级观点来分析的必要劳动，从社会生产一般观点来看，同时又是维持人们的最低生活水平和社会简单再生产所必要的劳动之外的剩余劳动。

---

①马克思. 1975. 资本论（第3卷）. 北京：人民出版社：536.

②马克思，恩格斯. 1958. 共产党在德国的要求.马克思恩格斯全集（第5卷）. 北京：人民出版社：4.

③马克思. 1975. 资本论（第3卷）. 北京：人民出版社：958.

④马克思. 1975. 资本论（第2卷）. 北京：人民出版社：198.

⑤马克思，恩格斯. 1976. 资本论书信集. 北京：人民出版社：444.

⑥马克思，恩格斯. 1972. 马克思恩格斯选集（第3卷）. 北京：人民出版社：9.

⑦马克思，恩格斯. 1972. 马克思恩格斯选集（第3卷）. 北京：人民出版社：9-10.

（三）阐述社会保障的分配

马克思指出，社会保险基金的扣除，“在经济上是必要的，至于扣除多少，应根据现有的资料和力量来确定，部分地应当根据概率论来确定，但是这些扣除根据公平原则无论如何是不能计算的”[①]，即社会保障规模取决于社会剩余产品的价值量和社会保障物品的可供量，归根到底是由社会生产力水平决定的。因此，社会保障分配要遵循适度的原则，既要体现社会保障的功能，又不能阻碍生产力的发展。

（四）阐释社会保障的功能

马克思指出，资本主义保险制度具有两大职能：一是“分摊损失”职能。“补偿风险的保险费，只是把资本家的损失平均分摊，或者说，更普遍地在整个资本家阶级中分摊。”[②]剔除其资本主义性质，即社会保障把个人的风险及损失分摊到整个社会，由社会承担。二是“补偿损失”功能。“这种基金是收入中既不作为收入来消费，也不一定用作积累基金的唯一部分。它是否事实上用作积累基金或者只是用来补偿再生产上的短缺，取决于偶然的情况。”[③]保险基金的特殊功能在于它既不用于直接消费，也不直接用于积累，而是用来补偿风险造成的损失。保险基金是否可以用作积累，取决于风险何时发生以及风险发生后所造成经济损失的程度。如果用于补偿损失后还有剩余时，也可以用作投资。因此，保险基金用于积累是偶然的，用于补偿风险是必然的，是保险基金固有的功能。

（五）揭露资本主义社会保障制度的实质

社会保障属分配范畴，是对部分剩余产品或国民收入的一种特定的分配和再分配，是一种特定的分配关系，它具有社会属性。马克思说：“在分配是产品的分配之前，它是：①生产工具的分配；②社会成员在各类生产之间的分配（个人从属于一定的生产关系）。……这种分配包含在生产过程本身中并且决定生产的结构，产品的分配显然只是这种分配的结果。”[④]这就是说，生产关系决定分配关系，社会保障是一种特殊的分配关系，其性质由社会生产关系的性质所决定，是社会生产关系在社会保障领域的体现。资本主义社会保障是建立在生产资料私有制基础之上的。从资本主义社会保障本质看，它是资本主义经济发展的内在要求，是根据资本的共同利益和需要，通过社会保障的形式保证劳动力再生产而已。马克思指出，资本主义社会保障制度，“装出一副大慈大悲的样子，——但也只是在他们的利益需要这样做的时候才如此”[⑤]。恩格斯在《英国工人阶级的状况》一书中也深刻地揭露了资本主义社会保障的实质，他说，这是资产阶级从工人身上掠得一只火腿，丢还给工人一根香肠。从资本主义社会保障支出看，它是工人阶级劳动力价格的一部分，采取同劳动无关的政府恩惠的形式，从而造成国家福利的假象。社会保障基金包括三个来源：一是工人缴纳的保险税。这种保险税是工人工资的直接扣除。二是雇主的保险税。雇主将保险税打入成本进入产品价格，转嫁给消费者，而消费者主要是工人，实际上也是劳动力价值的扣除，只是形式上它没有直接支

①马克思，恩格斯. 1972. 马克思恩格斯选集（第 3 卷）. 北京：人民出版社：9.

②马克思，恩格斯. 1975. 马克思恩格斯全集（第 26 卷，第 3 册）.北京：人民出版社：393-394；马克思，恩格斯. 1975. 马克思恩格斯选集（第 2 卷）.北京：人民出版社：99.

③马克思. 1975. 资本论（第 3 卷）.北京：人民出版社：958.

④马克思，恩格斯.1972. 马克思恩格斯全集（第 2 卷）.北京：人民出版社：568.

⑤列宁. 1959. 俄国社会民主工党第六次(“布拉格”)全国代表会议. 列宁全集（第 17 卷）.北京：人民出版社：449.

付给工人，而是上缴了国家，由国家根据社会劳动力再生产的共同需要来统一使用而已。三是政府补助。这来源于政府的财政收入，财政收入主要来自税收和印钞票，而税收的主要部分是工人所得税，还有各种各样的间接税，这些税的很大一部分也是工人缴纳的。印钞票，造成了通货膨胀、货币贬值，导致工人实际工资下降。可见，资本主义国家支付的社会保障金都是直接或间接地从工人工资中扣除下来的，是劳动力价值或价格一部分的转化形式，归根到底是由工人自己负担的。

二、列宁对社会主义社会保障理论的阐述

列宁创建并领导了世界上第一个社会主义国家。他对社会主义社会保障的阐述更加明确和完善。他提出了社会主义社会保障应遵循的原则："最好的工人保险形式是国家保险；这种保险是根据下列原则建立的：①工人在下列一切场合(伤残、疾病、年老、残废；女工怀孕和生育；养育者死后所遗寡妇和孤儿的抚恤)丧失劳动能力，或因失业失掉工资时国家保险都要给工人以保障。②保险要包括一切雇佣劳动及其家属。③对一切被保险者都要按照补助全部工资的原则给予补助，同时一切保险费都由企业主和国家负担。④各种保险都由统一的保险组织办理；这种组织应按区域和被保险者完全自理的原则建立。"①这种系统包含了社会主义社会保障制度的主要内容：第一，保障项目。社会主义保障具有保障范围广、项目多的特点，包括工伤保险、医疗保险、养老保险、失业保险，还有对残疾人以及寡妇孤儿所设的各种救济项目。第二，享受对象，包括一切的雇佣劳动者及其家属，不论劳动者身份和企业性质的区别，只要符合条件，都可以享受国家规定的各种保障，这体现了人民当家做主、享有平等权利的社会主义优越性。第三，支付标准。津贴支付以劳动者的全部工资为基础，按照补助全部工资的原则发放，以保障劳动者的基本生活。第四，基金来源。保险费由企业主和国家两方负担，劳动者个人无须缴纳保险费。第五，管理机构。由国家建立统一的保险机构管理各种保险业务，以便各项保险基金的统筹安排，同时可以防止多头管理、政出多门、互相扯皮的官僚现象，从而减少保险成本。十月革命胜利后，苏联根据马克思、列宁的理论建立了社会主义的社会保障制度。

马克思主义认为，理论来源于实践，实践是理论的源泉，反过来，理论又指导实践。科学的、符合国情的理论将正确地指导实践的运行，错误的理论将阻碍实践的发展。任何制度的建设和运行都建立在一定的理论基础上，我国社会保障制度的实践和运行丰富了社会保障理论，同时，我国社会保障制度的建设和运行离不开科学的、符合我国国情的社会保障理论的指导。因此，加强对我国社会保障理论的研究，梳理我国社会保障理论的发展现状以及存在的问题，具有重要的理论和现实意义。

第四节　中国的社会保障理论

一、我国社会保障理论的发展现状

在探讨我国社会保障理论的发展现状之前，有必要弄清楚"社会保障"和"社会保障理

①列宁. 1959. 俄国社会民主工党第六次("布拉格")全国代表会议. 列宁全集（第17卷）.北京：人民出版社：449.

论”的内涵。

社会保障是一个十分古老的话题，在人类社会发展史上，总有一部分人需要在别的社会成员的帮助下才能生存下去，而国家为了维护社会稳定，在很早以前就开始制定实施各项救灾、济贫等具有社会保障性质的政策，可见，社会保障是与国家的产生、发展相关的命题。但是，“社会保障”一词最早却出现在 1935 年由美国颁布的《社会保障法》中。由于各国之间的政治经济制度、文化传统、社会背景大不相同，各国都根据自身的国情和需要来制定社会保障政策，从而产生了不同的社会保障理念。而且，随着时代的前进与发展，社会保障的理念与内涵也在不断发生变化。郑功成教授认为，对于当代社会保障可以作如下理论概括：社会保障是国家依法强制建立的、具有经济福利性的国民生活保障和社会稳定系统；在中国，社会保障应该是各种社会保险、社会救助、社会福利、军人保障、医疗保健、福利服务以及各种政府或企业补助、社会互助保障等社会措施的总称。[①]

既然社会保障是一种制度安排，是由一系列措施组成的，而且受到各国政治、经济、文化和民族传统的影响，无疑要在某种社会保障理论的指导下才能完成。因此，社会保障理论是指社会保障制度自身建设的规律及其特有性质的概括总结，是具有指导性、前瞻性的一整套关于这一制度建立所依据的理论基石、所追求的目标、所遵循的原则的系统化的理论体系。[②]张广利教授认为，社会保障理论有宏观与微观之分，宏观理论主要是指思想流派，属于基础理论；微观理论主要是指具体的应用性的实务理论，如基金的管理与运行等。[③]早在 2000 年，武汉大学社会保障研究中心主任邓大松教授就提出了社会保障理论的新体系，他认为，社会保障理论体系由社会保障基本理论、社会保障基础理论、社会保障应用理论和社会保障发展理论四大部分构成，其中社会保障基础理论指“社会保障理论的渊源”；社会保障基本理论是对社会保障基本范畴的解释，用于回答“社会保障是什么”；社会保障应用理论主要说明社会保障同其他经济和社会范畴的关系，阐释社会保障的功能、作用以及历史地位，主要进行比较分析；社会保障发展理论说明社会保障制度存在、完善与发展的必然性。[④]

社会保障无疑是人类文明进步的一种体现，但作为一种完善的社会制度，它最早出现在西方国家，他们积累了关于社会保障的丰富的经验和教训。自然而然，关于社会保障理论的探讨，西方也有深厚而源远流长的传统。

综观历史，社会保障思想最早是和安民、抚民的思想混合在一起的，它可以追溯到舜时期。[⑤]当然，由于舜时期是原始社会进入奴隶社会的过渡时期，阶级矛盾尚不复杂，治国安民也不过是一种政治思想而已，真正产生社会保障原始思想的时期则是奴隶制度得以确立以后，此后经过漫长历史时期的发展，就逐渐形成了对后世颇有影响的天命主义论、大同社会论、社会互助论、仓储后备论、社会救济论、优待抚恤论等社会保障思想。[⑥]但是，这些并不是现代意义上的社会保障理论。鉴于我国的历史和国情，我国现代意义上的社会保障事业起步较

---

① 郑功成. 2009. 中国社会保障论. 北京：中国劳动社会保障出版社：3.

② 邓莉. 2008. 关于我国社会保障理论建设若干问题的思考. 山西大学硕士学位论文.

③ 张广利. 2008. 社会保障理论教程. 上海：华东理工大学出版社：1.

④ 何晖. 2010. 新时期社会保障理论体系构建的思考——2010 年全国社会保障理论体系构建研讨会综述. 广西经济管理干部学院学报，(3)：22-27.

⑤郑功成. 2009. 中国社会保障论. 北京：中国劳动社会保障出版社：18.

⑥郑功成. 2009. 中国社会保障论. 北京：中国劳动社会保障出版社：18.

晚，新中国成立之初才创立社会保障制度，之后由于“文化大革命”，我国社会保障事业一直停滞不前，直到 20 世纪 80 年代初，我国社会保障事业才开始步入正轨，我国社会保障理论才开始逐渐发展。

我国作为社会主义国家，因为社会主义实践历史较短，对于社会保障理论的研究极不成熟，但是近年来社会保障问题已经成为国内理论研究和实践工作领域普遍关注的焦点。许多学者从经济学、政治学、社会学、法学、伦理学等不同学科出发，对社会保障问题进行了深入的、多视角的广泛研究，并取得了相应的理论成果，可以从学术界和党政领导人对我国社会保障理论的探讨两个方面来梳理。

二、学术界对我国社会保障理论证的研究

学术界对我国社会保障理论研究的现状可作如下分类。①

1. 对国外社会保障的介绍与研究

由于我国的理论研究在 20 世纪 80 年代之前处于荒漠状态，如同我国的社会保障改革一样，理论研究也要向西方学习，介绍国外社会保障理论便成了我国社会保障理论发展的一个重要方面。但国内学者对国外社会保障的研究，多数停留在分析梳理西方社会保障理论思想的发展脉络以及对比研究和经验介绍方面。这方面的著作有厉以宁《西方福利经济学述评》、郭士征《社会保障——基本理论和国际比较》、穆怀中《社会保障制度国际比较》、郑秉文等《当代东亚国家、地区社会保障制度》、吕学静《各国社会保障制度》、姜守明等《西方社会保障制度概论》、丁建定等《英国社会保障制度的发展》、张蕴岭《北欧社会福利制度及中国社会保障制度改革》，同时还有翻译作品《各国的社会福利》、《福利经济学前沿问题》等。这些著作的出版，不仅为国内理论工作者了解国外社会保障理论与政策实践开了窗口，而且也为国内学者的研究提供了资料。

2. 对社会保障理论问题的综合研究

对社会保障理论问题的综合研究，主要有陈良瑾《社会保障教程》、侯文若《现代社会保障学》、夏淑梅和罗遐《社会保障概论》、李珍《社会保障理论》、郑功成《社会保障学——理念、制度、实践与思辨》、邓大松《中国社会保障若干重大问题研究》、景天魁《基础整合的社会保障体系》等。这些著作虽然多以社会保障概论的形式出现，却都试图从理论上系统介绍和阐述社会保障的发展问题。

3. 对中国社会保障改革与发展问题的综合研究

鉴于社会保障改革在中国整个改革事业中的重要性，对中国社会保障问题进行系统研究的有很多，也取得了很多成果，有冯兰瑞《中国社会保障制度重构》，郑功成《中国社会保障论》、《论中国特色的社会保障道路》、《中国社会保障制度变迁与评估》，杨团《中国社会保障制度的再选择》，徐滇庆等《中国社会保障体制改革》，高书生《社会保障改革何去何从》等。

4. 对社会保险问题、社会救助问题、社会福利与社会服务问题等的研究

社会保险是社会保障体系中的重要组成部分，也是我国社会保障体制改革的重点与难点。研究成果方面有李绍光《养老金制度与资本市场》、林义《社会保险制度分析引论》，社会救助方面有李强《中国扶贫之路》等。

①郑功成. 2000. 社会保障学——理念、制度、实践与思辨. 北京：商务印书馆：42-45.

5. 对我国社会保障具体问题的理论研究

有些学者对中国社会保障具体问题进行了研究。例如，周传蛟[①]紧扣转型的时代性课题，从计划经济时期社会保障制度的特点入手，结合转型时期的时代特征，在借鉴国外经验的基础上，探析了当前我国社会保障制度的功效，并有针对性地提出了我国社会保障体系的完善对策。张盈华[②]系统地梳理了社会保障促进经济增长的实现途径，即政治经济学派的社会公平视角和新古典学派的经济效率视角。随后从社会保障的待遇环节入手，分析了“均一费率制”和“收入关联制”两种类型的社会保障促进经济增长的实现机理。从新的视角看，不同计发办法的社会保障对人力资本积累产生不同的影响。张金峰、张小蒙[③]认为，社会资本是一种实际或潜在的资源集合，社会资本的三大来源是文化、家庭、国家在其积累中的作用。社会资本来源与社会保障存在着密切的内在联系。社会资本来源对于中国社会保障建设的重要启示，就在于社会资本被充分利用的过程，同时也是促进社会保障不断完善的过程，社会资本来源可以成为中国社会保障建设的发展动力。张勇[④]认为，农民工是我国工业化和城市化进程中出现的庞大而又特殊的社会群体，为经济社会的发展做出了重要贡献，但社会身份却长期被城市边缘化，保障待遇也近乎游离于当前社会保障体系之外，引起了社会高度关注，理论界从农民工社会保障的基础理论、制度安排、存在问题、对策措施和实践模式等方面进行了有益探讨，有利于进一步的研究和实践。刘琦[⑤]强调，确立农民工社会保障权益非常必要，但农民工社会保障权的实现并不尽如人意，主要原因是人们在社会保障认识上存在误区，现有社会保障制度没有体现工业化和城市化进程中农民工流动的现实，现行社会保障制度费率的设计脱离农民工的特点，社会保障立法层次偏低、强制力较弱。实现农民工社会保障权应针对农民工特点，建立以农民工为中心的相对独立、分层分类的社会保障体系，并强化用人单位对农民工社会保险的法律责任。阎中兴[⑥]认为，政府是社会保障中非常重要的制度主体，从经济理论上进行分析，市场失灵决定了政府必须对社会保障进行干预，同时政府也存在失灵的问题。在社会保障中政府与市场应密切结合，从几个方面发挥我国政府在社会保障中的作用。

三、我国党政领导人对社会保障理论的认识

我国社会保障理论的发展是基于我国社会保障制度的实践，而政府是我国社会保障制度的建设者和实践者，无疑我国社会保障理论的发展与党政领导人的认识密不可分。因为我国现代意义上的社会保障事业的发展是改革开放以来的事情，下面对改革开放以来我国领导人对社会保障理论的认识的发展作一个概括，具体可从以下几个方面来综述。[⑦]

（一）从社会保障是社会主义优越性的体现到社会保障是一个重要的经济和社会问题

关于社会保障的地位的理论认识，我国经历了从社会保障是社会主义优越性的体现到社

①周传蛟. 2006. 社会转型期社会保障制度研究. 中共中央党校博士学位论文.

②张盈华. 2008. 社会保障促进经济增长的机理研究. 西北大学硕士学位论文.

③张金峰，张小蒙. 2007. 从社会资本来源审视社会保障的发展动力. 西北人口，（3）: 28-32.

④张勇. 2009. 农民工社会保障问题研究综述. 社会主义研究，（3）: 25-30.

⑤刘琦. 2009. 农民工社会保障权及其实现途径. 湖南师范大学社会科学学报，（3）: 38-42.

⑥阎中兴. 2003. 政府与社会保障:理论分析与政策建议. 财经理论与实践，（1）:44-47.

⑦丁成荣. 2007. 对中国特色社会保障理论的探索与阐述——从邓小平到江泽民. 党政论坛（5）:10-12.

会保障是一个重要的经济和社会问题的过程。1987 年 10 月 13 日，邓小平在《我们干的事业是全新的事业》一文中，在分析农村改革和城市改革情况时指出："这一次改革首先是从农村开始的。占全国人口百分之八十的农民连温饱都没有保障，怎么能体现社会主义优越性呢?"短短的几句话，包含着深刻的思想内容：温饱保障是最基本的社会保障，是社会保障的最低要求，是社会主义优越性的最初体现。在这里，邓小平以温饱保障为基础，阐明了社会保障是社会主义优越性的体现的重要思想。

江泽民则有过重要讲话："社会保障，是一个很重要的经济和社会问题。社会保障的主要作用，是帮助人们降低生活和工作中可能遇到的风险，保障社会成员的基本生活，增强他们的生活安全感。社会保障体系是否健全，这方面的法制是否完备，对一个国家的经济发展和社会稳定，会产生直接的影响。""要把调节个人收入分配，防止两极分化，作为全局性的大事来抓，要区分不同情况，采取有针对性的措施，保护合法收入，调节过高收入，保障低收入者的基本生活。"在这里，江泽民明确提出社会保障，是一个很重要的经济和社会问题，这种重要性包含两个层面的内容：第一，保障社会成员的基本生活，增强他们的生活安全感。第二，保障国家的经济发展和社会稳定，防止两极分化。

（二）从温饱保障到社会保障体系的全面构建

就世界范围而言，社会保障的范围和水平各不相同，这是由各国的国情，尤其是生产力水平决定的。温饱保障这一最基本的社会保障，对一些发达国家来说也许无足轻重，但对中国这样一个生产力落后、温饱问题长期没有解决的国家来说却至关重要。正因为如此，温饱保障在邓小平社会保障思想中具有特别重要的意义："连温饱都没有保障，怎么能体现社会主义优越性?"在这里，邓小平指明了温饱保障在我国社会保障中的地位：它是我国社会保障的基础，也是我国社会保障发展的起点。改革开放以来，邓小平一直致力于温饱问题的解决，温饱保障的实现，我国的改革开放，也是从解决人民群众的温饱开始的。邓小平设计的三步走战略，第一步基本解决温饱，第二步实现小康，第三步达到中等发达国家水平，充分说明温饱保障是中国社会保障的基础和发展起点。

在我国社会主义市场经济体制的建立过程中，江泽民十分注重社会保障体系的建设，对我国社会保障体系的建设作了一系列重要论述。江泽民关于社会保障体系的论述包含重要思想内容：第一，社会保障体系以基本保障为基础。第二，社会保障是一个系统，包括诸多项目。第三，社会保障是一个动态的体系。中国特色社会保障体系的建立是一个不断探索发展的过程。社会保障体系的具体项目也是一个不断探索和完善的过程。

（三）从与经济相适应到社会保障原则的整体提出

关于社会保障原则，江泽民作了集中和完整的阐述："建立社会保障体系要把握以下几个原则：一是从国情出发，与国民经济发展水平以及各方面承受能力相适应，首先保证人们基本生活的需要；二是坚持公平与效益相结合，权利与义务相对应，兼顾国家、企业、个人三者利益；三是要积极稳妥，注意新老体制的衔接和过渡，避免出现大的波动。"江泽民在这里明确指出，社会保障要与经济发展相适应，显然，这与邓小平关于社会福利只能在劳动生产率增长的基础上逐步增长的思想是一致的。在这里，江泽民又提出了公平与效益相结合，权利与义务相对应，兼顾国家、企业、个人三者利益和积极稳妥地注意新老体制衔接的原则，这些原则涉及经济、社会、道德等诸多方面，这就使社会保障原则发展成为一个整体，极大地丰富了邓小平社会保障原则的思想。

（四）从扶贫救济到促进再就业

社会救济是社会保障的重要内容，其基本方法是向被救济者提供钱和物，以帮助其维持基本生活。对社会救济的作用，邓小平极为重视，早在1950年，邓小平针对西南区的失业情况就明确指出“对失业人员，要妥善安排和救济”，并具体领导了对失业工人和知识分子的救济工作，保证了这部分人的基本生活。当然，向被救济者提供钱和物这种救济方法，有它的局限性，因为它本质上是一种消极性的、应急性的生活救济，并未提高被救济者的自救能力。邓小平充分看到这种社会救济模式的局限性，创造性地提出了一种新的救济模式——扶贫救济模式。

江泽民在继承发展邓小平扶贫救济思想的同时，还提出了关于促进再就业的思想。面对在经济体制改革和国有企业改革改制过程中出现的下岗职工和部分职工生活水平下降等问题，江泽民在强调要确保国有企业下岗职工基本生活的基础上提出：要正确处理社会保障体系和扩大就业的关系，“要大力发展多种所有制形式，努力扩大就业门路。开展多种形式的职业培训，提高劳动技能，促进再就业。引导下岗失业人员转变就业观念，鼓励自谋职业和多种形式就业”。江泽民的这一论述，有助于从根本上改变下岗职工的生活状况，达到主动自救的目的，这就为扶贫救济指明了一条新路。

综合我国学术界和党政领导人对于社会保障理论的认识，可以将我国社会保障理论内容概括为以下几个方面：

一是统一社会保障理论。该理论认为，应在全国建立统一的社会保障制度，包括统一规定、统一标准、统一征收、统一支付和统一管理。中央政府是社会保障的责任主体，保障的对象是有公民义务的劳动者。社会保障资金纳入政府财政的年度预算，实行按需分配，年度平衡。冯兰瑞[①]认为，应尽快实现由省级统筹过渡到全国统一。现代社会保障的本质特征是社会化，这种社会化不仅包括保障对象社会化、保障主体社会化和管理服务社会化，还应包括资金筹集和调剂使用社会化。社会保障社会化程度越高，越接近全社会的统一化，就越接近社会保障的本质特征。我们要从省级统筹过渡到全国统筹，这是建立全国统一社会保障制度的必由之路。

二是民间社会保障理论。该理论认为，中国建立统一的社会保障制度经济动机是短期的，战略目标是错误的，财政上是无法持续的。统一的社会保障不但无助于国有企业改革，而且还会拖垮整个财政体系；统一的社会保障将严重削弱中国的国际竞争力，使外资流向劳动力价格更低廉的国家，从而削弱而非加强社会稳定。从长期的发展战略而言，中国应当建立以家庭储蓄养老保障为主，民营医疗保险为辅，社区社会救济保底，廉价、高效、灵活多样的社会保障体系，而非统一集中国营低效的社会保障体系。[②]

三是差别性社会保障理论。该理论认为，由于我国城乡差别巨大，在保障形式、保障项目、保障水平等方面，应当有所区别。在农村，应以家庭保障为主，同时根据农村生产方式

①冯兰瑞. 2002. 社会保障社会化与养老基金省级统筹. 中国社会保障，(10)：10-15.

②陈平. 2002-04 -21.中国能否支撑统一社保. 证券时报（财经周刊）.

的变化，有步骤地发展社会保障项目；在城市，则应加大社会保障改革的力度，尽快建立健全社会保障制度。[①]

四是有差别的统一社会保障理论。该理论认为，社会保障制度应实行“有差别的统一”。进城务工农民、乡镇企业职工、城市企业职工等应逐步实行统一的社会保障制度；对于社会保障项目中的最低生活水平部分和大病统筹部分，应渐次过渡为全民共享项目；其他部分，以及社会保险的其他项目，如失业、工伤等，城乡应具有一定的差异。[②]

五是分级式社会保障理论。该理论认为，应该把社会保障制度分为两级，一级是中央政府通过全国社会保障税统一筹集社会保障资金，作为全国城乡人员社会保障之用；另一级是省一级政府通过地方社会保障税统一筹集社会保障资金，作为本省区域内城乡人员社会保障之用。[③]

四、我国社会保障理论发展存在的问题

我国社会保障理论的发展是随着现代意义上的社会保障事业的发展而兴起的，严格地说，我国现代意义上的社会保障事业的发展起于改革开放之后，因此我国社会保障理论的研究起步较晚，正如郑功成教授所言，我国社会保障理论研究的特点可以概括为：已经起步，正趋繁荣；但还不成熟，任重道远。[④]我国社会保障理论发展存在的问题主要有以下几个方面。

（一）理论发展脱离我国国情和实际

目前，在国内研究领域，照抄照搬西方社会保障理论或模式的现象比较普遍。社会保障制度既要适应经济社会发展水平，又要适合本国政治基础和文化传统。不同国家的社会保障制度因各自发展阶段不同都有自己的特点，不能简单地照搬照抄。这一点在社会保障研究中必须引起足够的重视。当前，在对西方社会保障理论的研究中，有的人机械地把西方社会保障理论全盘移植到中国，并把它作为我国社会保障理论的基础和原则。还有的人对我国社会保障制度现状及改革发展历程认识不清，认为我国社会保障之所以存在这样或那样的问题，关键就在于现有制度本身不够好，必须全盘否定、推倒重来。这些问题，极易混淆人们的思想，干扰社会保障理论和实践研究，对社会保障体系建设十分不利。[⑤]而且，目前我国社会保障理论的发展还脱离社会保障改革的实际。

（二）缺乏对马克思主义社会保障思想的挖掘

我国是社会主义国家，我国的社会保障制度的建设必然带有社会主义的性质。马克思主义经典作家关于社会保障的思想非常丰富，加强对马克思主义社会保障思想的挖掘，对当前建立中国特色的社会保障体系具有很强的指导意义。目前研究领域普遍存在的突出问题是对马克思主义社会保障思想的对照结合、系统梳理和理论深化还很不够，在一些问题的认识上还很模糊，不能以马克思主义的思想内涵、理论方法来指导构建社会主义社会保障的理论基础，没有真正理清社会主义与资本主义社会保障制度的本质区别，缺乏从马克思主义理论的

①宋晓梧. 2001. 中国社会保障制度改革. 北京：清华大学出版社.

②李迎生. 2002. 探索中国社会保障体系的城乡整合之路. 浙江学刊，（5）：10-14.

③年志远，齐艺莹. 2006. 分级式社会保障理论研究. 税务与经济（长春税务学院学报），（5）：7-9 .

④郑功成. 2000. 社会保障学——理念、制度、实践与思辨. 北京：商务印书馆：47.

⑤王群. 2010. 中国特色社会保障理论与实践问题探索. 吉林大学博士学位论文.

高度来进行制度设计，在一定程度上严重干扰了社会保障体制改革和发展。[①]

（三）缺乏对我国社会保障实践的总结

马克思主义认为，实践决定认识。我国社会保障的实践是我国社会保障理论的来源，虽然我国社会保障体系建设起步较晚，制度还很不完善，相对于经济社会发展还明显滞后。但多年来的改革实践，既有失败的教训，也积累了大量的成功经验，对未来社会保障体系建设，特别是建立和完善社会主义社会保障制度，具有很强的借鉴意义。只有对我国社会保障制度探索实践和发展历程进行系统的理论概括和实践研究，才能为建立健全社会保障制度体系提供全面、系统的经验，提升我国社会保障理论的建设水平，为建设中国特色社会保障体制提供参考。

（四）对社会保障跨学科研究不足

社会保障研究领域广泛，涉及社会各方面。从理论上讲，社会保障从资金筹集到支付的过程实际上是国民收入的分配与再分配过程，它应属于经济学范畴；社会保障的直接目的是为社会稳定发展服务，是国家通过法律强制实施的社会政策，它又该属于政治学范畴；而社会保障的行为是社会融合，其内容是解决特定的各种社会问题，从而又该属于社会学范畴，等等。[②]目前，我国对社会保障问题的研究，绝大多数都是从经济学、社会学等单一学科角度进行研究，虽然有的从政治学、伦理学、法学角度进行了探索，但都仅仅局限于单一学科，跨学科、跨领域的多角度集中的研究还很不够，难以破除单一学科研究的局限性，缺乏系统性和综合性，在社会保障研究中很难实现突破。这种情况既不利于对社会保障的研究，更不利于中国特色社会保障体系的建立。[③]

（五）创新不够，理论发展缺乏系统性

在我国既有的大量关于社会保障理论的文献研究中，有不少是一些零散的关于社会保障实施过程中出现的某一现象的就事论事，或是灵机一动的发表议论，没有创新，更缺乏周密的、有系统的实证论证，高水平著作不多。

（六）对基础理论问题关注不够

我国目前的社会保障理论研究缺乏统一的理念，对理论的研究也不够细致，对社会保障的基础问题也未完全理清。比如，我国目前正在进行的社会保障体制改革和新制度的设计中，对诸如“社会保障的基本理念和价值取向问题、社会保障在处理公平与效率的关系问题”等，理论界的研究仍然不够，没能达成基本共识，严重制约着我国社会保障制度的改革。[④]

五、完善我国社会保障理论发展的具体措施

中央提出要建立民主法治、公平正义、诚信友爱、充满活力、安定有序、人与自然和谐相处的社会，并且提出和谐社会是社会主义的本质特征。要构建和谐社会，就意味着要化解

①王群. 2010. 中国特色社会保障理论与实践问题探索. 吉林大学博士学位论文.
②郑功成. 2009. 中国社会保障论. 北京：中国劳动社会保障出版社：13.
③王群. 2010. 中国特色社会保障理论与实践问题探索. 吉林大学博士学位论文.
④邓莉. 2007. 对我国社会保障理论的思考. 山西煤炭管理干部学院学报，(4)：12-13.

现实中可能出现的各种社会问题，而要化解各种社会问题又离不开完备的社会保障制度，科学的、符合国情的社会理论是一国社会保障制度发展的指南，因此，完善我国的社会保障理论具有重要的现实和理论意义。针对我国社会保障理论发展中存在的问题，可以从以下途径来逐步完善我国社会保障理论。

（一）明确我国社会保障理论的理论基石

要想有一个公正的社会保障制度，必须要有符合我国国情的社会保障理论基石为指导。我国是以马克思列宁主义、毛泽东思想、邓小平理论和“三个代表”重要思想为指导的社会主义国家，应该运用辩证唯物主义和历史唯物主义方法对社会保障理论进行研究。马克思关于社会保障理论的论述，是我国社会保障理论构建的指导思想。马克思提出了社会保障制度建立的重要性。马克思认为，无论是资本主义社会，还是社会主义社会，社会保障基金都来源于社会剩余劳动所创造的剩余产品或剩余价值，是对社会总产品的一种扣除。这个结论可以说是社会主义社会保障的坚实理论基础。马克思主义社会保障理论在中国的发展，为我国社会保障理论构建提供了宝贵的实践经验。马克思主义的社会保障理论，从剩余价值理论和再生产理论出发，开创了新的研究视角，为社会主义国家的政策实践提供了科学的依据。而毛泽东、邓小平等的社会保障思想，结合了我国的国情。这些社会保障思想为我们现阶段进行社会保障理论研究奠定了坚实的基础，同时也为我们提供了丰富的思想源泉。但是，必须注意的是，他们提出的社会保障理论只具有一般性、框架性。例如，马克思的社会保障理论，前提是以当时他自己设想的社会主义是生产力高度发达的社会为条件的，与我国的国情有不相符的地方，不能简单照搬。我们必须以此为理论基石，提出具体的原则。

（二）坚持发展我国社会保障理论的新原则①

一是要坚持以人为本的原则。中央提出科学发展观，强调以人为本，强调经济社会的协调发展，这是我国经济和社会发展指导思想的重大转变，突出了人的价值和人的全面发展，将人的主体性提升到了一个新的高度。生存权和发展权是人的基本权利，以人为本首先就是要解决人的生存问题，而社会保障是现代国家和社会采取与建立的一系列有组织的措施和制度的总称，是在其成员因年老、疾病、灾害、贫困而生活陷入困境，生命受到威胁时，通过提供经济和物质帮助使其渡过难关，以保证社会的正常有序发展，给社会成员提供基本生活的安全感，维护其人格尊严。所以，在社会保障制度设计时，不能仅以经济效率作为其唯一的标准，还应充分保证人的权利的实现，不仅为人们提供物质保障，更要尊重人的基本生活和人格尊严。“最低生活保障”的提出，就是“以人为本”思想的体现，也意味着现代社会保障是以人的全面发展为基础的，不仅保障人的物质生活，同时注重对人的精神层次的保障。

二是要坚持传统文化和伦理道德的原则。“文化是民族的生命，道德是文化的灵魂。”我国的社会保障制度是在特定的背景下进行的，在借鉴西方社会保障理论的同时，必须结合我国的文化传统。中国历史上的社会保障思想比较丰富，有孔子的“大同社会论”，认为大同社会的基本目标是使所有社会成员都能得到生活保障。儒家的“仁爱互助学说”，孟子认为：“出入相友，守望相助，疾病相扶持，则百姓亲睦。”对历史上的社会保障思想进行研究，有助于充分认识我国社会保障产生和发展的规律。中国传统社会是乡土社会，注重以血缘为主导、

①邓莉. 2007. 对我国社会保障理论的思考. 山西煤炭管理干部学院学报，（4）：12-13.

以家庭为纽带的亲情关系。家庭既是人们生活的全部，也是人们唯一的保障。由于工业化的发展，家庭结构小型化和家庭保障功能的弱化，开始强调社会保障的无限责任，希望用社会保障完全代替家庭保障。实际上，这种看法是片面的，二者是可以相互补充的。我们必须正确对待传统文化和伦理道德的影响作用。

三是要坚持社会和经济发展双重功能并重原则。社会保障理论研究具有了社会学的视角后，社会保障的社会目标是无须强调的。但是，经济发展是社会保障制度的保证，因而，社会保障理论不能片面强调其社会功能，同时还要强调其经济功能，以达到经济发展的目标。可以说，经济目标和社会目标的追求是同等重要的，二者不可偏废。以此实现经济社会的健康持续发展，这才是社会保障理论研究的根本所在。

（三）建立项目整合的社会保障理论

统筹是整合的基础，整合是统筹的目标。建立项目整合的社会保障理论就是要能够从理论上准确地界定中国特色社会保障所要包括的项目与层次、各个保障项目的具体要求以及目标任务、社会保障的法律地位与法律保障，明确各个保障项目及内容，理顺它们之间的逻辑关系，使社会保障要能够在解决城乡居民养老、医疗、工伤、失业、生育、教育、住房等方面发挥基础性保障作用。具体落实到制度层面上，项目整合的社会保障理论包括以最小的财政支出成本解决低收入或生存困难的失业群体最低生活保障制度以及社会救助制度，解决城乡居民基本养老和医疗需求问题的社会保险制度，解决相关群体的义务教育和基本住房保障制度，以及其他自愿性商业保险为补充的社会保障制度体系。①

（四）明确社会保障的学科性质和研究方法

首先，社会保障学科既不能简单地归之于经济学范畴或政治学范畴，也不能简单地被认为是社会学范畴，它应该是在经济学、政治学、社会学等多学科基础上逐渐发展起来的一门独立的、交叉的、处于应用层次的社会学科。掌握社会保障的这一学科性质，将是研究社会保障问题的金钥匙，它有利于社会保障理论从分散研究走向系统研究、从微观研究走向宏观研究并最终确立其在社会科学中的应有地位。其次，要掌握科学的研究方法。研究当代中国社会保障问题，必须坚持以马克思主义政治经济学为理论基础，将多学科综合的研究方法摆在首位，坚持辩证唯物主义方法、系统论与整体观方法、理论与实践相结合方法。既面向未来，又尊重国情，既借鉴国外，又有所创新，应该成为当代中国社会保障理论发展需坚持的原则。②

[案例分析]

中国需要自己的社会保障理论③

社会保障制度改革呼唤理论创新

中国20多年的社会保障制度改革成效显著。其中最主要的就是适应从高度集中的计划经

①高和荣. 2008. 论中国特色社会保障理论的构建. 吉林大学社会科学学报（4）：120-126.

②郑功成. 2009. 中国社会保障论. 北京：中国劳动社会保障出版社：13.

③高和荣，景天魁. 2008. 中国需要自己的社会保障理论. 理论参考，（1）： 43-45.

济到市场经济体制转型的需要，社会保障制度实现了由“国家-单位制”向“国家-社会制”的转变，扩大了社会保障覆盖面，使养老、医疗、工伤、失业等项目成为社会保障制度的核心并逐渐扩大到城镇各类所有制企业职工，做到社会保障资金来源多元化、社会保障管理社会化，逐步实行了最低生活保障制度以及社会救助制度，积极开展新型农村合作医疗，加快社会保障制度立法工作。所有这些成就的取得，既为进一步完善我国社会保障制度打下了良好基础，也为更好地构建社会保障理论提供了充足资源。

但是最近几年，中国社会保障制度改革过程中出现了一些始料不及的问题，集中表现在人们对社会保障的认识存在偏差，不是从促进经济社会和谐发展的角度，而是仅仅从解决经济体制改革过程中出现的具体问题、与市场经济相配套的角度去理解社会保障制度，因此在社会保障制度的基础与原则、内容和目标、结构及功能、标准与覆盖面等问题上还存在许多分歧和争议。而这又反过来直接制约着中国社会保障制度的变革实践，使得我们建立城乡统筹的社会保障体系进展缓慢。

分析中国社会保障改革出现的这些问题，原因是多方面的。其中最主要的就是 20 多年来我们对社会保障理论建设重视不够，特别是只重视西方现成的社会保障理论，不重视从中国实际出发进行理论创新，常常采取以解决经济发展过程中所产生的实际困难为目标、“头痛医头，脚痛医脚”式地制定各种具体的社会保障制度，而没有努力建立自己的社会保障理论并以此指导实践。

忽视理论建设的另一方面，就是过分强调社会保障的实用性，把社会保障作为解决经济发展过程中所产生的具体社会问题的一种手段，而不是社会设置中具有独立性质的制度安排。于是，当经济结构转型导致大量下岗职工时，我们才考虑对这部分职工进行生活保障；当老工业基地出现大批离退休职工而原有企业又无力提供相关保障时，我们才意识到加快社会保障社会化改革；当大量农民工涌进城市出现许多社会问题时，我们才考虑如何给他们提供必要的养老、医疗、工伤、失业以及子女教育等保障措施；当部分群众看不起病时，我们才考虑如何健全城乡居民医疗救助制度、完善医疗保险制度、建立新型农村合作医疗制度。过分重视实用性的社会保障，必然带来实际工作中的被动。缺乏理论上的前瞻性，就没有实践上的主动性。

中国社会保障理论建构中存在的问题

回顾以往社会保障制度改革实践与理论探索可以发现，我们在理论构建方面存在如下主要问题：

一是抽象地肯定西方社会保障理论的公平基础，把它简单地移植到中国社会保障理论构建当中来。从工业革命到 20 世纪 50 年代，西方社会保障理论普遍强调生存性或救济性公平理念，认为以社会保险为核心的社会保障制度要能够提供维持民众生存最低限度的收入，确保任何一个参保人员“即使没有其他经济来源，社会保险提供的基本生活最低收入也足以满足人们的基本生活需要”。20 世纪 60 年代，西方国家普遍解决了贫困问题，西方社会保障所注重的公平才逐渐由原来的生存性公平转向发展性公平，从原来的救济性公平逐渐转变为体面性公平，强调作为一种社会福利的社会保障应当是“高水平、广覆盖、无差别”，保证每个人“过上体面的生活”。但是，这种社会保障理论在实践过程中出现了新的矛盾和问题，导致有的国家不得不进行“痛苦的改革”，有的国家试图以新的公平理念重建社会保障理论。这表明，作为社会保障基础的公平从来都是具体的而不是抽象的。

可是，在社会保障理论研究中，我们片面地理解社会保障的公平基础，总是试图寻求那种绝对的公平，照搬西方国家的体面性公平，忽视了实现这种公平的经济、社会、文化以及心理基础，忽视了社会公平的民族差异性及其他属性。事实上，在经济并不发达的当代中国，我们不可能建立起高福利、彰显体面公平的社会保障理论，只能够构建一种与我国经济社会发展水平相适应、解决民众基本生存需求、促进经济社会持续和谐发展、体现“底线公平”

的社会保障理论。否则，我们很容易患上贫穷国家的“富贵病”。

二是过分依赖西方社会保障理论派别和理论内容。应当看到，无论是新历史学派、凯恩斯主义、贝弗里奇主义、新剑桥学派、新自由主义以及“第三条道路”，还是新制度经济学派、经济增长学派甚至未来学派，都是西方学者或者根据本国当时的经济社会发展实际，或者为解决本国当时的民生问题而形成的理论派别。总体上看，这些形态多样的理论派别实际上都有其独特的时代性、明确的针对性以及鲜明的国家性特征，不仅不同的国家产生了不同的社会保障理论派别，而且同一个国家在不同的社会发展阶段也出现了不同的社会保障理论形态，从来就没有一个国家的社会保障理论形态始终一成不变。因此，西方社会保障理论派别只具有相对合理性，它们不可能超越时空“放之四海而皆准”。

建立中国自己的社会保障理论

我们提出建立中国自己的社会保障理论，不是简单地否定西方社会保障百年来所取得的理论成就，不是简单地否定中国 20 多年来的社会保障实践探索，更不是按照苦思冥想的方式去建立什么宏大的理论体系，而是运用科学的社会调查与研究方法，厘清中国社会保障制度改革中遇到的问题，以马克思主义为指导，用科学发展观统领全局，按照构建社会主义和谐社会的要求，从中国实际情况出发进行理论概括与理论升华，形成自己的社会保障理论，以此来解决我们的社会保障问题。

一是要以解决民众最基本生存问题为出发点，把“底线公平”作为建构中国社会保障理论的基础。我们的社会保障理论应当体现为雪中送炭，而不是锦上添花，主要解决民众最基本的生存需求，如吃饭（就业）、看病、教育以及住房等方面，因为这些是每个人一生都无法回避的问题。要公平对待相对贫困以及其他在竞争中处于弱势地位的人群，努力使每一个人都能够获得最起码、最基本的生存条件，让他们能够得到社会的保护和支持。

二是要明确中国社会保障理论的目标。中国的社会保障理论应当切实保障广大民众最基本的生存需求而不是非基本生存需求，保障整个社会乃至我们子孙后代持续和谐发展需求，而不是仅仅满足个别阶层的特殊需求。也就是说，我们的社会保障理论应当在继承和弘扬中国传统的保障文化、心理和方式基础上，基于经济社会发展的历史与现实，吸收西方社会保障理论与实践中的合理成分，形成符合中国国情的创新理论。目的就是满足人民群众的最基本生存需要，努力缩小贫富差距，减少社会排斥与社会对抗，保证社会稳定，实现社会和谐。

三是要建立起城乡统筹、涵盖各个阶层、努力缩小阶层之间差距的社会保障理论。在社会保障项目上，要能够界定出中国社会保障所应包括的项目、内容、目标及任务，理顺它们之间的关系，使社会保障能够在解决城乡居民养老、医疗、工伤、失业等方面发挥基础性作用；在社会保障待遇上，要能够从广大民众所有基本需求中找出一些更具有前提性、基础性以及无法回避的需求，如解决温饱问题的基本生活需求、解决看病难以及公共卫生服务的基本健康需求、解决基础教育问题的基本发展需求等；在保障层次上，要夯实最低生活保障和社会救助制度，以解决最基本的养老、医疗、工伤、失业等需求为目标的相关社会保险为主体，形成多层次社会保障理论体系。

CHAPTER 3

第三章 社会保障基金

[内容摘要]

我国社会保障基金由社会救济基金、社会福利基金、社会优抚基金、社会保险基金、为保障支付当期养老金而设立的全国社会保障基金，以及企业自愿提供给员工的补充养老保险基金，即企业年金基金等构成。本章全面阐述了社会保障基金的投资模式问题，阐述了我国社会保障基金的运营情况，以及我国社会保障基金运营过程中存在的问题及对策。

[学习要点]

（1）社会保障基金的投资模式。

（2）我国社会保障基金的运营情况。

（3）我国社会保障基金运营过程中存在的问题及对策。

社会保障基金被老百姓称作“养命钱”。这笔基金主要来自企业和个人的缴费，以应对职工生、老、病、残、失业之急。社会保障基金的最终目的是保证社会保障制度的实现，因此社会保障基金的构成是与社会保障体系相一致的，根据我国目前社会保障体系中的构成，可知我国社会保障基金的构成。我国社会保障体系分为社会救助、社会保险、企业和个人自愿三大类。其中社会救助包括社会救济、社会福利、优抚安置等三个子目；社会保险包括养老保险、医疗保险、生育保险、失业保险和工伤保险五个子目。

我国社会保障基金由社会救济基金、社会福利基金、社会优抚基金、社会保险基金，为保障支付当期养老金而设立的全国社会保障基金，以及企业自愿提供给员工的补充养老保险基金，即企业年金基金构成。社会保险基金作为社会保障基金的主要组成部分，又分为养老保险基金、医疗保险基金、生育保险基金、失业保险基金和工伤保险基金五个子目。由于其发挥的作用不同，养老保险基金在整个社会保障基金体系中占有最为重要的地位，在整个社会保障基金体系中所占的比重和规模最大，养老保险基金主要包括完全由政府财政支撑的保障项目（即由全国社会保障基金理事会管理的全国社会保障基金），由国家、企业、职工共同负担的基本养老保险和由企业和个人出资的企业补充保险。

第一节 社会保障基金概述

一、社会保障基金的概念

社会保障基金是国家、单位及个人中统筹而积累起来的专项基金，用于受益人出现生、老、病、残、失业等情况时，提供给他们一定的社会物质帮助。在现代社会工业越发达，经济发展越迅速，对社会保障的要求与依赖也就越强，而社会保障的关键又是保障基金。社会保障基金作为社会保障制度的现实经济基础，是一个宏观的概念，特指依法通过各种方式建立起来的用于实施各项社会保障制度的基金项目总称。一般而言，总体的社会保障基金反映着社会保障制度的总量水平。在理论与实践中，总体的社会保障基金可能因各国对社会保障概念和范围的界定不同而存在较大的差别，但分类乃至分项目的社会保障基金却在各国具有相通性。

二、社会保障基金的来源

由于各项社会保障基金的用途、功能不同，其资金来源渠道也有所不同。纵观各国的社会保障基金，主要来源有以下几个方面。

（一）财政拨款

在现代社会保障制度中，最主要的责任主体无疑是政府，政府财政拨款便成了筹措社会保障基金的一个固定的、主要的来源渠道。没有国家财政作为经济后盾，很难建立起健全的社会保障制度，或者即使建立了相应的社会保障制度也难以获得健康的发展。

正是基于政府的责任主体身份，许多国家都将社会保障基金（社会保险基金）直接纳入国家财政的预算范畴，将其与经常性预算混为一体进行管理；有的国家虽然让社会保险基金在经常性财政预算之外运行，但通过财政专户对其进行密切监控；有的国家虽然建立了完全独立于国家财政预算系统之外的社会保险基金系统（如新加坡、智利），国家财政仍需承担对社会救助、社会福利等事业的直接拨款责任，有时还对系统之外的社会保险基金给予适当的援助，从而同样扮演着最终责任主体的角色。

国家财政拨款对社会保障的支持，可以概括为三种方式：一是直接拨款实施社会保障项目，如社会救助、官办福利等项目在各国都是由政府承担全部供款之责的，有的国家还由政府财政分担社会保险的缴费责任。二是承担社会保障运行费用，这一部分拨款虽然并不直接用于受保障者，却维护了社会保障基金的完整与安全，从而也是实施社会保障制度的重要经济条件。三是实施税收优惠，如允许企业与个人在缴纳社会保险费或补充保险费时享受税前列支的优惠，允许公益慈善捐款享受免税的优惠，它虽然不表现为财政支出的扩大，却表现为财政收入的缩小，是国家财政支持的具体体现。

（二）社会保险费（税）

社会保险费（税）通常由雇主和雇员按工资额的一定比例分担缴纳。

（三）基金运营收入

对社会保障基金（主要是养老保险基金）进行商业运营已经越来越引起各国政府的重视。基金运营所创造的收益将成为各国社会保障基金日益重要的来源。财政拨款、社会保险费（税）和基金运营收入，无疑是构成整个社会保障基金的主要来源，但任何国家的社会保障基金通常还都包括从其他渠道筹集来的保障基金。

（四）其他资金

1. 募捐

政府倡导募捐。社会成员的收入差别与贫富差别的客观存在，以及善心与人道主义的道德规范，使募捐成为许多国家筹集社会保障基金的一个正式而又流行的方式。

2. 发行福利彩票

在西方，发行福利彩票与慈善募捐同样被经济学家们称为第三次分配。它筹集的资金用于兴办各种福利事业，如安老、助孤、扶幼、济困等，是对社会保障制度的有益的补充。发行福利彩票的特点是自愿购买，返奖率高，并带有博彩的性质。一般而言，福利彩票的返奖率不能低于发行额的 50%，筹集的福利资金不低于发行额的 30%，发行成本不高于发行额的 20%。另外还必须注意，彩票其实是对中低收入阶层的一种伤害，因为购买彩票的主要是中低收入阶层尤其是低收入阶层的人员，从而实质上是利用低收入阶层的一部分所得来兴办社会福利事业，就此而言，它有违社会福利的本意，所以应该有节制地发展。

3. 服务收费

基于服务的范围、服务对象的不同和接受服务者的经济承受能力，部分社会福利事业通常采取收费方式来筹集部分资金，以弥补资金不足或借此扩大福利事业的规模。如养老院除收养无依无靠、无收入来源的孤寡老人外，还可以收养退休者，后者因具有经济能力而成为自费养老者。但福利事业的宗旨是不以营利为原则，从而仍然能够令入住退休人员享受低廉的收费服务。对于民营的福利机构而言，适当收费显然是维持事业正常运行并使其发展壮大的重要前提条件。

三、社会保障基金的作用

社会保险基金对于维持社会安定和经济的正常运行及发展有着重要的作用。

（1）增强抵御风险的能力，保证社会的安定。在市场经济条件下，无论是企业还是劳动者，由于竞争的加剧，在效率提高的同时，风险也增加了。社会保障基金的建立可以有效地抵御这些风险。在劳动者遭遇风险时，社会保险基金可以保障其基本生活，使社会免于动荡。当一个社会处于变革时期时，人们面临的风险在加大，社会保险基金的作用更为重要。

（2）发挥保险互济的作用，增强社会的凝聚力。风险是社会生活中经常遇到的，社会保险比个人自我储蓄更能有效地抵御风险损失，特别是当个人处于意想不到的风险时，社会保险比个人承担风险的能力大得多。在市场经济条件下，社会保险的互济性使人们在遵循市场经济的投入与收益对等的效率原则之外，又实现了互相帮助、相互关心的社会公平原则。因此，社会保险的实施对于增强社会的凝聚力是非常重要的。

（3）发挥基金的经济功能，促进经济发展。发达国家的经验表明，社会保障基金在经济发生波动时可以起到缓解波动的作用，有利于经济的恢复。例如，如果没有失业保险基金，失业者就会立即失去劳动收入，购买力就会显著下降，这会给本已衰退的经济以更沉重的打击；而有了失业保险，劳动者在失业以后还可以有一定的收入用于维持基本生活，社会的购买力也不会受到太大的影响。同时，社会保障基金中往往有相当一部分是积累性质的，它不需要立即支出，这些积累起来的基金对经济发展是十分重要的。特别是像我国这样的发展中国家，资金短缺是经济发展的瓶颈，运用好社会保障基金，不仅对社会保障事业本身十分重要，而且对经济的发展也会起到巨大的推动作用。

此外，社会保障基金作为机构投资者对于我国资本市场的规范化、健康化，以及解决某些历史遗留问题均有好处。例如，我国股票市场的问题之一是短期炒作者比重较大，有些炒作者甚至不关心上市公司的基本业绩和前景。而退休基金被公认为最具有长期观点的投资者，退休基金的成长有助于改变市场气氛，从而也给上市公司改进经营管理带来更为正面的压力。又如，一部分上市公司的国有股比例过大而且不可流通，退休基金的引入将有助于股权比例适当分散和法人股逐步流通，从而有助于公司法人治理结构的完善，这又会进一步增强对中小投资者的保护和增强市场的信心。

四、社会保障基金的特征

（一）基金的共担性

基金的共担性是指由法律明确规定由国家、统筹单位、个人三者按一定比例合理负担社会保障费，建立起社会保障基金。实现社会保障的帮助与补偿职能，关键在于筹集到足以提供补偿的数额可观的基金。因此，国家在国民收入计划支出项目中，应该预留用于社会保障方面的款项。但是，社会的发展，受保障对象的人数及范围急剧增加，完全靠国家财政收入来负担保障支出，是一般政府都无法做到的，就是西方发达国家也因实行的“从摇篮到坟墓”的高福利政策而陷入了严重的财政危机中。我国的经济能力本身就相对较弱，而中央财政要负担保障的事项又太多，改变这种被动局面就应该采用基金共担方式，即统筹单位缴纳一定的统筹款，对于符合受领条件的受益人给予物质帮助，既减轻了国家财政的巨大压力，又使负担在各单位间平均，实现合理负担的目标。同时，也要由法律确定缴费义务人，通过个人交费负担一部分社会保障费用。以由年老退休、疾病、医疗这类纯粹自然性因素导致的劳动危险为目标的社会保障项目，每个劳动者一生中几乎必然要享受其保障待遇，因此，个人在基金上负有一定的义务是合情合理的。至于个人交费多少，要由社会保障法最终确定，固定化的缴费标准将保证有足够的支付款项供使用。

（二）基金的共济性

基金的共济性是指社会保障制度所提供的物质帮助的对象是最广大的劳动者，包括企事业单位的职工、公务员、城镇个体劳动者、农民等。他们由于社会保险而增强了抗御灾害事故、疾病、失业、年老等而给生活所带来困难的能力。 就社会保险的性质而言，它必然要以提供普遍的社会经济补偿为目标。但具体保障范围要受经济发展水平的制约。例如，基于我国目前的经济发展水平与国民收入情况而言，社会保障都是面向城镇居民的。在农村地区，除拥有若干临时性的、地区性的救灾济贫项目，以及对少数特定社会成员（如优抚对象和五保户）实行了某些低水平的保障措施外，国家财力难以为 70%的农民提供物质帮助。社会保障将以农民自筹为主。世界上一些发达国家的社会保障已形成体系，其受保障范围包括全体公民。例如，在日本，凡参加保障的私营企业、事业单位的职工（包括船员）、个体经营者和农民、公务员等在达到领取保险金的年龄，或失业、疾病、伤残时，都可领取规定的保障金。美国参加社会保障的人员占在业人员的 95%，只有公职人员（自有保障体系）、少数农民和家庭雇佣的临时工及低收入的个体劳动者未享受普遍的社会保障。英国每个公民的一生当中，从在母腹中便开始享受社会保障待遇，以后随着出生、上学、生病、失业、丧偶直至退休、年老、死亡，或者出现因公或服军役时致伤致残，或者单身抚养子女，或者家庭里子女多、收入低等情况，均可享受一定的社会保障待遇。

（三）基金的公益性

基金的公益性是指社会保障基金的建立不以营利为目的，而是为了社会上绝大多数劳动者的福利，为的是社会安定与文明。社会保障和商业保险最本质的区别就在于其非营利性，因此，它在基金的征集范围、调剂的对象、补偿的性质上都有自身的特点。

（1）社会保障基金的征集不能像商业保险那样采用投保者多投多保、少投少保、不投不保的基金征集方法。因为商业保险的初衷就是以赚钱、营利为目的的，所以，它又被称为“金融保险”，其利润部分除以税收形式上缴以外，其余由保险公司自由支配。而社会保障是根据国家法律规定而对丧失劳动能力或暂时无能力劳动的人提供基本生活保障，其基金来源于企业、个人缴纳的保险费以及国家的补贴。缴费是一种法定义务，不取决于经济单位或个人的主观意愿。集中的基金专项用于支付各项社会保障待遇，经过社会的调节补偿劳动者的必要生活需用。因此，社会保障基金具有国家专项用于消费资金的性质。国家还要针对这种基金的法律性质给予优惠政策，特别是在资金使用、税收以及投资项目等方面。

（2）在商业保险中，以保险形式建立起来的保险基金，专门用来补偿因自然灾害或意外事故所造成的经济损失或人身伤亡。它是社会总产品的一种必要扣除，具有退还性。当然，由于保险的特殊性，它不一定返还给投保人。因此，参加保险的大多数人因保险期满而丧失了保险费，尤其是财产保险。而社会保障基金直接地对所有投保者履行其经济补偿职能，在于它以国家政策法律为依据，以公共福利为追求目标，以国家强制力为后盾，以国家财政为最终物质保证。除少数遗属补贴外，保障金多数由被保险人享有。

（3）商业保险基金的收集是以自愿原则为基础的，一般不能强制，并且待遇给付以发生了保险事故且遭受了损失为依据，这种非强制性和营利性的经营目的不可能完全保障广大劳动者对基本生活的需要。而社会保障是采取了强制性手段。国家以立法形式规定必须参加社会保障范围，缴纳保障费的数额，建立在国民收入再分配基础上的社会保障基金对社会保障给予扶持，以防基金入不敷出。同时，国家授权社会保障管理机构对所有受保人各项保障待遇作出规定，不同的保障事故给予不同的保障待遇，这样就可确保广大劳动者的基本生活，这是商业保险经营所难以达到的。

（四）基金的强制性

基金的强制性是指社会保障机构依法强制缴费义务主体参加社会保障，履行法定缴费义务，强化有关主体的法律责任，对违反者给予制裁，这是社会保障基金实现统筹共济目标的关键一环。没有强制性的手段，社会保障基金的建立只能是一种形式，难以落到实处，就会影响社会保障事业的发展。社会保障法反映了国家在社会保障领域的意志，是必须贯彻执行的，是全体人民利益在法律上的表现形式。

（1）社会保障基金管理机构依法具有强制征缴保险费的责任。1994 年《劳动法》第 74 条规定“社会保障经办机构依照法律规定收支、管理和运营社会保障基金……”可见，社会保障管理机构是基金受托人的法律身份，法律要求他们健全自我约束的管理制度，明确其职责范围，按照法定比例向统筹义务单位和个人收取款额，对抗拒拖延者，有权依法起诉，由司法机关强制其履行义务，否则，将停止一切保障待遇。

（2）统筹单位具有缴纳保险费的法定义务。依据法律规定，无论国有企业、集体企业、私营企业，还是“三资”企业，只要被划定在社会保障法规中应参加统筹的范围内，就应该无条件地履行按期缴费的法律义务。统筹单位必须按规定比例数额如期向社会保障管理机构缴纳保障费。

（3）个人缴费义务。依照权利义务相统一的原则，职工个人承担一部分保障费是我国社会保障制度改革的重大事项，是发达国家摸索出的成功经验。个人缴费数额要由法律规定。在目前情况下，允许在一定幅度内浮动，但缴费的义务要明确规定。通常的做法是社会保障基金由统筹单位（企业）税前列支，银行代为扣缴，个人缴纳的部分在工资中直接扣除。

（五）基金的保值性

基金的保值性是指社会保障基金由保障经办机构通过投资收益使其价值量增多。社会保障基金的筹集、发放与社会保障基金投资是社会保障事业的两个支柱，缺一不可，也是统筹共济原则得以贯彻的一种可靠的物质保证，是基金生命的源泉。资金投资收益是社会保障事业发展的重要资金保障，对维系社会保障制度的安全运行，起着不可估量的特殊作用。我们知道，社会保障计划一旦执行，保障基金除用于按计划和互助调剂外，经过若干年的积累，必然会有一大笔储备基金，它们可供投资使用的周期较长。如何保证这笔基金的安全，使之尽可能地不受或少受人口结构的变化、寿命平均延长、工资和保障待遇水平提高、物价变动、通货膨胀等诸多因素的影响，运用有效的手段，以求基金的保值和不断增值，这是社会保障经办机构重要的职责。

（六）基金的监督性

基金的监督性是指对社会保障基金的监督管理。社会保障基金的管理是社会保障管理机构依照法定程序使用、分配、运营保险基金的基本行为。依法收取的保障基金为法定基金，按性质应取之于民，用之于民，不存在商业秘密，应该对集资人和受益人公开，增加透明度。防止基金管理过程中违反社会保障宗旨的最好办法，就是强化社会监督。因为该基金关系着受益者的权利、义务能否实现，关系着劳动者的健康和生活，关系着国家经济的发展和社会安定。因此，社会保障基金管理机构依照法律规定行使其管理权，并不应该排斥必要的社会监督。依法对基金进行管理，首要的任务是要加强政府的监督和社会参与机制。保障基金来源于不同方向，数额巨大，从性质上说是参保人的共有财产，是受保人的基本生活费，管理不好会造成严重后果。因此，管理好基金，确保不出差错，就要健全监督机制，加强监督检查。在国外，采用国民社会保障模式的国家（如英国），保障基金主要由国家财政支付，征集比例数额和基金使用都有明确的法律限定，政府以社会管理人和保证人身份实施对基金的管理，具体工作由政府有关部门负责。采用职工社会保障模式的国家，保障基金的来源是雇主和雇员，出现缺口时才由财政部门扶持，管理机构由受雇员工和雇主代表组成，而政府的监督是间接性的。我国社会保障模式具有综合性，三方出资，管理也应由三方负责。实现共同管理，相互监督，而且统筹单位代表和职工代表组成的社会保障委员会不仅有权监督保障管理机构履行职责情况，还有权就资金使用和分配方案进行审批。防止和避免基金流失，使社会保障真正走上法治化的轨道。

第二节　社会保障基金的筹集

目前，我国已经逐步建立社会保障制度，随着保障项目的日益完善和人口老龄化速度的加快，社保资金缺口问题日益严重，社会保障基金的来源问题凸显。据估计，21 世纪 30 年代我国的人口老龄化将达到高峰。前 20 年，是中国养老保险事业发展的关键时期，而社保基金缺口很大，如果不尽快解决庞大的社保基金缺口问题，不但会使新社会保障体系的运转举步维艰，甚至还会危及财政安全。

一、筹集社会保障基金的原则

1. 社会保障基金筹集的目标和原则

社会保障基金筹集必须兼顾社会目标、经济目标和政治目标，同时兼顾长期目标和短期目标，实现公平与效率相结合。

首先，社会保障基金筹集必须兼顾社会目标、经济目标和政治目标。社会目标是要达到公平和保障大多数人的基本权利，即社会保障。因为在市场经济条件下市场机制给予每个社会成员平等参与竞争的条件和机会，它自动向效率倾斜，但并不自动向公平倾斜，在竞争中的弱者贫困也在所难免。社会保障通过其基金的筹集和待遇的给付，把一部分高收入的社会成员的收入转移到另一部分生活陷入困境的社会成员手中，从而达到社会公平的目标。经济目标是要达到收支方面的可持续性和对经济增长的激励作用，经济的发展是社会保障制度的保证，因而，社会保障体系不只是强调其社会功能，同时还要强调其经济功能，以达成经济发展的目标。筹集社会保障基金时，一旦筹集比重过重，那么对个人和企业的经济活动刺激就会减弱，从而有可能导致经济活力的下降。政治目标是要达到不同人群利益关系的平衡及其连续性。社会保障被称为“减震器”和“安全网”，主要是从这个角度来说的。我国社会保障制度的建立和发展的实践也充分证明，社会保障维护了广大人民的利益，促进了社会的安定团结，有利于推动我国良好稳定的社会秩序的建立。

其次，社会保障基金筹集必须兼顾长期目标和短期目标。短期目标与长期目标兼顾，就是要在确定社会保障费率时，要立足于长远目标来设计，不能因为短期目标的需要而升降费率。总的原则是要随着经济发展水平的提高而逐步改善社会保障待遇。因为社会保障基金，特别是积累型的社会保障基金，涉及宏观经济中的积累与消费的关系问题。科学地确定社会保险基金在国民生产总值中的比重，确定企业和员工社会保险基金的负担程度，对于社会保障的可持续发展和保证国民经济的正常运行是十分重要的。

最后，社会保障基金筹集必须实现公平与效率相结合的原则。社会保障基金的筹集首先要保证公平，即每一个社会成员或劳动者，即使失去了收入来源或收入极低时，也应有获得基本生活资料的权利。社会保障基金筹集在考虑公平的同时，还要考虑效率，就是说按个人工资比例缴纳保费，工资高者多缴，享受标准也高，这就激励劳动者更好地工作，以提高经济效率。如果不体现这一区别，职工退休时不管原来保费缴多少，拿一样多的退休金，这无疑是打击先进，鼓励落后。当然，这种差别要有一定的度，不能大到主次不分，甚至主次颠倒的地步。

合理的制度设计要尽可能在不同目标间达成平衡，着力避免过分注重单一目标而忽视其他目标或不断在各种目标间摇摆的倾向。

2. 社会保障基金筹集的选择和应用

社会保障基金筹集必须重视宏观制度方式选择，同时也应重视微观领域的技术设计与应用。

社会保障基金的筹集与运用是操作性非常强的制度，在很多情况下，诸如待遇标准、受保障条件以及管理框架等关键技术往往对制度的实施效果起决定性的作用。不重视关键管理技术，即使选择好的模式也不可能确保成功。从宏观制度方式选择看，社会保障基金的筹集必须在明确保障模式、待遇标准、受保障条件下确定筹资比例、筹资方式。社会保障项目繁多，不同保障项目有不同的保障模式，社会保障基金的筹集渠道不尽相同，因此，必须重视微观领域的技术设计与应用，以求得理想的实践效果。

3. 社会保障基金筹集模式的选择要对应不同的社会保障项目

社会保障项目不同，社会保障基金的筹集模式自然也不同。养老保险、医疗保险基金由国家、企业单位和个人三方共同负担、合理确定三方出资比例，采取社会统筹与个人账户相结合的模式；失业保险基金筹集由国家、企业单位和个人三方共同负担，合理确定三方出资比例；社会救济或救助应由政府和集体负担逐步朝全部由政府负担过渡，并辅之以社会募捐；社会福利由政府和集体负担，有些社会福利项目要提倡社会募捐。

二、社会保障基金的筹集方式

（一）社会保障筹资模式、管理方式及筹资形式的比较

社会保障基金筹资问题内涵非常丰富，包括社会保障基金筹资模式、社会保障基金管理

方式及社会保障基金筹资形式等多个方面。其中社会保障基金筹资模式主要有三种，包括现收现付制、完全积累制和部分积累制；社会保障基金管理方式主要有三种，包括社会统筹模式、个人账户模式及社会统筹与个人账户相结合模式；社会保障基金筹资形式包括缴费制、缴税制和储蓄制三种形式（表 3-1）。

表 3-1　社会保障基金筹资形式表

分类	形式	特点	优点	缺点
筹资模式	现收现付制	社会共济性较强，费率调整灵活并易于操作	受通货膨胀和利率波动的影响较小	难以应付经济发展、人口老龄化趋势的需要
	完全积累制	在较长时期内保持相对稳定的缴费率	具有较强的储蓄功能，不存在支付危机	容易受到物价波动和通货膨胀的影响
	部分积累制	相对较为稳定	易被筹资对象接受，又能在一定程度上满足支付需要	确定收费率以及基金的储备额度相对较难
管理方式	社会统筹模式	统一筹集、统一管理、统一支付	社会公共基金，具有很强的社会财富再分配功能	收缴困难，不利于调动个人积极性
	个人账户模式	个人缴纳，自我受益	能够提高个人的积极性	共济性和互助性较差
	社会统筹与个人账户相结合模式	包括公共所有和个人所有两部分	具有共济性，还能调动个人积极性	共济性差于社会统筹模式
筹资形式	缴费制	以缴费的形式缴纳	每个项目的缴纳有相关的办法	项目一般比较复杂
	缴税制	以税收的形式缴纳	具有强制性，项目简洁明了的特点	对相关的基础设施要求较高
	储蓄制	以储蓄的形式缴纳	能够提高个人的积极性	共济性和互助性较差

（二）国外社会保障基金筹资发展趋势分析

1. 筹资模式从现收现付制朝完全积累制发展

从国外社会保障发展以及各国社保基金筹集模式的发展历程来看，大多数国家早期一般采用现收现付制，按照以收定支的原则，所征集的保险费除用于当年支付退休金支出和留有一定周转金外，没有积累基金。这是在职一代人供养退休一代人转移支付负担的模式。但是随着经济的发展、生活质量的提高、医疗水平的不断提高以及人口出生率的下降，人类平均寿命不断延长，人口结构的老龄化趋势越来越明显，这使得养老金支付压力不断加大。在现收现付制模式下，为了应付不断增长的养老金需求，只有不断提高税率，这使企业和个人的负担加大，同时财政负担也日益加重，导致支付危机出现。在这种情况下，许多国家对社会保障基金的筹集模式进行了改革，改现收现付制为完全积累制或部分积累制模式，并取得了较好的效果。

2. 管理方式从社会统筹制朝个人账户制发展

随着社会保障基金筹资模式由现收现付制向部分积累制模式或完全积累制模式转变，社会保障基金的管理方式也必然由社会统筹制向个人账户制转变。社会统筹制方式就是社会成员上缴的社会保障基金由社会保障基金管理机构统一管理，然后在照顾到社会公平的前提下，在社会成员之间(包括代际之间)实施社会保障。在社会保障基金筹资模式变为部分积累制或完全积累制后，继续实施社会统筹制被许多国家的实践证明是不成功的。它将会影响社会保障基金投保人的积极性，造成权责不对等，同时造成社会保障基金管理的低效率，最终影响到社会保障基金的进一步积累。同时随着经济的发展，人力资源的大量流动，实施个人账户制有利于劳动力的流动和人力资源的配置，也有利于进一步提高投保人对基金运营机构的监督作用。因此社会统筹制改变为个人账户制或社会统筹制与个人账户制相结合都取得了较好的效果。

3. 筹资形式从缴费制朝缴税制发展

开征社会保障税，把社会保障基金的筹集纳入国家预算，是一种覆盖面广、标准统一、社会化程度较高的社会保障制度，其实质是国家财政承担履行社会保障的职能。社会保障税具有税收的强制性、固定性特点等，这使得缴税形式逐步成为社会保障基金筹集的一种主要形式。

三、社会保障基金筹集的新途径

（一）开征社会保障税

社会保障税是当今世界各国所得课税体系中的一个重要组成部分，是许多国家社会保障基金的主要筹集方式，它已成为许多国家的主要税种，具有良好的发展前景。社会保障税的开征有利于扩大社会保障基金的来源，实现社会保障基金筹集的制度化，保证筹资的顺利进行与征收的固化。其优点在于：①收入来源稳定。与收费相比，税收是受到国家立法保障的，具有制度的刚性，能够在很大程度上克服因收费的非强制性导致的“欠费”现象的普遍发生，保证了收入的相对足额、稳定。②可以保证专款专用。通过立法明确社会保障税的用途，并由税收机关统一征收，其他专门机构管理和发放，能有效地避免当前我国社会保障收费制度中的政出多门和对社会保障基金的挤占、挪用等弊端，并且，建立全国统一的社会保障税制也有利于政府统筹安排和调剂社会保障基金。

（二）发行社会保障专项国债

发行社会保障国债是将未来的财政收入用来清偿社会保障方面累积的欠款，推迟养老金的支付。其实质是将政府负担的隐性债务转变为短期显性债务，以减轻总负债，改善政府的长期财政清偿能力。就我国而言，该筹资方案能否实施取决于我国的财政承受能力和财政风险的程度。从国债负担率看，目前我国国债负担率(国债余额/GDP)为 10%~12%，西方发达国家均在 50%以上，欧盟规定的这一指标的警戒线为 60%。我国的财政赤字负担率(财政赤字/GDP)为 2%左右，而国际警戒线为 3%，但相对应的配套投资方式仍然十分有限，加之当前股票投资风险大，银行存款利率低于国债，在这种情况下，在较长一段时间内，购买国债仍然是居民的重要投资方式之一。

因此，今后若干年内可考虑每年发行一定数额的社会保障专项国债，并设置较长期限，用以补充社会保险基金。这既可以扩大当前消费，又可以改善人们的预期，对于拉动内需具有积极作用，也不致引发通货膨胀和债务危机。

（三）有偿转让部分国有土地的使用权

我国土地实行国家所有制，对农村土地拥有最终的所有权，对城市土地拥有直接所有权，但几十年来，我国对城市土地的所有权并没有在经济利益上得到体现。根据测算，如能够按城市建成区土地每平方米收取 0.1 元计算，每年地租收入可达 1400 亿 ~ 1700 亿元，可以在相当大的程度上缓解社会保障资金的不足。

（四）发行社会保障彩票

坚持完善福利有奖募捐制度，并使之经常化、持续化。我国福利彩票已经走过十几年的发展历程，为社会福利事业发展筹集了大量的资金，同时在彩票发行方面已经积累了相当的经验。目前发行的体育彩票筹集到的资金中，就已有相当部分被用来充实社保基金。由于彩票无须还本付息、无强制性、没有明显的副效应，不会影响到经济和社会稳定，并且重新设置奖励的标准及额度，市场规模还将大幅度增加。同时，推进计算机彩票销售系统的建设，为彩票的大规模发行提供了技术支持。因此，适时地推出社会保障彩票，成功的可能性非常大，能够达到预期的筹资目的。在实施过程中应加强对彩票市场的统一管理。社会保障彩票的发行将使彩票发行规模急剧扩大，如果管理跟不上将导致彩票市场秩序的混乱。

第三节　社会保障基金的类型

目前世界各国的社会保障基金筹集的类型有三大类：一是 DB 型现收现付制，二是 DC 型完全积累制，三是各种不同形式的混合型，如半积累制和名义账户等。

一、DB 型现收现付制

DB 型现收现付制是指“待遇确定型现收现付制”，也就是说，用当代工作的一代人上缴的保险费来立即支付当今退休一代人的基本融资制度，保险费集合起来由国家统一调配，一般来说是有节余的，这笔节余就叫作“社会保障基金”，中央政府为了减轻支付压力，将之投资于某种金融工具，例如，政府债券等。在这种制度下，退休一代人的养老金给付标准的计算方式主要是看他在整个工作生涯中的工资总水平，尤其是最后几年的水平，还有资历、工龄、级别和贡献等综合因素，这就是“待遇确定型”（DB 型）的含义。目前来看绝大多数发达国家采用的都是这种模式。

二、DC 型完全积累制

它有两种形式。一是智利模式，大约近 10 个拉美国家采用了这种模式，个人缴费完全在个人账户里，国家提供几个投资基金，由个人来决定投资组合，基金管理人负责具体运作，亏了赔了都由个人来承担，国家不承担任何责任，未来的养老金给付水平几乎完全取决于缴费余额和投资收益（减去管理费用），这就是“缴费确定型（DC 型）”的含义。所以，在智利模式下，国家没有掌握一个集中的社保基金。所谓的社保基金，分散在每个人的账户里，投资决策是个人行为，是分散型的决策，根据个人的偏好和国家提供的投资基金种类进行个人决策。一般来说，可供选择的投资基金从风险大小和利率高低来分，依次有这么几种，例如，非交易型的短期政府债券基金（G 基金）、债券市场基金（F 基金）、普通股票基金（C 基金）、小型资本化股票指数投资基金（S 基金）、国际股票指数基金（I 基金），等等。关于投资基金的设立，虽然各国的情况不太一样，但它们大同小异。二是中央公积金制，这种类型社保基金的特点是，在养老金给付上基本是 DC 型的，其收益率由国家根据投资收益情况统一确定，但在基金投资方面则完全由国家来运作。所以，在这种制度下，养老金的最终给付与以往的缴费积累有一定的联系，但这种联系又不是完全精算型的，因为投资收益率是经过国家“调整”与“管理”的。在英国前殖民地国家中大约有10个左右是采用这种模式的，他们将其一少部分（大约15%以下）投资于股市，大部分是以购买政府债券的形式进行基础设施的投资，结果收益率不好，亏损较大。

三、混合型

混合型的社会保障制度也可以分为两大类：一类是半积累制，它由两部分组成，一部分是现收现付制，另一部分是积累制。对于实行半积累制的国家来说，具体制度细节也是千差万别的，但一般是国家掌握现收现付制的那部分基金。从理论上讲，目前中国社保制度的设计框架就是半积累制性质的。美国拟议中的三种改革方案就属于这种典型的半积累制。另一类是“名义缴费确定型”，也称“名义账户制”，它是DB型与DC型相结合的一种模式，既有现收现付制的优势，又兼具积累制的优点，也就是说，它采用前者的融资方式，用当代就业者的缴费来支付当前退休的一代，这样就避免了现收现付制朝积累制过渡的转型成本，但在给付方面则是缴费确定型的，严格按缴费的数量给予退休津贴，将缴费与未来津贴紧密联系起来。欧亚六国近几年来带头采用了这种崭新的制度，它对一些转型国家很有吸引力。欧亚六国采用的名义账户制度中，有的国家社保基金完全由中央政府来控制，有的国家将其分为两部分，一部分由国家统筹并统一投资，另一部分划给个人账户，留给个人进行投资，由个人进行决策。

第四节 社会保障基金的管理

一、社会保障基金管理主体

（一）社会保障基金管理的主体

社会保障基金管理体制往往与一国的社会保障制度的组织机构有关。有的国家成立一个政府专署或受托机构，它是从政府中独立出来的，有的可能由政府的一个部来直接管理社会保障基金，有的国家社会保障基金由国家来管理，如英国。无论是哪种模式，我们都可以称之为社会保障基金公共管理制度。20世纪70年代以来，社会保障制度民营化的思潮占有了一席之地，在实践上表现为，已有一些国家运用私人基金管理机构来管理社会保障基金。

（二）社会保障基金管理主体与监督者的关系

社会保障基金管理主体与监督者的关系可分为若干情况。

（1）在政府直接管理社会保障基金的情况下，由于社会保障机构既是一个公职部门又是一个金融单位时，立法会给予双重监督，即国家机关的监督和财政部的专业监督。关于政府机关的监督，是对该机构的活动及其结果提出定期的观察报告，就某个问题进行专门的调查。财政部的监督也有两个内容：一是在对储备基金的管理上，财政部起决定作用，超出一般的监督；二是对中央和地方财政的监察，主要任务是查账查钱，了解有无非正常状况。

（2）在政府间接管理社会保障基金时，即在成立政府专署或受托机构的国家中，这种与政府分离的机构通常由政府、雇主、雇员三方组成的委员会来管理。相对于作为政府的一个部门的委员会的自主权力要大一些，因此在这样一些国度，法律对于社会保险基金运用的规定就不会很详细，一般只是规定一些指导性的条文，但法律对委员会的组成人员的规定则较详细，有些国家不只是规定要成立专门的管理委员会，还要求成立专门的投资委员会。毫无疑问，社会保障基金管理委员会一定要接受专门的机构监督。

（3）在允许私人管理社会保障基金的情况下，各国都有法律对基金管理制度进行严格的规范，尽管各国的立法内容不同，但大都包括两方面的内容，一是对私人基金管理公司的规定，二是关于监督机构及其与基金管理公司关系的规定。

二、国际经验：社保基金管理的三种模式

（1）完全自由的零售市场模式。在这种模式下，个人可以自由选择资产管理机构，由资产管理机构管理个人账户，强制性定期缴纳个人账户，如智利 AFP 模式和美国共同基金管理模式。

（2）间接投资模式。国家或职工委托的机构先将职工个人账户资金集中，政府选择一些资产管理机构，然后职工个人选择他有意愿的管理机构，再将资金委托给资产管理机构进行有效的投资选择。如美国的企业年金抚恤金委托管理模式、瑞典的个人账户集中管理模式等。

（3）国家计划模式。这种模式将全国的个人账户合并起来，进行统一安排，实际上是政府计划替代了个人计划。国家计划模式并不是转型经济国家的专利，新加坡和马来西亚等政府干预较多的国家，在社会保障体系中采取的也是政府集中管理的模式，虽然他们也允许存在个人账户。

近几年国际养老保险基金运作出现了两个新的趋势。

第一，养老保险基金投资管制方面出现宽松化趋势，投资工具趋向多样化。从智利和主要发达国家养老保险基金的投资管制政策看，各国政府对养老保险基金投资于私人企业的债券和股票的限制越来越少，相应的投资比例越来越宽松，这促使了管理公司能够根据自己的分析，利用多样化的投资工具在更大的范围内实现风险分散和捕捉收益机会。近年来，各国政府甚至还允许本国资产管理机构参与国际资本市场。

第二，养老保险基金运作朝专业资产管理机构倾斜。在 20 世纪 80 年代，凡是由政府管理运作的公共养老保险基金的收益率一般都低于专业资产管理机构管理的养老保险基金，主要原因有两个方面。一方面，公共养老保险基金在投资方面受到太多的限制，不得不按本国政府的有关管制投资于政府债券和向赢利能力差的国有企业投资，养老保险基金成为政府发展经济以及进行宏观调控的工具。另一方面，公共养老保险基金管理机构之间的竞争不足，减少了它们努力提高收益率的外在压力，而专业的养老保险基金管理机构则能在资本市场上进行较为广泛的投资工具选择和组合，它们之间的激烈竞争有助于降低管理成本和提高效率，因此，朝专业化方向改革养老保险基金管理运作体系逐渐成为国际养老保险基金领域的趋势。

第五节　社会保障基金的运营

一、社会保障基金的监管模式

社会保障基金投资组合受制于监管模式。从国际上来看，对社保基金的监管主要有两种模式。

（一）审慎性监管模式

审慎性监管模式（pxudential regula-tion mode）适合于经济发展比较成熟、金融体制比较完善、资本市场和各类中介组织比较发达、基金管理机构有一定程度发展、相关法律比较健全的国家。采用这种监管模式的国家有英国、美国、加拿大等发达国家。其主要特点：一是强调基金管理者对基金持有人的诚信义务和基金管理的透明度，打击欺诈行为，保护持有人利益。二是要求资产多样化，避免风险过于集中。三是限制基金管理者进行自营业务。四是鼓励竞争，防止基金管理者操控市场和避免投资组合趋同。在这种监管模式下，监督机构较少干预基金的日常活动，只是在当事人提出要求或基金出现问题时才介入。在很大程度上，监管机构依靠审计师、精算师、资产评估机构等中介组织对基金运营进行监督。

（二）严格的限量监管模式

采用模式严格的限量监管（draconianregulation mode）的国家有欧洲大陆国家及智利、秘鲁等拉美国家。其主要特点是：①监管机构独立性强，权力较大，如智利、波兰、匈牙利等国家都建立了独立的养老保险监管机构，代表国家对养老基金进行统一监管。②对基金投资比例有限制性的规定，监管机构根据这些规定，通过现场和非现场监管的方式密切监控基金的日常运营，德国规定，在一个养老基金的资产组合中，证券、房地产和外国资产的比例分别不能超过 20%、5%和 4%；法国规定，补充性养老基金资产中必须有 50%投资于政府债券。③有严格的信息披露制度，信息披露的内容包括资产估价的原则、资产估价的频率以及其他财务数据等，监管机构通常直接审查信息披露的真实性。④实行最低收益原则，要求基金的投资收益达到一定的水平。例如，智利规定养老基金的投资收益率必须高于全部基金平均收益率的 50%；瑞士养老金的名义投资收益率必须高于 4%；乌拉圭养老金的实际投资收益率必须高于 2%。当养老金收益率达不到上述最低要求时，先用各基金管理公司的储备金进行弥补，当储备不足时，由国家财政预算予以支持。

二、社会保障基金投资模式

对风险较小的投资采取直接投资模式，对风险较大的投资运用委托投资模式，是国际养老金管理运作的成功经验之一，既有利于分散风险，又有利于发挥专门投资机构的专业优势。在借鉴国际经验的基础上，结合中国的国情，按照《暂行办法》的要求，全国社会保障基金理事会对银行存款和一级市场国债承销直接运作，对股票、企业债、金融债等委托专业投资管理机构进行投资。

第六节 中国社会保障基金的发展概况

一、全国社会保障基金的发展历程

全国社会保障基金是中央政府集中的社会保障战略储备，主要用于弥补今后人口老龄化高峰时期的社会保障需要和其他社会保障需要，在我国社会保障制度中发挥着至关重要的作用。如今，全国保障基金已有十几年的时间，其间经历了从无到有、从少到多的发展历程，发生的许多大事记录了其发展的过程，如表 3-2 所示。

表 3-2 全国社会保障基金大事记

时间	事件
2000 年 8 月	经中共中央批准，国务院决定建立全国社会保障基金，同时设立全国社会保障基金理事会。全国社会保障基金理事会作为国务院直属正部级事业单位，受国务院委托管理运营全国社保基金
2001 年 12 月	经国务院批准，财政部、劳动和社会保障部颁布《全国社会保障基金投资管理暂行办法》，明确了社会保障基金投资的基本原则、投资范围、投资比例、投资方式等，建立了社会保障基金的监督、报告和财务制度
2003 年 6 月	全国社会保障基金以委托投资方式进入证券市场
2004 年 6 月	全国社会保障基金成功投资交通银行 100 亿元，全国社会保障基金开始了直接股权投资的历程，之后，全国社会保障基金先后成功投资了工商银行、中国银行、中国农业银行、京沪高速铁路、中国银联、大唐控股、中国节能环保集团风力发电股份有限公司风电、中航国际等项目
2006 年 3 月	财政部、劳动和社会保障部、中国人民银行联合颁布《全国社会保障基金境外投资管理暂行规定》，正式启动了全国社会保障基金的海外投资
2006 年 12 月	全国社会保障基金理事会正式开展个人账户中央补助资金投资运营管理
2008 年 4 月	财政部、人力资源和社会保障部批准全国社会保障基金投资股权基金
2009 年 6 月	境内国有股转持政策正式实施，为全国社会保障基金筹集了巨额资金
2010 年 3 月	全国社会保障基金理事会召开第三届理事大会第三次会议，明确提出建设一流社会保障资产管理机构
2011 年 9 月	财政发布 2010 年度社会保障基金决算状况：2010 年全国企业职工基本养老保险基金、失业保险基金、城镇职工基本医疗保险基金、工伤保险基金和生育保险基金等社会保险基金总收入 17 071 亿元，比上年增长 16%，完成预算的 111%；总支出 13 310 亿元，比上年增长 21%，完成预算的 98%；收支相抵，当年结余 3761 亿元，年终滚存结余 21 438 亿元，比上年增长 21%

资料来源：根据全国社会保障基金理事会网站资料整理

中国社会保障体制不断改革、发展和完善，逐渐实现了“老有所养、病有所医、贫有所济、困有所助”的社会保障目标。截至 2013 年，全国社会保障基金的规模从最初的 0 增至 32 829 亿元，已经成为我国社会保障体系的一个重要组成部分。全国社会保障基金是我国重要的战略储备，由于中国社会保障基金建立较晚，目前的数额仍不能满足未来社会保障的需要。因此，中国政府规划，2020 年基本建立覆盖城乡居民的社会保障体系。这样，作为社会保障体系重要组成部分的全国社会保障基金将有更大的发展空间，应进一步壮大其资产规模。

二、社会保障基金投资

（一）我国社会保障基金的投资模式

我国社会保障基金投资中大部分是委托投资，也有通过由国务院直接领导的全国社会保障基金理事会的直接投资，例如，债券投资、股权资产的投资等，所以我国社会保障基金是直接投资与委托投资相结合的。按照国务院批准的《全国社会保障基金投资管理暂行办法》相关规定，全国社保基金境内投资范围包括银行存款、债券、信托投资、资产证券化产品、股票、证券投资基金、股权投资和股权投资基金等。境外投资范围包括银行存款、银行票据、大额可转让存单等货币市场产品，债券、股票、证券投资基金，以及用于风险管理的掉期、远期等衍生金融工具。

社会保障基金在各类资产的具体投资比例限制为：银行存款和国债投资的比例不得低于 50%，其中，银行存款的比例不得低于 10%。在一家银行的存款不得高于社保基金银行存款总额的 50%；企业债、金融债投资的比例不得高于 10%；证券投资基金、股票投资的比例不得高于 40%。

（二）我国社会保障基金的投资效益

2000年全国社保基金成立，全国社保基金理事会成立13年来，在保障安全的前提下尽量保证收益，通过配置不同资产类别分散风险，取得了较好的投资收益。全国社会保障基金成立前12年年均收益率接近8.3%，成功跑赢CPI。从世界范围来看，社会保障基金投资范围都以债券和股票为主，其中债券比例约占50%，投资股票比例占20%~40%。我国全国社会保障基金投资业绩、企业年金业绩都说明了扩大投资范围的必要性，应尽快调整社会保障基金投资范围，增加投资固定收益类产品、股票和直接股权投资等金融工具的比重（表3-3）。

表3-3 基金历年收益一览表

年度	投资收益额/亿元	投资收益率/%	通货膨胀率/%
2000	0.17	—	—
2001	7.42	1.73	0.70
2002	19.77	2.59	–0.80
2003	44.71	3.56	1.20
2004	36.72	2.61	3.90
2005	71.22	4.16	1.80
2006	619.79	29.01	1.50
2007	1453.50	43.19	4.80
2008	–393.72	–6.79	5.90
2009	850.43	16.12	–0.70
2010	321.22	4.23	3.30
2011	73.37	0.84	5.40
2012	646.59	7.01	2.60
累计投资收益	3492.45	8.29（年均）	2.44（年均）

资料来源：http://www.ssf.gov.cn/cwsj/tzsy/201206/t20120620_5604.html

（三）全国社保基金投资运营的特征及组合选择趋势

1. 全国社保基金投资运营的特征

一是基金投资运营主要选择大规模的企业。规模大的企业其主营业务收入多，可以保持收益的稳定，有效地抵御各种风险从而保持较高的业绩，符合全国社保基金安全性投资的原则特征。

二是倾向于大消费概念股。随着年报披露逐渐进入高峰期，社保基金的投资动向也逐渐浮出水面，成为市场关注的焦点。统计显示，截至2013年3月12日，沪深两市已有295家上市公司披露了2012年年报，其中，社保基金共现身50家公司的前十大流通股东中，合计持有61 705.4万股，比2011年第三季度末的57 285.69万股增加4419.71万股，增仓幅度为7.72%，持股市值为63亿元。其中，增持23只，新进13只。从行业来看，大消费概念成为社保基金钟情的对象。据数据显示，在社保基金入主的50家公司中，有10只股票被社保基金重仓持有。其中华侨城 A(000069)以(25 732.39 万股)排名第一，有23只个股获得了社保基金的增持，新进13只。从行业来看，大消费概念股票成为社保基金所青睐的对象，如属于旅游业的华侨城 A、丽江旅游(002033)；属于医药类的天方药业(600253)、中国医药(600056)、瑞普生物(300119)，属于零售百货类的友阿股份、飞亚达 A(000026)、重庆百货等都获得了社保基金的大幅增持。

三是全国社保基金投资运营主要选择大盘绩优股。业绩较好的股票特别容易被全国社保基金持有。全国社保基金首先应该注意其安全稳健性，这是由它的特殊地位决定的。大盘绩优股流动性高，如钢铁股、石油股。普通商业性基金更倾向于追求投资利益，与它不同的是，全国社保基金则更加注重安全性。

四是周期性行业备受青睐。通过对社保基金 2011 年四季度增仓股进行分析，可以发现机械设备行业的股票占比明显较大；主板股票更受青睐。从行业角度看，在 63 只社保基金 2010 年四季度末增仓的股票中，有五大行业占比较大，包括机械设备、化工、医药生物、交运设备和电子。可以发现，社保基金的增仓股以沪深主板市场为主，这两个市场个股所占比例达到 54%。对创业板和中小板股票，社保基金似乎也并不十分乐观，特别是对此前投资者望而却步的创业板股票，社保基金四季度加仓了 13 只，显示其对部分创业板股票股价回归后的价值认同度环比上升。目前社保基金持有的个股主要集中在零售、消费品、服装、医药保健等消费领域。

五是全国社保基金投资运营主要选择前景好的行业。我国景气高的行业如石油、交通、钢铁等特别受全国社保基金投资的青睐，其他投资的行业如电力、医药、房地产等也是我国国民经济中的景气行业，这些行业更容易被全国社保基金所投资。

2. 全国社保基金投资运营的组合选择趋势

根据社会保障基金理事会公布的 2001~2011 年年报显示，近几年全国社会保障基金的投资组合发生了很大变化。2001 年社保基金开始运作时期，投资渠道绝大部分集中在银行存款和国债上，两项所占的比重超过了97%。2007 年，这两类投资比重只占到总资产的 62%，由此看出全国更加注重收益性。2007 年股票占直接投资资产的比重由 2001 年的 1.57%上升到 11.6%，并开始涉及实业及海外市场的投资。根据2011年全国社会保障基金年度报告显示，全国基金境内投资范围越来越多元化，包括银行存款、信托投资、债券、资产证券化产品、证券投资基金、股票和股权投资等。全国社保基金境外投资范围包括货币市场产品、债券、证券投资基金、股票以及衍生金融工具。2011 年年度报告期末，全国社保基金会管理的基金资产总额为8688.20 亿元，其中直接投资资产 5041.12 亿元，所占比重为 58.02%；而委托投资资产 3647.08 亿元，所占比重为 41.98%。由此表明，全国社保基金的投资组合趋势是，投资渠道逐步拓宽，开始进行多元化投资。

三、我国社会保障基金监管机构

我国人力资源和社会保障部颁布的《企业职工养老保险基金管理规定》对基金的监督与检查做出明确规定：①各级劳动行政部门要加强对养老保险基金管理和社会保险管理机构管理服务费使用情况的监督检查，定期进行内部审计。②设立社会保险基金监事会，由劳动行政部门代表、企业代表、职工代表和退休人员代表组成，负责对养老保险基金管理和管理服务费使用情况的监督与检查。社会保险管理机构向养老保险基金委员会汇报基金管理情况必须事前听取监事会意见。③社会保险管理机构要主动接受财政、审计、监察机关和工会对养老保险基金以及管理服务费的监督检查，提供有关账目和原始凭证等资料。

四、我国社会保障基金监管体系

我国目前已经建立了较完善的社会保障基金监督管理体系：第一层次是全国各级人民代表大会实施监督。第二层次是行政监督，中国证券监督管理委员会和中国人民银行按照各自的职权对社会保障基金的投资管理人和托管人的经营活动进行监督，财政部会同人力资源和社会保障部负责拟订社会保障基金管理运作的有关政策，对社会保障基金的投资运作和托管情况进行监督，各级审计部门负责审计监督。它包括劳动保障行政主管部门的监督、财政部门的财务监督和审计部门的审计监督。第三层次是公众通过社会团体和社会组织(人民政协、民主党派、工会、共青团等)、舆论机构(报刊、电视、广播等)或个人对社会保障基金的管理情况实施社会监督。第四层次是社会保障基金运营机构的自我监督，即社会保障基金运营机构实施的内部控制措施。

第七节 中国社会保障基金存在的问题及其对策

一、中国社会保障基金存在的问题

（一）现收现付的基金筹集模式负债问题严重，政府财政负担越来越重

我国社会保障基金成立初期，我国养老保险基金采取现收现付模式，在当时人口结构年轻化和计划经济体制下取得了较好的效果。然而，随着我国经济社会的发展、经济体制转型以及人口老龄化，现收现付制暴露出缺点，养老保险基金支大于收，并且支出的增长速度大于收入的增长速度，有必要对社会保障基金的筹集模式进行调整。

（二）社会保障基金筹资渠道单一，资金征缴不及时、不足额

基于社会保障重要性的考虑，社会保障基金的筹资渠道应该呈现出多样化的特点，以保证资金收缴可以保持一定的稳定，而目前我国的筹资渠道相对较为单一。目前，我国各项保险费用的缴费主体主要是个人所在单位，个人缴费部分进入个人账户，这导致社会保障基金来源单一化，资金缺口日益增大。另外，由于隐性债务的存在，用人单位面临的社会保险基金征缴压力越来越大，如果单靠企业本身的力量，是不足以弥补数额庞大的缺口的。

（三）社会保障基金征缴刚性不足，缺乏硬性立法规定的支持

一方面，社会保障基金的征缴办法是由地方政府自行制定的，征缴手段靠的是行政力量，这导致社会保障基金的征缴缺乏法律根基，严肃性不足。对于未能按照规定及时足额上交的企业或个人缺乏法律惩治措施，这严重影响社会保障基金的筹集。另一方面，我国社会保障基金是以“费”的形式来征收的，“费”是一种低层次的征收模式，与“税”相比，“费”会导致一系列弊端和问题，如法制性不强、筹资方式不规范、欠费现象严重、覆盖面窄、调剂力度弱、地区行业差距大、征缴成本高，以及社会保障基金行政管理和社会保障基金的收支、运营、监督混合在一起，缺乏制约机制，导致挤占、挪用、浪费现象等，加大了社会保障基金本身的风险。

（四）全国社会保障基金多元化投资还受制于资本市场的不完善

目前，在我国金融体系中，国有商业银行仍居垄断地位，金融风险比较集中。而证券市

场的投资环境也存在许多问题：一是市场发展的结构不平衡，表现在债券市场发展相对滞后于股票市场，债券二级市场落后于一级市场，流动性较差。二是我国证券市场发展中还有很多非市场化因素，如政府干预过大等问题。三是股票市场上市公司的经营风险大，收益率过低，市场上的投机成分过大，波动剧烈，满足不了全国社会保障基金稳健性投资的需要。

（五）投资收益不稳定且风险较高

全国社保基金自2000年成立以来投资收益一直偏低且不稳定。2000~2005年，社保基金的投资收益一直处在10%以下，投资收益率很低。2006年投资收益率有了较高的增长，接近30%的收益率。2007年投资基金的收益率达到顶峰。受2008年国际金融危机的影响，社保基金受益率跌至–6.79%，由此暴露出全国社保基金在投资方式上的问题。2008年后，基金理事会开始利用多元化的投资工具开发新的投资渠道，使得基金在2009年的收益率开始上升，达到16.12%。但是2010年和2012年的投资收益率还是很低，分别为4.23%和0.84%。通过分析全国社保基金历年投资收益率，可以看出其收益率偏低，且有较大幅度的波动，收益率尤其不稳定，面对风险尤其是系统性抵御能力特别低，容易造成收益率极低的情况，基金的投资运营存在较高的风险。

我国对全国社保基金的投资运营要求一直是首先保证安全性，对投资工具和渠道方式有严格限制条件和比例。全国社保基金投资的基本方针是安全至上、审慎投资、提高收益、控制风险。可供社保基金投资的品种有很多，世界各国对社保基金的投资品种选择不尽相同，但是涉及的品种却相当多。全国社保基金自成立以来经过十多年的发展变化，在投资工具的选择上尽管已经开始向多元化发展，但占大多数比重的还是银行存款、国债投资。与西方各国相比较，我国社保基金投资结构单一。

（六）社会保障基金监管法律体系不完善

我国社会保障基金监管立法层次低且法律体系不完善、立法严重滞后、立法层次低是普遍存在的现象。社会保障法应当作为一个独立的法律部门并且有自己完整的体系，但是我国至今没有出台专门的社会保障法，那些作为目前社会保障制度主要法律依据的行政法规之间缺少必要的衔接，不能形成配套的法律体系，导致实践中有许多的法律问题无法可依。在我国已经制定出来的一些社会保障法规中，缺乏法律责任和法律制裁已经成为普遍的现象，这就使得在实践中，有关社会保障和社保基金给付问题发生争议和纠纷时，仲裁机构和人民法院难以根据有效的法律依据进行仲裁和判决。因此，我国目前的社会保障和社保基金立法体系是不完整、不健全的，无法保证社会保障制度的有效运行。

二、中国社会保障基金运行及管理相应对策

（一）开征社会保障税

由于现行的社会统筹与个人账户相结合的模式并没有解决社会保障基金的筹资问题，所以应当开征社会保障税，增强“社会统筹与个人账户相结合”模式的资金筹集能力，更加有效落实部分积累制筹资模式。开征社会保障税有以下意义：一是社会保障税的开征有利于确保社会保障基金收入的稳定可靠；二是有利于建立规范化的社会保障征收管理制度和投资制度；三是有利于公平税负，促进劳动力跨地区、跨行业流动；四是减少违规动用与流失。

（二）完善投资工具选择，扩大投资品种选择

在投资品种的选择上，稳妥性产品依然是现阶段的首选，但是应当探索其他投资工具，如社会保障基金可以投资到电力、石油、通信、铁路、高速公路、港口等建设项目，可以购买其使用权或经营权若干年，在使用或经营期内收取有关费用或以约定的收益率作为投资回报。这些项目具有资金需求量大、投资回收期长，但投资回报率高而且较为稳定、风险小的特点，恰好符合社会保障基金可以长期使用但必须低风险运作的特点，可以为社会保障基金赢得较高的投资回报。

在投资品种的培育上，社会保障基金可以通过培育现代投资工具来达到保值增值的目的。比如，我国现在金融市场的投资基金大多数是封闭式基金，风险性高，安全性差，社会保障基金可以培育开放式基金市场，通过严格准入制度提高开放式基金的准入门槛，提高开放式基金管理团队水平，降低风险。通过培育健康完善的金融市场机制和规则，社会保障基金可以更加有效地展开运营。

（三）调整投资结构，进行投资组合

在投资期限的组合上，投资期包括短期、中期和长期三类。通常投资期越短，安全性越大，但收益性越小；相反，投资期越长，安全性越小，但收益性越大。因此，社会养老保险基金的运营应该分散投资期，长、中、短期相结合，以分散风险，提高收益率。

在投资种类的组合上，从世界各国的情况看，社会养老保险基金的运营主要投资于四类，即政府债券、公司股票、公司债券和不动产。因为不同种类的投资，其收益率和风险性不同，其中，政府债券有财政作为强大的后盾，风险性小，一般能保证安全返还，但收益率较低，尤其是在通货膨胀率较高的时期，容易使基金贬值，而其他三类相对来说风险性大，但收益率也高，而且，通常不同种类的投资收益率不能同时升降，因此，投资种类的分散化可以使社会保障基金的运营取得一个较稳定的平均收益率。

（四）统一金融市场和政府管制

金融市场良好发展才能促进全国社保基金的投资运营，而基金的投资运营成功也离不开金融市场的顺利发展。全国社保基金金融市场对市场化投资运营的制约，包括制度不规范、市场规模狭小、投资品种缺乏，制约了我国社保基金投资运营的全面展开。从西方国家的资本市场来看，繁荣的金融市场为国家社保基金的投资运营提供了良好的运营环境，而且随着机构投资者的不断发展，金融市场也越来越完善，使得投资运营环境越来越规范。

全国社保基金的政府管制也是十分必要的。虽然国外社保基金交由民营机构管理运作，但是政府还是对投资运营进行法律规范管制、监督管理控制。对于全国社保基金的日常投资运作不能直接干预，而是要通过各项法律法规对基金投资运营机构的准入运营退出、社保基金的投资运作等进行监控。政府管制的方式不同、程度不同对全国社保基金的影响是直接的。

（五）完善我国社会保障基金监督管理体系

根据社会保障基金的属性以及我国社会保障基金的特点，我国社会保障基金监督管理体系应包括行政监督管理、专业监督管理、社会监督和运营管理机构内部控制四个部分。这四个部分应发挥社会保障基金监督管理的协同作用，对社会保障基金的筹集、运营管理和支付

的全过程进行监督，确保我国社会保障基金的安全高效运行。

1. 行政监督管理体系

行政监督管理是我国社会保障基金的主要监督管理措施，由人力资源和社会保障部门牵头，协调财政、工商、税务、审计等行政机关对社会保障基金进行行政监督。这些部门对社会保障基金运行的监督管理各有侧重，需要建立高效运行的信息共享制度，促进并辅助各行政部门的协作。行政监督管理自我国社会保障基金设立以来发挥了重要作用，是我国主要的社会保障基金监督管理措施。但是，过于行政化的监督管理限制了我国社会保障基金发展的活力，限制了其通过市场机制扩大规模的能力。同时，行政监督管理方式方法单一，不能适应我国社会保障基金的市场化运作程序。因此，我国应该建立新的社会保障基金监督管理体系，增加新的监督管理措施。鉴于行政监督管理的重要作用和影响力，目前仍可作为主要的监督管理方式。

2. 专业监督管理体系

专业的监督管理是建立专门的专业化的社会保障基金监督管理机构，专司社会保障基金的安全运行。由于社会保障不同于一般的保险，二者在资金运营、安全性和收益性要求等方面都有所差异。可考虑单设社会保障基金监督管理部门，专门负责我国社会保障基金的监督管理工作。我国部分地区已经出现了社会保障基金监督管理机构，对当地社会保障基金的运行实施监督管理。但是，全国性的监督管理机构尚未建立，无法从全国层面进行监督管理。因此，我国应建立全国性的社会保障基金监督管理体系。该体系包括国家层级和各地区层次，形成一个全国统一的、专业化的社会保障基金监督管理框架。

3. 社会监督体系

社会监督是发挥社会团体和公众的力量，监督我国社会保障基金的运行。社会团体监督主要是指社会保障基金运营机构同业之间的监督。同业竞争使社会保障基金运营机构时刻关注竞争对手的市场表现，自然形成一种监督力量。社会团体和公众对社会保障基金的监督最有效，能够发挥社会保障基金监督管理部门的补充措施。然而，同业监督只是出于竞争而偶然发生的监督，监督面窄，分散的公众缺乏专业监督技能。因此，我国应成立社会保障基金同业协会，对行业内各机构的日常运行和风险规避行为进行监督和协调；建立公众教育机制，提高公众监督社会保障基金运行的能力和水平。

4. 内部控制体系

运营管理机构的内部控制是指社会保障基金的运营管理机构建立科学高效的内部控制机制，对其社会保障基金的运行实施内部监督管理。内部监督管理主要包括内部的会计监管和内部审计。通过内部监督管理机制，进一步规范社会保障基金运行的业务流程，形成社会保障基金运营机构的内部自查机制。由于是内部控制，监督管理过程难免会存在多从本机构利益出发做出的有利于本机构而不利于社会公众决定的现象。因此，社会保障基金内部控制机制也只能作为其他监督管理措施的补充措施。

第八节　国外社会保障基金的运行及管理实践

国外社会保障制度已有上百年的历史，积累了丰富的经验和教训，在一定程度上维护了社会稳定。美国、德国作为重要的发达国家，新加坡作为新兴发展中国家，其社会保障基金的发展可圈可点。各国在经济、政治、文化及社会背景上都有很大的不同，探索它们当年所走过的道路，对于我国优化社会保障基金运行机制有借鉴意义。

一、德国社会保障基金运行实践

作为世界上第一个以立法形式建立现代社会保障制度的国家，德国早在19世纪便创造性地开展了社会保障工作。下面就德国社会保障制度的发展概况和社会保障基金的运行实践做出阐述，以为我国优化社会保障基金运行机制提供参考。

（一）筹集方面

从社会保障基金的筹集方式来看，德国社会保障基金针对不同的社会保障项目制定了不同的政策。各个项目的缴纳者不同，缴纳比例不同，管理机构不同。2007年，德国法定养老保险的缴费标准是雇主和雇员分别缴纳工资总额的9.95%（矿业主缴纳16.45%），自雇者缴纳月收入的19.9%。未缴费或缴费不足的低收入群体由专区和市属社会事务办公室或受专区委托的乡镇社会事务办公室负责进行生计调查，符合条件者可以得到社会救济性的养老金，费用由公共开支负担。按照2008年的标准，雇主和雇员分别缴纳工资的7%作为医疗保险费，养老金领取者和养老金管理机构也分别缴纳收入的7%作为保费。保险费纳入七大类医疗保险机构，负责向医疗机构支付费用，州政府负责医院的基础设施建设，费用由公共开支支付。德国失业保险由雇主和雇员分别缴纳工资的2.1%，由联邦就业机构负责管理。德国的工伤保险由雇主缴费，缴费标准因工作的风险程度不同各异，2004年平均为月收入的1.33%。德国的家庭补贴是完全由政府出资的福利项目。当社会保障费开支入不敷出时，国家财政将予以拨付。

（二）收支方面

从收支方式上来看，德国实行现收现付的社会保障模式，即由当期的缴费来支付各种保险费开支。例如，就养老金而言，德国自1957年开始实行现收现付，主要通过法定程序确定缴费比例；1992年又进行了改革，通过年度预测来决定次年基金支付数和缴费比例。

（三）监管方面

从监管方式上来看，德国养老保险金不得用于投资，而是由专门的养老金保险机构管理，全民参与监督。德国各类社会保障机构实行法律上的独立的自我管理，由社会保险金的缴纳者，即雇主和参保人个人共同参与决策。德国针对不同的社会保障项目都设立了专门的监管机构。如养老基金由17家养老金管理机构运营管理，联邦劳动与社会事务部对整个收支流程进行监管。联邦保险监事会（BVA)对医保机构进行监督。联邦劳动与社会事务部对失业保险的整个流程进行监管。联邦家庭、老年、妇女与青年部对家庭补贴整个流程进行监管。

二、智利社会保障基金运行实践

智利是基金制保障模式的典型代表。20世纪80年代，智利完成了社会保障制度改革，智利的社会保障体系包括养老保险、全国医疗体系失业保险、失业保险、社会救助等方面。养老保险的财务机制也调整为基于个人账户的“完全积累”制，并主要交给民营机构运作，政府实施立法和监督，并最终承担保底风险。

（一）管理方面

在资金的运营管理上，职工的养老金由过去国家统一管理变成专业化的私营养老基金管理公司来管理和运营，这些私营养老基金管理公司只从事养老基金及相关业务。基金公司的日常经营管理活动完全按照市场规律进行运作，具体负责管理投保人的个人账户、发放和管理投保人的退休金、依法投资养老基金、保证进行多样化和低风险的金融投资以及依法向投保人提供有关的详细信息和服务等。经营公司的利润来源于两个方面：一是经营得好的管理公司可以为投保人取得较高的利息回报，管理公司本身的盈利和股票价格也将随之上升；二是投保人要向管理公司交纳管理费。

（二）投资方面

智利社会保障基金投资运作的措施主要有：一是采用由私营养老基金管理公司对养老基金进行经营的管理模式。二是将养老基金交由私营基金管理公司管理的同时，全面引入竞争机制，实行市场化运作。各基金管理公司在养老保险市场上充分竞争，在争取客户、服务客户、满足客户等方面各显其能。三是政府基于安全考虑对基金管理实施严格的、体系化的监管。一方面，通过法律法规对基金管理公司的进入和退出进行监控，确保其有足够的偿付能力。另一方面，规定养老保险基金投资项目及限额。如政府债券最高限额 50%，抵押债券最高限额 80%，由金融机构担保的存款与证券，最高限额 30%~50%，私营及公共公司发行的债券，最高限额 50%，公司股票、房地产、生产性资产、外国债券，最高限额 10%等。四是作为资本进行投资来实现基金的保值与增值。在资本市场精心运筹，进行投资多元化的尝试，将社会保障基金投资范围扩大到购买股票、住房抵押贷款、海外投资和基金投资等方面。

（三）监管方面

智利社会保障基金的监管包括强调“一人一账户”、“一公司一基金”的养老基金管理结构，提高基金监管透明度；国家不直接管理养老金，成立养老金管理公司总监署，监管各管理公司的经营状况、基金的保值增值状况、服务质量、投资状况等，当管理公司无力获得足够的资金以保证基金的最低盈利和拥有开展活动的最低资本金时，国家将补足差额并以债权人身份参加公司的清算，宣告其解散，管理公司破产后，一般不影响投保人的利益。

[案例分析]

智利模式

智利基本养老保险模式诞生于 20 世纪 80 年代。在此以前，智利社保体制采用的是现收现付制。人口老龄化和高通货膨胀率，加重了政府向养老金制度的转移支付的负担，导致退休职工的待遇得不到保证，在职职工和企业负担沉重。为了改变这一状况，智利政府决定实施改革，这就是所谓的“智利模式”。它具有以下特色。

建立在个人账户基础上的强制性缴费确定型计划。职工在税前按照工资的 10%缴费不断补充个人账户。企业没有为职工缴费的义务，退休时，职工必须从保险公司购买年金或者其他的递延支付产品。

国家授权养老基金管理公司（AFPs）筹集和管理职工的缴费资金。养老金要和关联企业的资产分离。AFPs经营两种类型的养老基金。一种类型是混合型基金，既投资于固定收益证券，又投资于股票，既可投资于国内，也可以投资到国外。另一种类型是固定收益型基金，这种基金风险很小，一般提供给即将退休的职工。养老金管理的收费标准由各公司自行制定。

政府对个人账户积累不足的退休职工实行最低担保制度，还规定了 AFPs 的最低投资回报率和最低资本总量，国家承诺一个最低的养老金支付水平。国家强制要求各AFPs在获得高于行业平均投资回报时，建立收益储备金，以备担保最低回报。如果某家AFPs的投资收益率低于行业平均水平，该公司必须用收益储备金和投资准备金来补偿个人账户的损失，如果该公司不能补偿委托人的损失，可能被依法清算。受益人可以重新选择AFPs，并转移个人账户。对于已经工作了20年以上的职工，国家承诺一个最低的养老金支付水平，如果不能达到，由国家支付AFPs实际投资资产和政府最低担保之间的差额。

个人自由选择AFPs。职工有权选择AFPs，并在它们之间转换，每年最多可以转换四次。

20年来，智利基本养老保险模式取得了明显的成效。

计划覆盖率逐步增加。参加计划的人数由1981年的144万人增加到2000年12月的610万人，年均增长率为7.9%。

养老基金管理公司产业集中度逐步提高，养老金资产逐年膨胀。在改革初期，共成立了11家AFPs，20世纪80年代一直在12~14家波动，90年代初迅速增加，到1994年达到了22家的峰值，然后逐渐减少，产业集中度逐步提高，目前仅有7家。但是养老金资产却在逐年膨胀，1981年仅占GDP的0.84%，1999年12月，养老金资产已经占到GDP的53.3%。

养老金投资收益可观。到1999年6月，智利养老金资产的61%由投资收益形成，39%来自缴费。1981~2001年1月，养老金的年平均实际收益率为10.9%（扣除通胀率因素），远远高出设立AFPs时4%~5%的预期收益率。当然，投资的风险也很大，1982~2000年，最高的收益率达到了29.7%（1991年），1995年以后受墨西哥金融风暴影响，一些年份的收益率甚至为负。

智利模式的其他经验值得我们继续研究和借鉴。例如，养老金保值增值和资本市场发展之间相互促进协调；通过发行特种债券解决转轨产生的隐性债务问题；财政、金融改革以及企业民营化等措施对养老保险改革的支持等。但是，也存在一些问题值得我们注意，比如，个人账户积累下缺乏再分配机制，造成贫富不均；AFPs提供的可选择的基金品种较少等。

CHAPTER 4

第四章　社会保险制度

[内容摘要]

社会保险是整个社会保障制度的核心内容。本章全面阐述了社会保险的五大险种，阐述了社会保险与商业保险的区别，社会保险基金的保值增值，以及我国社会保险存在的问题和一些政策措施。

[学习要点]

（1）社会保险的五大险种。
（2）社会保险与商业保险的区别。
（3）社会保险基金的保值增值。
（4）我国社会保险存在的问题。
（5）完善我国社会保险的政策措施。

社会保险是整个社会保障制度的核心内容。社会保险对于维护社会安定、满足人们对社会安全感的需要、促进经济发展起着非常重要的作用。中国的社会保险制度改革始于党的十一届三中全会之后，至今已取得很大成绩，可以说，已建立了新的社会保险制度的雏形。但是，我国现行社会保险制度仍不能适应经济体制改革深入发展的需要，不能适应新世纪社会和经济总体发展的需要。目前，我国正处于一个非常特殊的社会转型时期，保持社会稳定是全社会关注的焦点，在这种背景下，如何进一步深化社会保险制度改革，提高社会保险作为社会稳定机制的功能效果，就显得尤为重要。如果拿不出较为完善可行的社会保险制度改革方案，就会形成“瓶颈”影响我国经济体制改革的整体推进，影响我国社会和经济的发展。所以，必须从理论和实践上深入研究中国的社会保险制度改革，力求取得新的突破，以使其适应经济体制改革和21世纪中国经济与社会总体发展的需要。

第一节　社会保险概述

一、社会保险的含义和内容

（一）社会保险的含义

社会保险制度是同近代工业化社会相伴而生并在西欧最早出现的一种制度，是现代社会保障制度中最引人注目、发挥作用最大的组成部分。1953年，维也纳的国际社会会议文献中，曾对社会保险的概念有如下表述：“社会保险是以法律保证一种基本社会权利，其职能主要是以劳动为生的人，在暂时（生育、疾病、伤害、失业）或永久（残疾、老年、死亡）丧失劳动能力时，能够利用这种权利来维持劳动者及其家属的生活。”根据上述定义，我们可以这样表述社会保险：社会保险是国家通过立法的形式，由社会集中建立基金，以使劳动者在年老、患病、工伤、失业、生育等丧失劳动能力的情况下能够获得国家和社会补偿与帮助的各种制度的总称。

（二）社会保险的内容

社会保险是国家实施社会政策的一种手段。各国的社会政策不同，社会保险政策与项目也不同。也就是说，各国社会保险的承保对象、给付标准、承保内容等，都与该国的社会体制、经济体制、政治体制以及基本国情密切相关，因此，社会保险的内容在各国是不尽相同的，这里很难将其一一罗列，不过根据国际劳工局关于社会安全最低标准的有关规定，社会保险分为以下五类。①养老保险。养老保险是社会保险的重要内容，是指一个国家为其老年公民所提供的必要生活费用开支保障。更进一步讲，养老保险是社会劳动者年老时退出生产岗位后，由国家和社会依法向其提供稳定可靠的经济来源的一项社会保险制度。②医疗保险。医疗保险是指因身体伤残、疾病需要医疗费用支出时，提供一次给付或定期给付的各种保险的统称。它包括意外保险、疾病保险、医疗费用保险以及意外死亡伤残保险。③失业保险。失业保险制度就是国家通过立法强制实施的，由社会集中建立基金，对因失业而暂时中断收入（生活来源）的劳动者提供物质帮助的一种社会保险制度。④工伤保险。工伤保险是指因工负伤、致残、致伤和患职业病，本人及其家属暂时或永久丧失收入来源，生活难以维持时，获得赔偿、物质帮助和社会服务权利的一种社会保险制度。⑤生育保险。生育保险是指国家或社会对女职工在生育期间所造成的经济损失及增加的额外支出给予物质帮助和经济保障的一种社会保险制度。保证妇女劳动者在整个生育阶段的健康和安全是关系到国民生产发展和民族兴旺发达的大问题。

二、社会保险的特征

（1）保障性。实施社会保险的根本目的，就是保障劳动者在失去劳动能力之后的基本生活，从而维护社会的稳定。

（2）法定性。法定性就是国家立法，强制实施。保险待遇的享受者及其所在单位，双方都必须按照规定参加并缴纳社会保险基金，不能仅凭自愿。法定性是实现社会保险的组织保证，目的在于保障劳动者因暂时或永久丧失劳动能力以及失业时获得生活保险，安定社会秩序。

（3）互济性。互济性是指社会保险按照社会共担风险原则进行组织的，社会保险费用通过社会统筹，建立社会保险基金。社会保险机构要用互助互济的办法统一调剂基金，支付保险金和提供服务，实行收入再分配，使参加社会保险的劳动者生活得到保障。

（4）福利性。社会不以营利为目的，它以最少的花费，解决最大的社会保障问题，属于社会福利性质。

（5）普遍性。社会保险实施范围广，一般在所有职工及其供养的直系亲属中实行。

三、社会保险与社会保障的区别

社会保障是具有广泛含义的概念。一般而言，它是指一种公共福利计划，是以全体国民为对象，借助整个社会的力量，对每一国民一生中所遭遇的各种损失给以保障或救助，以保证其最低限度的生活水平，并在此基础上通过建立各种公益性服务和津贴制度，提高整个社会的福利水平。社会保障一词是从 1935 年美国社会保障制度正式建立后，开始被广泛使用的，其外延在各国和不同时期有所不同，目前我国的社会保障主要包括社会保险、社会救济、优抚安置和社会福利等内容。

社会保险和社会保障相比较，虽然在客观上都具有对基本生活需要的保障功能，都是国民收入再分配的手段，但二者具有明显的区别。

（1）实施范围和对象不同。社会保险在一定时期只在法律规定范围内实行，这取决于一国的经济发展水平，如我国目前主要在国有企业和部分城镇其他企业职工中实行，它主要以社会劳动者为保障对象。而社会保障始终是在全社会范围内实行的，经济发展水平只决定其保障水准高低，不决定其范围大小，它又是以全体国民为保障对象的，不论是否参加过社会劳动。

（2）职责不同。社会保险是对丧失劳动能力和失去劳动机会的劳动者承担生活保障责任，职责只限于补偿由此所造成的直接收入损失，因此它是维持劳动力再生产的特定手段。社会保障不但包括所有国民一切可能遇到的普遍危险、困难和损失的保障责任，而且还包括社会发展方面的责任，如免费教育、困难救济等，可见它是以保障整个社会机体正常运行为己任的，协调社会各个方面关系的、多功能、多责任的手段。

（3）分配原则和保障水平不同。社会保险的分配和劳动者对保险基金的贡献直接相关，待遇给付适当考虑劳动者原有的收入水准，保障基本生活需要。社会保障分配在多数情况下是国家或社会对国民的单方面援助，待遇给付不考虑受援者原有的收入水准，它保障的是最低生活需要，在有关社会发展方面的内容，则多以机会均等、大体平均的原则分配，而且明显有益于低收入阶层和无收入来源的人。从以上比较可见，社会保险是以社会劳动者为对象，在劳动危险损失前提下发挥作用的保障制度；而社会保障是以全体国民为对象的，在任何危险损失以及满足社会全面发展方面发挥作用的。因此，社会保险是社会保障体系中的一个重要内容，在社会保险的作用能够充分发挥的情况下，社会保障的作用就主要体现在社会福利的发展方面了。

四、社会保险的功能与意义

（一）社会保险的功能

（1）保障劳动者基本生活，安定社会。

（2）保护劳动者身体健康，增进劳动者体质。

（3）促进生产发展，保证经济正常运行。

（4）为社会、为基层服务，方便群众生活。

（5）实行收入再分配，适当调节劳动分配，保障低收入者的基本生活。

社会保险是现代化大生产的产物，是人类文明进步的标志。一个健全、完善的社会保障体系是中国社会主义市场经济体制的重要组成部分，是中国经济增长和保证国家长治久安的根本大计。中国从 20 世纪 80 年代中期以来，开始进行社会保险制度的改革，主要是在企业中进行。改革的主要内容：一是恢复了社会保险基金由社会统筹的制度，变自我保险为社会保险；二是把覆盖面扩大到所有的企事业单位职工和城镇劳动者；三是实行国家、单位、个人三方负担社会保险费的制度；四是建立国家基本保险、单位补充保险、个人储蓄性保险多层次的社会保险体系。

通过 20 多年来的社会保险制度改革，原有的社会保险制度已随着计划经济体制的崩溃而被打破，过去由国家负责、单位包办、全面保障、层次单一、板块结构、封闭运行、缺乏效率的社会保险制度，正在被责任共担、社会化、基本保障、多层次的开放型社会保障制度所取代，能够适应市场经济与社会发展要求的、新型的社会保障制度的原则与基本框架得到了确立。

（二）社会保险的意义

社会保险制度的改革，进一步建立健全了制度体系，全面推动了中国企业的体制改革。在企业的体制改革过程中，对就业及劳动关系的稳定产生了直接的冲击，产生了大批的下岗及失业人员。而社会保险使这些人员得到了及时的救助，在企业的转制过程中发挥了很大的作用，保障了企业改革的稳步顺利进行，推进了中国经济体制和经济结构的调整，维护了社会的稳定。可以说社会保险体制改革发挥了稳定器的作用。改革和完善我国的社会保险制度，建立多层次的社会保险体系，是市场经济发展的重要前提，具体讲具有三个方面的意义：①完善的社会保险制度是社会稳定的重要保证；②完善的社会保险制度有利于推进劳动制度改革；③完善的社会保险制度有利于启动失业机制，促进社会资源优化配置。

第二节　社会保险的产生和发展

一、西方资本主义国家社会保险制度（法）的产生

德国是世界社会保险制度的发源地。19 世纪 80 年代，德国政府迫于工人运动的巨大压力，为缓和劳资双方的矛盾，先后颁布了疾病、工伤、老年和残疾保险法令，在世界上首创了社会保险制度。1883 年，根据宰相俾斯麦提出的法案，德国议会通过了《劳工疾病保险法》，这是世界上第一次社会保险立法。随后，1884 年和 1889 年又分别颁布了《劳工伤害保险法》与《残废和老年保险法》，这三项立法初步建立了社会保险基本法律制度，创立了一些重要原则。与此同时，其他资本主义国家也揭开了社会保险立法的序幕，如英国 1897 年通过了《工人赔偿法》；法国在 1898 年的法律中也规定了雇主对劳动者因工负伤、丧失劳动能力和工伤死亡应负赔偿责任。20 世纪 30 年代，社会保险传播到拉丁美洲和美国、加拿大等国家。第二次世界大战后，随着非洲、亚洲和加勒比海地区民族的独立，这些地区的许多国家也相继实行了社会保险制度。西欧、北欧大多数经济发达国家的社会保险对象已扩大到全体公民。

社会保险制度之所以首先产生于德国，主要是受到以下几个因素的作用。

（一）经济因素

恩格斯认为："每一时代的社会经济结构形成现实基础，每一个历史时期的由法的设施和政治设施以及宗教的、哲学的和其他的观念形式所构成的全部上层建筑，归根到底都应由这个基础来说明。"[①] 社会保险制度的建立作为上层建筑的构建，应该首先由其所处时代的经济基础来决定。因此，经济因素是德国建立社会保险制度的首要因素。①工业革命使得德国的生产力飞速发展。工业化和城市化产生了大量的产业工人，工人的伤残、疾病、退休养老成为社会问题，客观上提出了建立社会保险制度的要求。②工业革命使得德国的经济实力迅速提高，具备了建立社会保险的物质条件。

（二）政治因素

19 世纪后半叶，德国的政治环境是德意志统一以后的国家政治制度重建。①德意志帝国的成立，标志着容克资产阶级完全掌握了德国的国家统治权力。②新生的德意志帝国成立之后，即开始着手一系列国家经济政治制度的建立。

（三）思想因素

这一时期的德国思想非常活跃，新历史学派的社会改良思想和马克思主义思想被认为是对社会保险制度的建立产生过重大影响的思想渊源。为众多社会保障学者普遍忽视的是德国长期以来的天主教的影响。天主教经济社会理论直接影响政府的决策和人们日常行为规范。天主教社会理论的基本内容包括以下几个原则：①人格尊严。根据天主教社会理论的最高原则，人必须是一切社会活动的承担者、创立者。②团结互助。基于基督教的博爱精神，天主教社会理论把团结互助看作不仅是个人、群体而且是整个人类社会共同责任的基本原则。

---

①恩格斯. 1999. 反杜林论. 北京：人民出版社：25.

③独立自主。共同责任并不排除，而是要求任何个人和群体首先有义务和权利独立地处理自己的事务，同时也要求在一切不能由个人和较小的共同体单独解决的事务中的共同责任。④私有制和竞争。天主教社会理论始终捍卫私有制，包括生产资料私有制，但要求公正的分配。⑤德国天主教社会福利运动的创始人冯·克特勒提出了设立慈善机构、组织基督教工会、通过国家社会立法对工人提供保护等思想。在帝国议会中有巨大影响力的天主教的中央党也在1877年根据克特勒等的学说提出了工厂立法等社会方案。

20世纪初，随着资本主义社会生产力的不断发展，自由资本主义逐渐向垄断资本主义过渡，生产资料和社会财富越来越相对集中，劳资矛盾更加激化，工人运动高涨，迫使各国逐渐重视社会保险立法。

二、社会保险产生的主客观条件

（一）社会保险产生的主观条件

社会保险行为产生的主观条件，主要是指人们的社会保险需求意识的产生和不断转变与深化。所谓社会保险的需求意识，是指人们对于可能遭遇的各种劳动危险及其经济损失寻求安全保障的渴求与欲望。行为科学将促成行为的欲望称为需求，它是社会保险行为的原动力。人们对这种行为动机的研究很早就有记载，如我国春秋战国时期的思想家韩非子曾经说过："民之政计，皆就支利，如辟危穷。"意思是人们都有得到安全与福利的正常生活的愿望，因此都设法躲避危险和贫困。现代心理学将人类需求分为五个层次，其中第二个层次就是对安全的需求，包括生命安全、职业保证、收入稳定、法律保护和身体健康等内容。这种需求反映到社会保险范畴上，就是希望解除对生病、失业、工伤、养老等劳动危险及经济损失的担心。社会保险正是以其特有的大范围、多功能、全面保障的方式，满足人们的上述需求，才得以产生和发展的。但是我们从社会保险发展的历史可见，虽然人们在从事社会劳动和日常生活中，随时可能遇到各种劳动危险和经济收入损失，但并非最初遇到时就立即产生社会保险需求，这有待于整个社会经济的不断发展和社会意识的不断进步。这种发展和进步促使人们对社会保险需求观念的不断转化和提高，这主要表现在以下三个方面。

（1）人们对既定社会经济环境依赖心理的转变。这种依赖心理是社会保险产生的逆反因素。例如，长期以来我国实行统包统配用工制度，企业没有破产危险，职工在"铁饭碗"、"大锅饭"的环境中，自然不会产生对失业危险的安全需求，于是无所谓失业社会保险的产生。而当前我国经济体制改革深入发展，劳动工资体制变化很大，企业在竞争中有可能出现关、停、并、转，个人有可能面临暂时的停职或失业危险。加之我国劳动力供求失衡的客观表现日益明显，阶段性市场疲软和企业生产不景气现象等，这表明传统的社会经济发展环境有较大变化，于是促使劳动者的依赖心理发生一定转变，对失业社会保险的需求意识大大地加强了。

（2）人们对劳动危险及可能造成的经济收入损失所持的侥幸心理的转变。人们对各种劳动危险的发生和可能的经济损失，一般总是要看自我保障的能力高低和损失量的大小而选择保障方式。如果劳动危险对整体而言只是偶然的，在小范围内有发生可能，或是损失量很小，个人和家庭完全可以承担，就不需要别人的帮助，也就没有社会保险的需求。现代社会人们面临的劳动危险就其可能性而言是无处不在的，诸如年老、疾病和伤残等，其损失量也越来越大（收入和生活水准提高，损失量就加大），个人和家庭已无法完全承担，于是社会保险需求日益强烈。可以断言，随着我国改革开放政策的深入实施和社会主义市场经济体制的不断完善，人们的社会保险需求意识一定会冲破传统观念的束缚发生根本性的转变，从而促进我国社会保险事业的蓬勃发展。

（3）人们对自身利益的比较选择结果的不同。在社会生产和经济状况不发达时，劳动者面临劳动危险和损失时，往往是通过个人储蓄或家庭内部、亲友之间的互助，即自我保险的方式。在自给自足的自然经济条件下生产完全是个人或家庭的事情，生产者之间很少发生联系，他们宁可自己承担全部损失，也不愿出钱参加保险互助。随着社会化大生产的发展，生产者之间的关系日益密切，人们的利益比较选择有了很大变化，认识到通过社会保险的形式，将个人可能遇到的不确定的、较大数额的经济收入损失，化为确定的、小额的、不影响个人利益的保险费是十分合算的。作为国家而言，由国家主办社会保险制度，负责承担劳动者的劳动危险损失，并通过社会保险形式，调节社会收入分配的失衡现象，保障劳动者劳动力再生产的正常进行，以换取社会安定，促进生产发展，其经济效益和社会效益都是巨大的。正因为如此，当今世界较发达国家，上至政府官员，下至普通百姓，无一不积极倡导、支持和参加社会保险事业。 综上所述，社会保险行为产生的条件可以归纳为在劳动危险及其损失客观存在的前提下，最终取决于社会化大生产的发展和由此引起的社会生产方式的变化。而人们社会保险需求意识的不断强化，则有助于社会保险的不断发展和完善。

（二）社会保险产生的客观条件

社会保险产生的客观条件主要是指以下两个方面。

1. 劳动危险的客观存在及其造成的经济损失的危害程度

“危险”也称“风险”，是指灾害和意外事故及其所带来的经济损失发生的可能性。由于人们对某一种具体危险无法确切地知道其何时发生以及带来多大损失，所以“危险”又可以理解为经济损失的不确定性。一旦危险的可能性成为现实，即危险实际发生并引起了一定的经济损失结果时，我们就将其称为“危险事故”（或“危险事件”）。社会保险的“危险”，则是指国家或社会立法所规定的社会劳动者因丧失劳动能力或失去劳动机会而造成的经济生活不安全和经济损失发生的可能性，如年老、疾病、伤残和失业等，都被视为社会保险的“危险”。由于社会保险所承担责任的危险，不外乎丧失劳动能力和失去劳动机会两种情况，且都和劳动及劳动收入有直接或间接关系，因此我们也可以将它称为“劳动危险”。对于劳动危险实际发生造成的人身损害和经济收入损失，则称为“劳动危险事故”。在目前社会经济发展水准下，劳动危险事故可能出现在以下几个方面：

（1）由生理原因导致的劳动能力丧失和经济收入损失，即社会劳动者因个人健康状况恶化从而失去参加社会劳动并借此取得劳动收入的身体条件。这种劳动危险事故的后果可能是暂时的，如疾病和生育；也可能是永久的，如衰老或由于患病而致的残疾。

（2）由意外事故所造成的劳动能力丧失和经济收入损失。劳动者在劳动过程中经 常会遇到意外工伤事故的威胁，在日常生活中此类事故时有发生，如创伤、中毒、车祸等。在当前科技水平下，意外事故只能尽力降低发生率而无法完全避免。特别是由于机器大工业生产朝自动化的发展，劳动环境对人的危害更难以由个人的注意力加以控制，再加上个人主观上的疏忽大意等因素，可以说意外事故的发生有一定的必然性。此类事故一旦发生，肯定会给劳动者造成一定程度的身体伤害和经济损失。

（3）由劳动环境因素所造成的劳动能力丧失和经济收入损失，主要表现在恶劣或有毒害环境下作业的劳动者所患的各种职业性疾病，如粉尘浓度超标造成的尘肺病、放射性污染所造成的白血病等。此种危险在当前条件下同样无法完全避免。此类事故一旦发生，劳动者可能完全或部分丧失劳动能力，使其劳动收入受到影响。

（4）由劳动资源与生产资料配置失衡因素所造成的劳动机会丧失和经济收入损失。主要表现为失业现象的存在。由于技术更新、产业结构调整、人口过剩以及社会政策变化等，社会对劳动力的质和量的需求会不断变化，使一部分劳动力可能会失去劳动机会，并因此丧失原有的劳动收入。失业现象从劳动者整体上看，由于产生原因是客观的，所以是一种普遍存在的劳动危险，对每一个劳动者而言却表现为一种不确定因素。 由于上述劳动危险及其造成的经济收入损失在人类社会的发展过程中是客观、大量存在的，因此人们自然要寻找某种方式或措施来对付它的发生。最传统的方式是个人储蓄，进而是局部的互助互济和社会救济的产生。但是这一切只适用于劳动危险发生范围较小、频率较低和损失量较少的情况。在现代社会中，由于劳动危险及其所造成的经济收入损失，是大范围、高频率、大数量的发生，单靠个人积蓄、团体互助或单方面的社会救济已经无法承担。但是由整个社会或相当大范围内众多单位在经济上联合起来，则可以形成雄厚的保证基金，足以应付和承担其中少数成员所遭遇的劳动危险和经济损失。社会保险正是在此情况下应运而生的。因此可以认为，社会保险是劳动危险客观存在情况下，随着社会化大生产的发展而必然出现的一种有效的经济补偿制度。

2. 社会经济发展是实现保险的经济基础

从人类社会发展历史上看，劳动危险客观存在于每一个历史阶段，但并非有劳动危险就有社会保险。这是因为社会保险作为一种特定的个人消费品分配方式，它的产生需要相应的经济基础，这就是生产的高度社会化，以及由此带来的社会分工协作的日益细密，主要表现在以下几个方面：

（1）社会生产力的提高使剩余产品大量增加，国家和社会因此有能力全面承担起对广大劳动者的保障职责。

（2）社会分工细密使协作更加具有连锁反应关系，人们在经济利益和生活安全上彼此相互牵扯制约，一部分人的危险可能导致劳动过程的整体失衡，甚至引发社会政治与经济秩序的紊乱，因此人们有充分理由实行互助互济。

（3）商品经济在社会化大生产下获得蓬勃发展，商品交换无所不在，劳动者主要靠工资维持日常生活，个人储蓄不足以应付劳动危险所造成的经济损失，只有依靠大范围的社会保险方式。

（4）家庭功能的变化，生产从家庭工场走向社会，对劳动危险损失的责任因此转为社会的责任。

（5）生产决定分配，生产的高度社会化，决定了分配也必须是高度社会化的。社会生产力的提高和生产的社会化程度的提高，使劳动者在生产和生活过程中产生越来越多的客观要求，实现这些要求是必要的，但又不是劳动者个人或私人企业所能解决的，必须由社会来承担，在社会的规模上加以解决。上述客观条件，在原始社会、奴隶社会和封建社会显然并不具备或不完全具备，因此不会有社会保险制度的产生。只有到了资本主义社会，社会化大生产和商品经济有了充分的发展，具备了上述客观条件，社会保险才得以产生并逐渐发展完善起来。在我国社会主义市场经济体制下，生产的社会化和商品经济都将有进一步的发展，特别是基于社会主义生产的根本目标在于全面提高全体人民的物质文化生活水平，就更有条件、更有理由使社会保险朝新的、更高的阶段发展。从以上分析可见，社会保险是劳动危险及其损失的客观现象大量存在，与生产社会化所引起的生产关系、分配关系的转变这二者相结合的产物。社会保险所反映的人与人之间的关系，正所谓“我为人人，人人为我”，没有上述二者的结合，显然就不会有这种关系的产生。

第三节　社会保险与商业保险的区别及关系

尽管商业保险的诞生比社会保险早许多年，但在它们发展的早期阶段，由于两者都没有普及到全社会，所以相安无事，没有发生巨大的冲突。随着劳动者阶层的壮大，社会保险的规模不断扩大，范围日益扩展，特别是第二次世界大战后西方国家普遍建立社会保险制度，两者常常形成对立竞争的局面。而在竞争中，它们又必须相互协作，无论是单一的社会保险还是单一的商业保险，都不能充分发挥保险在经济、社会发展中的作用，不能为公民提供充分的经济保障。

社会保险和商业保险的关系正如它们字面所表现出来的那样，都含保险二字，但一个侧重社会，一个侧重商业，是一种既有联系又有区别的关系。

一、社会保险与商业保险之间的区别

1. 政府行为与企业行为的差异

社会保险是为了确保社会经济生活的安定，国家通过立法、采取强制方法对国民收入进行再分配，形成专门的社会保险基金，对暂时或永久丧失劳动能力的人的基本生活需要，给予物质帮助的社会保障制度。社会保险属于公民的基本权利，是明确于《宪法》上的，也是政府应承担的责任。因此社会保险是一种政策性的保险。商业保险则是由保险企业向参加保险的公民提供的一种有偿的保障服务，它是遵循着一般的商业原则办理的，所以商业保险所具有的是一种纯粹的商业性，是一种企业行为。

2. 经营管理的主体不同

社会保险一般都由国家政府有关部门管理，我国现在由各级劳动与社会保障部门统一管理，其下设的社会保险事业处等经办机构，为非营利性的事业法人。商业保险的保险人由各级商业保险公司承担，主要采取股份公司或互助合作式经营管理，其性质为营利性的企业法人。社会保险是政府的行为，自然由政府充当保险人，对社会保险的财务政府负有最后保证的责任，被保险人的利益在任何情况下都得到了保证。商业保险由符合《保险法》规定条件的企业充当保险人，独立经营、自负盈亏是基本要求。保险人不止一个，而是众多的，它们之间平等竞争，因此保险人会面临破产的风险，这对被保险人的利益与社会保险相比较难保证。

3. 经营原则与实施的方式不同

社会保险属于社会保障性质，是政府的一项社会政策。因此，社会保险主要采取强制方式实施，它以补偿性和社会公平性为原则，其保险对象、保险项目、交费标准、给付金额等都是由法律规定，由国家监督强制执行的，个人没有选择的自由；而商业保险以营利性为经营原则，是基于投保人与保险人在自愿、协商一致的基础上成立的，它强调个人公平，是否

参加保险、保什么险、保多少等，主要依靠个人的意愿来确定，虽然有些社会性较大的保险也采取强制方法，如汽车第三者责任保险，但投保人向哪家公司投保，保多少金额等都有一定的选择余地。

4. 保险覆盖面不同

社会保险的对象范围是社会劳动者，凡法律规定属于社会保险的对象，均必须依法参加，社会化程度很高；而商业保险的对象范围则比较灵活，可由个人根据需要选择加入，其社会化程度较社会保险低。因此，从这方面看商业保险覆盖面比社会保险小。

5. 保险费的负担原则与保障水平不同

社会保险是以保障劳动者最基本生活为目的的保险，是较低水平的保障，即国民在一定时期内的基本生活需要，其水平在贫困线以上，一般生活水平之下，它不能过高，过高了会滋长依赖和懒惰等副作用；而商业保险不以最低生活水平为界限，投保人可根据自己对费用的负担能力自行确定保险的项目和金额，商业保险不仅提供了广泛的财产风险保障，而且提供了较高水平、不同层次的人身风险保障，可以满足人们对于保障水平的多种需要，是在社会保险得到基本满足之上的保险，一般较社会保险高。

6. 保险基金筹集的方式和水平不同

社会保险的筹集方法主要是社会统筹和个人账户相结合，社会保险的保险费主要来自劳动者个人、用人单位和政府三方；商业保险则按概率，运用科学的方法估算出保险费率，确定收费标准，商业保险的投保人可根据保险标的情况，参照自己的经济能力，投入相应的保险费，商业保险费强调的是等价交换和权利义务的对等，即多买多保、少买少保、不买不保。

7. 立法范畴不同

社会保险是《劳动法》调整的范畴，涉及的是国家的各种社会政策、经济政策、文化教育政策和劳动工资政策，反映的是国家、企事业单位和劳动者个人三者之间的物质利益关系，社会保险是劳动者受法律保护的基本权利之一，也是国家对劳动者应尽的义务。因此，社会保险属于社会立法范畴。在商业保险中，保险双方当事人享受的权利和义务以合同为依据，合同是以平等、自愿、协商、互利为基础的，反映的是双方之间的一种商品交换关系，因此，商业保险属于经济法调整范畴。

8. 舆论监督的差异性

商业保险与一切商业活动一样，社会监督主要来自消费者，十分分散。社会保险则不同，它既是一项社会政策，又是现代经济运行必不可少的要素，理所当然成为劳动者和群众关注的焦点。

二、社会保险和商业保险的同一性

社会保险和商业保险的区别是显而易见的，两者不是互相取代、互相矛盾的关系，而应是互相配合、互相补充的关系，两者之间具有同一性。

社会保险为工资劳动者或无力购买商业保险的人提供基本生活保障，是国家依法强制建立的，具有经济福利性的国民生活保障和社会稳定系统，从这个意义上讲是对商业保险的补充。在这方面，社会保险可根据需要和国力，不断扩大自己的保障范围，调整给付水平。商业保险为人们提供超过基本需要的保障，以满足人们不同的保障需要，这又是对社会保险的补充，两者互相配合，相得益彰。

（1）历史的、天然的联系。从历史上看，社会保险的产生要晚于商业保险，社会保险是一般保险的原始形式向社会保障领域的延伸，正因为如此，社会保险从商业保险中继承了许多东西，如社会保险的原理、计算和预测方法、有关术语都与商业保险类似或基本相同。

（2）保障功能的同一性。社会保险和商业保险都是现代市场经济条件下的两种风险补偿机制，特别是商业人身保险和社会保险由于保险标的都是人的生命和身体，提供的是一种人身风险保障，这种保障功能的同一表现更为明显，它们对于保证人民生活安定、保证社会再生产顺利进行发挥着重要作用，实际上，社会保险和商业保险都是一种保障机制，只不过是用不同的方式来实施这种功能而已。

通过对社会保险和商业保险的比较之后，我们可以清楚地看到二者的关系。

（1）两者虽同属于“保险”，但两者之间具有不可替代性。这就是说商业保险和社会保险不是等同的，二者不能相互代替，而且二者都是必须存在的。从二者的差异性可以看出，社会保险、商业保险属于两种不同性质的保险，它们在保障水平、覆盖面、基金的筹集、立法范畴、舆论监督等方面有着明显区别，各自发挥着不同的作用。社会保险和商业保险其内涵和外延不是等同的，是不能相互替代的，它们共同构筑了高层次的保障体系，都是必须存在的。

（2）两者相互补充，相互配合，共同发展。社会保险与商业保险两者之间虽有明确的分工，但并非绝对对立，两者之间可以相互补充。社会保险只是保障劳动者和公民的基本生活，劳动者如有资金实力，完全可以在缴纳社会保险费后，向商业保险公司投保，并在遭受风险时从社会保障机构和商业保险机构获得补偿。同样，商业保险和社会保险有类似的保险机制，在发展中可以相互借鉴，不断完善。

（3）矛盾性。商业保险和社会保险相互补充、相互配合是有一定条件的，即商业保险的发展以社会保险只能保障人们的最低生活水平为条件，同样，社会保险的发展以商业保险仅仅保障那些具有投保资格的人们为条件，倘若社会保险的保障水平超过人们最低生活需要的水平，或者商业保险无投保条件的限制，那么，任何一方的“越位”都会给对方造成压力，影响和牵制对方的发展。

在实际工作中，只有界定好社会保险和商业保险这两者的关系，搞清社会保险和商业保险二者的真正内涵和外延，协调好两者之间的关系，相互配合，才能建立起合理有效的宏观调控机制，共同发挥好社会保险和商业保险安定社会生活和促进经济增长的作用。

第四节　社会保险模式

由于世界各国的政治、经济、文化、社会、历史状况不同，建立社会保险制度的时期不同，因此，当前世界各国的社会保险制度的类型各异，综观世界各国的社会保险制度，主要有以下几种模式。

一、投保资助型的社会保险模式

投保资助型的社会保险又称为传统型的社会保险。这种类型的社会保险以德国俾斯麦的理论为依据，贯彻“选择性”（即选择部分人实行）的原则，实施范围主要是劳动者；强调权利和义务相结合和对等的原则；社会保险费由个人、企业和政府三方负担或两方负担，要求劳动者个人和企业（雇主）定期缴纳社会保险费，政府给予政策上和税收上的优惠及帮助，并在财政上做出最后的保证；社会保险待遇与缴费年限或劳动时间与个人收入相关联，分配有利于低收入阶层。社会保险由国家立法强制实施，并由国家设立专门的机构进行管理。实行这类社会保险制度的国家除德国外还有美国、日本等国家。

二、国家统筹型的社会保险模式

实行这种类型社会保险制度的国家主要有苏联和东欧社会主义国家以及社会保险制度改革前的中国。这种社会保险制度主要根据马克思的社会总产品在个人分配之前预先扣除社会保障费用的理论和列宁的国家保险理论（列宁在 1912 年提出“最好的工人保险是国家保险”）实行。在实行计划经济的同时，将各项社会保险制度列入宪法，以生产资料公有制作保证，由国家和企业负担各项社会保险的全部费用，个人不缴费，给付与劳动者个人的工作年限和工资挂钩。与这种模式相适应，国家是社会保险的主体，从上至下社会保险统一由政府社会保险部门直接管理和操作，或授权企业，或授权工会组织负责具体的管理工作。目前实行这种类型社会保险制度的国家大多都在进行改革。

三、全民福利型的社会保险模式

全民福利型的社会保险制度是以《贝弗里奇报告》为依据建立起来的社会保险制度。这种社会保险制度贯彻“普遍性”原则，所有公民，无论是就业者还是失业者，也不论是否参加过工作，都有权享受社会保险待遇。保险内容包括“从摇篮到坟墓”的各种生活需要。保险费用由国家以税收形式收取，按统一标准缴费，实行“均一制”给付，保障水平是以维持正常生活、享受期限以需要为准。社会保险的管理工作由国家设立统一机构负责。实行这种类型社会保险制度的国家有英国、瑞典及其他欧洲国家。

四、强制储蓄型（储金型）的社会保险模式

强制储蓄型（储金型）的社会保险制度由国家立法，强制劳资双方分别按雇员工资总额和雇员本人工资收入的一定比例缴费，以雇员个人的名义存入国家指定的储金机构，职工退休时或在需要时连本带息发还给职工，雇员个人之间没有互助互济的关系，也不共同承担风险，属于自助型的社会保险模式。实行这种类型社会保险制度的国家以新加坡为代表，其他还有马来西亚、印度、印度尼西亚等国家，但是成功的只有新加坡。20 世纪 80 年代智利也开始实行这种制度，效果也比较显著，只是在具体制度的内容上与新加坡有所不同。

第五节 我国社会保险的现状及其对策

一、我国社会保险的发展现状

目前我国社会保险的主要项目有：社会统筹与个人账户制度相结合的养老保险、医疗保险、失业保险、工伤保险、生育保险。其中，我国的养老社会保险分为城镇职工基本养老保

险、城乡居民社会养老保险[1]（包括新型农村社会养老保险和城镇居民社会养老保险）。医疗保险分为城镇基本医疗保险（包括职工基本医疗保险和城镇居民基本医疗保险）、新型农村合作医疗[2]。

（1）养老保险。截至2012年年底，全国参加城镇职工基本养老保险人数为30 427万人，比2011年年末增加2036万人。其中，参保职工22 981万人，参保离退休人员7446万人，分别比2011年年末增加1416万人和619万人。年末参加基本养老保险的农民工人数为4543万人，比2011年年末增加403万人。参加企业基本养老保险人数为28 272万人，比2011年年末增加1988万人。

2012年，城乡居民社会养老保险实现了制度全覆盖，参保人数快速增长。截至2012年年底，全国城乡居民养老保险参保人数达到48 370万人，比2011年年末增加15 187万人。其中，60岁以下参保人数为34 987万人，比2011年年末增加10 990万人。

（2）医疗保险。2012年，全国参加城镇基本医疗保险人数为53 641万人。其中，参加职工基本医疗保险人数为26 486万人，比2011年年末增加1258万人；参加城镇居民基本医疗保险人数为27 156万人，比2011年年末增加5040万人。在职工基本医疗保险参保人数中，参保职工为19 861万人，参保退休人员为6624万人，分别比2011年年末增加913万人和346万人。年末参加医疗保险的农民工人数为4996万人，比2011年年末增加355万人。

（3）工伤保险。2012年全国参加工伤保险人数为19 010万人，比2011年年末增加1314万人；其中参加工伤保险的农民工人数为7179万人，比2011年年末增加352万人。

（4）失业保险。2012年年末，全国参加失业保险人数为15 225万人，比上年末增加908万人。其中，参加失业保险的农民工人数为2702万人，比上年末增加311万人。

（5）生育保险。全国参加生育保险人数为15 429万人，比上年末增加1537万人。

二、我国社会保险基金的收支规模

随着我国社会保险工作深入开展，社会保障体系建设取得重大进展。2012年全年五项社会保险（不含城乡居民社会养老保险）基金收入合计为28 909亿元，比上年增长4866亿元，增长率为20.2%。基金支出合计为22182亿元，比上年增长4127亿元，增长率为22.9%。

（1）养老保险。2012年全国城镇职工基本养老保险基金收入20 001亿元，比上年增加3106亿元，比上年增长18.4%。其中征缴收入16 467亿元，比上年增加2511亿元，增长率为18.0%。各级财政补贴基本养老保险基金2648亿元。基金支出15 562亿元，比上年增加2797亿元，增长率为21.9%。年末基金累计结存23 941亿元，比上年增加4445亿元。

2012年全国城乡居民养老保险基金收入1829亿元，比上年增加719亿元。基金支出1150亿元，比上年增加551亿元。年末基金累计结存2302亿元，比上年增加1071亿元。

（2）医疗保险。2012年城镇基本医疗保险基金（包括全国职工基本医疗保险基金和全国居民基本医疗保险基金收入）总收入为6939亿元，支出5544亿元，分别比上年增长25.3%

①城乡居民社会养老保险与城镇职工基本养老保险的不同，主要体现在保障对象、实施强度、缴费标准、筹资结构、统筹机制、待遇计发六个方面。例如，城镇职工基本养老保险是保障城镇就业群体；而新农保保障的是农村居民群体，城镇居民社会养老保险保障的是城镇非从业居民群体。

②城镇职工基本医疗保险的覆盖范围包括城镇所有用人单位和职工以及退休人员。城镇居民基本医疗保险覆盖范围包括未纳入城镇职工基本医疗保险制度覆盖范围内的非从业城镇居民、灵活就业人员、进城务工人员、学生儿童，以及经审核目前尚没有能力参加城镇职工基本医疗保险的困难企业职工。新型农村合作医疗覆盖的是农村居民，无论其就业状态如何都可以参加。

和 25.1%。年末城镇基本医疗统筹基金累计结存 4947 亿元（含城镇居民基本医疗保险基金累计结存 760 亿元），个人账户积累 2697 亿元。

全国职工基本医疗保险基金收入 6062 亿元，比上年增加 1117 亿元，其中统筹基金收入 3721 亿元，个人账户收入 2341 亿元；医疗保险基金支出 4868 亿元，比上年增加 850 亿元，其中统筹基金支出 3061 亿元，个人账户支出 1808 亿元；年末统筹基金累计结存 4187 亿元，个人账户累计结存 2697 亿元。

全国居民基本医疗保险基金收入 877 亿元，比上年增加 283 亿元；基金支出 675 亿元，比上年增加 262 亿元；年末基金累计结存 760 亿元，比上年增加 263 亿元。

（3）工伤保险。2012 年全国工伤保险基金收入 527 亿元，比上年增加 60 亿元；基金支出 406 亿元，比上年增加 120 亿元。基金收支分别比上年增长 12.9%和 41.9%。年末基金累计结存 737 亿元，储备基金结存 125 亿元。

（4）失业保险。2012 年全国失业保险基金收入 1139 亿元，比上年增加 216 亿元。基金支出 451 亿元，比上年增加 18 亿元。基金收支分别比上年增长 23.4%和 4.1%。年末基金累计结存 2929 亿元，比上年增加 689 亿元。

（5）生育保险。2012 年全国生育保险基金收入 304 亿元，比上年增加 84 亿元。基金支出 219 亿元，比上年增加 80 亿元。基金收支分别比上年增长 38.4%和 57.6%。年末基金累计结存 428 亿元，比上年增加 85 亿元。

三、我国企业年金的情况

企业年金，即企业补充养老保险，是指企业及其职工在依法参加基本养老保险的基础上，依据国家政策和本企业经济状况建立的、旨在提高职工退休后生活水平、对国家基本养老保险进行重要补充的一种养老保险形式。企业年金被认为是养老保障的“第二支柱”。企业建立企业年金，不仅可以提升企业形象，增加对人才的吸引力，也有利于社会的和谐稳定，取得良好的社会效应。

企业年金所需费用由企业和职工个人共同缴纳，建立个人账户，与企业资产实行分账管理。雇主和雇员分担缴费义务的比例，有的是 1:1，总体上雇主多缴、雇员少缴或不缴的情况比较常见。2013 年 9 月 29 日，人力资源和社会保障部公布了《2013 年全国企业年金基金业务数据摘要（二季度）》。报告披露了 2013 年第二季度以及上半年全国企业年金的基本情况以及投资收益率情况，如表 4-1 所示。

表 4-1　2013 年上半年全国企业年金基金投资收益率情况

计划类型	组合类型	样本组合数/个	样本期末资产金额/亿元	上半年加权平均收益率/%
单一计划	固定收益类	368	492.49	2.52
	含权益类	1593	3784.89	2.27
	合计	1961	4277.38	2.30
集合计划	固定收益类	53	251.47	2.78
	含权益类	82	227.95	2.10
	合计	135	479.42	2.46
其他计划	固定收益类	15	59.53	2.28
	含权益类	20	53.49	1.81
	合计	35	113.02	2.06

续表

计划类型	组合类型	样本组合数/个	样本期末资产金额/亿元	上半年加权平均收益率/%
全部	固定收益类	436	803.49	2.58
	含权益类	1695	4066.33	2.25
	合计	2131	4869.82	2.31

注：①样本为 2013 年 1 月 1 日以前正式投资运作的投资组合。②计划类型中其他计划是指过渡计划和准集合计划。③组合类型按是否含权益类投资标的分为固定收益类和含权益类，以期初合同或备忘录为准，明确约定不能投资权益类的组合为固定收益类；没有明确约定或期间发生类别变动的，都为含权益类。④收益率计算方法为符合条件样本组合收益率的规模加权，以年初和各季度末平均资产规模为权重；组合收益率为单位净值增长率

资料来源：《2013 年全国企业年金基金业务数据摘要（二季度）》

截至 2013 年第二季度，我国企业年金交由 11 家法人机构托管，分别为：华宝信托有限责任公司、中信信托有限责任公司、平安养老保险股份有限公司、太平养老保险股份有限公司、中国建设银行股份有限公司、中国工商银行股份有限公司、招商银行股份有限公司、上海国际信托有限公司、长江养老保险股份有限公司、中国人寿养老保险股份有限公司、泰康养老保险股份有限公司。其中托管金额较大的前 3 家为中国人寿养老保险股份有限公司、平安养老保险股份有限公司、中国工商银行股份有限公司，占比分别为 28.71%、20.64%和 14.67%。

截至 2013 年第二季度，我国企业年金共有 21 家投资管理人，分别为：海富通基金管理有限公司、华夏基金管理有限公司、南方基金管理有限公司、易方达基金管理有限公司、嘉实基金管理有限公司、招商基金管理有限公司、富国基金管理有限公司、博时基金管理有限公司、银华基金管理有限公司、中国国际金融有限公司、中信证券股份有限公司、华泰资产管理有限公司、平安养老保险股份有限公司、太平养老保险股份有限公司、国泰基金管理有限公司、中国人寿养老保险股份有限公司、广发基金管理有限公司、泰康资产管理有限责任公司、中国人保资产管理股份有限公司、长江养老保险股份有限公司、工银瑞信基金管理有限公司。其中管理资产较大的前 3 家是平安养老保险股份有限公司、中国人寿养老保险股份有限公司、华夏基金管理有限公司，分别占比为 14.49%、11.99%和 8.53%。

四、我国社会保险存在的问题

（一）社会保险的覆盖范围较小

随着我国经济和社会的不断发展，我国的社会保险覆盖范围呈不断扩大的趋势，但这个覆盖范围囊括了多大规模的就业人群，即多大比例的就业者能够享受到社会保险的福利呢？这可以通过两个指标来反映。一是参保人数与全国就业人数的比值，反映了社会保险在全国就业者中的覆盖范围。二是参保人数与城镇就业人数的比值，反映了社会保险在城镇就业者中的范围。

由于 2013 年的就业数据尚未公布，在这里我们采用 2012 年的数据来计算社会保险参保率。2012 年年末，全国就业人员有 76 704 万人，其中城镇就业人员为 37 102 万人。

图 4-1 的数据显示，养老保险、医疗保险、工伤保险、失业保险、生育保险分别只覆盖了 39.67%、69.93%、24.78%、19.85%、20.11%的就业者，很难实现社会保险的保障性功能。

即使参保人全部集中在城镇，其覆盖率也分别只有 82.01%、71.33%、51.24%、41.04%、41.51%，大大低于西方发达国家水平。在社会保险覆盖率方面，农民工群体的社保权益是一个薄弱环节，我们应该给予足够的重视。

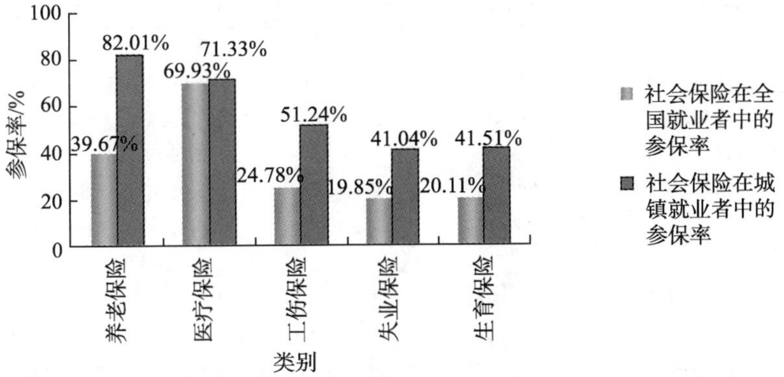

图 4-1 2012 年我国社会保险参保率

注：在计算社会保险在城镇就业者中的医疗保险参保率的时候，参保人数是采用参加职工基本医疗保险人数 26 486 万人

资料来源：《2012 年度人力资源社会保障事业发展统计公报》、《2012 年全国社会保险情况》

（二）我国社会保险覆盖范围的区域分布不均衡

表 4-2 大致将全国划分为六大地区，分别为环渤海、东北、长三角、中东南、西南、西北。2012 年，六大地区的人口总数分别为 16 871 万人、10 973 万人、39 702 万人、37 987 万人、19 472 万人、9784 万人。2012 年末六大地区参加城镇职工基本养老保险的人数分别为 3628 万人、1932 万人、7723 万人、6575 万人、2663 万人、1411 万人。据此，可以分别计算六大地区参保率的区域差异，如图 4-2 所示。

图 4-2 的养老保险参保率由各自参加城镇职工基本养老保险的人数除以各自总人口数而得。我们从图 4-2 中可以看到，在经济发展水平比较高的环渤海、长三角地区，养老保险的参保率明显高于经济落后的西南、西北地区。养老保险在“五险”当中已经算覆盖面比较高的险种，可想而知，像覆盖面较低的生育、工伤保险必定存在更大的区域分布差距。

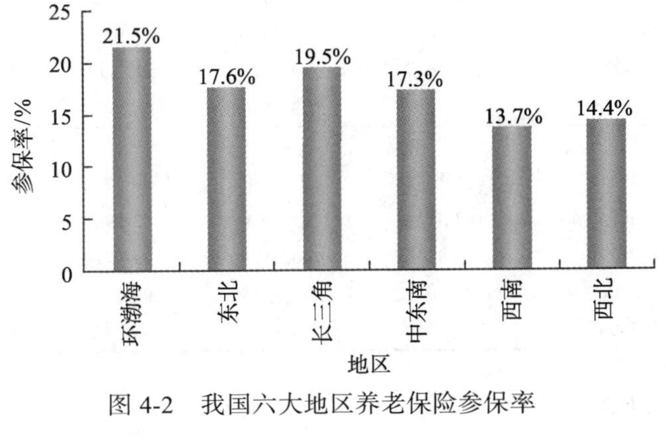

图 4-2 我国六大地区养老保险参保率

表 4-2　分地区城镇职工基本养老保险情况(2012 年)

地区	年末参加城镇职工基本养老保险人数/万人	职工/万人	离退休人员/万人	基金收支情况/亿元		
				基金收入	基金支出	累计结余
全　国	**30 426.798 2**	**22 981.115 7**	**7 445.682 5**	**20 000.992 2**	**15 561.792 4**	**23 941.311 1**
环渤海：						
北　京	1206.3791	995.7005	210.6786	995.0957	640.1624	1224.7777
天　津	490.263	333.3584	156.9046	420.4939	365.0161	279.2278
河　北	1125.6194	813.3264	312.293	792.9965	723.4809	755.1049
山　西	648.6951	479.8216	168.8735	563.0536	391.5775	963.3086
内蒙古	471.9461	318.9857	152.9604	405.8163	343.5985	405.8933
东北：						
辽　宁	1609.2422	1098.8462	510.396	1212.2969	1052.5661	1054.8788
吉　林	632.1837	397.5937	234.59	390.581	377.5997	407.0566
黑龙江	1012.9915	611.3551	401.6364	720.1548	717.2231	469.9238
长三角：						
上　海	1416.8959	993.0742	423.8217	1391.6033	1127.7397	821.5037
江　苏	2427.5407	1880.5662	546.9745	1629.9255	1142.1298	2145.7944
浙　江	2183.343	1835.5443	347.7987	227.2196	783.5088	1963.864
安　徽	783.7594	578.403	205.3564	515.6755	406.6624	594.0032
福　建	756.4937	631.0187	125.475	322.0211	273.3312	226.2243
江　西	707.3734	518.2561	189.1173	382.8546	296.9665	332.1749
山　东	2063.1977	1646.8648	416.3329	1316.607	1059.0294	1639.466
中东南：						
河　南	1270.631	964.5903	306.0407	728.7693	612.043	717.6756
湖　北	1171.3872	804.0929	367.2943	764.2861	647.7541	754.5962
湖　南	1047.9779	747.6198	300.3581	607.8375	502.7531	685.9274
广　东	4034.0837	3643.8353	390.2484	1680.9262	900.8626	3879.6116
广　西	512.6503	349.068	163.5823	326.1919	297.0875	443.0566
海　南	214.1629	161.6332	52.5297	123.0257	114.3554	94.0719
西南：						
重　庆	716.8569	469.885	246.9719	535.8316	412.6643	458.0692
四　川	1615.3527	1073.6828	541.6699	1132.0054	927.7164	1464.3263
贵　州	309.3767	231.6696	77.7071	216.9403	153.0728	293.4113
云　南	364.4729	253.7637	110.7092	298.477	211.3252	423.0168
西　藏	13.3118	9.8602	3.4516	18.2187	12.0454	24.5591
西北：						
陕　西	643.4911	466.3621	177.129	480.5745	401.0819	338.9152
甘　肃	277.3694	183.6223	93.7471	233.8942	193.2051	288.2947
青　海	86.0137	59.8516	26.1621	71.7729	64.961	78.7886
宁　夏	131.2306	91.3631	39.8675	90.7431	86.1986	158.4893
新　疆	458.7604	319.7749	138.9855	401.2987	320.4566	546.9794

注：表中统计数据不含港、澳、台地区

资料来源：《中国统计年鉴 2013》

（三）我国社会保险待遇支付的城乡不均衡

全国人大常委会委员、中国人民大学教授郑功成在中国社保 30 人论坛 2013 年会上说："我国的社会保障制度正在不同程度地惠及 95%以上的绝大多数城乡居民。然而，社会保障制度在城乡之间、地区之间和不同群体之间还存在很大差距，这种差距反映的是这一制度尚欠公平，它成为影响全民合理分享国家发展成果的重要因素。"

2013 年 6 月 30 日，北京大学国家发展研究院发布了"中国健康与养老追踪调查"结果。此调查项目于 2011~2012 年正式进行，覆盖除西藏以外的中国内地所有县级单位。调查显示，在养老保险覆盖方面，城镇户籍中 60%具有职工养老保险，21.4%具有其他养老保险；农村地区中 25.6%具有新型农村社会养老保险，19.2%具有其他养老保险。而在养老金待遇方面，不同养老金保险项目差别非常大。政府或事业单位养老金的中位数为每年 24 000 元，企业职工养老金中位数为 18 000 元，分别是新农合养老金中位数 720 元的 33 倍和 25 倍，此项调查数据凸显了我国养老保险双轨制外城乡间的巨大差距。

在医疗保险方面，2013 年中国医疗保险研究会常务副会长韩凤透露："目前，在医保筹资额比例方面，农民、城镇居民、企业职工和公务员的比例为 1:2:10:20。农民参加新农合，报销比例在 30%~50%，有的地区还低于 30%。"由此可见，我国社会保险改革急需在缩小城乡差距方面下功夫。

五、完善我国社会保险的政策措施

（一）不断扩大社会保险的覆盖面

2012 年通过的《社会保障"十二五"规划纲要》指出，"十二五"时期要坚持"广覆盖、保基本、多层次、可持续"的基本方针，以增强公平性、适应流动性、保证可持续性为重点，更加注重保障公平，更加注重统筹城乡发展，更加注重优质高效服务，更加注重可持续发展，加快建立健全覆盖城乡居民的社会保障体系。力争到"十二五"期末，形成基本完备的社会保障制度，比较健全的管理服务体系，并稳步提高保障水平，基本解决历史遗留问题，为全面建设小康社会提供水平适度、持续稳定的社会保障网。

我国提高社会保险覆盖面的工作可以从以下四个方面着手。

第一，加强法律保障。2011 年我国颁布了《中华人民共和国社会保险法》①，社会保险法作为国家规范社会保险制度的专门法律，其主要目的之一，就是通过建立健全社会保险制度来保证公民享受社会保障权，增进和维护公民的社会保险权益，保障公民共享经济社会发展成果。该法明确规定基本养老保险和基本医疗保险覆盖全体居民，其目标是做到使人人享有"老有所养"、"病有所医"。工伤保险、失业保险、生育保险是与就业相关的社会保险制度，主要覆盖职业人群。职工基本养老保险、职工基本医疗保险、失业保险的缴费义务由用人单位与职工共同承担；工伤保险、生育保险的缴费义务全部由用人单位承担。

因此，我们在以后的工作中应该密切关注法规的落实情况，如组织专门工作组，以工商

①本法规定了五项社会保险制度，其中前两项称为基本养老保险、基本医疗保险，是因为养老和医疗保险体系中都有补充性保险，养老方面称为企业年金和职业年金。这是国家鼓励的，但不是强制性的，也不是覆盖全体公民的。而本法规范的是国家主导建立的、保障基本待遇的社会保险制度，为避免误解与混淆，以"基本"界定。工伤、失业、生育保险没有补充性设计，不会混淆，因此不必加"基本"二字。

和地税部门的登记注册为依据，对所有用人单位的用工和参保情况进行全面检查和审核，掌握企业的实际用工情况和参保情况，对不按规定不按要求进行社会保险申报、登记、缴费的企业，全面启动行政执法程序，确保社会保险政策法规在每个用人单位得到贯彻实施。

第二，加大宣传。一方面，我们可以通过电视专题、报纸专版、街头咨询、宣传横幅等形式，大密度、广覆盖地宣传社会保险依法征缴工作，使用人单位和广大劳动者知晓参加社会保险的重要意义，提高他们主动参保的意识。另一方面，有针对性地开展对企业法人代表和劳资人员的政策、业务培训，经常下基层、进企业进行宣传调研，同有关部门、企业法定代表人及其员工进行面对面的思想沟通，真正让企业法人认识到为职工办理社会保险是企业应尽的法律责任和义务。

第三，建立多渠道、稳定的社会保障资金筹集方式。要扩大社会保险覆盖面，做到应保尽保，最重要的是扩大社会保险资金的规模。社会保险资金的筹集渠道具有多元化的特点，包括用人单位和个人的社会保险费、各级政府财政补助、投资收益、滞纳金和其他收入。另外，国家可以采用一系列的税收优惠来支持社会保险失业，如用人单位和个人社会保险缴费部分在所得税税前列支；个人账户资金免收利息税；社会保险待遇免征个人所得税等。

第四，维护农民工群体的社保权益。当前我国有着人数众多的农民工，他们在为城市的建设和发展做出了不可磨灭的贡献的同时，却没有享受到应得的社会保险权益。如果我们能将他们纳入社会保险体系，那必定大大提高社会保险的覆盖率。

（二）不断缩小社会保险的区域差异

我国区域经济发展不平衡，东、中、西部地区呈现出较大的非均衡发展。从量上看，区域经济发展水平的高低将直接影响着社会保险资金的筹措能力和规模。对于经济发达的地区，其社会保险资金的筹集和使用可以吸收个人、社会、企业和政府等各方参加，资金来源更有保证，社会保险制度更为完善。为此，我国应从以下三个方面改善社会保险区域发展不均衡的局面。

第一，中央财政需要进一步加大对中、西部落后地区的专项转移支付，使中、西部地区的社会保险发展赶上东部发达地区的步伐。社会保障转移支付是指为公平地区间社会保障能力和调节收入分配，中央政府对地方财政及地方财政对下级财政纵向或者地方财政之间横向的社会保障补助支出以及政府对个人的社会保障支出，是公共财政实现资源均等化分配职能的一项重要政策工具。

第二，改革转移支付模式，不断扩大横向转移。在运作方式上，根据各地差异，由中央财政对省（直辖市、自治区）、省级财政对县，在科学测算的基础上，从经济发达、财政实力充裕的地区提取部分财力分配给欠发达地区，以建立一个省际之间和县际之间的横向财政转移支付体系，从而提高经济不发达、财政实力不足地区的社会保险服务提供能力。在计算方式上，根据各地人均财政收支水平和公共服务水平来建立统一的转移支付数学模型，在科学统计和测算的基础上确定转移支付的具体额度。

第三，促进区域经济协调发展。20 世纪 80 年代，为了适应改革开放的需要，我国实行了重视沿海地区发展的非均衡发展战略，沿海地区得到率先发展。进入 90 年代以后，沿海地区与内陆地区之间的发展差距日益扩大。从前面的叙述可知，区域经济发展的不平衡是导致社会保险区域差异的直接原因。因此，中央应该从总体上制定协调发展的政策，逐步发挥各区域的比较优势，促进区域经济合作和生产要素的大规模区际流动，最终带动中、西部地区乃至全国经济的协调发展，为地区社会保险支出提供充裕的财力支持。我国的西部大开发和中部崛起战略极大地促进了中、西部地区的经济发展，缩小了区域间经济差距，必然会促进社会保险区域差异的调整。

（三）不断缩小社会保险的城乡差异

城市偏向的社会保险制度是城乡居民收入差距扩大的重要原因，已经成为我国建设社会主义新农村和构建社会主义和谐社会的绊脚石。因为城市偏向的社会保险制度会增加城镇居民的隐性收入，阻碍农村人口受教育水平的提高，导致农村劳动力素质不高，市场竞争力不强。为此，我们可以从以下几个方面加以改善。

第一，应将农民工纳入城市社会保险体系。越来越多的农村劳动力进入城市，农民工的养老和医疗保障是迫切需要解决的问题。针对农民工流动性大的特点，我们应该分类设计方案。对于已在城市生活多年，有稳定的职业、固定的收入和住所，只是他们的户口不在城市的农民视同城镇居民，将他们的社会保险纳入城镇社会保险体系，其缴纳办法和城镇职工相同。对于流动性比较大，无稳定职业、固定收入和住所的农民可以设计出一种过渡性的方案。实行个人账户模式，其账户可随跨地区流动而转移。对于以务农为主、务工为辅的季节性农民工，应纳入农村社会保障体系。

第二，调整新型农村合作医疗（以下简称新农合）制度的保障目标。我国新型农村合作医疗制度将保障目标主要定位于“保大病”，即“大病统筹”。学术界认为从理论和实际运行效果来看，“保大病”的定位虽然对缓解农民“看病贵、看病难”有一定的积极效应，但是依然存在一些弊端。当新农合主要定位于“保大病”时，由于政策目标导向、基金的充足性等原因，真正影响农民整体健康水平的普通病、常见病、多发病等“小病”往往得不到足够的重视。新农合只考虑大病而轻视农民的基本卫生需求，不但导致政策的成本无效，还可能导致比没有新农合时更大的不公平。

第三，加快城乡社会保障统筹。整合城乡社会保障制度和经办管理资源，提高社会保险统筹层次，建立有效的社会保险关系转移接续制度。逐步提高保障标准，缩小城乡、区域、群体之间的差距。统筹建立基本养老金正常调整机制。普遍开展和推进城镇居民基本医疗保险、新农合门诊医疗费用统筹。逐步提高各级财政补助标准，职工、城镇居民基本医疗保险和新农合政策范围内住院费用支付比例均达到75%左右。

（四）完善社会保险基金的监管

社会保险基金是社会保险事业的生命线，是百姓的“养命钱”、“活命钱”，是社会保险制度运行的物质基础。社会保险基金的安全与完整，直接关系到广大参保人员的切身利益和社会稳定。在社会保险基金的监管中，我们必须做到保障社会保险基金安全、有效运行。一是确保基金的安全和完整，这是基金监管的首要目标。二是实现基金的保值增值。通过对基金进行有效监管，不仅可以确保基金安全，同时还可以鼓励投资运营创新，有效运行社会保险基金，稳步提高投资效益，最终实现保值增值的目标。因此我们可以从以下三个方面着手开展工作。

第一，建立健全社会保险基金监管体系。一是建立健全社会保险基金监管政策体系。《社会保险法》在总则中明确要求"国家对社会保险基金实行严格监管"，并在第八章、第十章专门作了详细规定，要求国务院和省、自治区、直辖市人民政府建立健全社会保险基金监督管理制度。将党中央关于加强社会保险基金监管的决策部署转化为根本性、稳定性的国家法律制度，为进一步加强社会保险基金监管提供了更加有力的法律保障，必将对维护社会保险基金安全、有效运行发挥重要的推动作用。二是建立健全社会保险基金监管组织体系。目前，中央一级在人力资源和社会保障部设立了社会保险基金监督司；省一级在省级人民政府社会保险行政部门设立社会保险基金监督处，部分地市单独或合设了基金监督科室，已经初步建立了一套专门的基金监管组织体系。各地应按照《社会保险法》的要求，加强社会保险基金监管组织体系的建设。

第二，加强社会监督。社会监督主要是指国家机关以外的社会组织和公民个人对社会保险基金的监督。社会保险基金是公共资产，除了行政监督、人民代表大会监督外，发动广大群众参与监督，是确保基金安全的有效方式和必然要求。《社会保险法》要求县级以上人民政府采取措施，鼓励和支持社会各方面参与社会保险基金的监督，并作了以下规定：一是统筹地区人民政府成立由用人单位代表、参保人员代表，以及工会代表、专家等组成的社会保险监督委员会，实施社会监督。二是工会依法维护职工的合法权益，有权参与社会保险重大事项的研究，参加社会保险监督委员会，对与职工社会保险权益有关的事项进行监督。三是有关部门和单位应当向社会公布或者公开社会保险方面的信息，主动接受社会监督。四是任何组织或者个人有权对有关社会保险基金的违法行为进行举报、投诉。行政机关对属于职责范围内的举报、投诉，应当依法处理；对不属于职责范围内的，应当书面通知并移交有权处理的行政机关进行处理。有关行政机关应当及时处理，不得推诿。此外，社会保险行政部门也规定各级社会保险经办机构实行社会保险信息披露制度，主动接受公众的监督。

第三，增强社会保险资金的运营增值能力，即建立社保基金委托经营机制，实现社保基金运营与监管的有效分离。通过招标委托有资信的专业金融机构具体经营，并随着资本市场的逐步完善，适时开拓新的投资领域，提高运营效率，实现保值增值，使基金运行步入良性循环；制定和完善与社保基金委托经营机制相适应的法律法规，促进社会保障部门、财政、税收及金融监管部门依法对运营社保基金的公司进行监管，查处和纠正基金运营中的违规行为，保证社保基金运营合法、有序和安全。公开社保基金的运作管理，加强舆论监督机制，在完善社保基金监督管理机制时，充分考虑参保人员的知情权，自觉接受参保人员的监督。

[案例分析]

案　例　一

【案情摘要】

王先生，某省S户籍。2007年4月至2011年1月在广州市工作并参加基本养老保险，缴费年限累计共22个月。王先生曾在多地参加基本养老保险，但各地参保缴费年限累计均不满10年。2011年4月，王先生年满60周岁，计划将广州市基本养老保险关系转至S市，但向S市社会保险经办机构咨询转移事项时，对方告知由于其从未在S市参保，不符合转至S市的条件，不同意接收其基本养老保险关系。

【处理结果】

S 市接收王先生的基本养老保险关系。广州市将其养老保险缴费年限共 22 个月、转移基金总额 5916.85 元转出至 S 市。

【分析】

跨省就业的基本养老保险关系转移，按国务院办公厅发〔2009〕66 号文件规定办理。

（一）基本养老保险关系在户籍所在地的，由户籍所在地负责办理待遇领取手续，享受基本养老保险待遇。

（二）基本养老保险关系不在户籍所在地，而在其基本养老保险关系所在地累计缴费年限满 10 年的，在该地办理待遇领取手续，享受当地基本养老保险待遇。

（三）基本养老保险关系不在户籍所在地，且在其基本养老保险关系所在地累计缴费年限不满 10 年的，将其基本养老保险关系转回上一个缴费年限，满 10 年的在原参保地办理待遇领取手续，享受基本养老保险待遇。

（四）基本养老保险关系不在户籍所在地，且在每个参保地的累计缴费年限均不满 10 年的，将其基本养老保险关系及响应资金归集到户籍所在地，由户籍所在地办理待遇领取手续，享受基本养老保险待遇。

案 例 二

【案情摘要】

李某系某厂职工，2010 年 10 月办理了退休手续，但已在省社保局享受基本养老保险待遇。2002 年 4 月，李某到一公司务工，当年 9 月在工作中受伤，提出工伤认定申请。但成都市社会和劳动保障局认为，退休人员在务工中发生的伤害事故，不属于工伤或不视同工伤。李某不服提起诉讼。法院一审认为，李某与公司存在事实劳动关系，其在工作中受到的伤害应享受工伤保险待遇，因此判决撤销市社会和劳动保障局决定，并责令其重新做出工伤认定决定。宣判后，用人单位提起上诉。

【处理结果】

成都中级法院终审认为，已享受养老保险待遇的退休人员与再就业时的用人单位之间形成的用工关系不构成劳动关系，故李某不应认定为工伤。

【分析】

《关于审理劳动争议案件适用法律若干问题的解释（三）》规定，用人单位与其招用的已经依法享受养老保险待遇或领取退休金的人员发生用工争议，向人民法院提起诉讼的，人民法院应当按劳务关系处理。而企业停薪留职人员、未达到法定退休年龄的内退人员、下岗待岗人员以及企业经营性停产放长假人员，因与新的用人单位发生用工争议，依法向人民法院提起诉讼的，法院应当按劳动关系处理。

HAPTER 5

第五章 养老保险

[内容摘要]

养老是每个人都必须面对的问题。本章全面阐述了养老保险制度的原则及意义，阐述了我国养老保险的现状和存在的问题，以及养老保险制度的发展趋势。

[学习要点]

（1）养老保险的概念、原则及意义。

（2）养老保险的计算和给付。

（3）我国养老保险的现状以及存在的问题。

（4）养老保险制度的发展趋势。

养老是每个人都必须面对的问题，养老保险制度的好坏不仅直接关系到养老问题的解决与否，而且决定着一国社会保障体系建设的成败。当前，我国养老保险制度由城乡居民基本养老保险、城镇职工基本养老保险、机关事业单位养老保险三种制度组成，呈现“碎片化”格局，存在社会人群分割、城乡差别、地区差别以及“双轨制”等诸多问题，违背了养老保险制度追求的公平正义原则。

党的十八大报告中明确指出，“实现基础养老金全国统筹，建立兼顾各类人员的社会保障待遇确定机制和正常调整机制”。十八届三中全会审议通过的《中共中央关于全面深化改革若干重大问题的决定》提出：“坚持社会统筹和个人账户相结合的基本养老保险制度，完善个人账户制度，健全多缴多得激励机制，确保参保人权益，实现基础养老金全国统筹，坚持精算平衡原则。推进机关事业单位养老保险制度改革。整合城乡居民基本养老保险制度。”“研究制定渐进式延迟退休年龄政策。”建设一个公平合理的养老保险制度，不仅是养老保险制度的核心价值追求，而且对于实现科学发展、构建和谐社会意义重大。

第一节 养老保险概述

一、养老保险的概念

养老保险是社会保障制度的重要组成部分，是社会保险五大险种中最重要的险种之一。所谓养老保险（或养老保险制度）是国家和社会根据一定的法律和法规，为解决劳动者在达到国家规定的解除劳动义务的劳动年龄界限，或因年老丧失劳动能力退出劳动岗位后的基本生活而建立的一种社会保险制度。这一概念主要包含以下三层含义。

（1）养老保险是在法定范围内的老年人完全或基本退出社会劳动生活后才自动发生作用的。这里所说的“完全”，是以劳动者与生产资料的脱离为特征的；所谓“基本”，指的是参加生产活动已不成为主要社会生活内容。需要强调说明的是，法定的年龄界限（各国有不同的标准）才是切实可行的衡量标准。

（2）养老保险的目的是为保障老年人的基本生活需求，为其提供稳定可靠的生活来源。

（3）养老保险是以社会保险为手段来达到保障目的的，养老保险是世界各国较普遍实行的一种社会保障制度，一般具有以下几个特点：①由国家立法，强制实行，企业单位和个人都必须参加，符合养老条件的人，可向社会保险部门领取养老金。②养老保险费用来源，一般由国家、单位和个人三方或单位和个人双方共同负担，并实现广泛的社会互济。③养老保险具有社会性，影响很大，享受人多且时间较长，费用支出庞大，因此，必须设置专门机构，实行现代化、专业化、社会化的统一规划和管理。

养老保险的产生与发展，是与国家的政治、经济和社会文化紧密结合在一起的，它是社会化大生产的产物，也是社会进步的标志。目前，世界上实行养老保险制度的国家可分为三种类型，即投保资助型（也叫传统型）养老保险、强制储蓄型养老保险（也称公积金模式）和国家统筹型养老保险。我国根据具体国情，创造性地实施了“社会统筹与个人账户相结合”的基本养老保险改革模式，经过5年的探索与完善，已逐步走向成熟。

二、养老保险的基本原则

养老保险是老年保障制度的核心和主要内容，既是构成老年社会保障的主体成分，也是老年社会保障研究的重要内容。世界各国由于政治、经济和文化背景的不同，养老保险制度的类型也有差异。各国养老保险制度的基本原则如下。

（一）享受保险的权利与资格条件对应的原则

在世界各国，实施这一原则的具体形式有以下三种。

1. 享受养老保险的权利与劳动义务对等的原则

遵循这一原则的国家一般规定，享受养老保险的老年人是指达到一定年龄后退出工作岗位的人。国家和政府对公民的劳动年龄的上下限都有立法或制度的规定，退休年龄是指劳动年龄的上限。劳动者达到退休年龄后，国家依据退休制度，一方面安排他们退出原来的工作岗位；另一方面要保证他们获得社会的物质帮助和社会服务的权利。劳动者达到退休年龄之后，无论其实际劳动能力是否丧失，都必须按规定退休。这也是他们取得养老保险必须履行的义务，即劳动达到一定年限后，放弃和解除劳动行为。根据这一对等原则，确定养老保险的条件和待遇时，必须以劳动者退休前为社会所做的劳动贡献的时间和贡献的大小为依据。实行国家统筹式养老保险的国家都采用这种方式，中国及原苏联和东欧国家的养老保险大都遵循这一原则。

2. 享受养老保险的权利与投保对等的原则

遵循这一原则的国家，大都要求享受养老保险的人也承担保险费用。当人们达到退休年龄后，要获得享受养老保险的权利，必须以参加社会保险并缴纳保险费（税）为条件。具体实施时，有的国家以解除劳动为条件，有的国家如那些缺乏劳动力的国家，则鼓励延长劳动时间和投保时间，并在退休金上给予优惠。如丹麦规定，投保人超缴养老保险费 3 年，可多获得 6%的退休金；如果超缴 10 年，可多获得 10%的退休金。一般来讲，缴纳保险费的时间越长，享受到的老年保险待遇就越高，超过法定的投保年限就可享受更高的待遇，有的国家如日本规定，不到法定的投保年限就不能得到退休金。西方多数发达国家采用这种享受权利与投保期限或投保额对等的原则，如德国、美国、法国、日本、丹麦、瑞典等。

3. 享受养老金待遇与工作贡献相联系的原则

虽然现代养老保险和福利以及社会服务制度是在承认所有老年人都对社会有贡献的前提下实行的，而且在很多福利国家老年人的社会待遇较高，社会福利的覆盖面很宽，但是在社会保障或社会待遇的实际操作上，也是根据老年人的历史贡献而有所区别的。在经济水平较低的发展中国家，对老年人的保障和待遇标准的差别更加明显。众所周知，我国目前对历史贡献不同的老年退休者在退休待遇上的差别是比较明显的。最突出的是离休人员的养老金和生活福利待遇高于退休人员的待遇。还有，对有突出贡献的科学技术人员实行政府津贴制度；对特殊工种实行一定的退休优惠政策等。

（二）保证基本生活水平的原则

当劳动者退出劳动生涯之后，老年社会保险制度为其提供的养老保险金是他们的主要生活来源，因此，要保证老年人的基本生活需要，就必须使养老金能够满足老年人的基本生活需要。由于养老保险是老年人终生享受的待遇，实际是按一定周期（通常按月）、一定标准连续不断领取的，在老年人的有生时间内，其实际养老金的水平或社会购买力会受到社会经济因素变动的影响，同一标准的养老金待遇，在不同的物价水平下，享有的消费资料和社会服务是不同的。为了保证老年人的基本生活，使之不受通货膨胀和物价波动的影响，必须按通货膨胀和物价指数适时调整养老金及社会救济金的标准。很多国家通过立法，保证老年人的生活不受经济波动的影响。这种调整一般有两种方式。

（1）养老金随物价上涨自动提高。这种方式可以使养老金水平保持在不贬值的状态，但是工作量较大，尤其是在物价波动频繁时期，更增加了工作的难度。瑞士等国虽然名义上为自动调整，实际上是每两年调整一次养老金标准，只是在物价上涨超过8%时，才实行随时调整。

（2）养老金随物价上涨不定期调整。这种方式可以不带来过大的工作量，也可以保证老年人的生活。

（三）分享社会经济发展成果的原则

老年人的社会保障水平必须随其他社会成员收入和生活水平的提高而提高，其中的一个重要内容，就是随着在业者工资水平的提高而相应提高。其理由在于：

（1）老年人为经济发展奠定了基础，创造了条件，做出过贡献，他们已经尽了劳动的义务，承担了社会责任。

（2）社会发展必须体现公平的原则。为了使退休者与在业者之间的收入差距不过于悬殊，避免产生大量的低收入人群，必须使老年人的收入不断提高。

以上三项原则基本上是实行老年社会保障的国家都遵循的。此外，有些经济发达国家在制定养老金待遇标准时，还考虑到被抚养的人口，即实行“照顾被抚养人口的原则”，规定对配偶和未成年子女给予补贴或抚养费，这类国家有瑞士、日本等。

三、养老保险的重要意义

（一）养老保险在社会保障体系中具有重要地位

一般来讲，老年是人生中劳动能力不断减弱的阶段。这一点与失业现象是不同的，因为失业并不意味着劳动能力的减弱或丧失，而老年则意味着人的劳动能力的逐渐丧失，意味着一种永久性的“失业”。从这种意义上说，由老年导致的无劳动能力是一种确定性的和不可避免的风险。

（二）养老保险是社会中每一个人都需要的

每一个人都会进入老年，这是客观规律。人在晚年和退出劳动生涯之后，健康问题和经济问题都会逐渐增加，需要由他人提供支持和帮助，获得生活的保障。在人口老龄化或人类寿命不断延长的条件下，需要获得老年社会保障的劳动者更是与日俱增。

（三）养老保险是社会运行与发展的需要

（1）老年人是社会的重要组成部分，对于社会的运行与发展具有不可替代的重要贡献和作用。他们毕生的经历使他们具备了丰富的知识和经验，他们的思想意识和道德规范对于维系社会关系、推动社会文明与进步都是必不可少的。

（2）在老年人完全丧失劳动能力时，应该看到他们的历史贡献，离开他们的历史作用，社会就不能发展到今天。没有上一代人为社会物质文明与精神文明创造的基础，就没有整个社会的发展。因此，老年人享受社会保障是他们应有的权利。

（四）实行养老保险有利于社会的安定团结、代际接替及协调发展

每个人都必然要经历年轻力壮和年老体衰的过程，老年人的今天就是青年人的明天。老年人的生活有了保障，也就解除了青年人的后顾之忧，使他们安心工作和劳动。同时，养老保险也能减轻年轻人赡养老年人的负担，有利于年轻人的发展。

第二节　养老保险金的计算和给付

一、享受养老保险的资格与条件

享受养老保险的资格与条件，往往与一国实行的养老保险的类型有关，也与养老保险的基本原则有关。世界上绝大多数国家的养老保险给付条件都是复合型的，即必须同时符合两个或两个以上的资格条件，才能享受到领取养老金的权利。这些条件归纳起来有以下几种。

（1）年龄和投保年限。被保险人必须达到规定的退休年龄和缴纳保险费的期限，才有领取养老金的资格。采用这种办法的国家有法国、德国和美国等。德国规定，享受养老金的条件为年满 63 岁、投保 35 年或年满 65 岁、投保 15 年；法国规定的享受条件为年满 60 岁、投保 37.5 年，如果未达到 37.5 年，则减发养老金；美国规定的享受条件为年满 65 岁（60 ~ 64 岁减发养老金）。

（2）年龄和工龄条件。被保险人必须达到规定的年龄和所要求的工作年限，才有领取养老金的资格。采用这种方法的主要是原苏联和东欧社会主义国家。如原苏联规定的享受条件为：男年满 60 岁、工龄满 25 年，女年满 55 岁、工龄满 20 年；对某些从事特殊工作的被保险人，如从事危险、有害健康的工作的人，退休及领取养老金时，可以不受年龄与工龄的限制。

（3）年龄、工龄和投保年限条件。被保险人必须符合规定的年龄、工龄和缴纳保险费的期限三个条件，缺一不可。如英国规定：男 65 岁，女 60 岁，1978 年 4 月以前任何一年缴足保险费 50 周，或 1978 年 4 月以前任何一年缴足保险费 52 周，按工龄计算的“可计年度”相当于一生工龄的 9/10 的，方可领取养老金。

（4）年龄和居住期限条件。被保险人必须达到规定的年龄，并符合居住国所规定的居住期限，才有资格领取养老金。实行国民年金的国家大都采用这种方法。如丹麦规定，国民年金的享受条件为年满 67 岁之前连续 5 年居住在本国且有公民权。加拿大规定，国民年金的享受条件为年满 65 岁，18 岁以后在加拿大每居住一年，可领取最高养老金的 1/40；最少可以领取 10 年，最多可以领取 40 年。

以上是目前世界上实施养老保险资格条件的四种主要类型。实际上，享受资格条件是很复杂的，都要根据自己的国情和经济条件来确定，但在工龄和投保条件方面的规定则大致相同。

二、养老保险金的计算方法

（一）绝对金额制

这种计算方法是将被保险人及其供养的直系亲属，按不同标准划分为若干种类，每一种

类的人按同一绝对额发给养老金。这种计算方法与被保险人退休前工资的多少无关，多用于普通国民保险或家庭补贴的给付，属于较大范围的养老金范畴。

（二）薪资比例制

薪资比例制是以被保险人退休前某段时期内的平均工资或最高工资数额为基数，根据是否与投保年限有关，按一定比例计算养老金额。若与投保年限无关，养老金的计算通常是工资基数乘以一定比例，这个比例或根据收入，或根据工龄长短确定。这种情况在东欧国家尤其常见。若与投保年限有关，养老金的计算通常是计算基数乘以一定比例，再乘以投保年限。在这种情形下，比例不是十分重要的，养老金的多少更多地取决于基数和投保年限这两个因素。

世界各国一般采用上述的某一种方法计算养老金，但也有两种方法都采用的，既实行国民年金，又实行就业相关年金。前一种年金常采用绝对金额制，后一种年金则采用薪资比例制。

另外有几点需要说明。

（1）许多国家在确定被保险人养老金基数时，对其过去的收入都要先进行调整，以指数化方法确定平均收入，以确保基数的价值量。

（2）多数国家对被保险人本人享受的养老金有最高限额，或从比例上，或从绝对额上作一些限制，总的原则是不使养老金的收入超过本人在职时的收入。

（3）特殊行业（主要是有毒、有害的职业）的被保险人，比其他职业的被保险人的待遇要高一些，一般高出同级者 5%。

三、养老保险金的给付

各国依照本国的国民经济发展水平和社会需求确定养老金的给付范围、项目及标准。具体的给付标准有一定的差异。在某些国家，养老金给付范围既包括被保险人本人，也包括无收入的配偶、未成年子女以及其他由被保险人抚养的直系亲属。瑞士、瑞典等国家的给付项目除基本养老金之外，还有低收入补助、看护补助、超缴保险费期间增发额、超龄退休补贴、配偶以及未成年子女补贴等。

向被保险人抚养的直系亲属支付各种补贴的做法，在世界很多国家中已经相当普遍。对家属的补贴，有的采取定期定额补助，与被保险人的收入、投保期限无关；有的按投保人养老金的一定比例补助。有的国家对补助对象，即对被保险人抚养的直系亲属无条件限制，相当多的国家则对享受家庭补助的直系亲属规定某些条件，如配偶和子女的年龄、子女的数量等。

第三节　我国社会养老保险的现状

一、我国养老保险制度的退休条件

我国现阶段养老保险制度的核心内容是明确享受退休待遇的条件，根据权利义务对等的原则确定退休待遇标准。关于国家机关、事业单位和企业（国有企业和市、县、区主管的集体企业）的养老保险制度，主要包括退休条件和退休待遇两个方面的规定。

（一）关于退休条件的规定

1．国家机关、事业单位职工的退休条件

（1）国家公务员符合以下条件的，应当退休：男年满60周岁；女年满55周岁；丧失工作能力的。

（2）国家公务员符合下列条件之一的，本人提出要求，经任免机关批准，可以提前退休：男年满55周岁，女年满50周岁，且工作年限满20年的，或者工作年限满30年的。

2. 国家机关工勤人员和事业单位工作人员退休条件

（1）事业单位干部男年满60周岁，女年满55周岁，工作年限满10年的；国家机关、事业单位工勤人员男年满60周岁，女年满50周岁，工作年限满10年的。

（2）男年满50周岁，女年满45周岁，工作年限满10年，经医院证明完全丧失工作能力的。

（3）因工（公）致残，经医院证明完全丧失工作能力的。

3. 工人退休退职条件

国务院《关于工人退休、退职的暂行办法》规定，符合下列条件之一的，应该退休：

（1）男年满60周岁，女年满50周岁，连续工龄满10年的。

（2）从事井下、高空、高温、特别繁重体力劳动或者其他有害身体健康的工作，男年满55周岁、女年满45周岁，连续工龄满10年的。

本项规定也适用于工作条件与工人相同的基层干部。

（3）男年满50周岁，女年满45周岁，连续工龄满10年，由医院证明，并经劳动鉴定委员会确认，完全丧失劳动能力的。

（4）因工致残，由医院证明，并经劳动鉴定委员会确认，完全丧失劳动能力的。

4. 领导和专家退休条件

中央、国家机关的部长，省（自治区、直辖市）的党委书记、省长、主席、市长和相当职务的干部，退（离）休年龄可延长至65岁；教授、研究员以及相当这一级职称的高级专家，经所在单位报请省（自治区、直辖市）政府或中央、国家机关部委批准，可延长退（离）休年龄，但最长不得超过70岁。

（二）关于退休待遇的规定

我国目前退休养老待遇分为退休和离休两种，二者待遇的标准有所不同。

1. 退休养老待遇规定

工人退休以后，每月按下列标准发给退休费，直至去世为止。

符合退休条件的，抗日战争时期参加革命工作的，按本人标准工资的90%发给。解放战争时期参加革命工作的，按本人标准工资的80%发给。中华人民共和国成立后参加革命工作，连续工龄满20年的，按本人标准工资的75%发给；连续工龄满15年不满20年的，按本人标准工资的70%发给；连续工龄满10年不满15年的，按本人标准工资的60%发给。

对于获得全国劳动英雄、劳动模范称号，在退休时保持荣誉者，在革命和建设中有特殊贡献的职工，部队军以上单位授予战斗英雄称号的转业、复员军人退休时仍然保持荣誉者，可享受较高的退休待遇，其标准可高于一般退休标准的5%～15%。但提高标准后的退休费，不得超过本人原标准工资。

2.离休待遇规定

离休是指 1949 年 10 月 1 日中华人民共和国成立以前参加革命工作，享受供给制待遇的干部和在国民党统治区从事地下工作或参加民主党派的人员，以及 1948 年年底以前在解放区工作、享受政府薪金待遇的干部，男年满 60 岁，女年满 55 岁，离开工作岗位后享受离休待遇。

根据国家 1982 年的《国务院关于老干部离职休养的暂行规定》，离休干部的养老金，除照发本人的原标准工资外，还按不同时期加发生活补贴：1937 年 7 月 6 日抗日战争以前参加革命工作的干部，每年加发本人标准工资两个月的津贴；1937 年 7 月 7 日至 1942 年 12 月 31 日即抗日战争前期参加革命工作的干部，每年加发本人标准工资一个半月的津贴；1943 年 1 月 1 日至 1945 年 9 月 2 日即抗日战争后期参加革命工作的干部，每年加发本人标准工资一个月的津贴。我国离休干部的特殊待遇是特殊历史时期的特殊政策，将来必然要纳入统一的管理标准。

二、我国养老保险制度的类型

1. 城乡居民基本养老保险

2014 年 2 月 7 日，国务院总理李克强主持召开国务院常务会议，决定合并新型农村社会养老保险和城镇居民社会养老保险，建立全国统一的城乡居民基本养老保险制度。合并方案如下[①]：一是在已基本实现新型农村社会养老保险、城镇居民社会养老保险全覆盖的基础上，在全国范围内建立统一的城乡居民基本养老保险制度。二是合并后，在制度模式、筹资方式、待遇支付等方面与合并前的新型农村社会养老保险和城镇居民社会养老保险保持基本一致。三是基金筹集采取个人缴、集体助、政府补的方式，中央财政按基础养老金标准，对中、西部地区给予全额补助，对东部地区给予 50%的补助。四是地方政府为重度残疾人等缴费困难群体代缴部分或全部最低标准的养老保险费，鼓励公益慈善等社会组织为参保人缴费提供资助。

新制度的覆盖面近 5 亿人，人力资源和社会保障部最新公布的数据显示，2013 年全国城乡居民社会养老保险参保人数为 4.98 亿人，比 2012 年年底增加了 1381 万人。此外，目前全国约有 15 个省份已经建立了统一的城乡居民基本养老保险制度。

建立统一的城乡养老保险制度具有重大现实意义，不仅在制度上体现了城乡居民的公平性，更重要的是，打破了城乡制度的二元差异，同时，为机关事业人员和企业职工养老保险并轨铺平了道路、奠定了基础。

城乡居民基本养老保险的主要内容包括：①筹资模式是社会统筹与个人账户相结合；②覆盖范围为年满 16 周岁(不含在校生)、不符合城镇职工基本养老保险参保条件的居民；③基金筹集由个人缴费、集体补助和政府补贴组成；④养老金待遇由基础养老金和个人账户养老金构成，基础养老金月标准为 55 元，地方政府可根据实际情况适当提高，个人账户养老金月计发标准为个人账户储存额除以 139。[②]

2. 企业职工基本养老保险

我国企业职工基本养老保险制度从 1995 年 3 月颁布的《关于深化企业职工养老保险制度

①中国人力资源和社会保障部网站. 国务院决定建立全国统一的城乡居民基本养老保险制度. http://www.mohrss.gov.cn/SYrlzyhshbzb/dongtaixinwen/shizhengyaowen/201402/t20140210_123803.htm [2014-03-10].

②参考《国务院关于开展城镇居民社会养老保险试点的指导意见》和《国务院关于开展新型农村社会养老保险试点的指导意见》。

改革的通知》开始，正式确立了中央统一政策，待遇地区差异，国家、企业、个人三方负担的企业职工养老保险基本架构。发展到今天，经历了近20年的发展改革和不断完善，城镇养老保险基金在收支方面已经在各地形成了以省级统筹的稳定的收支模式。根据最新数据显示，直至2012年，企业职工基本养老保险参保人数已达到2.83亿人，从2003年到2012年参保总人数年均增长8.2%。[①]现行政策是1997年7月16日发布的《国务院关于建立统一的企业职工基本养老保险制度的决定》，2000年国务院《关于完善城镇社会保障体系的试点方案》，以及2005年12月国务院发布的38号文件《国务院关于完善企业职工基本养老保险制度的决定》。根据以上的政策文件，整理出现行企业职工基本养老保险制度具体内容如下：

在筹资模式方面，实行社会统筹和个人账户相结合的方式。用人单位缴费比例一般为职工工资总额的20%左右，全部纳入社会统筹基金；个人缴费比例为本人缴费工资的8%，全部计入个人账户。社会统筹基金与个人账户基金实行分别管理，实账保值运行。自由职业人员、城镇个体工商户应参加基本养老保险，具体办法由各省（自治区、直辖市）人民政府规定。

在养老金待遇方面，支付分为基础养老金和个人账户养老金两部分。①基础养老金：职工达到法定退休年龄（男60岁，女55岁），且个人缴费满15年的，基础养老金月标准为省或市（地）上年度职工月平均工资的20%。以后缴费每满一年增加一定比例的基础养老金，总体水平控制在30%。②个人账户养老金：男60岁退休时月计发标准为个人账户储存额除以139，女55岁退休时月计发标准为个人账户储存额除以170[②]。个人缴费年限累计不满15年的，退休时不享受基础养老金待遇，其个人账户储存额一次性支付给本人。个人账户基金用完后，由社会统筹基金支付。

3. 机关事业单位养老保险

我国自20世纪50年代就开始探索机关事业单位的养老保险制度，其间不断改革和调整，最终形成的是与企业养老保险制度完全不同的制度。机关事业单位养老保险改革严重滞后，形成的与企业职工养老金“双轨制”问题更是为社会所诟病，亟须对这一制度进行改革。现行机关事业单位养老保险制度实质是传统退休养老，其内容有以下几点：第一，资金来源为财政全额拨款，个人不需承担任何费用；第二，保障对象为公务员、没有参加事业单位养老保险制度改革的事业单位工作人员；第三，养老金发放以本人工资为参考标准，并辅以工龄长短确定发放金额（工龄满35年的按90%发放、工龄满30年不满35年的按85%发放、工龄满20年不满30年的按80%发放）；第四，领取资格为达到法定退休年龄并满足工作年限即可。

第四节　我国养老保险制度存在的问题及政策建议

一、我国养老保险制度存在的问题

（一）机关事业单位与企业养老金“双轨制”

近年来，养老金“双轨制”引起了部分人大代表、网民以及社会大众的广泛关注，或是出于维护社会的公平正义，或是出于减轻政府的财政压力的考虑。众所周知，养老金“双

①中国人力资源和社会保障部网站．2003—2012 年全国参加企业职工基本养老保险人员情况.http://www.mohrss.gov.cn/SYrlzyhshbzb/dongtaixinwen/shizhengyaowen/201311/t20131126_118037.htm [2013-11-26].

②2005年12月国务院发布的38号文件《国务院关于完善企业职工基本养老保险制度的决定》。

轨制”是我国从计划经济转为市场经济过渡期的特殊产物，具体指机关事业单位的工作人员和企业职工的养老保险制度“双轨”运行。养老金“双轨制”反映的差异具体表现在以下四个方面。

第一，管理体制不同。机关事业单位有专门负责退休养老的经办部门，负责发放养老金和提供服务给退休人员，基本不借助社会力量，因此社会化程度很低。而城镇职工基本养老保险已经全面走向社会化，社会保险经办机构负责向单位和个人统一征收养老保险费用，并已经实现社会化发放，比如，通过银行和邮局等机构代发养老金，不仅方便养老金的领取，而且有利于实现管理的透明和公平。

第二，筹资模式和渠道不同。机关事业单位的养老保险实质上是退休养老，实行现收现付制，所需资金由国家财政兜底，本人无须缴纳任何养老保险费。而城镇职工基本养老保险实现“社会统筹+个人账户”模式，实行的是部分积累制，养老保险费用由企业和职工个人按照一定的比例共同缴纳，政府只提供最后的风险担保，无须承担具体的注资责任。

第三，养老金的计发方式不同。现行的机关事业单位养老保险是根据其退休前最后一个月工资的一定比例来计发养老金的，因而养老金的替代率较高，不仅损害了社会公平，而且容易出现提前退休现象。此外，机关事业单位养老金的计算与本人缴费多寡无直接关系，也就是说缴多缴少一个样，很难做到权利与义务相统一。而城镇职工基本养老保险实行部分积累制，养老金由基础养老金和个人账户养老金两个账户组成。前者的计算基础是当地上一年度企业职工的月平均工资，后者的计算基础是个人账户的存储额，养老待遇水平与缴费的多寡成正比例关系，较好地实现了权利与义务的统一。

第四，养老金待遇水平不同，可以通过表 5-1 来直观地显示。

表 5-1　我国 2002~2010 年机关事业单位与企业人均养老金比较

年份	机关事业单位养老保险离退休人员人均养老金/元	企业及其他基本养老保险离退休人员人均养老金/元	人均养老金之比
2002	13 152.76	7 472.76	1.76
2003	13 382.79	7 636.42	1.75
2004	14 374.24	8 029.67	1.79
2005	15 042.78	8 726.91	1.72
2006	15 357.86	10 114.9	1.52
2007	19 802.29	11 341.55	1.75
2008	20 247.93	13 368.12	1.51
2009	21 957.2	14 746.82	1.49
2010	23 206.32	16 191.58	1.43

资料来源：数据来自《中国人力资源和社会保障年鉴（2011）》

表 5-1 显示了机关事业单位和企业的人均养老金差距情况，从表 5-1 中可以看到机关事业单位与企业的人均养老金差距较大，最高时两者的比值达到了 1.79，尤其是从 2002 年到 2008 年，这几年的比值都在 1.5 以上。虽然我国政府已经连续多年提高企业退休人员的养老金，但仍然未能消除机关事业单位与企业之间人均养老金差距较大的局面。也就是说，当前的政策

尚未起到“治本”的作用，而仅仅是单纯的“治标”。要想真正解决机关事业单位与企业之间养老金差距较大的问题，必须从制度上加以改革，从源头上保证二者的公平和公正。

（二）养老保险的地区差异

我国的国情是地大物博，人口众多，各个地区之间的自然禀赋、经济发展等条件均不相同。尤其是改革开放以来，国家实施优先发展东部沿海省份的政策，导致各地区之间经济发展不平衡，呈现东部高于中部、中部高于西部的态势。各地区经济社会发展的不均衡，自然也就造成养老保险制度实施状况和水平的不均衡。另外，我国社会保障制度的管理体制是“地方统筹、地方管理”，因此，形成养老保险制度的“块块分割”的局面也就不足为奇。养老保险的地区差异具体表现在两个方面。

第一，各地区之间养老保险覆盖率差异较大，基本与经济发展水平同步。目前，我国的基本养老保险覆盖率都在逐年提高，养老保险的发展态势整体良好，这是我国政府越来越重视民生、努力完善社会保障体系的必然结果。然而，养老保险地区间的覆盖率差异较大，表现为东部高于中部，中部高于西部，与我国经济发展水平的结构相类似，这也从侧面反映了经济发展水平对养老保险制度发展的支撑作用。不仅如此，在东、中、西各个区域内部，基本养老保险的覆盖率也是参差不齐的，养老保险覆盖率的多寡基本与当地的经济发展水平成正比。

第二，各地区间的养老金充足率差异较大。养老金充足率是指养老金占居民消费支出的比值，它反映的是养老金能在多大程度上满足离退休职工的退休生活，能较真实地反映养老保险的区域不平衡现象。数据显示，我国东部地区的养老金充足率小于中部地区的养老金充足率，中部地区的小于西部地区的，与区域的经济发展水平成反比。同样，东部、中部和西部地区内部的养老金充足率情况也相差很大。之所以出现各地区之间以及各地区内部之间养老金充足率参差不齐的状况，主要是各地区的经济发展水平和生活消费水平不一致：东部地区消费水平普遍高于中西部，经济发达省份的消费水平也明显高于经济落后省份。

（三）养老保险的城乡差异

随着近年新型农村社会养老保险和城镇居民社会养老保险合并为城乡居民基本养老保险政策的实行，我国由企业职工基本养老保险、机关事业单位养老保险、城乡居民基本养老保险三者组成的“养老保险网”，基本实现了我国全体国民老有所养的愿望。但长期以来形成的养老保险城乡二元体制并未消除，城乡之间的养老保险差异依然存在，具体表现在以下两个方面。

第一，城乡之间的人均养老金差距较大。以 2011 年为例，2011 年新型农村社会养老保险试点地区参保人数为 32 643 万人，实际领取养老金待遇人数为 8525 万人，基金支出 588 亿元，人均养老金是 689.74 元，同期全国参加城镇基本养老保险人数为 28 391 万人，实际领取养老金待遇人数以 40%计算有 11 356 万人，基金支出为 12 765 亿元，人均养老金有 11 240.75 元。[①] 由此可见，农村人均养老金尚未达到城镇人均养老金的 6%，即使剔除城乡生活成本的差异，城乡人均养老金的差距仍然很大。需要注意的是，这里尚未计算参加机关事业单位养老保险和

①中华人民共和国人力资源和社会保障部. 2012.2011 年度人力资源和社会保障事业发展统计公报. http://www.mohrss.gov.cn/SYrlzyhshbzb/zwgk/szrs/ndtjsj/tjgb/201206/t20120605_69908.htm [2013-11-26].

城镇居民社会养老保险人员的人均养老金。

第二，城乡老龄化的倒置和城乡养老制度的不对等。根据“我国农村老龄问题研究”课题组的报告，农村老年人口的规模是城市老年人口的 1.69 倍，城市的老年人口比重为 7.97%，而农村老年人口的比重已经超过了 18.3%。[①]另据调查显示，我国农村与城镇的老年人口抚养比差距将从 2008 年的 4.5%扩大到 2012 年的 13%，届时农村的老年人口抚养比将会达到 34%，而城镇则为 21%。[②]也就是说，改革开放以后迅猛发展的城市化，不仅带来了城市的大发展，还造成了农村大量的“空巢”现象，相比于城镇地区，农村对养老保险制度的需求更大，面临的问题更多。然而，农村养老保险制度的建设进度和保障水平远远落后于城市，农村仍然有许多居民或农民工享受不到养老保险待遇，或只是享受到了待遇水平很低的养老保险，这进一步拉开了农村养老保险与城市的差距。

（四）养老保险的代际公平问题

代际公平是指代与代之间的公平，即在人类的发展过程中，要对利益的享有保持公平，不能仅仅满足当代人的需求，还要考虑子孙后代的生存发展需求，要对后代负责。养老保险的代际公平，具体是指保证代与代之间养老保险责任和受益上的公平，既指同一时期相邻几代人之间的公平，又指现行养老保险制度对以后各代人的公平利益影响。美国哈佛大学教授 Musgrave 认为，从实际收入视角来看，代际公平的最理想状态应是可支配收入的代际比率在任何时点都能够保持不变。随着经济发展和老龄化的加剧，每代人的负担和给付都会变化，只要维持代际之间人均可支配收入分配比率在任何时点不变，就可以实现代际公平。[③]具体到养老保险制度，如果各代人之间的受益与缴费的比率能够保持相等或接近的状态，那么就表示养老保险制度是公平的，否则即可视为不公平。

1997 年，我国按照世界银行的建议建立了 “社会统筹+个人账户”的养老保险筹资模式。然而，在从现收现付模式向“统账结合”模式的改革过程中，政府并没有主动承担养老保险隐性债务，而是试图通过现行制度内部消化的方式来解决。具体来说，就是借助社会统筹账户和个人账户“混账管理”模式的漏洞来挪用个人账户资金。这种做法不仅造成了个人账户“空账”问题，而且加重了现在一代人甚至未来几代人的负担，造成代与代之间的不公平。随着我国老龄化的加剧和个人账户“空账”问题的严重性，如果不能有效解决这一问题，代际矛盾的加剧势必影响养老保险制度的可持续性。

二、完善我国养老保险制度的对策

（一）破除养老金“双轨制”

近年来，养老金“双轨制”引起了“两会”代表、网友及广大人民群众的关注和热议。2013 年 3 月初，人力资源和社会保障部副部长胡晓义表示，养老金“双轨制”历史较长、问题复杂，需要对其进行整体研究、设计一个综合性方案。[④] 需要明确的是，公务员的福利待遇

---

①叶紫. 2011. 我国老年人口过亿社会保障制度面临挑战. http://news.eastdayxom/c/20110519/ula5897031.html.

②孙叉蓉. 2012. 关注中国农村老年人口问题.http://www.cnfinance.cn/articles/2012-04/09-14992.html.

③肖严华. 2008. 中国养老保险制度公平问题研究. 上海经济研究，(8)：15-18.

④网易财经. 2013. 人社部称养老金双轨制问题正在进行综合研究和顶层设计. http://money.163.com/13/0305/08/8P6JA45A00253BOH. html.

在世界各国都比较优越，也有许多西方国家专门出台了针对公务员的养老保险制度，之所以这样做，也是为了维护公务员的稳定性，发挥高薪养廉避免腐败的作用。因此，在破除养老金“双轨制”的时候，我们需要考虑机关事业单位的特殊性。可行的改革思路是：基本养老保险保持与企业统一，补充养老保险层面体现职业差别。

第一，尽快出台机关事业单位养老保险制度，实行与城镇职工基本养老保险相同的“社会统筹+个人账户”的筹资模式。让机关事业单位工作人员承担缴费责任，实行统一的征缴基数和比例，即将个人账户的缴费比例定为8%，全部计入个人账户。第二，针对机关事业单位的特殊性，为其建立职业年金。也就是说，机关事业单位工作人员的养老金将由基本养老金和职业年金组成。基本养老金与城镇职工基本养老金采用相同的筹资模式、计发办法和待遇标准，职业年金则体现机关事业单位工作人员的特殊性，适当提高其退休生活水平。第三，要注意改革中遵循“老人老办法、中人采取过渡方法、新人新办法”的原则，这样有利于减少阻力，顺利推进改革的进度。“老人”即进行养老金“双轨制”改革前已经退休的工作人员，无论其是在机关事业单位还是在企业退休，保持原有待遇不变；“新人”即指推进养老金“双轨制”改革以后参加工作的人员，统一加入国民年金制度，而针对所属单位的不同，分别再加入职业年金和企业年金计划；“中人”即推进改革前已经参加工作、改革后退休的工作人员，参照“新人”的标准加发过渡性养老金。

（二）加快基本养老保险的全国统筹

实现基本养老保险的全国统筹，既是我国《社会保险法》明确规定的法律目标，又是我国“十二五”规划明确要在2015年前实现的任务。实现基本养老保险的全国统筹迫在眉睫且意义重大。一是有利于维护社会安定，因为实现了基本养老保险的全国统筹，既可以为劳动力的流动提供基础保障，还可以化解保险基金的转移接续问题，更可以提高养老保险的抗风险能力；二是有利于维系社会公平，因为养老保险的全国统筹可以在全国范围内化解养老保险缴费率的差异，增强基金的调剂能力，实现地区之间的公平；三是有利于构建全国统一、公平竞争的劳动力市场，实现劳动力资源的合理优化配置。

实现基本养老保险全国统筹的实质是统一各地区的基本养老保险制度、统一管理机构、统一各地区的缴费比例和缴费费基、统一养老金的计发办法。[①]统一各地区的养老保险制度是实现我国各地区基本养老保险发展平衡的根本保证。目前，我国各地区虽然均采取“社会统筹+个人账户”的筹资模式，但在具体缴费比例、管理模式和计发方法等制度安排上存在较大差异。要消除养老保险的地区差异，实现各地区之间的相对公平，必须实现全国一盘棋，在制度层面上统一各个地区的基本养老保险制度。建立统一的管理机构是实现基本养老保险全国统筹的组织基础。建立全国统一的经办机构，实现组织和人事上的垂直管理，即下级机构对上级负责，地方机构对中央负责。统一各地区的费基和缴费比例是实现基本养老保险全国统筹的重要标志。目前各地区的费基基本统一，个人账户的缴费比例也基本是按8%来执行的，但在单位缴费方面，各地区存在较大差异。在养老金的计发办法上，各地区基本实现统一，均采取社会化发放方式。

---

①郑功成. 2008. 实现全国统筹是基本养老保险制度刻不容缓的既定目标. 理论前沿，（18）：1-60.

（三）政府负责，实行分账管理

在养老保险制度从现收现付制向部分积累制转轨过程中，政府没有积极承担转轨成本，也就是解决通常所说的养老保险隐性债务问题。养老保险隐性债务具体包括：①新制度实行以前已退休职工的养老金；②新制度实施前已参加工作实施后才退休的职工的个人账户补缴额；③随着社会工资增长和物价增长进行调整的养老金增加额。为了解决养老保险隐性债务问题，我国政府并没有采取自己承担转轨成本的做法，而是通过现有制度内部消化的方式来解决。具体是通过挪用个人账户里的资金来实现，正是这种做法，才造成了个人账户的“空账”问题。个人账户“空账”问题，不仅造成代际之间的不公平，而且会给养老保险的可持续性带来挑战。

为了有效解决个人账户“空账”问题和实现代际公平，可以采取以下一些措施：首先，政府需积极承担转轨成本，努力实现养老保险制度的平稳过渡和运行，既可以通过增收如提高劳动生产率、变现部分国有资产等来解决，又可以通过节流如延迟退休年龄、降低养老金替代率等来解决，还可以通过发行养老保险债券等其他方式来解决。其次，实行养老保险社会统筹账户和个人账户的分账管理，不能继续以挪用个人账户的资金方式来解决养老保险的隐性债务问题。也就是说，统筹账户和个人账户各行其道、互不侵犯。企业缴费进入社会统筹账户，负责当年统筹部分养老金的发放，收支相抵后不留有积累，实行现收现付制；个人缴费进入个人账户，单独管理运营，实行完全积累制。最后，将养老保险基金的行政管理权、投资运营管理权和监督权分离，建立一个多权分离、各行其职、各负其责的分账、分权管理模式。①

（四）支持和发展企业年金

自 1991 年《国务院关于企业职工养老保险制度改革的决定》提出“国家鼓励和支持企业根据自身经济状况为员工建立补充养老保险”以来，我国的企业年金制度从无到有、逐步完善。无论是建立企业年金的企业数量、覆盖的员工人数，还是企业年金的基金规模，都获得了良好发展，使得企业年金制度的基本框架得以成型。但要看到，我国企业年金的企业参与率不高。以 2012 年为例，全国企业年金覆盖职工数为 1765 万人，占当年基本养老保险覆盖人数的 7.04%，而在世界上 167 个实行养老保险制度的国家中，有 1/3 以上国家的企业年金制度覆盖了约 1/3 的劳动人口，丹麦、法国、瑞士的企业年金覆盖率几乎达到 100%，英国、美国、加拿大等国家也在 50%左右。②

建立和发展企业年金制度，不仅有利于多层次养老保险制度的构建和完善，还有利于增强企业的凝聚力和竞争力，更有利于消除与机关事业单位人员的养老金差距，维护社会公平。为此，我们应积极发展和完善企业年金：一是政府主导，采取政策支持和税收优惠的方式引导企业发展年金制度；二是制订集合性企业年金计划，这主要与我国中小企业数量多、资金量小、单独建立企业年金成本大、运作难的国情相适应；三是完善我国的资本市场，实现企业年金基金的保值和增值。

---

①李珍，刘昌平. 2002. 论养老保险基金分权式管理和制衡式监督的制度安排. 中国软科学，(3)：15-20.

②中国行业咨询网. 2013. 2013 年中国企业年金现状分析. http://www.china-consulting.cn/news/20131017/s92027.html.

第五节 国外典型国家的养老保险制度

一、德国的养老保险制度

最早建立养老保险制度的德国，于1889年实施《残疾和老年保险法》建立养老保险制度，1957年引入现收现付制筹资模式，1974年颁布《企业补充养老保险》发展企业补充养老金，随后多次对养老保险制度进行改革。

现行的德国养老保险制度包括公共养老保险和私人养老保险两大部分。前者一般称为法定体系，具体包括法定养老保险、公务员养老保险、农场主养老保险以及独立从业者养老保险等[①]；后者主要包括企业养老保险和私人养老保险体系。具体而言，德国养老保险制度可以概括为三个层次的保障体系：第一层次为基础养老金提供的基本保障；第二层次为由政府支持或税收减免的企业补充养老保险；第三层次为由私人养老保险和寿险构成的其他补充保障。

二、瑞典的养老保险制度

被称为“福利国家橱窗”的瑞典，在1913年建立了全民性的养老保险制度，在20世纪60年代逐步走向定型，经过70年代的“滞胀”期和80~90年代的改革完善，于1999年开始推行全新的养老保险制度。其现行的养老保险制度由国家养老保险、职业养老保险和私人养老保险三部分组成。

瑞典养老保险制度的第一支柱是国家养老保险，使劳动者可以享有国家养老金，而国家养老金又是由三种养老金构成的，一是收入型养老金，实行缴费确定型的现收现付模式，也称为名义缴费确定型个人账户（NDC），企业和劳动者18.5%的缴费中会有16%进入该账户；二是累积型养老金，实行基金积累制个人账户（FDC），按基金积累制运行，企业和劳动者缴费的剩余部分即2.5%进入该账户；三是保证型养老金，适用于那些低收入者或无收入者。第二支柱是职业养老保险，形成职业养老金，其设立不归政府所管，是工会联合会与雇主联合会通过集体谈判决定的。瑞典90%的工人参加职业养老保险，缴费率大约为收入的3.5%。[②]第三支柱是私人养老保险，是个人的自愿行为，主要体现在购买商业保险和个人金融理财方面，强调发挥个人自我保障的作用。

三、英国的养老保险制度

被称为“福利国家摇篮”的英国，是最早尝试建立社会保障制度和最早建立“福利国家”的国家。1908年的《养老金法》使英国初步建立了国家养老金制度；1946年的《贝弗里奇报告》规定个人缴费与个人享有养老金的权利相挂钩；1975年的《社保法案》标志着英国养老保险制度的初步发展；1986年的《社保法》则鼓励政府将福利保障责任向社会和个人转移；进入20世纪90年代以后，更是多次对《社保法》进行修改并推出《养老金法案》，最近的有2008年《养老金法案》。

英国养老保险制度的第一层养老金是基本国家养老金，它由中央政府提供，资金来源于

---

①姚玲珍. 2011. 德国社会保障制度. 上海：上海人民出版社：36.

②栗芳，魏陆. 2010. 瑞典社会保障制度，上海：上海人民出版社：85.

国民保险缴费，实施现收现付筹资模式，面向所有受雇人士和自雇人士并强制参保，这一层养老金是固定金额，与参保人的历史缴费额没有关系，体现了社会公平原则。[①]第二层养老金是国家第二养老金计划，也是由中央政府提供，资金来源和筹资模式均与第一层养老金相同，旨在为老年人提供更高的养老金，但仅强制受雇人士参保且养老金给付额与参保人的历史缴费额挂钩，收入再分配效果不及第一层养老金。第二层半养老金是公私合作养老金，面向受雇人士，实施完全积累制，但性质是半强制性的，即如果雇员不退出该养老金计划，雇主就不得退出。第三层养老金是私人养老金，性质是自愿参保，缴费来自于企业和劳动者，国家不出资，实施完全积累制。

四、日本的养老保险制度

日本的养老保险制度通常被称为年金制度。第二次世界大战前，日本制定了针对军人和官僚的“恩给”制度，1941 年颁布了年金保险法，1958 年成立国民年金委员会，次年推出《国民年金法》，1961 年修改了《国民年金制度纲要》，从此实现了全民皆保险。1986 年日本颁布了新年金制度，实现了年金制度的一元化。新年金制度由国民年金、厚生年金和共济年金三者组成，基本确定了日本年金制度的结构体系。

日本的养老保险制度由三层构成：第一层次是国民年金，即基础养老保险。需要说明的是，日本养老保险制度的参保者一般分为第一类参保者(非受雇人士如个体户、农民和学生)、第二类参保者(公私部门的雇员)和第三类参保者(私营部门雇员的配偶)，这三类参保者皆是国民年金的保障对象。第二层次是厚生年金和共济年金，分别保障企业劳动者及其配偶和公务员群体，缴纳养老保险费的多少与参保者的收入状况紧密相关。第三层次是企业年金和个人储蓄性养老保险，企业和个人可以自由选择参保。由于第一和第二层次的养老保险制度要求符合条件者无条件参保，被称为公共养老金；而第三层次的养老保险制度无强制性质，可自愿选择参加，故被称为非公共养老金，二者共同构成了日本的年金制度。

第六节　养老保险制度的发展趋势

纵观世界各国社会养老保险制度，其发展呈现出以下趋势。

一、多样化趋势

养老保险基金筹措的渠道及制度的目标都在走向多样化。智利的养老保险基金已由企业和国家负担改由个人全部负担，美国、英国等都加大了国民年金中个人缴费的比例。养老保险制度的目标已在由单一的消除贫困、保障老年人基本生活需要目标，向促进储蓄和经济增长、消除贫困等多重目标转化，养老保险制度在走向自我完善、自我发展，而且以单一的基本养老保险为主的这一制度，也在转向多层次、多形式的多重支持体系，包括企业（团体）补充养老保险、强制储蓄保险、个人年金保险等多个层次，共同保证养老目标的实现。正如一句西方民谚所说：“不要把所有的鸡蛋放在同一只篮子里。”要在这个动荡的世界平安地生活，多样化被证明是最佳的方式。

---

①郑春荣. 2012. 英国社会保障制度. 上海: 上海人民出版社: 84.

二、效率优先趋势

养老保险制度是经济发展战略的一部分，其运行要服从经济增长目标实现的需要，至少不能阻碍经济效率的提高。然而由于一些社会养老保险制度建立较早的国家过分强调了“社会福利”的因素，长期实行现收现付制的筹资方式，在缴费人（在职职工）与领取保险金的老年人的比例日益缩小的趋势下，不得不通过提高养老保险费率来获得必要的养老保险资金。福利的普遍性和刚性因素，使得在职员工的税费负担越来越沉重，政府的财政压力也越来越大，造成代际冲突加剧、产品国际竞争力下降、经济效率受影响等许多新的经济和社会问题。为了扭转这种局面，各国政府在改革该制度时，都提出了“效率第一”的原则。美国克林顿政府1994年的改革方案削减了大量社会保险开支，只为一部分能缴得起保费的人提供养老金，政府降低了国家对养老保险基金补贴的比例。许多实行现收现付制的国家也纷纷建立专门的养老保险基金，增加个人缴费比例，在补充养老保险层次方面，实行“个人账户式”积累，使个人缴费多寡与养老金收入直接挂钩。澳大利亚一方面在加强控制社会统筹式基本养老金的给付对象和给付标准，另一方面在着力发展个人账户储存基金模式（称为“捐款制度”），从1988年起，政府将原来自愿参加储蓄的个人账户公积金改为全面的、强制性的个人账户制，英国、新西兰等国家也在着力发展个人账户储存基金制养老保险。在各国社会养老保险遇到支付不足等一系列难题时，各国的商业养老保险却在飞速发展，成为社会养老保险的重要补充。20世纪70年代末，世界寿险占总保费的比重仅为39.3%，到80年代末，这一比重已达到 52.4%，商业保险的技术加上社会保险的实施机制为经济带来了更高的效率和稳定性。经济的发展和高效率比一项福利性的社会保险政策从长远来看更有助于养老问题的解决。

三、基金运营商业化趋势

基金运营商业化趋势包括两个方面的含义：一是保险基金由政府暗补转向明补或不补贴，政府为养老保险制度提供法律上的保证，给予投保人税收上的优惠，但对保险基金减少补贴或不补贴，遵循商业化的操作原则，基金运营走向自我平衡，最大限度地保值增值；二是政府只对少数重要保险项目的基金进行管理，亲自运营或制定某些重要的全国性统一的标准，而大多数项目交由地方非营利性社会机构甚至私营商业保险公司负责，基金的管理由公营管理趋向私营化管理，政府的责任仅限于严格的法律监督、业务指导和最后担保，不直接参与经营。世界银行的数据表明，由于国有养老保险机构大都依附于国家财政，其基金实体由于国家政策的需要很容易被侵蚀，只有具有独立经营权或交给具有利益约束的私营机构进行商业化经营，才能保证基金的积累增值，保障缴费人的利益。智利率先实行了这一改革，基金交由经严格选择的竞争性私营公司经营，利润率高达 13%以上，既为国家发展积累了巨额资金，又切实保障了基金的支付能力。

四、给付年龄提高的趋势

随着人均寿命的延长和工作方式的改变，人们工作年限已大大延长，因而在以往制度中设计的给付年龄在现在已经不适用了，老龄化程度的加深也使得政府为缓解支付危机而逐步提高退休年龄（相当于给付年龄）。瑞典社会养老保险制度建立之初的给付年龄规定为60岁，后提高到65岁，现已为67岁；德国和英国的退休年龄也拟提高到67岁（现为65岁）。在24个发达国家中规定退休年龄为65岁的占67%，67岁的占17%，60岁的占13%，55岁的占3%。

给付方式也由普遍、统一标准的绝对水平方式朝与个人收入水平、生活费用指数、物价指数等挂钩的相对给付方式过渡，而且养老金的给付水平与物价指数、生活费用指数并不是同比例变化。各收入层次的社会养老保险金的工资替代率不同，美国中等收入家庭的养老金工资替代率一般为 40%，富裕阶层只有 20%～30%，且养老金工资替代率有降低的趋势。许多国家都建立了基本养老保险和补充养老保险的自动和半自动调整机制。

五、重归家庭趋势

发达国家普遍建立养老院以解决部分老年人的养老问题，瑞典的老人公寓尤为典型。但独居生活不能满足老年人心理安慰和生活方便的需要。比利时政府在 1994 年开始试行"老年人家庭寄养计划"，规定接养老人的家庭每日可收取 20~35 欧洲货币单位的寄送费，此外不再收任何钱物。计划向社会公布后，报名的寄养家庭与独身老人都很踊跃，新组合的家庭双方都很满意。目前世界上有 140 多个国家的法律中有涉及老年人合法权益的条款，美国、日本等国家和地区则有专门的《老人法》。1994 年 8 月，新加坡颁发的《赡养父母法》引起了世界性轰动，该法将赡养父母这一人伦道义上的责任上升为每个公民必须遵守的法律，规定凡拒绝赡养或资助其年迈双亲和处于贫困状态的双亲者，处以 1 万新元罚款或判刑一年。韩国政府已在考虑实施与此类似的强制法案，以保证老人向子女索取生活费。日本政府早已实施对与父母同住者和赡养父母者给予税收上的优惠或住房上的补贴政策。

六、分步走的趋势

各国社会养老保险水平是与经济发展的水平和要求相一致的，大都是诱致性变迁的结果，政府的制度供给既要及时满足广大人民对养老保障的需求，又要考虑国民经济与财政的承受能力，避免制度供给不足或浪费。由于农民这一群体的特殊性，大多数国家都是首先建立经济发展与社会安定急需的雇员和公务员社会养老保险，而后再将范围逐渐扩大到独立劳动者和农民。由于独立劳动者和农民的收入来源多样化，在达到退休年龄后一般仍可继续从事劳动，获得收入，其个人缴纳保费占总保费的比例较低，瑞典一般雇员的养老保险税是工资的 34.5%，而独立劳动者和农民则为其平均收入的 32%。各团体在同时期可获得的养老保险形式可以是不同的，日本在 1941 年开办厚生年金保险，1959 年建立国民年金保险，1970 年建立农工年金保险；德国在 1889 年就实行了工人养老保险，直到 1957 年扩大到农民；美国在 1935 年举办职工养老保险，直到 1981 年仍有 25%的农民及农业工人不享有政府的养老保险保障。根据社会需要发展相应的保险形式，扩展到相应的保障对象已成为各国建立、完善社会养老保险制度过程中普遍的趋势。

[案例分析]

案　例　一

【案情摘要】

被告龙岗区横岗甲厂是一家来料加工企业，陈某于 1988 年 3 月 10 日起受聘于该厂，从事园林绿化和清洁工作。双方签订了劳动合同，最后一份劳动合同的期限从 2003 年 3 月 1 日起至2004年12月31日止，合同约定陈某的月薪为1379元。2001年9月，被告开始为陈某办理社会养老保险，现仍为陈某缴纳养老保险费用。陈某现已年满63周岁，原、被告双方现仍保持劳动关系。2003年11月，陈某作为申诉人向深圳市龙岗区劳动争议仲裁委员会申诉，请求裁决：①被诉人（即横岗甲厂）为申诉人办理退休手续，使申诉人享受退休养老待遇；②仲裁费由被诉人承担。

【处理结果】

2004年仲裁委员会做出仲裁裁决：①申诉人与被诉人横岗甲厂解除劳动合同，被诉人横岗甲厂协助申诉人到当地社会保险管理部门办理养老保险金领（转）手续，具体金额和处理方法由社会保险管理部门核定；②仲裁处理费480元由被诉人承担。

陈某不服上述裁决，遂诉于龙岗法院，请求判令被告为陈某办理退休手续，并按社会保险标准支付给陈某退休养老金，由被告承担本案仲裁费及诉讼费500元。龙岗法院做出一审判决，认为陈某系被告横岗甲厂聘任的临时工，不符合法律法规规定的办理退休手续享受养老保险待遇的条件，且陈某要求被告支付退休养老保险金的请求也没有法律依据，遂判决驳回陈某的全部诉讼请求。

陈某不服该院判决，上诉于深圳市中级人民法院，请求撤销一审判决，按一审诉讼请求判决。深圳市中级人民法院经审理后做出终审判决维持原判。法院认为，因陈某系被告横岗甲厂聘用的临时工，不属于《国务院关于工人退休、退职的暂行办法》第一条规定“全民所有制企业、事业单位和党政机关、群众团体的工人”范畴。法院还认为，陈某自2001年9月起才开始办理社会养老保险，其社会养老保险缴费年限不满15年，陈某的情况也不属于《广东省社会养老保险条例》第十五条、《深圳经济特区企业员工社会养老保险条例》第二十三条规定情形，陈某不符合法律法规规定的办理退休手续享受养老保险待遇的条件，陈某要求被告为其办理退休手续没有法律依据，法院不予支持。

【分析】

（1）陈某无法依据《国务院关于工人退休、退职的暂行办法》的规定要求横岗甲厂给付退休金。由于我国养老保险制度已经进行改革，根据相关规定，改革后陈某退休只能依据新的规定请求养老保险待遇，而不能依据《国务院关于工人退休、退职的暂行办法》获得退休金。1997年12月国家颁布了《关于建立统一的企业职工基本养老保险制度的决定》，确立了老人老办法、中人中办法、新人新办法的养老金计发方法。只有在1999年1月1日前退休的劳动者仍然适用《国务院关于工人退休、退职的暂行办法》计发养老金，1999年1月1日后退休的劳动者则依据新办法实施。

陈某出生于1940年10月1日，应于2000年10月1日，即其60岁时退休，因此应依据《深圳经济特区企业员工社会养老保险条例》规定的新办法来计发养老金，而不能依据《国务院关于工人退休、退职的暂行办法》获得退休金。

（2）用人单位对劳动者不直接承担缴纳社会保险费用的义务，陈某无法依据《劳动法》的规定要求横岗甲厂给予赔偿。根据我国现有法律规定，用人单位承担的缴费义务是向社会保险费用征缴机构承担的公法上的义务，而不是对劳动者承担的义务。用人单位违反该义务向国家承担的是行政责任，而不是向劳动者承担赔偿责任，劳动者不能依据《劳动法》的规定要求用人单位给予赔偿。

本案中的横岗甲厂尽管在2001年以前没有为陈某办理社会保险，给陈某造成了损失，但由于陈某与横岗甲厂之间就社会保险费用的征缴没有直接的权利义务关系，二者之间的纠纷不属于劳动纠纷，陈某无权要求横岗甲厂支付养老金，法院可以不予受理，陈某可依法向社会保险管理机构请求处理。

案 例 二

【案情摘要】

1994年7月，李先生在华茂公司工作，1996年7月2日，李先生与华茂公司签订期限自1996年7月1日至2004年6月30日的劳动合同，并约定华茂公司制定的各类规章制度均为本合同的组成部分。2004年6月初，李先生与华茂公司签订无固定期限劳动合同。李先生工作期间，华茂公司自1994年7月起至2008年9月为李先生缴纳补充养老保险金，至2008年9月李先生个人账户内的补充养老保险金额度为人民币10万元。2008年9月初，李先生向华茂公司提出书面辞职申请，理由为“出于对职业发展的考虑，本人计划出国深造”。2008年9月中旬，华茂公司为李先生办理了退工手续。但华茂公司却未为李先生办理补充养老保险金的转移手续，李先生曾多次发函给华茂公司，被华茂公司拒绝，并将李先生补充养老保险金收归华茂公司所有。2008年9月底，李先生向当地劳动争议仲裁委员会申诉，要求华茂公司将其补充养老保险储存额转回其个人账户，并要求仍由社会保险中心管理其个人账户及资金。华茂公司辩称：华茂公司的规章制度明确，“职工被开除(含开除公职)、除名、辞退或因个人原因解除劳动合同或离开企业的，取消其享受补充养老保险的资格，原记入的补充养老保险金归入补充养老保险基金。”现李先生因自身原因解除劳动合同，华茂公司依据规章制度的规定，将华茂公司为李先生缴纳的补充养老保险金归入企业补充养老保险基金，有章有据，要求驳回李先生的诉讼请求。

【处理结果】

仲裁委员会经审理后认为，依据上海市有关政策，企业有自行制订补充养老保险实施方案的权利，补充养老保险金的缴纳非强制性。华茂公司通过民主程序通过的规章制度是合法有效的。最后裁定，李先生要求华茂公司将其为李先生缴纳的补充养老保险存储额人民币10万元转移至李先生个人补充养老保险账户中之请求，不予支持。

【分析】

补充养老保险是在法定的社会养老保险之外，企业根据自身的生产发展情况及经济承受能力为劳动者额外建立的补充养老保险，其目的是为增强企业的凝聚力和吸引力，提高广大劳动者对企业的认同感和忠诚度，同时，也可以为劳动者退休后养老生活质量的提高提供更进一步的保障。因此，国家鼓励用人单位根据本单位实际情况为劳动者建立补充养老保险。职工在严重违法、违纪、自动离职等情况下，补充养老保险待遇如何处理，国家目前并无强制性的规定，可以由企业补充养老保险方案规定。

华茂公司1994年就通过补充养老保险方案，真实地反映了该公司实行补充养老保险的目的、原则、标准。鉴于李先生自行辞职的事实，根据企业内部职工补充养老保险管理的规定，将华茂公司为李先生缴纳的补充养老保险归入企业补充养老保险基金，与企业的规章制度相符，与社会保险管理部门的规定不悖，也符合公平的原则，仲裁委员会裁决对李先生的诉请不予支持，并无不当。

需要注意的是，2008年1月1日之后，依据《劳动合同法》，凡涉及职工切身利益的规章制度或重大事项都必须严格执行民主程序的规定，即应当经职工代表大会或者全体职工讨论，提出方案和意见，与工会或者职工代表平等协商确定。在规章制度和重大事项决定实施过程中，工会或者职工认为不适当的，有权向用人单位提出，通过协商予以修改完善。当然，用人单位还应当将直接涉及劳动者切身利益的规章制度和重大事项决定公示，或者告知劳动者。

CHAPTER 6

第六章 失业保险

[内容摘要]

市场机制必然引起劳动力的流动，失业问题不可避免。本章全面阐述了我国失业保险制度的发展历程，阐述了失业保险制度的类型和基本框架，我国失业保险的发展现状和存在的问题，以及我国失业保险制度相应对策等。

[学习要点]

（1）我国失业保险制度的发展历程。
（2）失业保险制度的类型和基本框架。
（3）我国失业保险的发展现状以及存在的问题。
（4）我国失业保险制度相应对策。

第一节 我国失业保险制度的发展历程

我国的失业保险可以追溯到新中国成立初期。为了解决旧中国遗留下来的失业问题，当时的政务院在1950年6月发布了《关于救济失业工人的指示》，劳动部也于1950年7月发布了《救济失业工人暂行办法》，同时国家设立了统率全国失业救济工作的专门机构——失业救济委员会。1951年政务院发布了《中华人民共和国劳动保险条例》，但这一阶段的失业保险工作最终被政府强有力的就业安置工作所代替，并不能算我国严格意义上的失业保险制度的开始。

我国的失业保险制度真正开始于改革开放以后，其标志是国务院于1980年颁布的《国营企业职工待业保险暂行规定》。这一法规的颁布对推进我国经济体制改革起到了不可忽视的作用。经过十多年的实践，1993年国务院发布了《国有企业职工待业保险规定》，对原有的暂行规定作了进一步的修改和完善，以期更好地适应市场经济的要求。

随着市场经济的确立，通过市场保护劳动力的再生产和合理配置劳动力资源也就成为必然趋势。市场经济必然引入竞争机制，优胜劣汰，这样势必会造成一部分劳动者退出劳动岗位，从而使其家属因失去收入而陷入生存危机。同时，市场机制也必然引起劳动力的流动，使劳动者不再终身固守一个岗位。"跳槽"现象就足以说明问题。如何解决失业和跳槽过程中劳动者的基本物质生活保障，已成为当今我国政府必须面对的一个现实问题。为此，党的十四届三中全会做出的《关于建立社会主义市场经济体制若干问题的决定》中明确指出："社会保障是市场经济体制基本框架的五大支柱之一。"而在社会保障体系中，社会保险又是整个体系的支柱。当前，我国经济体制改革仍以国有企业为主。在国有企业改革中，下岗失业则是当前改革遇到的最突出的问题。因此经济学界认为，推动国企改革的最重要的一个基础工程就是建立健全失业保险制度。

国务院于1999年1月颁布了《失业保险条例》（以下简称《条例》）及《社会保险费征缴暂行条例》（以下简称《暂行条例》），这标志着我国的失业保险制度又迈进了一个新的阶段。首先，我国失业保险的保障范围有所扩充。《条例》改变了1993年以来仅限于国有企业职工的狭窄范围，而是扩充到整个城镇劳动者。《条例》第2条明确规定，城镇企事业单位职工依据本条例的规定缴纳失业保险费，而且明确指出城镇企业是指国有企业、城镇集体企业、外商投资企业、城镇私营企业以及其他城镇企业。其次，失业保险基金来源实现了由企业保障向社会保障的转变。1993年以前失业保险基金全部由企业缴纳，政府从不拨款，职工也从不缴纳。而1999年颁布的《条例》第6条明确规定：城镇企事业单位按照本单位工资总额2%缴纳，城镇企事业单位职工按照本人工资的1%缴纳，其余由政府财政补贴。这样失业保险基金由原来的企业全包逐步转变成"国家、单位、个人三方面承担"的"三三制"原则。这一方面减轻了企业的负担，另一方面也扩大了失业保险基金的总额，为深化企业改革、促进市场经济的发展奠定了基础。再次，失业保险基金实行"财政专户，收支两条线管理"的模式，逐步建立了管理、监督机制。由劳动保险行政部门负责管理失业保险工作，财政部和审计署依法对失业保险基金的收支、管理情况进行监督。《条例》第11条明确规定："失业保险基金必须存入财政部门在国有商业银行开设的社会保险基金财政专户，实行收支两条线管理，由财政部门依法进行监督。"这样将使我国的失业保险基金得到有效而合理的应用。最后，加大了责任追究及处罚力度。《条例》专门将“罚则”列为第五章，而且针对不同的违法行为规定了不同的处罚形式，其责任形式不仅有经济责任、行政责任，而且还增加了刑事责任，这样从力度上保证了责任追究，使失业保险工作确实做到“有法可依，违法必究”。

《条例》在1993年《国有企业职工待业保险规定》的基础上，对原制度框架在若干重要方面进行了关键性的修改，主要体现在以下几个方面：

（1）将制度正式命名为“失业保险”，相应地，将“待业救济金”正式改为“失业保险金”。这表明我国已经承认失业是社会主义市场经济中的客观经济现象，并将长期存在下去，必须以完善的制度加以治理。

（2）失业保险覆盖范围扩大至城镇各类企事业单位。失业保险覆盖范围的扩大，一方面，使城镇各类企事业单位的全体劳动者都能享有平等的参加失业保险的权利，使其在失业期间能够得到基本的生活保障和再就业服务；另一方面，也为各类企事业单位改革用人制度提供了良好的外部条件，进而促进劳动力流动和统一劳动力市场的建立。

（3）调整了失业保险费的缴费比例，确立了单位与个人的保险费分担机制。一方面，将单位承担的失业保险费率由1%提高到2%；另一方面，个人由原来的不缴费改为按本人工资的1%缴纳失业保险费。职工个人参与缴费的规定，强化了个人责任，体现了权利与义务相对等的社会保险原则。

（4）将失业保险金的给付标准与最低工资和城镇居民最低生活保障线挂钩。《条例》规定，失业保险金水平低于当地最低工资、高于当地城镇居民最低生活保障线。具体给付标准由各地政府根据当地实际情况决定。

（5）对失业保险金的给付期限做出了明确规定。《条例》规定，根据失业者失业前单位和个人累计缴费时间长短，划分为三个给付期：累计缴费时间1~5年，失业后可领取最长期限为12个月的失业保险金；累计缴费时间5~10年，失业后可领取最长期限为18个月的失业保险金；累计缴费时间10年以上，失业后可领取最长期限为24个月的失业保险金。

国家在建立和完善失业保险制度的同时，对国有企业中由体制转型和结构调整导致的大规模结构性失业现象，采取了特殊的应对措施，即建立相应的下岗职工基本生活保障制度，为转型时期这一特殊的失业群体提供过渡性的保障。下岗职工基本生活保障制度作为一项过渡性政策，出台于1993年。1998年5月，中共中央、国务院召开了全国国有企业下岗职工基本生活保障和再就业工作会议，并形成了原则性的统一制度规定，确立了下岗职工基本生活保障制度的主要内容：第一，凡是有下岗职工的企业都要建立再就业服务中心或类似机构。第二，资金来源采取“三三制”的办法解决，即原则上由财政负担1/3，企业负担1/3，社会筹集（主要来源于失业保险金）1/3。第三，下岗职工由再就业服务中心管理并提供保障的最长期限为三年。其间能够实现再就业的，其劳动关系转到新就业的单位；不能实现再就业的，三年期满后也要解除与原企业的劳动关系，转为正式失业。

下岗职工基本生活保障制度作为一种替代性的非正式失业保险制度，最终是要与失业保险制度并轨的。根据国务院制定的改革目标，2000年以后将不再产生大规模的下岗职工，已经进入再就业服务中心的下岗职工也要逐步解除与企业的劳动关系，到2003年，所有下岗职工都要走出再就业中心，转换身份进入市场。2004年年底，有浙江、福建、江苏、广东等12个省市的再就业服务中心已经全部关闭，实现了下岗职工基本生活保障制度与失业保险制度的并轨。目前，全国再就业服务中心已经全部关闭，并实现了下岗职工基本生活保障制度与失业保险制度的完全并轨。

总之，国务院于 1999 年 1 月颁布的《条例》无论从基本内容上还是整个体系上都比较清晰和完善。作为一个重要的行政法规，它的实施必将推动我国失业保险制度的进一步发展，使我国失业保险逐步进入法制化的轨道。但我们也必须认识到，《条例》作为一项社会保险领域的重要规定，它只是国务院行政法规迈向全国人大常委会立法发展过程中的重要步骤和过渡形式，它为我国失业保险制度的发展提供了一个最基本的模式。

第二节　失业保险制度的类型和基本框架

一、失业保险的类型

失业保险是指国家以立法形式集中建立失业保险基金，对因失业而暂时中断生活来源的劳动者提供物质帮助，进而保障失业人员失业期间的基本生活，促进其再就业的制度。它是社会保障体系的重要组成部分，是社会保险的主要项目之一。失业保险以保障基本生活、预防失业及促进就业为三大基本功能。造成失业的原因是多方面的，具体到不同国家或一个国家的不同时期，其主导因素并不完全相同。国际上一般将失业原因分为如下几类：①摩擦性失业，由于求职的劳动者与需要提供的岗位之间存在着时间上的差异而导致的失业，如新生劳动力找不到工作，工人想转换工作岗位时出现的工作中断等；②季节性失业，由于某些行业生产条件或产品受气候条件、社会风俗或购买习惯的影响，生产对劳动力的需求出现季节性变化而导致的失业；③技术性失业，由于使用新机器设备和材料，采用新的生产工艺和新的生产管理方式，出现社会局部劳动力过剩而导致的失业；④结构性失业，由于经济、产业结构变化以及生产形式、规模的变化，促使劳动力结构进行相应调整而导致的失业；⑤周期性失业，市场经济国家由于经济的周期性萎缩而导致的失业。

根据不同的划分方法，可以对失业保险作如下分类：

（1）按照参加失业保险的意愿是否具有强制性，可分为强制性失业保险和非强制性失业保险。强制性失业保险是指由国家立法或政府制定规章来强制实施的，符合规定条件的劳动者或用人单位必须参加，双方必须依据法规规定履行各自的供款义务。一般由政府直接管理或委托一个机构负责管理。如美国、加拿大等国家都实行强制性失业保险。非强制性失业保险一般是由工会组织实施的，用人单位和劳动者自愿参加，政府不参与管理，而是由工会建立的失业基金会进行管理，政府提供一定的资金支持。如丹麦、冰岛等国家实行非强制性失业保险。

（2）按照失业者获得失业保险金的不同依据，可将失业保险分为权利型失业保险和调查型失业保险。权利型失业保险是指失业者只要符合规定的缴费年限、非自愿失业等条件，就可以领取失业金，而不用管失业者的家庭收入情况。这种情况下，领取失业保险金是其合法的权利。强制性失业保险和非强制性失业保险都属于此类。调查型失业保险也是由政府组织实施的，但是建立在收入调查的基础上的，以调查结果为依据，对于那些“确认”无法生存的失业者提供资助的制度。这种类型的失业保险也被称为失业救济，并不是严格意义上的社会保险。它由国家单方出资，享受者不必承担什么义务。如澳大利亚、阿根廷、新西兰等国家实行失业补助。

（3）按照失业保险制度层次上的不同安排，可将失业保险分为单层次失业保险和多层次失业保险。单层次失业保险是指仅有一个层次的失业保险制度，如只有强制性失业保险或只有非强制性失业保险，根据不同的划分标准，也可以说只有权利型失业保险或调查型失业保险。

多层次失业保险一般指权利型失业保险与调查型失业保险同时并存的情况。具体包括两种方式，一种是强制性失业保险和失业救济相结合。同时存在失业保险和失业救济两种制度，对于不同的失业者适用不同的制度。在德国，如果失业者在规定的失业保险给付期结束后，仍然未能找到工作而发生生活困难时，当事人不是被归入社会救济系统，而是被归入领取失业救济金之列。当然，当事人必须符合领取失业救助的某些条件，并接受劳工局对其家庭进行的经济状况调查，被确认符合条件后，再经过半年的过渡期才能领取失业救济金。另一种是非强制性失业保险和失业救济相结合。在瑞典、芬兰等北欧国家，实行的是非强制性失业保险和失业救济相结合的失业保障制度。瑞典失业保险采取国家资助、工会主办、个人自愿参加的方式。此外还有强制性失业保险和非强制性失业保险的结合。多年来，日本就实行这种制度。

二、失业保险的基本框架

（一）失业保险基金的筹措方式

失业保险基金筹措的基本原则与社会保险基金的筹措原则相一致，即基金筹集与基金支出基本平衡。影响失业保险基金支出的因素主要有给付水平、给付次数、给付期限、被保险人的年龄构成以及制度管理严格性等。由于在一国经济发展不出现大波动的情况下，失业保险年度开支一般会保持在相对稳定的水平，因此，失业保险可以实行现收现付制。目前，世界上绝大多数国家的失业保险采取的就是现收现付的筹集方式。

由于世界各国经济发展水平高低不同，失业保险制度的历史发展不同，同时又受到各国社会保险制度的指导思想、实施方式等因素的影响，因此，世界各国在失业保险基金筹集的具体渠道和负担比例上存在着很大的差别，大体可以归纳为以下几种类型：①由政府、企业和个人三方共同负担。如德国、加拿大、日本等国家均属此筹集方法，但具体三方负担比例又各不相同，视各国的保险政策而定。②由企业和个人双方共同负担。这一筹资办法被法国、希腊等国家所采用。③由政府和企业双方共同负担。如意大利、美国（除三个州外）、冰岛等国家规定，失业保险费个人不须交纳。④由企业一方全部负担。采用这种方式的国家，均采取征收保险税的方法，全部由雇主负担。如印度尼西亚、阿根廷等国家实行的就是这种方式。⑤由政府全部负担。如澳大利亚、新西兰、匈牙利等国家规定，失业保险费由政府全部负担，企业和个人都无须缴费。⑥由个人全部负担。前南斯拉夫就实行这种负担方式。

（二）失业保险基金的享受条件

保障失业者的基本生活，并促进其重新就业，这是失业保险的根本目的。为了避免制度实施过程中人们的逆向选择行为，各国都严格规定了享受失业保险待遇的资格条件，主要有以下几个方面。

1. 失业者必须在法定劳动年龄之内

这是指失业者必须在法定最低劳动年龄与退休年龄之间。这样，失业保险就排除了未成年人和已超过法定退休年龄的人。未成年人没有参加社会劳动的义务，也就不存在失业问题。

超过退休年龄的老年人不负有法定的劳动义务，他们已为社会做出了自己的贡献，应该按政策规定享受养老保险，不再列入失业保险的保障范围。

2. 失业者必须是非自愿性的失业

非自愿性的失业，也就是说，失业者不是个人自愿要求失业或不就业的，而是由于个人无法控制的社会因素造成的失业。为了防止人们故意失业而领取失业保险金，形成“不劳而获”的局面，各国一般都规定了不给付失业保险金或者要经过一个较长时间等待期的情形：①无正当理由自动离职的；②因过失而被辞退的；③因劳资纠纷而罢工的；④拒绝接受适当工作的；⑤故意失掉就业机会的；⑥拒绝接受职业培训的；⑦不在职业介绍机构登记寻找职业者和拒绝职业介绍的。

3. 失业者必须已参加失业保险

这是社会保险权利与义务对等的基本原则要求。各国失业保险制度一般都规定失业者在失业前参加失业保险并交足一定期限、数额的失业保险费，或在失业援助的国家居住达到一定的期限，才具有享受失业保险待遇的资格。

4. 失业者必须有劳动能力和就业意愿

失业保险所保障的失业者必须具有劳动能力，否则就不是失业。而是否具有劳动能力则由职业介绍机构或失业保险经办机构根据申请人的体检报告来确定。失业者是否有就业意愿的确定相对比较困难，因为就业意愿是人们的主观意愿，一般使用相对客观的指标来测定。为了检验失业者是否有就业意愿，各国在有关法律中都做出了规定，一般有以下几点：

（1）失业之后必须在规定期限内到职业介绍机构或失业保险经办机构进行失业登记，要求重新就业，或有明确表示要求工作的行为。

（2）失业期间必须定期与失业保险经办机构联系并报告个人情况。这样做是为了及时掌握失业者就业意愿的变化，并向失业者传递就业信息。

（3）失业者必须接受职业培训和适当的工作安置。若失业者予以拒绝，则认定其无就业意愿，相应停止失业保险金的发放。当然，安置不适当时，失业者可以提出理由，失业保险经办机构应给予必要的考虑。

（三）失业保险的给付标准

为使失业保险待遇既能确保失业者及其家属在失业期间的基本生活，又不会形成“失业陷阱”，各国失业保险的待遇给付一般遵循如下三种原则：一是保障失业者及其家属的基本生活的原则；二是待遇水平必须低于原工资水平的原则；三是权利与义务相结合的原则。确定失业保险金给付金额的方法，一是工资比例法，即与失业者失业前的工资水平相联系；二是均等法，对所有符合条件的失业者支付同等水平的失业保险金；三是混合法，是工资比例法与均等法的结合。

（四）失业保险的给付期限

由于失业是暂时的或者是短期的，因此，失业保险不能像其他社会保险那样无限给付，而是根据失业者的平均失业时间确定一个给付期限。失业保险的给付期限，包括给付等待期和最长给付期。

（1）给付等待期。劳动者失业后，一般不能立即领取失业保险金，必须要等待一个时期。这一方面可以减少处理大量申请小额给付的烦琐事务，另一方面可以防止冒领保险金，因为要去调查和证实失业的状况是有一定难度的，需要一定的时间。至于等待期的长短，通常取决于各国所实行的就业政策、失业保险基金的规模和财政状况等。

（2）最长给付期。国际劳工组织综合各国失业情况和工人生活状况后规定，失业保险金给付期限应为1年不超过156个工作日、不低于78个工作日。据此，各国和各地区都分别根据国情，制定了自己的失业保险金最长给付期。

第三节　我国失业保险的发展现状

我国失业保险萌芽于20世纪50年代的失业救济，1986年颁布《国营企业职工待业保险暂行规定》，1992年颁布《国有企业职工待业保险规定》。20世纪90年代末，随着市场经济体制深化改革，国企改革进入攻坚阶段，从1999年颁布《失业保险条例》到2010年颁布《社会保险法》，政府通过失业保险制度的定型不仅解决了国企下岗职工基本生活保障问题，还推动了我国经济体制改革与现代企业制度的建立。因此，我国失业保险制度为特定历史时期的经济发展服务并解决失业问题做出了重要贡献。

失业保险制度如果设计恰当，可以充分发挥其功能，有效减缓失业对社会经济的冲击，实现微观、中观及宏观等层面上的目标。在微观层面上，即失业保险制度目标本身，包括保障基本生活、促进就业及预防失业等。在中观层面上，促进与就业相关联的其他社会保险项目的发展。由于多数社会保险项目与当事人的就业状况相联系，因此社会保险制度的其他项目与失业保险之间产生了间接的联系。当失业问题严重时，通过发挥失业保险的预防失业和促进就业功能，可以避免因失业人数的增多使得与就业相关联的其他社会保险项目的参保和缴费人数减少，进而导致其基金收入相对减少，支出相对增加，基金压力增大。在宏观层面上，失业保险制度具有逆经济循环的作用，一定程度上可以平滑经济周期对经济带来的负面影响。在经济发展迅速、失业率较低的繁荣时期，较多的人缴纳失业保险费，一定程度上可以抑制消费需求的过度增长，而在经济衰退期间，失业保险制度向失业者发放一定的失业保险金，维持了一定量的消费需求和购买力，有助于经济的恢复和发展。①表6-1描述了我国2007~2012年失业保险制度运行情况。

表6-1　失业保险制度运行情况

年份	参加失业保险人数/万人	城镇登记失业人数/万人	领取失业保险金人数/万人	城镇登记失业率/%
2007	11 644.6	830.0	286.1	4.0
2008	12 399.8	886.0	261.2	4.2
2009	12 715.5	921.0	235.3	4.3
2010	13 375.6	908.0	209.1	4.1
2011	14 317.1	922.0	197	4.1
2012	15 224.7	917.0	204	4.1

资料来源：根据《中国统计年鉴》（2007~2012）数据整理

从整体上看，2007~2012年，我国官方统计的城镇失业率在4.0%~4.3%上下浮动，没有明显的下降，2007年的失业率最低为4.0%，2009年失业率最高为4.3%。而官方统计的城镇

①陈媛. 2012. 我国现行失业保险制度存在的问题及完善研究. 浙江财经学院硕士学位论文.

登记失业率较为保守，未将农村人口的失业及进城务工人员的失业纳入其中，因而，可以想象真实失业率是不容忽视的。为此，我国相关部门应引起重视，采取措施进行有效的治理与控制，尽量避免或削弱因失业引发的负面影响对社会经济的破坏作用。与失业率相对应的是失业保险年末参保人数、年末失业保险金领取人数，自 2007 年以来，我国失业保险年末参保人数逐渐增加，2007 年年末参保人数为 11 644.6 万人，到了 2012 年年末参加失业保险人数为 15 224.7 万人，增长了 30.74%。领取失业保险基金的人数从 2007 年的 286.1 万人一直下降到 2012 年的 204 万人。失业保险基金的收入、支出与结余情况，如表 6-2 所示。

表 6-2　2007~2012 年失业保险基金收支及结余情况　　单位：亿元

年份	失业保险基金收入	失业保险基金支出	失业保险基金结余
2007	471.7	217.7	979.1
2008	585.1	253.5	1310.1
2009	580.4	366.8	1523.6
2010	649.8	423.3	1749.8
2011	923.1	432.8	2240.2
2012	1138.7	450.6	2929.0

资料来源：根据《中国统计年鉴》（2007~2012）数据整理

在基金收入方面，整体呈现逐渐增加的趋势，不难想象，这是我国失业保险参保人数逐渐增加、失业保险基金征缴力度逐步加强的结果。而在基金支出方面，与年末领取保险金人数相对比，失业保险基金的支出随着领取人数的逐渐下降反而逐年有所增加。这是不难解释的，即每个失业人员领取的失业保险待遇较以往有所提高，且相关部门加大了失业保险基金用于促进再就业及预防失业的支出比重。

从表 6-2 中可以看出，失业保障基金累计结余以较快的速度增长，2007 年的累计结余为 979.1 亿元，2012 年增长到 2929 亿元，6 年增长了 1949.9 亿元，增长率为 199.15%。失业保险基金除非在经济危机和失业率陡增的时期，一般情况下没有突发性的大规模支出。因此，失业保险基金累计结余只需要一个适度规模。但是，目前我国失业保险基金的结余现状如表 6-2 所示，累计结余额越来越大，而与此同时，全国各地却又存在着失业人员领取的失业保险金水平低，失业保险基金中用于促进再就业及预防失业的资金受规定限制，支出非常有限的情况。这种矛盾现象的并存，与我国当前的失业保险制度设计，如支出结构不合理、给付水平的参照基准未体现权利与义务对应的效率原则等是有关的。因此，如何完善失业保险制度的框架，有效利用失业保险基金的结余，提高资金的有效利用率甚至提高整个失业保险制度的效率，是值得我们深思的。

2007~2012 年，我国失业率依次为 4.0%、4.2%、4.3%、4.1%、4.1%，4.1%，即在 4.0%~4.3% 上下浮动，但在此期间，年末领取失业保险金人数却是逐年下降的，2007 年为 286.1 万人，2008 年为 261.2 万人，2009 年为 235.3 万人。

从中可以看出，失业率越高的年份，领取失业保险基金的人数越少，这与一般逻辑是不相符的。如果说 2009 年金融危机使得失业率较以往有所攀升，进而成为 2007~2012 年这 6 年中失业率最高的一个年份，那么相对应的 2009 年年末领取失业保险金的人数应当是最多的，但实际情况是 2009 年领取人数在 2008 年的基础上减少了 26 万人。这说明我国失业保险制度的设计如给付资格设计、覆盖范围设计等并没有体现出常态的失业保险制度所应有的随着失业率的升高而下降，失业保险金的领取人数相应地增加或减少的理念，也就是说，目前我国失业保险制度是不完善的，不能很好地满足劳动者在市场经济中抵御市场失业风险的需要。

第四节　我国失业保险制度存在的问题

一、失业保险制度的覆盖面窄

我国当前失业保险的覆盖面，从城镇来看，它只是局限于城镇正规部门，对城镇非正规部门的就业人员并没有提供一个比较完善的失业保障制度安排；大部分非正规就业人员、农村进城务工劳务人员以及新生劳动力被排除在制度之外，目前的失业保险制度并没有很好地满足他们的需要。如找不到工作的大学生，因为没有工作经历和缴费记录，又不能领取失业保险金。农民工按规定应该缴纳失业保险费，但他们在失业时往往很难符合领取失业保险金的条件。机关事业单位也缴纳失业保险费，但他们之中又很少有人失业。因此，近年来出现了失业保险金大量积压的情况。受 2008 年国际金融危机影响，就业形势不好，本是这几年积累下来的失业保险金发挥作用的时候。但是，在失业浪潮冲击下，首当其冲的则是农民工和大学生，如前所述，按现行规定，他们都不能领取失业保险金。于是，就出现了一方面就业和再就业需要大量投入，另一方面大笔失业保险基金“睡大觉”的尴尬局面。[①]

从各国的失业保险制度来看，它们的参保对象已覆盖了大多数劳动者，并呈现为应对就业方式的多样化，逐步将自雇者、灵活就业人员纳入失业保险范围的趋势。如日本规定，农、林、水产业中职工在 5 人以下的个体经营的企业单位，需在强制性雇佣保险和补贴自愿性保险中任选一种参加。国外典型国家，如美国直接以税的形式强制企业为其雇员缴纳失业保险税，这种方式由于有强制力作后盾，失业保险税征收情况整体良好。

二、费率机制不合理，削弱保障就业的力度以及失业保险预防失业功能薄弱

我国失业保险筹资机制采用统一费率制，以“本单位工资总额” 作为缴费基数，用工企业可能采取“效率工资”的战略。同时，统一费率制也对用人单位的失业率差异缺乏考虑，违背了权利义务相统一的原则，这些都不利于失业保险制度功能的发挥。统一缴费率忽视了用人单位之间在失业风险与雇佣水平上的差异性，而同一行业内，效益好的企业由于支付较高的工资，职工在面临较小失业风险的同时，企业要承担较高的失业保险费，由此形成“多支出少失业”，影响缴费主体的积极性。而在企业效益不佳时，失业保险对企业特别是小微企业支持力度不够。失业保险是分散失业风险的机制，因此可以考虑实施行业差别费率和浮动费率结合机制，将“高失业风险但低收入、低回报的行业”的部分失业风险转嫁给“低失业风险但高收入、高回报的行业”。[②]

与保障基本生活、促进就业这两大功能相比，我国失业保险预防失业的功能是非常薄弱的，并且没有制度化、规范化。2009 年，为应对国际金融危机对我国经济的冲击，人力资源和社会保障部、财政部等部门联合发出通知，对困难企业实行一定期限内的缓缴失业保险费

①唐钧. 2010. 失业保险改革宜早不宜迟.中国社会保障，(9)：22-28.
②张彦丽. 2010. 我国失业保险政策理论探讨. 社会保障研究，(2)：32-40.

政策。这种依据经济的变化而灵活调整失业保险费征缴期限的措施，使得困难的中小企业可以暂时减轻负担，从而避免因陷入困境而大批裁员现象的发生。与促进就业一样，日本、德国在预防失业方面同样做得很出色。日本除了开展能力开发事业、雇佣福利事业来促进就业、稳定就业外，还开展了雇佣安定事业。通过对雇主某些行为，如雇佣应退休的职工、高龄劳动者、残疾人，在困难地区开创新事业增加就业岗位；经济不景气时坚持企业内部消化富余人员，而不是将其推向社会等提供雇佣资助，以鼓励雇主继续预防失业、安定就业。德国同样是通过各种形式的补贴引导企业抑制自身的解雇行为。

美国、日本则实行较为灵活的失业保险弹性费率。美国的州在征收州失业保险税时并不是以一个固定的税率值为标准统一向雇主征收的，而是实行经验税率确定法，将州失业保险税率设为一个区间，有最低值与最高值。相关部门依据雇主的解雇经历，确定其在这一区间内所适用的失业保险税率。一般来说，临时解雇越频繁，解雇率越高，所适用的失业保险税率也就越高。这种浮动税率的做法，将雇主的解雇行为与其承担的失业保险税率相联系，使得失业保险费用得到合理分担，有利于抑制雇主的随意解雇行为，可以稳定就业。日本也实行类似的失业保险弹性费率。与美国各州将税率划分成区间，依据雇主解雇经历确定其在区间内所适用的失业保险税率不同，日本以行业失业风险的高低，将社会上所有行业划分为三种，即一般行业、建筑业、农林水产及清酒制造业，实行差别费率。一般行业的失业风险等级最低，其次为农林水产及清酒制造业，最后为建筑业，相应地失业保险费率也依次由低向高逐渐提升。不仅如此，日本的失业保险浮动费率还体现在其费率并不是一成不变的，而是随着经济发展状况、基金积累的规模进行相应的降低或提高。

三、给付方式和给付期限可能出现“反就业”现象

在给付方式上，我国的《失业保险条例》规定，实行恒定的等额均一给付标准， 既违反了权利与义务对等的原则，也容易导致道德风险的产生。失业金通常被限定在高于当地最低生活保障水平、低于当地最低工资标准的范围内，脱离失业者失业前的收入水平，虽然《社会保险法》取消了低于最低工资标准的规定，给失业保险金水平的提高留有空间，但是实践中各地在失业金给付水平上尚未做出调整。这表明我国失业保险金定位于应急救助而非补偿收入损失，也明显背离了社会保险“权利与义务相结合”的基本原则，对中高收入者显失公平的同时，制度也缺乏吸引力。《社会保险法》规定，失业保险金的领取期限根据失业人员失业前的累计缴费时间确定，具体划分为三个档次：失业人员失业前所在单位和本人按照规定累计缴费时间满 1 年不足 5 年的，领取失业保险金的期限最长为 12 个月；累计缴费时间满 5 年不足 10 年的，领取失业保险金的期限最长为 18 个月；累计缴费时间为 10 年以上的，领取失业保险金的期限最长为 24 个月，即参加失业保险时间越长，失业保险金的替代率越高。这一规定对于工龄较长、技能水平低的失业者和接近退休年龄的劳动者更倾向于接受失业保险金而暂时离开劳动力市场。尤其是隐性就业人员，会更倾向于领取失业保险金直到期满为止。因此，我国失业保险支付期限的不合理会导致失业者的道德风险行为。

在这方面，欧洲有很多经验教训。对此，我们既要防止“泛福利化”倾向，又要防止失业津贴导致“失业陷阱”的倾向发生，可以考虑的解决办法是建立缴费与给付之间的关联机制，实行更为灵活的差别性失业金给付机制。第一，记录个人及其所在用人单位失业保险缴

费记录，并与失业待遇发放关联，这也遵循了“权利与义务相结合”的基本原则。第二，参考国际劳工公约规定的失业金不低于原工资50%，同时设定下限为最低工资标准的80%~90%，为了防范“失业陷阱”，失业金水平应低于最低工资标准，但目前我国最低工资标准也偏低。第三，针对失业问题中较严重的长期失业问题，可参考德国给予不同年龄劳动者不同期限的失业待遇。因为一般年长者在劳动力竞争中处于劣势，其长期失业将导致长期贫困，也不易通过技能培训或者继续教育提高其人力资本水平，从而其再就业能力较差。此外，对年长者延长待遇期限，年轻劳动者随着年龄增长也会有享受此待遇的机会，因此不存在待遇不公平的问题，也比较容易让公众接受。

按照是否接受培训及失业期限长短来确定失业保险金给付标准，接受培训者，提高给付标准或者延长给付期，随着失业时间的推移，给付标准逐步递减。例如，英国对参加培训并取得资格证书的失业人员，分别按资格等级增加失业保险金给付标准。美国规定参加职业培训的失业人员，可适当延长失业金给付期。在法国，最初的失业保险金待遇为日基准工资的57.4%，其后则每4个月调低一次，即由于失业金的抑制效应，失业早期的再就业率较低，但随着领取期限的减少，资格效应会导致再就业率提高，失业保险可通过改变给付方式来激发失业者的求职意愿。

据世界上54个国家和地区的资料显示，失业者享受待遇的最长期限，不到28周的有27个国家，占50%；28~56周的有18个国家，占33%；超过56周的只有9个国家，占17%。美国通常为26周，特殊情况下可延长13周，但总的不超过39周；德国为78 ~232天，相当于11~33周；日本为300天，相当于43周；英国为52周。而我国的最长给付期限为24个月，相当于112周，是世界上享受期限最长的国家之一。众所周知，合理的失业保险给付期限可以较好地维持失业人员失业期间的基本生活，使其免除后顾之忧，积极寻找与其能力、性格等最佳匹配的工作，做到人尽其才。但是失业保险给付期限如果过长，则会产生相反的效果，使失业人员丧失寻找工作的动力而长期处于失业状态，不利于再就业。因此，无论从国际通行的失业保险给付期限的规定，还是从防止道德风险，促进失业人员的再就业来看，我国失业保险给付期限过长的问题都应当引起重视。

四、失业保险替代率过低，平滑消费功能不足，隐性就业问题严重

失业保险替代率的高低关系到失业保险政策再分配功能和平滑消费功能的大小，失业保险金水平越高，越能平滑劳动者失业后的消费，以至于他们不会因失去工作而陷入极度贫困。我国失业保险制度规定，具备领取失业保险金资格的失业者可以获得低于失业人员所在地的最低工资标准，且高于城市居民最低生活保障水平的失业保险金，具体数额由当地有关部门确定。失业保险金水平通常为最低工资的60%~80%，失业保险替代率仅为20%左右。而国际上通行的失业保险替代率为40%~75%。在我国低工资的现实情况下，现有的失业保险金水平不能较好地保障失业者本人和家庭成员的生活需求，平滑消费的功能也极小。过低的失业保险替代率，导致大量的隐性就业人员存在。据劳动保障部门统计，在全部城镇登记失业人员中有50%~90%的下岗失业人员实现了隐性就业。另外，中国社会科学院最新调查显示，至少80%的登记失业人员在领取失业保险待遇的同时还有其他收入来源。由此可见，我国失业保险金过低，导致失业保险制度所提供的保障功能极为有限，失业保险所发挥的激励再就业功

能发生扭曲，隐性就业问题十分严重。[①]

五、 失业保险基金再就业服务功能薄弱

我国失业保险基金不仅为失业者提供失业期间的基本生活保障，而且还为他们提供职业介绍、职业培训等促进其尽快实现再就业的服务。然而，在有限的失业保险基金支出中，用于再就业的资金微乎其微，如 2007 年失业保险基金中用于再就业服务的资金仅占失业保险支出总额的 10.8%，分摊到当年每个领取失业保险金的失业人员身上只有 45 元/月，这对提高失业人员的技能是远远不够的，致使失业人员认为就业服务项目对其找工作没有明显帮助，不愿意参加此类活动，造成失业者采取不正当行为躲避就业服务项目的行为发生，进一步滋生道德风险行为。

从欧美发达国家和日本等国家失业保险制度就业促进工作的开展情况看，日本、德国在这方面做得非常成功且有特色。日本的雇佣保险制度开展了能力开发事业，通过对全体劳动者提供公共职业能力开发设施、资助雇主对职工进行职业培训等，使职工开发、提高自己的就业技能，进而稳定就业。与此同时，日本还开展了雇佣福利事业，从援助劳动者就业，完善与改进其工作环境等角度，使劳动者就业与稳定就业。德国则从职业培训、职业介绍与职业咨询、职业恢复补助、提供开工不足补偿金、对建筑业实行补贴等多个支出项目来促进失业人员的再就业。

六、失业保险的监督机制不完善

我国失业保险制度实行的是以政府为主导的管理体制，由于监督和惩罚不严，道德风险行为得不到有效的遏制。在失业保险制度设计中，申请失业保险的资格条件和取消领取失业保险金的情况都有明确的规定，但享受资格条件对“非自愿失业”和“正在积极寻找工作”缺乏足够的、有效的监督手段和可操作的措施，致使失业保险机构无法甄别出失业者失业的真正原因，对导致道德风险的隐性就业无法及时发现。由于监督机制的缺位，停领失业保险金的限制条件“无正当理由拒绝合适工作”这一条款，很难真正实施。正是由于缺乏有效的审核、监督和惩罚，既损害了失业保险的公平性，也降低了人们对失业保险的信任度。

第五节　我国失业保险制度相应对策

正是失业保险制度设计中存在的一系列问题，导致了失业保险制度中道德风险难以规避，失业保险制度不能真正发挥其保障基本生活、促进就业、预防失业的三大基本功能。为此，针对我国失业保险制度存在的问题，提出规避失业保险中存在问题的防范措施。

一、扩宽覆盖范围以适应多种就业形式

要秉持不同对象分类施保的原则，尊重本人意愿，对灵活就业人员的失业保险进行具体制度设计。具体而言，自愿参加失业保险的灵活就业人员，本人缴纳的失业保险费按当地最

---

①魏瑞清. 2012. 浅议我国失业保险制度中的道德风险及防范措施. 社会科学论坛，（4）: 17-22.

低工资标准的1%缴纳，用人单位缴纳2%，不足部分由当地政府财政支持。个体工商户及其雇工的未来失业保险设计， 可参照私营企业及其职工参加失业保险的规定执行，适当降低参保门槛，将用人单位（雇主）缴纳部分（工资总额的2%）降为1%，劳动者本人仍然缴纳1%，由就业服务机构补贴雇主少缴纳的部分，不足部分由政府财政予以支持。针对进城务工人员参保问题，建议进城务工人员和用人单位应按照国家统一标准缴纳失业保险费， 使其享受与城镇职工同等的待遇，同时应连续计算其缴费时间，并切实保障其享受相应的待遇。

二、增加决定失业保险金水平的参数，适当提高失业保险金替代率

目前，我国失业保险金的替代率过低，不仅不能保证失业人员的基本生活，而且还产生了隐性就业等道德风险问题。因此，在制定失业保险金水平时，一方面，要适当提高失业保险金替代率，切实保障失业者的基本生活和再就业的积极性；另一方面，还要考虑失业人员在失业前的工资水平、家庭负担、年龄等。在计算个人失业保险金时，应当与失业前的工资水平相结合，规定工资水平上限，超过上限的部分不缴纳失业保险费，领取失业保险金时按同一基数计算；有抚养子女和赡养无经济来源的老人的失业者，领取失业保险金要高于没有家庭负担的失业者。这样才能保证失业保险的公平性和持续性，减少失业保险产生的道德风险问题。

三、合理调整失业保险筹资机制

实行差别费率和浮动费率相衔接的失业保险费率机制。针对不同行业上年度的失业率区别使用不同的失业保险费率，失业率高的行业，相应费率也高，反之，则按低的费率来征收。浮动费率是指用人单位缴纳失业保险费的费率由企业解雇员工的数量决定。这样解雇人员越多的企业，其缴纳的保险费率就越高，从而间接抑制用人单位对劳动者的解雇，以稳定就业。

四、优化基金支出方向和结构来保障就业

就业保障型失业保险法要明确保险基金使用的具体实施办法、程序和责任机制，细化失业保险保障就业的具体性、可操作性细则。失业保险促进再就业的经费要与地方政府保障就业再就业的专项资金统筹衔接。对失业保险基金支出的结构，既要扩大保障就业的支出比例，又要量化规定。失业保险金在留有充分余地的前提下应扩大支出项目。同时，失业保险保障就业的支出范围更要明确扩大，其中职业介绍、职业培训、职业技能鉴定补贴、公益性岗位、劳动力市场信息系统运行以及小额担保贷款贴息等项目应成为保障就业的主力；对富余人员安置、企事业单位裁员少时给予转岗和在职培训补贴等应成为稳定就业的重要制度。

五、改进基金支出方式和给付期限以保障就业

首先，实行给付标准动态制和递减给付标准制相结合的动态给付方式。前者指在能够保障失业者基本生活和不挫伤其就业积极性的前提下，基于失业者所缴纳保险金的时间长短和数额、失业前的平均工资水平、失业者个体差异（年龄、家庭成员、银行储蓄额等），并考量失业者所在当地经济发展状况，合理确定支付标准。递减给付标准制度是将失业救济金高低

与领取期限挂钩，实行给付待遇的逐步递减，以促使失业人员积极再就业。其次，实行有差别的给付期并缩短给付期限。克服现行制度中存在的给付水平低、给付期限长，不利于就业保障的弊端，向增加给付水平、缩短给付期限、实行弹性给付期限的方向转变。再次，严格给付条件，从而从制度上积极地打消失业者对救济的过度依赖，督促其积极寻找新的工作机会。具体来说，失业者必须达到劳动年龄且有劳动能力；必须提供证据足以证明其为失业人员并积极寻找工作；失业前有过一定的投保经历或工作过一段时间。同时还要统筹考量其服从职介机构介绍工作情况和参加就业培训情况。最后，要设立合理的给付等待期，其目的是为了消除失业者的懈怠心理、降低自愿失业者的“道德风险”与救济期望，迫使失业者积极寻找适当职业，缓解或防止主动失业。①

六、完善就业激励机制，保障就业

一是规定提前就业奖励基金，失业者在领取失业保险金期限内，提前就业并持续工作一定时间的，可以得到一定的现金奖励。二是明确规定利用失业保险基金对在就业特别困难地区开办的企业给予奖励性补贴；同时设定岗位补贴项目，补贴创造出大规模就业岗位的企业；提供技术支持和咨询服务给那些自行创办微型企业的失业者，同时可以利用失业保险基金担保向银行贷款。三是提供直接培训补贴，领取对象包括企业、在职员工和失业者个人。四是利用失业保险基金资助有条件和有能力的失业人员创办小企业，提供专门的创业补贴，并考虑增设“跨地区求职津贴”等激励和辅助措施。

七、建立失业保险个人账户，并与其养老保险个人账户相结合

目前，我国失业保险与养老保险相似，都涵盖了个人缴费和单位缴费内容，但是失业保险没有建立起个人账户制度。对于那些终身未失业过的劳动者而言，他们将没有机会享受到失业保险待遇。另外，从失业保险制度的运行看，大多数失业人员急于连续领取全部的失业保险费而不是延迟到再次失业时领取。据辽宁省的统计数据显示，只有6%的失业人员由于实现再就业或待遇期满而终止失业保险待遇支付，其余 94%的失业人员在《条例》规定的最长有效期内领取全部的失业保险待遇。造成这种现象的原因在于社会公众对失业保险制度的持续性不信任。失业者想方设法在最长有限期内领取全部失业保险金，从而进一步加深道德风险行为。所以，应尽快引入失业保险个人账户，并与养老保险个人账户相衔接。在失业保险个人账户的模式下，每个参保人按照工资的一定比例在特定的银行存款账户里存储失业保险金，待参保人达到法定退休年龄时，可将失业保险个人账户的全部转移到养老保险个人账户。使失业人员充分认识到“今天较少的待遇提取意味着明天更多的养老金”，这对促进我国失业保险制度的健康发展将有非常重要的意义。

八、加强失业保险制度的监督与惩罚

我国失业保险制度产生的道德风险问题与失业保险制度缺乏有效的监督机制是有很大关系的。因此，为了使失业保险制度更好地运行和发展，政府就应该对失业人员的相关资格条件实行更严格的监督和惩罚。失业保险管理部门必须要求领取失业保险金的失业人员定期上报他们的工作搜寻情况，同时提供证据证明其正在积极地寻找工作，如搜寻工作的次数等。

①常飞，谭可金. 2012. 就业保障导向下的我国失业保险制度改善探析. 中国人力资源开发，(4):19-24.

如果失业人员无法提供相关证明，他将有可能受到少领或停领失业保险金的处罚。这样，失业人员为了继续领取失业保险金，就会积极主动地与管理部门配合，同时也可以增加自己再就业的机会，道德风险问题就会因为“监督与惩罚”的存在而得以克服。

CHAPTER 7

第七章 医疗保险

[内容摘要]

商品经济和社会化生产越发展，越需要医疗社会保险。本章全面阐述了医疗保险产生的背景、医疗保险的概念和意义，阐述了医疗社会保险与补充医疗保险的差别，阐述了医疗保险的基本原则、医疗保险的特点、功能、形式等；同时阐述了国外医疗保险的实践情况，我国医疗保险的发展现状，以及我国医疗保险存在的问题和相应对策。

[学习要点]

（1）医疗保险的概念和意义。
（2）医疗社会保险与补充医疗保险。
（3）医疗保险的基本原则。
（4）医疗保险的特点、功能、形式。
（5）我国医疗保险存在的问题和相应对策。

第一节　医疗保险产生的背景[①]

欧洲是医疗保险的发源地。早在古希腊、古罗马时代，就有了专为贫民和军人治病的国家公职医务人员。中世纪晚期，基督教会为贫困病人建立了慈善医院，手工业者则自发成立了“行会”组织，会员定期缴纳会费，“行会”筹资帮助生病的会员渡过难关。

由于工业化的发展，工人因病收入甚至工作受到巨大威胁，这推动他们采取各种办法对付疾病，共同分担风险。18 世纪末 19 世纪初，同行业的工人或同一地区的农民，相继组织起互助性团体，筹集资金，以便在患病时互相帮助。这些早期自愿性互助团体对医疗社会保险的产生起了重要作用。到 19 世纪末，它们已经覆盖欧洲一半以上的人口，按收入而不是按健康风险筹资的医疗保险概念逐渐在一些国家扎根。

随着医疗保险的逐渐普及，人们的健康权利意识得到增强。另外，医药技术的进步，抗菌药的出现，外科的发展，使医疗费用越来越昂贵。在这种情况下，医疗保险的巨大潜力开始受到政府的关注。政府采取措施，鼓励雇主为工人投保，作为改善工人健康状况和安抚工人的手段之一。

1881 年德皇向国会宣布推行社会改革，制定并通过了《工伤事故保险法草案》。这是“世界上第一部社会保险法规”。1882 年，德国政府又提出《疾病社会保险法草案》。法案规定，对全体从事工业性经济活动的工人（农业工人除外），一概实行强制性疾病社会保险。保险费的 2/3 从工人身上征集，1/3 由企业主缴纳。[②]1883 年，德国政府通过并颁布了《劳工疾病保险法》，规定收入低于一定标准的工人，必须参加疾病基金会。世界上第一个强制性医疗保险从此诞生。1887 年，德国政府将生育保险并入《劳工疾病保险法》。此后，医疗社会保险思想广泛传播，被许多国家所采用。继德国之后，奥地利、挪威、英国、法国、比利时、荷兰、匈牙利等国家也相继通过立法实施医疗社会保险。20 世纪上半叶，医疗社会保险在欧洲逐渐以各种形式得到推广，覆盖人群从低收入工人发展到较高收入的工人，保险范围也随着医疗技术的发展和医疗服务的科学化、组织化而不断扩大，从医生服务和药品，扩大到住院治疗，后来又发展到牙科、眼科等。

1922 年，医疗社会保险由欧洲发展到其他国家。

1914 年，加拿大在萨斯喀彻温省实施都市医生计划，以缓解低收入者支付住院费用的困难。1947 年又在该省实施全民医疗保险。1956 年在全国实行住院保险制度。1966 年联邦政府通过全国医疗保险法草案，1972 年实行全民医疗保险。美国私人医疗保险起源于 1929 年。此后，由政府实施了医疗救助制度（medicaid），旨在为低收入者提供医疗服务帮助。1965 年，美国国会通过老年医疗保险法案。1966 年实施以年满 65 岁的老年人为对象的老年医疗保险制度，即国家医疗照顾制度（medicare）。[③]

亚洲的日本也在全国建立起欧洲式的强制性医疗保险。1924 年，医疗社会保险扩大到发展中国家。南美洲的智利第一次采取了与欧洲不同的做法。由于缺医少药，智利不像欧洲国家那样向私人医生交费，而是为受保人建立医疗和急救设施；雇佣医生，向他们支付报酬。

---

①孙光德. 1998. 社会保障学. 北京：中国劳动出版社.

②郑秉文，和春雷. 2001. 社会保障分析导论. 北京：法律出版社.

③郑秉文，和春雷. 2001. 社会保障分析导论. 北京：法律出版社.

20世纪50年代的埃及、利比亚、土耳其等国家纷纷仿效这一做法。

到20世纪80年代，医疗社会保险已发展到85个国家。其中，一半是工业化国家，这些国家有90%以上的人参加了医疗保险；另一半是发展中国家，虽然这些国家医疗保险的覆盖人群还不到30%，但保险范围正在逐渐扩大。

值得一提的是，在医疗社会保险的发展过程中，一些国际性组织起了重要的推动作用。国际劳工组织自成立之时起就重视研究、宣传各类医疗社会保险政策。20世纪30年代末期，国际劳工组织建立和规划的许多社会保障措施，开始将免费医疗和生育补助当作一项社会义务，对各国制定医疗社会保险政策具有指导意义。1944年，国际劳工组织通过的《医疗建议书》（第69号）呼吁各国政府对公民实行"综合的、普遍的健康保护"。这一医疗社会保险新观念被许多国家所采纳，并由此开始了一个新的普遍医疗服务制度，即所谓的"国家医疗服务"。医疗保险金用于公共服务，完全由政府资助。1948年，英国开展了这项立法措施，率先实行"国家医疗服务"，苏联及东欧国家也相继效仿。1952年，国际劳工组织指定并通过《社会保障（最低标准）公约》（第102号），对退休待遇、疾病津贴、医疗护理等一系列保险与保障项目所应遵从的最低标准，都一一作了明文规定。这标志着医疗保险与社会保障已成为全球共同的事业。[①]加拿大于1966年也实行了广泛的国家医疗社会保险。1980年，意大利和葡萄牙也开始实施。在北欧国家，国家医疗服务与强制性医疗社会保险结合起来进行。在新西兰，国家医疗服务被用于医院服务中。医疗社会保险的发展进入了更高的阶段，即国家医疗保险阶段。

近些年来，强制性医疗社会保险的发展，无疑受到了1978年在苏联阿拉木图召开的有关初级医疗服务的国际会议的影响。这次会议呼吁改进医疗社会保险，以促使医疗资源得到更合理的分配，并在2000年实现"人人享有医疗保健"的目标。各国政府对此次会议所制定的措施一致赞同。人们更加认识到强制性医疗社会保险是开辟医疗资金来源的各个方案中最可取的，应该成为国家医疗政策的重要组成部分。某些一直不很重视强制性医疗社会保险的发展中国家开始转变态度，像巴哈马、斐济、印度尼西亚、马来西亚、摩洛哥、尼日利亚、泰国、赞比亚、津巴布韦等正在开发社会保障制度的潜力，以便在治疗和预防两方面使更多的人享有现代医疗服务。这些国家同样已得到联合国专门机构（国际劳工组织、世界卫生组织）和主要国际金融机构（世界银行、地区发展银行）的大力支持。可以预见，强制性医疗保险政策会给越来越多的国家的医疗卫生事业带来大量资金，为各国人民的健康保健开辟新的局面。

医疗社会保险在各国和全世界的发展历史表明，一方面，商品经济和社会化生产越发展，越需要医疗社会保险；另一方面，只有在政府的广泛参与和推动下，医疗社会保险才能得到迅速发展，并带来巨大的社会效益。

第二节　医疗保险的概念和意义

一、医疗保险的概念与特征[②]

医疗社会保险，是指由国家立法，通过强制性社会保险原则和方法筹集医疗资金，保障人们平等地获得适当的医疗照顾的一种制度。医疗社会保险是医疗保险的一种，它与私人或

①郑秉文，和春雷. 2001. 社会保障分析导论. 北京：法律出版社.
②孙光德. 1998. 社会保障学. 北京：中国劳动出版社.

商业性医疗保险相比，具有三个基本特征：

第一，强制性。医疗社会保险由国家立法规定享受范围，权利、义务及待遇标准是强制执行的，因此，又叫强制性医疗保险或法定医疗保险。

第二，社会共同责任和分担风险原则。医疗保险将许多人的资金集中起来使用，共同承担疾病的经济风险，体现了群体之间的互相帮助和社会合作。私人医疗保险这种社会合作是自发形成的，其不足之处在于，那些患病风险较大的人或收入较少的人愿意参加，而另外一些人则不愿意参加，因此容易导致“逆向选择”，即患病风险出现过多，造成医疗费用过高，抗风险能力有限。医疗社会保险以法律手段使这种社会合作成为一个很大群体的义务，即该群体所有人的共同责任，这就使得风险能够共同分担，抗风险能力增强。因此，医疗社会保险比私人医疗保险更有活力，群体中每个人的健康权利能得到更充分的保证。

第三，保障性。医疗社会保险是以保障人们平等的健康权利为目的的，是非营利性的。参加医疗社会保险的每个成员，不论其交费多少，都有权得到所规定的医疗服务。交费多少，通常与个人支付能力有关，而与个人年龄、性别、身体健康状况及家庭人口无关，因而医疗社会保险有极其重要的社会目标。商业性医疗保险和有些私人医疗保险则以营利为目的，其承保原则，将个人健康状况作为确定缴纳保险费数量的基本条件，同样会导致保险的“逆向选择”，即选择健康状况好、收入高的人参保，而将高危人群和低收入人群排除在医疗保险之外。正因为医疗社会保险在保障人们平等的健康权利方面有着私人或商业性医疗保险无法比拟的优点，所以世界上绝大多数国家都是以它作为医疗保健制度的主要形式，而将私人或商业性医疗保险作为满足部分人更高医疗需求的一种补充形式。欧洲等发达国家还实行了全民医疗社会保险。

二、医疗社会保险与商业医疗保险的关系①

商业医疗保险是指，由合法的保险企业承办，按照商业经营原则来经营，投保人和保险人遵循公平互利、协商一致原则自愿订立保险合同，当被保险人因疾病或意外事故受到伤害时所花医疗费用，如药费、手术费、诊疗费、住院费等经济损失，由保险人给予补偿。商业医疗保险作为一项特殊商品，客户购买的是将来健康生活中可能得到的一种经济补偿保障。一般是个人出资。它具有以下特点：①个人可根据自己的经济能力确定投保的保险金额，最高投保金额可达百万元。②保险金的给付必须以被保险人因病治疗的实际费用支出或初诊为患有合同上规定的某种疾病、残疾为条件，给付全部或部分保险金额。③投保年龄一般在0~65周岁，投保范围涉及各类社会人群、各个年龄段，险种可根据市场需求设计。④保险费率测算是以概率论为理论基础的，集合众多单位或个人的风险，对被保险人因病而支出的费用进行经济上的补偿。⑤支付方式，强调的是及时报案，如实告知，在外地突发急病住院治疗，异地保险人可代为查证或给付，能够满足人员流动和人才竞争的需要。

（一）医疗社会保险与商业医疗保险的联系

医疗社会保险与商业医疗保险同属于我国医疗保障层面上的两个方面，目的都是为了保障广大民众身体健康和经济补偿。

（1）从保障范围来说，可以互为补充。社会医疗保险的统筹范围目前只涉及城镇企事业单位的在编职工（不含16岁以下人员），其覆盖面达全国人口的1/5左右，而商业医疗保险除

①杨贝非. 2001. 试析社会医疗保险与商业保险的关系. 理论与当代，(1)：33-36.

承保城镇在职人员外，其他无业人员、农业者、16岁以下公民都可以参加，弥补了我国社会医疗保险目前无法触及“全体国民”的空白，稳定了社会，为深化、完善我国医疗保障制度改革起到强有力的补充作用，保证了社会医疗保险制度的顺利实施。

（2）从保障方式来说，二者之间是互助关系，而不是对立关系。《国务院关于建立城镇职工基本医疗保险制度的决定》中明确规定：统筹基金和个人账户要划定各自的支付范围，分别核算，不得互相挤占。要确定统筹基金的起付标准和最高支付限额，起付标准原则上控制在当地职工年平均工资的10%左右。最高支付限额原则上控制在当地职工年平均工资的4倍左右，起付标准以下的医疗费用，从个人账户中支付或由个人自付。起付标准以上、最高限额以下的医疗费用，主要从统筹基金中支付，个人也要负担一定比例，超过最高支付限额的医疗费用，可以通过商业医疗保险等途径解决。而在参加社会医疗保险的人群中，还有许多不满足于社会医疗保险的“低水平”，同时要寻求基本项目以外的医疗服务和封顶线上的经济保障，而商业医疗保险是最佳选择。

（3）从社会发展需求看，社会医疗保险与商业医疗保险具有国民收入再分配的功能。纵观发达资本主义国家社会保障制度的发展模式及其运作机制，优劣各具，经验教训甚多，尤其是“高福利”、“高保障”型的社会保障，危机四伏，后患无穷。而我国医疗费用的猛增，使国家、企业无力承受。通过医疗保险不仅在职工之间实现个人收入的转移，而且使企业之间的负担也趋向公平，从而改变了企业间因医疗费用负担畸轻畸重而造成的不平等竞争。社会经济的发展就是要建立起合理的医疗费用分担机制。正如人们所知，改革的动力之一，就是要对国家和企业包得太多的情况加以扭转，其中特别强调个人的医疗费用承担机制，是抑制医疗费用猛增的重要措施之一。社会医疗保障制度改革的帷幕一拉开，不少人就开始意识到医疗保障与养老保障一样，必须在自己的理财计划中加以考虑，以防一旦患病给家庭经济造成损失。

（4）从给付的标准看，社会医疗保险首先要考虑的是国民的最低或最基本的医疗需求，这是由社会医疗保险的既定职能和普通性原则所决定的。社会医疗需求可以不一致，但作为以政府为主体的社会医疗保险，对于高档、高额和特需医疗者来说是远远不能满足的。而商业医疗保险所承担的给付金额要比社会医疗给付限额高得多，这是由其权利与义务对等关系所决定的，只要被保险人发生的事故是符合合同规定的，保险人都将根据投保数额进行给付，满足了人们的高额医疗需求。

（二）医疗社会保险与商业医疗保险的区别[①]

（1）从事业务所采取的手段不同。商业医疗保险属于商业行为，贯彻买卖自由原则，是否投保及投保多少完全由投保人自主决定，别人无权干涉；而社会医疗保险体现的是国家意志，具有强制性，拒不缴纳社会医疗保险费者要受到相关法律的处罚。

（2）覆盖对象有区别。商业人寿保险理论上面对全体国民，但在我国由于种种原因，覆盖人群较少；社会医疗保险的覆盖对象是城镇所有劳动者。

（3）保障性质不同。商业保险公司的商业性质决定了他们在支付赔偿金时往往将金额压到最低水平，更多考虑自身的利益。而社会保险是国家为维护社会稳定所开办的一项特定的社会事业，带有福利性质，只要劳动者生病造成损失，经核实后国家就会支付相应的医疗

①罗世瑞，刘择. 2001. 论新时期商业医疗保险与社会医疗保险之关系. 经济师，(5)：49-52.

待遇。

（4）运行机制不同，具体表现在：①保险资金的来源不同。商业医疗保险资金来源渠道单一，完全由投保人提供；社会医疗保险资金通常由企业、职工和政府共同筹集。②保险给付标准不同。商业医疗保险的给付强调个人公平性，多投多付，不投不付。社会医疗保险的给付则强调社会适当性，标准统一。③保险给付额受通货膨胀的影响不同。商业医疗保险的给付额在签约时就已确定，社会医疗保险则可通过调整保险费率的办法提高给付水平，以保证给付额的实际购买力。④保险资金的保值增值方式不同。商业保险的投资权在各企业手中，投资方式由自己决定，社会保险的投资权很集中，基层机构一般没有投资权，政府对投资干预很大，往往规定投资的大致去向。

三、医疗社会保险与补充医疗保险[①]

（一）补充医疗保险的定义

最早的补充医疗保险实践出现于 1996 年。这种形式的医疗保险在 1998 年国务院发布《关于建立城镇职工基本医疗保险制度的决定》（以下简称《决定》）之后开始引起越来越多的关注。对补充医疗保险可做出如下三种界定：①从其产生的直接现实背景看，补充医疗保险是在整个社会保险制度改革中，或者说是在医疗保险制度改革过程中出现的一种现象。这种现象源自一些效益好、实力强的行业在参加地方基本医疗保险统筹后，因不愿降低原有的医疗保险水平而采取的一种博弈性对策。②从《决定》的有关文字理解，补充医疗保险是指在基本医疗保险基础上，为部分收入较高的行业或单位维持较高的医疗需求而设立的医疗保险形式。③从社会保险的原理出发，可以说补充医疗保险是一种自愿性的辅助医疗保险。它产生的需求基础为，用人单位和个人因其经济收入的增加，为了抵御高额医疗费用风险而自愿投资的行为。补充医疗保险的功能在于，分散基本医疗保险参保人员承担的超过基本医疗保险最高支付限额以上和基本医疗保险范围以外个人自付高额医疗费用的风险，发挥风险再分散的作用，是基本医疗保险的一种补充形式。

（二）补充医疗保险的特点及与医疗社会保险的关系

（1）参保方可以选择补充医疗的具体形式。从保险学的角度看，参保单位和参保人的经济收入状况的差异性和参保人个人身体状况的差异性，导致了对医疗需求有所不同。这就在客观上要求补充医疗保险在形式和产品上是多种多样的，使参保单位和参保人可以根据自己的能力、需求以及偏好来进行选择。在不同的行业或企业，职工的医疗保险需求不尽相同，疾病风险发生的概率也不一样，因此，在不同行业的企业之间，补充性医疗保险的形式、保障的内容、保障的水平都可能不一致。社会基本医疗保险是满足所有职工基本医疗保险的一个基本平台，人人平等。在这个基本平台上，各个行业和企业根据自己的能力建造补充医疗保险大厦，楼层有高有低，也可能是平房。多层次性是现行医疗保险制度改革带来的必然结果。

（2）相对的自愿性。补充医疗保险不宜强制，这是由经济收入的差距而导致的有支付能力的医疗需求的多样性所决定的。应当让参保单位和参保人自愿参加、自愿选择补充医疗保险的形式和产品，满足自身有支付能力的医疗需求的多样性。

---

①劳动和社会保障部课题组. 2001. 我国补充医疗保险问题研究. 经济研究参考，7: 30-33.

（3）福利性与非福利性并存。一方面，当用人单位缴纳补充医疗保险费时，对其本单位的职工而言具有福利性，体现了一定的公平性。用人单位通过给其职工缴纳补充医疗保险费，为职工提供一定的福利。这种福利可以增强职工和用人单位之间的凝聚力，以及职工对单位的归属感，调动职工为用人单位工作的积极性和创造性。另一方面，在一个社会范围内不管是用人单位，还是职工，他们作为一个个体参加补充医疗保险，又具有非福利性质，不具有社会公平性。它要体现多投保多受益、少投保少受益、不投保不受益的原则，即体现在一定范围内的效率优先原则。同时，它也严格遵循等价交换原则。补充医疗保险机构通过在国家确定的补充医疗保险筹资水平内，设计多种缴费率的补充医疗免除产品，与参保人之间维系一种经济利益关系，按照补充医疗保险合同规定的内容，明确双方的权利和义务。

（4）保障性。补充医疗保险用于参保人除基本医疗保险之外的大部分医疗需求，使参保人享受到更多更好的医疗服务。补充医疗保险加上基本医疗保险能够为参保人分担大部分医疗费用，解除参保人可能因承担高额医疗费用而影响其基本生活所产生的后顾之忧。

（三）全国范围内实行补充医疗保险的形式

（1）国家对公务员实行医疗补助。

（2）部分企事业单位或行业自办的补充医疗保险。由部分规模较大、效益较好的企业和行业自己出资，加上职工个人缴纳的补充医疗保险费，建立补充医疗保险专项基金，用于补偿职工医疗费用超过“封顶线”的那部分费用。

（3）社会医疗保险机构开展的补充医疗保险。这种形式是由社会医疗保险经办机构在强制性参保的“基本医疗保险”的基础上开办的自愿参保的补充医疗保险，其保险起付线与基本医疗规定的“封顶线”相衔接，对部分遭遇高额医疗费用的职工给予较高比例的补偿，可真正起到分散风险、减轻用人单位和患病职工负担的作用。

（4）商业保险公司开办的补充医疗保险。①由已参加“基本医疗保险”的单位和个人向商业保险公司投保补偿高额医疗费用的补充医疗保险。②目前各大商业保险公司提供的针对某些特殊疾病的“重大疾病保险”、“癌症保险”和“津贴型住院医疗保险”，也能为职工超过“封顶线”的高额医疗费用提供一定程度的补偿。

（四）医疗社会保险与补充医疗保险的意义

市场经济是竞争经济，有竞争就会有风险，就需要提供劳动者参与市场竞争的保障，需要建立包括基本养老、医疗和失业保险等各项社会保障制度。建立互助共济、社会化管理的社会医疗保险制度，是政府在市场经济条件下实行社会收入再分配的重要手段，也是政府对劳动者基本劳动权益的保证，有利于劳动者身心健康，有利于维护社会稳定，保证国家长治久安。

第三节　医疗保险的基本原则[①]

一、医疗社会保险资金筹集原则

医疗社会保险资金，即医疗社会保险基金或医疗社会保险经费，是指医疗社会保险机构

①孙光德. 1998. 社会保障学. 北京：中国劳动出版社.

根据法律规定，通过各种渠道筹集的用于保障被保险人医疗服务开支的专项资金。

医疗社会保险保障被保险人的身体健康，无论对被保险人本人，还是对其雇主（被保险人所在单位），甚至对整个国家都有好处。根据社会共同责任原则，医疗社会保险即健康投资，应该由被保险者个人（雇员）、其所在单位和国家三方共同承担。医疗社会保险资金来源于被保险人个人缴纳的保险费，被保险人所在单位（雇主）缴纳的保险费，政府资助以及其他方面的收入（如费用分担等）。

个人和单位缴纳的保险费是医疗社会保险资金的主要来源。保险费的缴纳通常与工资或收入有关，个人和单位可以按相同比例缴纳，也可以按不同比例缴纳。但是，用来缴纳保险费的那部分收入占工资的比例，一般不超过保险费占最高工资限额的比例。雇主缴纳的保险费，往往比雇员缴纳的多。

政府资助的多少，一般取决于国家的社会保险政策和国家的财力。政府资助医疗社会保险的方式有以下几种：一是政府负责筹建医疗设施，而从个人、单位征收的保险费用于支付被保险人的医疗费和医疗机构的管理费；二是政府只负责医疗机构的管理费或在年终出现资金短缺时给予支持；三是为某些没有能力缴纳保险费的人群（如老人、低收入者等）支付医疗费用。

在医疗社会保险各种收入中，有时病人看病时要自付部分医疗费用，如处方费、眼镜费、预约费等。这种收入称为“费用分担”，即“用户付费”。这部分收入在医疗社会保险资金中只占一小部分。医疗社会保险机构在从被保险人工资中征收了保险费以后，还需对病人实行“费用分担”，主要目的不是增加额外收入，而是防止被保险人享受全部免费后滥用医疗特权。

医疗社会保险有着独特的筹资机制。其独特之处在于：

第一，法律规定其筹资目的和筹资渠道。

第二，它按收入而不是按风险筹资，被保险人个人缴纳的保险费只与其支付能力有关，而与其身体健康状况和供养的家庭人口无关。

第三，它通过筹资实现风险分担，所有被保险人不管缴纳多少保险费，都有权享受同等的医疗待遇。

二、医疗社会保险资金管理原则

医疗社会保险资金总额取决于下列变量：①保险项目的范围和性质；②医疗保险的组织机构；③计算保险费的收入水平；④政府的财政支持（补贴等）；⑤与医疗服务有关的经济市场情况等。

保险费占被保险人工资的比例，是根据被保险人的经济状况计算出来的。医疗社会保险资金通过缴纳保险费来筹集，必须对上述主要变量进行短期预测，实行保险精算制。保险费的比例应能随着情况的变化而及时修正。一般应留有部分应急储备金作为保险安全基金，以保证特殊情况下的资金来源。医疗社会保险资金有独立的财务系统，并接受地位超然机构的监督。

三、医疗社会保险给付原则

医疗社会保险给付，是指被保险人生病后医疗社会保险机构按照事先规定的条件和待遇标准，向被保险人提供医疗服务，以确保被保险人能获得适当的医疗照顾。医疗社会保险给付主要采取医疗给付的形式，它是被保险人应享受的权利；每个被保险人不论缴纳多少保险费，在法律上都有权享受这种给付。

医疗社会保险给付所规定的条件即给付条件，是被保险人获得医疗服务给付的资格、应履行的手续及应该遵守的规章制度，如凭证医疗、定点就医、逐级转诊等。被保险人生病时，只有符合事先规定的给付条件，才能获得医疗社会保险的医疗给付，否则，医疗社会保险将不提供给付。

医疗社会保险待遇标准是指法律上规定的被保险人能够享受的医疗给付水平。这里应该区分有权享受的待遇和实际待遇。前者是法律上规定的，人人均等。如果被保险人被剥夺了这种权利，可以去法庭申诉。这是医疗社会保险的基础。后者是被保险人实际得到的待遇，它依被保险人的病情需要而定，并非人人均等。医疗社会保险给付的待遇标准不是一成不变的，随着医疗的需要，医疗种类的变化以及经济实力的变化，标准也可作相应的调整。

医疗社会保险给付的原则是：

（1）公正原则。医疗社会保险给付应保证每个受保人都有均等的就医权利和机会。

（2）适当原则。医疗社会保险给付项目和待遇标准，应与医疗社会保险的财力相适应，并能保证受保人获得适当的医疗照顾。

（3）连续性原则。医疗社会保险给付应保证被保险人获得所有必需的、不同级别的医疗服务。

四、医疗社会保险费用支付原则

医疗社会保险费用支付还是医疗费用控制的阀门。医疗社会保险好比一个蓄水池，资金筹集是入水口，费用支付是出水口。医疗社会保险支付的医疗费用多少及合理与否，直接关系到医疗社会保险的保障能力和水平，关系到医疗社会保险的成败。各发达国家医疗保险的经验和教训都一致表明，费用支付方式的改革和完善是合理控制医疗费用的唯一的、也是最有效的办法。费用支付方式不完善，医疗保险经费将无法控制，形同无底洞。

正因为如此，医疗社会保险的费用支付应遵循效率原则，合理引导医疗行为，合理配置医疗保险资源，加强约束机制，合理控制医疗费用。

第四节　医疗保险的特点、功能和形式[①]

一、特点

医疗社会保险是社会保障系统中的一个子系统，它与其他社会保险既有联系又有区别。医疗社会保险保障公民的身体健康，与疾病保险是一个问题的两个方面，也是老年、工伤、残废及生育保险中的重要内容，与它们一起共同对劳动者的生、老、病、死及意外事故起着保障作用。但由于疾病风险和医疗保健服务需求供给的特殊性，医疗社会保险与其他社会保险有着明显的区别，具有自己的特点。

第一，医疗社会保险具有普遍性。其覆盖对象原则上应是全体公民，因为疾病的风险是

①孙光德. 1998. 社会保障学. 北京：中国劳动出版社.

每个人一生中都难以回避的，不像生育、失业、工伤、残废甚至老年风险，对象主要是劳动者，而且有些人可以避开。如男性不会成为生育保险的对象，夭折者不会成为老年社会保险的对象，工作者不会每个人都遇到失业和工伤，遇到残废的更少。

第二，医疗社会保险属于短期的、经常性的保险。由于疾病的发生是随机的、突发性的，医疗社会保险提供的补偿也只能是短期的、经常性的，不像其他社会保险如老年保险或生育保险那样是长期性的、可预测的或一次性的。因此，医疗社会保险在财务处理方式上也应与其他社会保险有所不同。

第三，医疗社会保险采用医疗给付的补偿形式。医疗社会保险资金的筹集和使用具有明确的目的性。为了确保医疗社会保险资金专款专用，对享受者主要采取医疗给付的补偿形式，而且补偿多少，往往与享受者所缴纳的保险费无关，只按实际病情需要确定，不像其他社会保险那样实行定额现金给付，对其最终用途没有明确限定。

第四，医疗社会保险涉及面广，更具复杂性。医疗社会保险不仅与国家的经济发展有关，还涉及医疗保健服务的需求和供给。为了确保医疗保险资源的合理利用，医疗社会保险还存在着对医疗服务的享受者和提供者的行为进行合理引导和控制的问题。这些是其他社会保险所没有的。

正因为有这些特点，医疗社会保险往往被作为社会保险体系中的一个独特部分，由专门机构单独管理。

二、性质与功能

与其他社会保险项目一样，医疗社会保险一般具有以下几个方面的性质：①公益性与福利性。医疗社会保险不以赚钱为目的，医疗保险基金一般以“以支定收、量入为出、收支平衡、略有节余”为原则，其使用主要是化解职工的疾病风险、保障身心健康。②普遍性。医疗保险的实施范围很广。其原因一方面是社会每个成员都面临医疗风险；另一方面，作为解决这些风险的理论依据是保险业遵循的大数法则。只有普遍化的甚至包括所有劳动者和所有社会成员的医疗保险，才能真正实现上述目标。③强制性。医疗社会保险是通过医疗社会保险立法实施的，而且只有这种强制性的立法，才能保证医疗保险基金的征集、使用、监督等环节有效运行。同时，这种强制性也是扩大医疗保险覆盖面和实施范围的重要措施。④共济互助与社会公平性。在市场经济条件下，每个人、每个企业、每个单位尽管都面临着一定的风险，但这种风险并不是同时发生的。通过实施医疗社会保险，就可以在企业与企业之间、单位与单位之间、个人与个人之间进行风险调剂、共济互助。“年轻人帮助老年人，健康人帮助有病人，人人都有老的时候，人人都有生病的时候，人人都有得到别人帮助的机会。”通过共济互助，还在一定程度上调节了收入差别，实现了收入的再分配，克服了疾病对病人及其家庭的过大风险，一定程度上弥补了完全市场机制造成的不平等，有利于体现劳动者之间的团结互助精神和保持社会经济的稳定发展。

医疗社会保险的性质和作用，使它成为社会保险制度的重要组成部分。但是，由于医疗保险水平受到经济发展水平的影响与制约，加上这种制度的运作与管理比较复杂，在制度设计和实际操作过程中也出现了不少问题。目前国际上兴起的社会保障制度改革浪潮，势必影响到医疗保险制度的改革。改革的新趋势主要有：强调减少与降低政府责任、增强个人责任的“个人积累与自我保障”趋势；强调社会保障水平与经济发展相适应的“水平节制”趋势；

强调提高现有社会保障基金管理与运营效率的私有机构管理基金的趋势；适当增加一些项目的个人交费数量与更加严格地控制管理费用的趋势等。比如，在医疗保险费用控制方面，对医疗服务供需双方都采取措施，加强对供需方以及医疗保险机构的监督，强调政府在控制费用方面的职责，如不断调整医院补偿机制，整顿医药市场，引进竞争机制，制订并实施区域卫生规划，减少浪费。同时，注意医疗保险与医疗保障系统的配合，比如，加强预防保健和健康教育方面的投入，鼓励发展补充医疗保险和商业医疗保险，建立对困难群体的医疗救助体系等。①

三、形式

（一）医疗社会保险的类型

根据医疗社会保险的筹资渠道，个人、单位和国家分担所占比重，以及风险分担程度不同，医疗社会保险可以分为以下几种类型：

（1）国家保险类型。其特点是医疗社会保险资金通过总税收筹集，完全由政府财政负担，个人不缴纳保险费，医疗风险在全民中分担。

（2）公共保险类型。其特点是医疗社会保险资金通过所得税和总税收相结合的方法筹集，个人和单位缴纳保险费，政府给予不同形式的资助，风险在部分人群或全民中分担。

（3）储蓄保险类型。其特点是医疗社会保险资金通过个人和单位缴纳保险费筹集，存入个人医疗储蓄账户，逐年积累，用于支付个人医疗费用，结余可在所赡养人口中调剂使用。风险由个人或其家庭承担。

（二）医疗社会保险医疗服务给付方式

根据医疗社会保险机构与医疗服务机构之间的关系不同，医疗社会保险医疗服务给付分为两种基本方式。

（1）间接医疗服务给付方式，是指医疗社会保险机构与独立的医疗服务机构和医疗提供者签订协议，由后者在规定的情况下为被保险人提供医疗服务的方式。间接医疗服务给付方式也有两种：一种是医疗社会保险机构直接向医疗服务机构付费；另一种是病人先付费后再去保险机构报销。

（2）直接医疗服务给付方式，是指医疗社会保险机构通过本系统拥有的医疗服务机构和人员，直接向被保险人提供医疗服务的方式。这种给付方式可使医疗社会保险机构更有效地实行初级医疗服务，也便于医疗社会保险机构控制费用，确保服务质量，并在本系统内及时调整医疗资源，以适应需求的变化。但这种给付方式也存在如何调动医疗机构的积极性、提高效率以及提供更多更好的医疗服务的问题。

此外，上述两种给付方式还有许多变异，甚至在同一国家，由于医疗服务机构所属关系不同，而出现两种方式的混合体。

（三）医疗社会保险费用的支付形式

医疗社会保险支付医疗服务提供者费用的形式，归纳起来主要有以下几种：

---

①郑秉文，和春雷. 2001. 社会保障分析导论. 北京：法律出版社.

（1）按服务项目付费制。这是医疗社会保险最传统，也是运用最广泛的一种费用支付方式。它是由医疗社会保险机构根据医疗机构为被保险人提供服务的项目多少支付费用的方式。其特点是费用支付发生在医疗行为之后，数量上没有限制，只与服务多少有关，属于事后补偿性质。医疗社会保险实行这种支付方式，容易刺激医疗服务的过度需求和利用，医疗费用难以控制。

（2）按住院日和门诊人次费用标准定额支付方式。此即按照预先确定的住院日费用标准支付住院病人每天的费用，按预定的每次费用标准支付门诊病人的费用。其特点是对同一医院所有病人的每日住院或每次门诊费用支付都是相同的、固定的，与每个病人每日或每次治疗的实际花费无关。实行这种方式，一方面能鼓励医院和医生降低每月住院和每次门诊的成本，另一方面却不鼓励他们缩短住院日和减少门诊次数。

（3）总额预算制。此即由医疗社会保险机构根据与医院协商确定的年度预算总额进行支付。特点是医院必须为前来就诊的所有被保险人提供合同规定的服务，而收入却不能随服务量的增多而增加。如果全部服务的费用超出了年度总预算，医疗社会保险机构不再追加支付，亏损由医院自负。实行这种支付方式，医疗社会保险机构能够较好地控制医疗费用。实行这种支付方式，医院年度预算的确定很重要，往往要考虑医院规模、医院服务量、服务地区人口密度及人群死亡率、医院性质、设施设备情况、上年财务状况、通货膨胀等因素，或综合考虑各种因素。一般一年协商调整一次。

（4）按疾病诊断分类定额预付制（DRGS）。此即根据国际疾病分类法，将住院病人疾病分为若干组，每组又根据疾病的轻重程度及有无合并症、并发症分为九级，对每一组、不同级都分别制定价格，按这种价格对该组某级疾病治疗的全过程进行一次性支付，简单地讲，就是按诊断的住院病人的病种进行定额预付。其特点是医疗保险支付每个住院病人的费用只与诊断的病种有关，而与治疗每个病人的实际成本无关。因此，这种支付方式能鼓励医院降低成本，缩短住院日，有利于医疗费用控制。但这种方式也有缺陷，如医院为了谋利而诱导病人住院，让病人早出院，然后再住院，从而对治疗质量产生不好的影响。此外 DRGS 系统本身很复杂，对各种信息要求较高，管理成本较高。DRGS 最早在美国老年医疗社会保险中被采用，现已受到许多国家的关注和效仿。

（5）按人头定额预付制。此即由医疗社会保险机构根据医院或医生服务的被保险者人数，按月或其他特定时间向医院或医生支付一笔固定的费用。在此期间，医方要负责提供合同规定的一切医疗服务，不再收费。按人头定额预付制是一定时期一定人数的医疗费用包干制。按人头定额预付制的特点是：被保险者人数一定，医疗费用固定，医院或医生服务的被保险人越多，收入就越多；而提供的医疗服务越多，收入反而会减少。因此，医疗社会保险实行这种支付方式，能鼓励医疗机构和医生以较低的医疗费用为更多的被保险人提供服务，鼓励医疗保险资源流向预防服务。这种支付方式主要在丹麦、荷兰、英国、意大利等国家的医疗社会保险中被广泛采用，美国的健康维持组织（HMO）也采用此法。

（6）工资制。此即由医疗社会保险机构根据医生或其他卫生人员提供服务时间的价值向他们发放工资。这是医疗社会保险常见的一种支付医生费用的形式，广泛地运用于芬兰、瑞典、苏联、西班牙、葡萄牙、希腊、土耳其、印度、印度尼西亚、以色列以及拉美国家。英国、加拿大等国家对医生也实行这种支付方式。工资制的特点是医疗社会保险对医生支持固定的费用，而不考虑医生看病次数和所服务人数的多少。所以，医疗社会保险对医生实行工资制，虽然能控制费用，但难以调动医生多提供服务、提高服务质量的积极性。

（7）“以资源为基础的相对价值标准”（RBRVs）支付制。这是最近在美国部分地区的老年医疗社会保险中试行的一种新的医生服务费用支付办法。其基本思路和方法是：通过比较各专科医生服务中投入的各类资源要素成本的高低，来计算每项服务的相对价值，以此作为确定各项服务费用的依据。医疗服务中投入的各类资源要素，包括服务全过程（事前、事中和事后）所花费的时间和劳动强度、业务成本和每次服务分摊的专科培训的机会成本。RBRVs按照各科医生在服务中实际投入的资源进行支付，能够刺激各科医生都提供合理的服务，纠正各种不合理的医疗行为。

总之，医疗社会保险的费用支付有各种形式，各种形式各有不同的经济诱因，对医疗保险机构，医疗服务提供者和受益者各有不同的影响，也各有利弊。医疗社会保险，根据不同的情况和需要，可以选择不同的费用支付形式。

（四）医疗社会保险费用分担形式

医疗社会保险费用分担，是指医疗社会保险机构为了防止被保险人在免费医疗情况下出现的道德危害，控制因过度需求造成的医疗费用上涨，让被保险人在接受医疗服务时支付本人部分医疗费用的做法。医疗社会保险费用分担是费用支付的补充，是医疗社会保险调节医疗服务需求，从而调节医疗社会保险资源分配利用的又一办法。医疗社会保险费用分担形式大致有以下几种：

（1）定额自付，即被保险人每得到一次门诊或住院服务，都自付一定数量的医疗费用，超出部分由医疗社会保险机构承担。这种办法会影响病人利用医疗服务的次数。

（2）按比例自付，即受保人要支付其医疗费用的一定比例。这种比例叫共付率。由于病人要负担总费用的一定比例，所以会对病人整个求医过程产生影响。

（3）扣除保险，也叫起保线或起付线，即由病人自己支付医疗社会保险机构规定报销的医疗费用最低限额以下的部分。医疗社会保险机构规定报销的医疗费用最低限额就是起保线或起付线。实行这种办法可以节省许多处理那些金额少、数量多的账单的手续费。

（4）最高自付限额，即医疗社会保险机构承担超过某一数量，或超过被保险人家庭或个人收入一定比例的医疗费部分，个人自付的医疗费有最高限额。

医疗社会保险费用分担的各种形式并不是完全独立的，可以结合起来加以运用。

第五节　国外医疗保险的实践情况[①]

一、国家预算型医疗保险制度

（一）国家预算型医疗保险制度的特点、优点和存在的问题

国家预算型医疗保险制度的特点主要表现在：①医疗服务由政府提供给消费者，也就是说，医疗服务属于社会福利的一部分。②医疗保险的保障范围包括全体公民，在这一制度下，人人都有享受医疗保障的权利。③医疗保险资金来源主要是政府，由政府通过税收形式筹集，

①李琼，张润晖，朱华琳. 2003. 浅析国外医疗保险制度的模式选择. 上海保险，（5）：31-37.

并且资金的分配和使用也由政府实行计划管理。④大部分医疗机构都是公立的，医务人员实际上已成为国家的工作人员。

该制度的优点是企业和个人没有经济负担，并且卫生服务质量较高。而且医疗保险往往同预防保健、初级保健能够较好地结合。存在的主要问题在于费用急剧上升，管理模式落后。虽然政府通过控制预算来限制医疗费用的增长速度，但是，如果经济不景气，政府财政困难，医疗保健资金投入将受到影响。

（二）英国的医疗保险制度介绍

国家预算型医疗保险制度的代表国家是英国。英国医疗保险制度的主要特征是国家保健服务制（national health system，NHS）。英国政府强调广泛平等地享受医疗服务，政府主要通过税收资助全国性医疗服务。英国的国家保健服务制的医疗保险模式分为两大系统：社区卫生保健系统和医院服务系统。社区卫生保健系统提供90%以上的初级医疗服务，只将不到10%的服务转到医院服务系统。社区卫生保健系统包括全科医疗服务和社区护理两个方面，所提供的医疗服务包括常见病的治疗、健康教育、社会预防和家庭护理等，而各种损伤、急性病等可直接去医院就诊。英国卫生部门虽然采取措施限制病人使用医院服务，但医院仍然是NHS经费的最大消费机构，每年70%的NHS经费用于医院服务。

NHS经费主要是由国家投入。这种免费的国家保健制医疗制度有利于扩大医疗保健服务面，使人人都享有卫生保健，从这方面看，免费医疗制度对广大民众是非常有利的。当然，这种免费医疗还存在着不少问题，主要表现在：①卫生服务系统缺乏。和其他的卫生服务系统一样，英国的卫生服务系统几乎没有任何成本控制信息系统，财政体制难对医疗费用的投入进行控制，但在提供卫生服务的时候却缺乏必要的数据反馈。②存在逆向激励机制。由于全科医疗服务是免费的，而医院系统中的医生受到医疗费用的限制，于是将病人转到社区，从而增加了全科医疗服务的成本，形成了一种逆向激励机制。③病人得不到及时的医疗服务。据英国皇家医学会调查，需要住院的慢性病人中有65%的病人至少要等一个月的时间才能入院，30%的病人需要等半年，5%的病人需要等一年半以上。因此，服务质量问题在这种免费的医疗制度模式中尤为突出。

（三）加拿大的医疗保险模式[①]

通过国家立法、两级出资（联邦政府拨款和省级政府财政预算）、省级管理，由各省和地区政府独立组织、运营省内医疗保险计划，鼓励发展覆盖非政府保险项目的商业补充性医疗保险；保险内容覆盖所有必需医疗服务，医疗服务大部分由政府提供，具体方式为政府收税后拨款给公立医院，医疗直接向居民提供免费（或费用低廉的）服务，医、药适当分离；联邦政府和省卫生署严格执行“医院综合预算制度”，即医院与政府商定预算数额后，医院的费用必须限定其内，超支身上追加，省里不予保证，使医院具有控制总费用的责任心。该模式实行市场经济和加强政府参与管理相结合，在一定程度上控制了医疗费用的过度增长，同时解决医疗卫生服务公平性，但在医疗服务管理及服务的满意度方面存在亟待解决的问题，而且各地服务水平差距较大。

---

①李琼，张润晖，朱华琳. 2003. 浅析国外医疗保险制度的模式选择. 上海保险，(5)：31-37.

二、社会医疗保险型

这一制度类型与国家预算型制度有相似之处，在于医疗服务都是由政府提供给全体公民的，此外其优点和存在的问题也与国家预算型制度相似。但是这一制度又有它自身的特点，主要表现在：第一，国家的医疗机构大多数由私人经营；第二，医疗保险基金的筹集方式是由政府、企业、个人三方负担，其中政府承担主要部分。对于个人而言，保险费的征收标准主要根据投保者的收入水平。对于低收入家庭和老人则实行减免。实行该医疗保险制度的国家主要有日本、德国、法国等。

（一）日本的社会医疗保险模式

日本的医疗保险制度是由第二次世界大战前的“健康保险”发展而来的，现在已形成了按“职域保险”和“地域保险”两大类划分的完整的医疗保险体系，其中，“健康保险”和“国民健康保险”是日本医疗保险体系的两大支柱。日本的健康保险脱胎于欧洲的健康保险，既有欧美的特征，又有自己的特点，主要表现在：

（1）保险基金负担多元化。日本的医疗保险基金同样是由政府、雇主、个人三方负担，但是每种体制中的主要负担力量却具有明显的倾向性。政府管理的健康保险基金由企业和个人均等负担，国家作后盾；社区管理的健康保险则是企业承担大部分、个人承担一部分、国家只承担小部分；而国家健康保险，则主要靠个人和政府负担，企业不用负担。这与西方国家的单一负担形式有所不同。

（2）保险范围广泛。在日本，医疗保险是一种强制保险，类似于我国的社会医疗保险中的基本医疗保险。日本于 1961 年实行了全民保险，保障人群广泛，充分体现了医疗保险的社会性。

（3）管理层次清晰。日本的医疗保险有一套完整的行政管理系统、监督控制机构及专门业务执行机构，而且各部门的职、权、责都有明确的法律规定。各机构配合默契，使复杂的医疗保险体系运行有序。

日本的医疗保险体系庞大，其严密性和系统性值得各国借鉴，但是，在实施过程中，这一医疗保险体制还有一些争议和难点尚未解决。

（1）多体制的医疗保险制度带来了一系列的问题，一是不同体制之间存在支付水平上的差异，从而使被保险人带上了等级属性，二是由于各体制相互独立且具有排他性，不利于政府加强宏观管理和财政费用的控制，因此，实现医疗保险一体化和医疗纵向合理化是亟待解决的问题。

（2）医疗保险总水平亟待提高，但财源问题难以解决。众所周知，日本是发达国家中人口老龄化最快的国家，随着老年人口的增加和儿童出生率的持续下降，日本近年来出现投保人数下降而享受医疗保险服务人数增加的情况。再加上诊疗报酬的提高，价格昂贵的医疗设施的开发使用，高额疗养费领取制度的设立，以及部分投保者过度医疗等情况，使得近年来日本的医疗费呈急剧增加之势。在这种情况下，日本医疗服务在财政上的负担十分沉重，因此，确定财政的合理负担是当务之急。

（二）德国的社会医疗保险模式[①]

德国按收入的一定比例（11.37%）征收保险费，主要由雇主和雇员缴纳，参保人的配偶

---

①李琼，张润晖，朱华琳. 2003. 浅析国外医疗保险制度的模式选择. 上海保险，（5）：31-37.

和子女不付保险费而同样享受医疗保险待遇，低收入或失业者享受国家预算出资的福利性保险，可免交某些项目的自付费用。医疗保险基金的再分配与被保险者所缴纳的保险费多少无关，通过高收入者向低收入者的所得转移、发病率低的地区向发病率高的地区的所得转移，以及企业向家庭的所得转移进行社会统筹，保障普遍享有医疗保险。无统一的医疗保险经办机构，以区域和行业来划分医疗保险组织，政府不负责对医疗质量的监督检查。该模式通过强制性保险制度来分散医疗风险，更多地强调社会公平，对保障绝大多数居民享有健康的权利起到重要作用，达到社会收入再分配的效果。在成本控制上具有双重性，一方面由于各医疗保险组织实行自主管理，医疗保险基金的浪费、滥用现象较少；另一方面，容易导致投保人对预防保健重视不够，采用第三方付款方式，缺乏制约机制，医疗费用上涨较快。

三、商业医疗保险型

该制度完全采用市场机制来运转，医疗服务和医疗保险都作为商品存在于保险市场和医疗服务市场，大多数医疗机构都是以营利为目的的私立医院。消费者有较大的选择权，可以根据自己的需求获得不同层次的医疗保健服务。实行这种医疗制度的以美国最为典型。

美国的医疗保险体系是世界上以市场为主导的医疗保障体系之一，其医疗保障大体上可以分为三类：私人医疗保险、社会医疗保险和社会福利型医疗服务。私人医疗保险又可以分为三个部分：①蓝十字或蓝盾组织开办的医疗保险；②私立或商业保险公司的医疗保险；③健康维护组织等预付型医疗保险计划。社会医疗保险则采用医疗照顾制和医疗资助制两种模式，前者主要针对年满 65 岁的老年人，后者则主要针对年龄小于 21 岁的人及一部分老年人和残疾人。美国的这种以自由医疗保险为主、按市场法则经营的以营利为目的的制度，往往拒绝接受健康条件差、收入低的居民投保，公平性较差，同时也造成医疗费用的失控。具体而言，这种制度存在的问题主要表现在以下几个方面：

（1）费用负担过重。由于美国的医疗保险是建立在开业医师和营利性医院医疗服务基础上的，医生为了增加自己的收入，一方面诱导病人扩大医疗需求，另一方面把无利可图的或难治的病人推给非营利性医院，增加了政府的费用开支。因此，美国的健康保险制度是世界上代价最昂贵的制度。医疗卫生总费用及其在国民生产总值中所占比例、人均费用都远远高于其他任何国家。

（2）缺乏控制费用上涨的有效措施。在美国，医疗费用以高于通货膨胀率两倍的速度持续上涨，而且医疗费用的相互转嫁现象严重。

（3）医疗保险难以保证社会公正。医疗服务不平等现象造成了严重的社会问题，现在美国没有任何医疗保险的人数已达到 3700 万人，其中，1/3 的无保险者是年龄未满 18 岁的未成年人，还有 18%的是年龄在 19~24 岁的年轻人。

针对医疗服务费用上涨的现象，美国对医疗保险的传统管理方式有所改变，管理式医疗保险模式得到迅速发展。这种模式得以普及的原因在于管理式的医疗保险公司能用一种长期合同对医疗服务提供者加以管理，通过将医疗服务的提供与提供医疗服务所需资金的供给相结合，有效地提高了医疗服务水平，控制了医疗服务费用。与传统的医疗保险相比，它具有以下优越性：①根据明确的选择标准来挑选医疗服务提供者（医院、诊所、医生），并将挑选出的医疗服务提供者组织起来，为被保险人提供医疗服务；②管理式医疗机构积极地制定能衡量与监督医疗服务质量及妥当性的办法，有正式的规定以保证服务质量，并经常复查医疗服务的使用状况；③管理式医疗机构与医疗服务提供者分担风险，避免了保险人承担全部风险；④建立经济上的奖励机制，以鼓励医疗服务提供者和管理式医疗加入者控制费用。

四、个人储蓄型医疗保险

实行这种制度的国家以新加坡最为典型。与其他医疗保障制度相比，新加坡模式的最明显特点就是建立了一套有效的资金筹集和运用体制。这一模式的主要内容是：①筹集医疗保险基金是根据法律规定，强制性地把个人消费的一部分以储蓄个人公积金的方式转化为保健基金。②它以个人责任为基础，政府分担部分费用，国家设立中央公积金。③雇员的保健储蓄金由雇主和雇员分摊。④实施保健基金计划，政府拨款建立保健信托基金，扶助贫困国民的保健费用的支付。⑤所有国民都执行统一的医疗保健制度，政府高级官员和一般雇员享受同样的医疗保健服务。

这种储蓄型医疗保险模式有利于提高个人的健康责任感，激励人们审慎地利用医疗服务，尽可能减少浪费，同时，有效地解决了老龄人口医疗保健的筹资问题，减轻了政府的压力，促进了经济的良性发展。其不足之处表现在：雇主在高额投保费面前难免会削弱自己商品的国际竞争力，而过度的储蓄又会导致医疗保障需求的减弱。

第六节　我国医疗保险的发展现状

经过十几年的发展，我国覆盖城乡全体居民的基本医疗保障制度框架已经形成。截止到2013年，我国城镇职工基本医疗保险、城镇居民基本医疗保险、新农合参保（合）人数分别为2.65亿人、2.71亿人、8.05亿人，合计超过13亿人[①]，医保覆盖率达到95%。无论从制度覆盖，还是从人口覆盖上来说，“全民医保”都已基本实现。筹资和保障水平明显提高，保障范围从大病延伸到门诊小病，与此同时，大病医疗救助力度不断加大。其中，城镇职工基本医疗保险由个人和单位共同筹资，城镇居民基本医疗保险、新农合的保险基金主要由财政补贴为主和个人缴费为辅，以及集体经济支持为补充。全民医保的实行，极大地促进了我国医疗卫生事业的发展和人民群众健康水平的提高。在城镇医疗保险方面，2012年年末，全国参加城镇基本医疗保险的人数为53 641.3万人，其中，参加城镇职工基本医疗保险人数为26 485.6万人；参加城镇居民基本医疗保险的人数为27 155.7万人，比2011年年末增加5039.6万人。全年城镇基本医疗保险基金总收入为6938.7亿元，基金支出为5543.6亿元，分别比2011年增长25.27%和25.1%。2012年年末城镇基本医疗统筹基金累计结余7644.5亿元。

一、我国城镇职工基本医疗保险发展现状

城镇职工基本医疗保险主要覆盖规模以上企业、机关、事业单位、社会团体、民办非企业单位的职工，设立基本医疗保险统筹基金和个人账户。个人缴费为本人工资的2%，全部进入个人账户；单位缴费为在职工工资总额的6%左右，其中30%进入职工的个人账户，70%进入社会统筹账户。个人账户用于医院门诊检查、治疗、处方药，定点药店买药，医院住院自付部分；社会统筹账户用于住院治疗自付部分之外、统筹范围之内的费用，同时规定起付线和封顶线，

①人民日报. 2013-11-08.“全民医保”已基本实现，15版.

起付线标准原则上控制在当地职工年平均工资的10%左右，最高支付限额原则上控制在当地职工年平均工资的4倍左右。自1998年建立城镇职工基本医疗保险制度以来，参保人数逐年增加，基金收入不断扩大，具体情况见表 7-1。

表 7-1　2006~2012 年城镇职工基本医疗保险参保和基金情况

年份	参保人数/万人	基金收入/亿元	基金支出/亿元	累计结余/亿元
2006	15 731.9	1 747.1	1 276.7	1 752.4
2007	18 020.3	2 214.2	1 551.7	2 440.8
2008	19 995.6	2 885.5	2 019.7	3 303.6
2009	21 961.0	3 420.3	2 630.1	4 055.2
2010	23 734.7	3 955.4	3 271.6	4 741.2
2011	25 227.1	4 945.0	4 018.3	5 683.2
2012	26 485.6	6 061.9	4 868.5	6 884.2

资料来源：根据《中国统计年鉴》（2006~2012）整理

二、我国城镇居民基本医疗保险发展现状

城镇居民基本医疗保险制度是面向不属于城镇职工基本医疗保险制度覆盖范围的中小学生（包括职业高中、中专、技校学生）、少年儿童和其他非从业、灵活就业城镇居民的一项医疗保险制度。它重点保障参保居民的大病住院医疗需求，其基金筹集是以家庭和政府基于补助并重。参保居民按规定缴纳基本医疗保险费，享受相应的医疗保险待遇。2013年，全国各级财政对城镇居民基本医保和新农合的参保参合人员年人均补助标准提高到280元。自2007年国务院颁布《关于开展城镇居民基本医疗保险试点的指导意见》开始试点，2010年在全国全面推开，逐步覆盖全体城镇非从业居民。参加城镇居民基本医疗保险人数从2007年的4068万人，增加到2012年的27 155.7万人。

三、新型农村合作医疗发展现状

新型农村合作医疗主要覆盖的人群是农民，农民以家庭为单位自愿参加新型农村合作医疗。2003 年试点时，农民个人每年的缴费标准不低于 10 元，国家财政与地方财政补助人均20元，同时鼓励有条件的乡村集体经济组织出资扶持当地新农合。2013年个人筹资提高为60元，财政补贴280元。2003年试点后，参合率逐年提高，受益人群和补偿人次、住院补偿金额逐年增加。截止到2012年年底，全国有2566个县（市、区）开展了新农合，参合人数达到8.05亿人，参合率为98.3%，比2011年提高了0.8%，具体如表7-2所示。到2015年，城镇居民医保和新农合政府补助标准将提高到每人每年360元以上。

自从城镇居民医疗保险制度与新型农村合作医疗制度实施以来，随着制度框架的基本建立，制度建设的步伐逐步加快，随着医保待遇的不断提高，城乡居民确实得到了医保的好处。2013年8月底，城乡居民大病保险制度已在23个省份的94个统筹地区开始试点，并有7个省份全面推开，覆盖城乡居民2.1亿人，累计补偿金额6.3亿元。2013年，新农合政策范围内的住院费用报销比例约为75%，城镇居民基本医保为70%。但是，两项制度的分别运营，没有统筹发展，从长期来看，依然存在着一些问题，这些问题亟待解决。党的十八大报告提出

“要统筹推进城乡社会保障体系建设，坚持全覆盖、保基本、多层次、可持续性方针，以增强公平性、适应流动性、保证可持续性为重点，全面建成覆盖城乡居民的社会保障体系。整合城乡居民基本医疗保险制度”。加强城乡基本医疗保障制度建设成为民生建设的优先议题。城镇居民基本医疗保险和新型农村合作医疗是我国城乡居民基本医疗保险制度的重要组成部分。但是在具体实践中，发现医疗保险制度改革的推进还存在一些亟待研究解决的问题，特别是城乡医疗保险制度分设、管理分离、资源分散，给推进城乡统筹、消除城乡二元结构、实现公平正义、促进社会和谐带来了障碍和负面影响。

表 7-2　2006~2012 年新型农村合作医疗开展的情况

年份	开展新农合县（市、区）数/个	参加新农合人数/亿人	参合率/%	人均筹资/元	补偿受益人次/（亿人/次）	当年基金支出/亿元
2006	1 451	4.1	80.7	52.1	2.72	155.80
2007	2 451	7.26	86.2	58.96	4.53	346.63
2008	2 729	8.15	91.5	93.3	5.85	662.30
2009	2 716	8.33	94.2	113.4	7.59	922.90
2010	2 678	8.36	96	156.57	10.87	1 187.80
2011	2 637	8.32	97.5	246.21	13.15	1 710.19
2012	2 566	8.05	98.3	308.50	17.45	2 408.00

资料来源：根据《中国统计年鉴》（2006~2012）数据整理

第七节　我国医疗保险存在的问题

一、统筹层次低，抗风险能力差

目前，我国城镇居民医保和新农合制度基本上都是以市、县一级统筹为主，而没有上升到更高的统筹层次，其中 86%的城镇职工和 83%的城镇居民医保实现了市级统筹，只有 4 个直辖市和海南、西藏 2 省（自治区）实现了省级统筹，而新农合主要还是以县级统筹为主，国家层次上医疗保险基金统筹还没有政策指导，由此导致了各地区和各行业间医疗保障基金的转移接续、支付能力比较弱，而且也不能适应非公有制经济的劳动者就业地点改变的需要。这在一定程度影响了我国社会保障资金的延伸能力，医疗保险基金的统筹层次越低，动员医疗保障资金的延伸性越差；医疗保险基金的统筹层次越高，动员医疗保障资金的延伸性越强。所以，如果一个国家要想扩大基本医疗保险基金的支付能力，就需要这个国家尽可能提高国家的医疗保险基金的统筹层次，唯有随着医疗保险基金统筹层次的提高，我国的医疗保险基金才可在整个社会内调节，以实现各个地区间的资金调剂。现阶段，我国基本医疗保障基金的统筹层次明显偏低，这严重影响了基本医疗保险基金的调配。城乡分治的二元机构也不利于医保制度统筹层次的提升，由于城乡间较大的社会经济发展差异，再加上各地区在经济发展水平、筹资和支付能力方面存在的较大差异，同时“划分收支、分级包干”的财政管理体制，也会影响统筹层次的提高。城乡医保制度无论在筹资补偿还是管理监督上会存在较大的不同。由于各县市的人口结构特征很难满足医疗保险运行的大数法则，不能有效地将尽量多的筹集资金用来满足一部分人的疾病治疗需求，不利于医保基金安全和可持续发展。

二、多部门负责管理，制度间衔接困难及居民重复参保问题

城镇居民医保制度和新农合制度分别由社保部门和卫生部门管理，这种基本医疗保障制度的城乡分治，容易造成多头管理、条块分割的问题，使本来就有限的医保资源得不到整合和利用，不利于制度之间的衔接。即使两项制度在筹资和补偿上逐渐加强衔接，衔接的行政成本也会很高。同时，由于居民医保和新农合是以就业和户口性质来确定参保类型的，而城镇居民身份的多重性和不确定性造成了许多矛盾，增加了实际工作的难度。随着城乡一体化进程的加快，城市和农村居民的界限日渐模糊，劳动力岗位变换、就业结构和个人社会身份变更频繁，两部门分治的管理体制不利于医保关系衔接，医疗保险异地转移、个人账户和参保年限续接等问题越发突出。同时，城乡医疗保险与医疗救助制度在衔接上既滞后也存在缺陷，居民在生大病后即使参加了保险，但由于后续的救助不到位，医疗负担依然沉重。由于管理方式和信息系统的不统一，信息不能共享，实际工作中又存在互争参保资源的问题，各地普遍存在着城乡居民重复参保的现象。特别是农民工、乡镇企业职工、在城镇就读的农村学生、被征地农民等人群的重复参保问题非常突出。天津、成都、厦门、泰州等整合医疗保险管理资源后，通过信息系统比对，分别发现严重的重复参保现象。南京市栖霞区 11 万城镇居民参保人员中，有 4 万人同时又参加了新农合。这造成财政重复补贴。经对已经实行城乡统筹地区的分析和大致推算，重复参保的比例占城乡居民参保人数的 10%左右。按 2012 年参保居民人均财政补贴 240 元计算，财政将为约 1 亿名参保居民重复补贴 240 亿元。

三、异地就医存在困难

异地就医问题主要是参保（合）人员医保费用结算的问题。推动基本医保异地就医即时结算，既是健全基本医疗保障制度的重要内容，也是方便群众看病就医的重要工作。目前只有少数几个省份实现了省内的异地就医即时结算，而跨省异地就医结算仍处于探索之中。由于各统筹地区制定的基本医疗保障政策差异较大，医保政策和待遇不统一，医疗服务和药品报销目录、报销水平、结算方式等不尽相同，为推进异地就医即时结算和费用监管带来障碍。基本医保信息系统还没有建立统一的标准、编码、参保（合）病人的信息档案和消费记录等，信息化建设不统一，不利于推进跨区域的信息联通工作。同时，各地区信息化发展不平衡，尤其是省级和国家级医保结算平台建设滞后。解决异地就医结算问题需要从制度政策、经办服务、信息系统、技术标准等多方面采取综合措施加以解决，这将是一项长期、艰苦、细致的工作。

四、基本医疗制度的统筹接续问题

随着基本医疗保障制度逐渐覆盖全民，职工、城镇居民医保和新农合三种制度分立所带来的问题也逐步显露出来，主要表现在不利于扩大统筹基金规模，通过社会互济来分担风险，缩小城乡居民在医疗保障水平方面的差距；不利于医疗保险关系的顺畅接续，信息共享，促进人员流动；不利于降低管理经办的成本，带来重复参保等问题。所以，从长远来看，我国的医保制度应当逐步整合。医保制度分立的根本原因在于城乡经济发展不平衡，医疗服务水平和费用差异较大，各类医保的筹资水平不同，尤其是职工医保的筹资水平明显高于城镇居民医保和新农合。如果在条件不具备的前提下简单地整合三类制度，可能会超出医保基金的承受范围，也可能出现“穷”帮“富”等新的不公平现象。所以，基本医保制度的融合要随

着经济社会的发展逐步展开。

五、医疗卫生资源配置不均衡

现行城乡医保制度的二元分治的管理模式也容易导致卫生资源的不合理分配，由于城镇医疗保险制度较高的筹资和补偿标准，使得优质的医疗资源和人才涌向了城市，而农村和城市的社区卫生机构则因为医保基金规模和市场份额较低，基本医疗设备和医疗技术人员明显不足。不均等的医疗资源分配导致了资源的低效率利用，同时也不利于满足居民特别是农村居民日益增长的医疗卫生服务需求。

六、灵活就业人员参保问题

灵活就业又称非正规就业，是指在正规就业形势之外的其他各种就业形势的总称。20 世纪 90 年代以来，我国就业结构发生了重大变化，灵活就业所占比重越来越大。首先，灵活就业人员与单位没有稳定的劳动关系，单位通常不愿为他们承担组织集体参保的责任，也不会承担缴费责任。其次，灵活就业人员就业不稳定、收入变化大，无法像正规就业人员那样以月工资为基数定期缴纳医疗保险费。再次，灵活就业人员就业方式灵活、流动性大，医疗保险管理机构很难像正规单位职工那样依托用人单位强制他们参保。

七、政府投入不足

长期以来，我国对医疗卫生的总投入（卫生总费用）占 GDP 的比例不到 5%，低于发达国家，甚至也低于许多其他发展中国家。卫生投入缺乏可持续性，制约了城乡医保制度的发展。医疗保险作为卫生事业发展的重要组成部分，在卫生总额投入不足的情况下，有限的资金应更多地向农村倾斜。同时，对城镇医保补助的缺失又容易导致较高的保险费率，影响了城镇居民的医保参合率。

第八节 国内外医疗保险城乡统筹的经验与启示

由于城乡二元经济结构与户籍制度等因素的影响，我国的医疗保障体系在城乡居民中存在着严重的二元分割；除了少数经济发达地区实现城乡医疗保障制度的统筹外，其余大部分地区城镇居民医疗保险与新农合在筹资水平与待遇水平上，存在很大的差距。另外，我国的城镇居民基本医疗保障制度与新型农村合作医疗保险制度，由于保障对象都是非正规就业的城乡居民，筹资机制都是政府补贴，所以具有比较强的相似性，但是缴费水平与待遇的不同，就导致了不平等。医疗保障的城乡统筹，有利于进一步扩大我国医疗保险的覆盖面，也有利于城乡医疗保障制度的公平性与效率性。

一、 我国统筹城乡医疗保障管理体制的实践探索

从目前各地的实践经验来看，将城镇居民基本医疗保险与新型农村合作医疗制度统一划归社会保障部门负责的做法占据着绝对主导的地位。在统筹城乡医疗保障管理体制的过程中，将城镇居民基本医疗保险与新型农村合作医疗制度两项制度合并为“城乡居民基本医疗保险制度”，城镇居民基本医疗保险与新型农村合作医疗制度的基金实行并网管理、统筹调剂。从

整个社会医疗保障体系来看，仍然包含着城镇职工基本医疗保险和城乡居民基本医疗保险两大险种，城镇与农村、就业与非就业将参保人员划分为两大群体——职工与城乡居民，这两大群体适用于不同的筹资机制与补偿标准。这一模式虽然部分保留了参保群体之间保障权益和保障水平上的差异，但是考虑到本地区经济社会现状，这种差异又是较为合理的。总体而言，这一模式仍然是一种相对公平的统筹模式，在我国目前的经济社会现实下，这一统筹模式也将长期存在并占据主导地位，其代表地区有江苏的昆山和无锡。

如无锡市自 2011 年 1 月 1 日起将城镇居民基本医疗保险与新型农村合作医疗制度统筹为"居民基本医疗保险制度"，在新的制度中社会保障部门的行政管理职责得到明确，全权负责居民基本医疗保险制度从政策制定到组织实施的整个过程，而新型农村合作医疗制度原本的行政管理部门即卫生部门则专门负责医疗服务监管与医疗服务费用控制。经办管理机构统一之后，机构精简、人员优化、平台对接，使得城乡居民参保缴费、就医结算更加方便快捷，同时经办效率与经办成本较统筹之前也都有明显改观。无锡市同时尝试在"城乡居民基本医疗保险制度"与城镇职工基本医疗保险之间增设转移接续通道，强化医疗保障体系整体的灵活性与协调性，也为进一步可能进行的"全统一"做必要准备。如无锡市将城镇居民基本医疗保险与新型农村合作医疗制度统筹为"居民基本医疗保险制度"之后，规定居民在就业期间可以按照规定参加职工医保并享受相应待遇，在非就业或灵活就业期间可以参加居民基本医疗保险。

二、国外统筹城乡医疗保障管理体制的实践探索

总体来说，世界上的医疗保险模式大体可以分为四种：国家医疗保险模式（又称全面医疗保险模式），典型国家如英国；社会医疗保险模式，典型国家如德国、日本；商业医疗保险模式（又称市场型医疗保险模式），典型国家如美国；储蓄医疗保险模式，典型国家如新加坡，如表 7-3 所示。

表 7-3　四种医疗保障模式比较①

项目	国家医疗保障模式	社会医疗保障模式	商业医疗保障模式	储蓄医疗保障模式
代表国家	英国	德国	美国	新加坡
医疗供给方式	由政府供给消费者（属于社会福利的一部分）	社会健康保险体系与商业保险体系共存	个人消费为主	以个人储蓄账户为主，个人储蓄账户由雇主和雇员共同缴纳
医疗费用	完全由政府负担	由政府负担	国家负担小部分，部分转移给个人或者企业	国家补贴和个人支付实行共付
优点	个人、企业无经济负担	保障充分、调动社会各方面财力、设计精密、政府负担不重	政府经济负担较轻	强调个人责任，抑制了医疗费用增长
缺点	费用急剧上升，管理模式落后，各地服务水平差距大	低效率、服务质量差、管理漏洞多、卫生资源浪费严重	在管理及服务满意度方面存在问题	忽视了公平，保障水平参差不齐

三、 国外医疗保险统筹经验与启示

（一）医保制度建设过程中注重法律制度建设

实行社会保障制度，建立相应的法律制度是保障其运转和有效管理的重要手段。

①曹翠平. 2013. 城镇居民基本医疗保险问题及对策研究. 山西财经大学硕士学位论文.

总结发达国家的医疗保障制度发展历程，有两点可以借鉴，一是强调在法律上把所有国民纳入医疗保障体系中，二是对参保的强制性。医疗保障立法是对国家、企事业单位和个人与家庭利益的规范和调整，所以必然带有强制性。

（二）保障水平要与经济发展水平相适应

虽然低水平的医疗保障水平可以在一定程度上减轻国家的财政负担，但是在疾病风险的预防方面没有什么优势；反之，如果医疗保障水平过高的话，也会阻碍经济的发展进程。所以，医疗保障的发展水平要与经济的发展水平相互协调。比如，英国等发达国家实行的国家福利性医疗保障模式，财政支出比重过大，不堪重负，现在纷纷减少财政的开支；新加坡政府在其国民的医疗体系中，承担较少的财政补贴职责，但是国家医疗保障制度的运行很顺利，这主要依托于国家具有较高的经济发展水平，并且国民具有较高的收入水平和支付水平。

（三）明确政府在城乡统筹当中的职责

医疗保险制度建立健全的全过程，政府起到了关键作用，政府财政的补助保证了医保资金的总收入。德国联邦政府在卫生保健费用等方面给予适当的财政补贴；英国政府给予医疗保险基金的财政补贴占到基金总量的一部分比例；美国政府为了鼓励居民参与医疗保障，也制定措施给予国民适合的财政补贴。所以，政府的财政支持对于各国医疗保障的建设和完善起到了关键的作用。

（四）促进医疗机构的竞争与改革

英国出台了一项改革措施方面的政策，允许地方政府向私人医院投资，让其与国立医院相互竞争。这项政策被我国借鉴，医院与医疗保险机构开始签订合同，不再长期挂钩。医院在费用上合理、服务效率上和服务治疗上让病人认同，就继续签订合同，反之就中断合同。这样医院就会主动提高服务质量并且降低价格来保护自身利益，从而得以生存。这种竞争机制就能够使医疗服务价格下降，让百姓受益。医疗机构既提供医疗服务，同时也是控制医疗费用的源头，它的行为对医疗费用的增减有直接的决定关系。德国能够使医药费用迅速增长的状况得到控制，是因为实行了医药供给行为控制制度和医药需求行为控制制度。医药共给行为控制制度包括价格扣减、参考定价制度；医药需求行为控制制度包括医药费用分担、平行进口、医疗保险报销药品目录、处方药品替代使用以及针对医生的医药费用支付限额制度。我国目前医药费用支出增长飞快，所以就需要借鉴德国的模式，对医疗机构进行配套改革，加强管理，杜绝乱开药等不良现象的发生。

第九节　完善我国医疗保险的相应对策

一、加快城乡医疗保障制度的立法保障

完善城乡基本医疗保险制度，推进城乡基本医疗保险的衔接，国家加快社会保障立法是重要的基础保证。只有通过法律的形式，确定缴费义务、比例标准、补偿标准、基金使用和监管等细则，同时明确各责任主体违反规定应该承担的责任，才能从根本上保障城乡医保制度的有序运行和规范管理，为制度间的衔接提供制度保证。中国的基本医疗保险的覆盖面比较窄，居民的医疗保险缴费比较低的一个重要原因就是没有充分发挥法律的强制性，以致很

多个人或者组织少缴或者不缴纳医疗保险费。这一方面增加了国家的财政负担，另一方面不利于市场公平竞争的大环境。所以，要根据具体情况，建立健全适合城乡医疗一体化的医疗保险制度，政府就需要根据现阶段医疗保障工作的现状，借鉴国外医疗保障立法经验，颁布实施适合中国国情的医疗保障的法律制度。

二、加大财政投入，合理引导卫生资源分配

加快城乡医保制度间的衔接，缩小城乡医疗保障水平的差距，必然会提高农村居民的医疗支出水平，而在控制农民缴费过快上涨的同时，国家财政必然要加大资金的补助力度，补齐实际需求和现行筹资金额之间的缺口。另外，城乡医保制度衔接所需的统一的计算机网络系统等硬件设施的建设也需要财政的重点投入。同时，加大财政对农村地区的投入，有利于提高农村的医疗服务水平，引导卫生资源向农村流动，提高卫生服务的公平性。

三、逐步提高统筹层次，保障基金安全

社会保险的参保人员规模越大，基金的规模和抵御风险的能力也就越强，才能保证医保制度的可持续发展。应该逐渐提高医保基金统筹的层次，可以先以省辖市为统筹单位，再逐步过渡到省级间统筹。统一医疗服务和结算服务平台，不断深化制度间衔接的层次，有利于减少医保基金管理的行政成本，提高基金使用的效率和抵御风险的能力，促进各类进城务工人员的医保关系的转移和异地就医结算问题的解决。

四、设计多层次的医疗保险制度，逐步实现城乡衔接

我国社会经济的发展水平有限，现行的城乡医保制度又有各自比较成熟的运行模式和管理体系，要使医保制度在短时间内完全实现城乡间的统一也不现实。如果强行将城乡的医保制度统一，必然会给管理、经办等带来各种各样的障碍和困难，城乡医保制度间的归并需要一个探索过程。现阶段，由于城镇居民医保和新农合有较多的共同性，可以先将居民医保和新农合制度合并，然后通过设立其他多层次的、面向所有城镇居民和农村居民的医保制度，实现城乡互动的医疗保障格局。关于城镇居民医保和新农合制度的统一问题，现阶段可以尝试以下方式逐步完成统筹，先不急于将两种制度完全归并，可以以县（市、区）为单位，根据各个县的城乡人口结构状况进行不同的制度设计，如果城市人口占主要比例，则可将该地区的农村居民全部纳入城镇居民医保，同时，财政要补齐原来新农合和城镇居民医保之间补偿受益的差额。如城镇居民较少的县（市、区），则将城镇居民全部纳入新农合，同时相应地提高新农合的筹资水平和受益水平。通过在各个县（市、区）的实践，形成相对统一的医保政策，简化运行模式，规范管理和服务，缩小两项制度间的差异，逐渐实现两项制度的衔接。

另外，人们对医疗保险需求的多样性要求医保要根据社会群体的不同收入水平和医疗服务需求差异，设计出多层次的保险险种，让参保人自由选择，即制度框架必须统一，而制度的形式可以多样化。可以将城乡医保制度设计为一种医保，面向所有城乡居民，同时按照商业保险的“多投多保，少投少保”的原则，在同一医保制度下依据不同的筹资水平从高到低设计出补偿比例不同的多层次保险，可以将现行的城镇居民医保和新农合制度设计为多层次医保制度中的两个层次，面向所有城乡居民，适当区分筹资标准和补偿水平，居民可以自由选择。同时，政府要加强对其中弱势群体的补助，使其能够至少享受到该类医保制度中最低

层次的保障，体现医保制度的公益性。这样，既可以保障医保基金的稳定性，也打破了现行医保制度间的身份障碍，有利于参保人员的流动和基金异地结算，节省行政管理的成本，提高医保基金运行的效率。①

医保的统一是一个循序渐进的过程。全民医保不是一步就能完成的，而是经过几十年经济上和技术上的积累，最终才有了医保制度的全民覆盖，这也启示我们在实现城乡医保衔接的过程中要注意逐渐统筹的问题，不能过于冒进。

五、完善基本药物制度

基本药物制度是通过采用控制成本的策略来控制患者的医疗费用负担，但是，基本药物能否被使用则取决于医疗服务提供者的决策，如果没有能够有效控制医疗服务提供机构的行为激励，单纯的成本控制策略是无法有效发挥作用的。2012 年年底，安徽省所有县级医院药品实行零差率销售。乡镇医疗卫生机构药品中标价格较国家指导价平均下降 52.8%，县级医院平均下降 36.6%。同年底，浙江省 31 个县（市、区）的 132 家县级公立医院宣布“以药补医”成为历史。党的十八大报告及《“十二五”期间深化医药卫生体制改革规划暨实施方案》中提出要巩固完善基本药物制度。着力推进药品生产流通领域改革，改革药品价格形成机制，选取临床使用量较大的药品，依据主导企业成本，参考药品集中采购价格和零售药店销售价等市场交易价格，制定最高零售指导价格，并根据市场交易价格变化等因素适时调整。完善进口药品、高值医用耗材的价格管理。加强药品价格信息采集、分析和披露。

六、将有能力参保的人员纳入医疗保险制度

一是将有一定缴费能力的困难企业职工纳入基本医疗保险。大多数地区允许困难企业降低缴费比例，只建立社会统筹基金或住院保险，暂不建立个人账户。有的地区还允许困难企业根据自身的缴费能力选择不同的缴费比例，医疗待遇与缴费水平挂钩。二是引导灵活就业人员参加基本医疗保险。实现再就业的下岗失业人员，大多从事非全日制、临时性工作和个体经营等灵活形式的就业。为保障他们能够接续中断了的医疗保险，制定灵活就业人员参加基本医疗保险办法。针对灵活就业人员收入低、工作不稳定，且工作变动性大等特点，多数地区规定，灵活就业人员可降低缴费比例参保，只建统筹或住院保险，不建个人账户。为方便灵活就业人员参保，允许他们以个人身份参保，并设立专门的个人缴费窗口，或由档案存放机构为他们办理集体参保。

①夏迎秋. 2010. 我国城乡居民基本医疗保险制度衔接的现状、问题与建议. 中国卫生政策研究，3（1）：43–48.

HAPTER 8

第八章 工伤保险

[内容摘要]

工伤风险对劳动者生命、健康的严重威胁，成为各国面临的社会问题。本章主要阐述了社会保障中关于工伤保险的内容，阐述了工伤保险及其功能、形式、特点，以及工伤社会保险的特点和原则，同时对中国工伤保险制度存在的问题以及如何完善工伤保险制度进行了研究。

[学习要点]

（1）工伤保险及其功能、形式、特点。
（2）工伤社会保险的特点和原则。
（3）国外工伤保险的实践情况。
（4）中国工伤保险制度的发展及问题。
（5）完善工伤保险制度的对策。

第一节 工伤保险及其功能、形式和特点

一、工伤及工伤保险

工伤是指劳动者在生产岗位上，从事与生产劳动有关的或由于劳动条件、作业环境所引起的人身伤害事故和职业病的总称，它随着现代化工业的产生而产生，随着生产规模的扩大化、社会化的发展而发展。1964 年第 48 届国际劳工大会通过的《工伤事故和职业病津贴公约》（第 121 号）指出："实施工伤保险的目的，是为受雇人员发生不测的事故时，提供医疗护理及现金津贴，进行职业康复、为残废者安排适当职业，采取措施防止工伤事故和职业病。"

工伤保险是国家和社会通过立法强制实施的，为在生产、工作中遭受意外事故或职业病伤害的劳动者以及其家属提供医疗服务、生活保障、经济补偿等物质帮助的制度。

工伤保险所提供的物质帮助，主要是对工伤者本人医疗救治及对其遗属进行经济补偿。其补偿形式包括两大类：一是支付一次性伤残补助、永久伤残补助以及对其直系亲属的抚恤金等；二是通过及时的治疗、疗养和康复，使工伤者重新走上工作岗位。

二、工伤保险的功能

（1）工伤保险作为社会保障的一个组成部分，是国家通过立法强制实施的，是国家对劳动者履行的社会责任，也是劳动者应该享受到的基本权利。工伤社会保障的实施是人类文明和社会发展的标志和成果。

（2）工伤保险因其保障了工伤职工医疗及其基本生活、伤残抚恤和遗属抚恤，在一定程度上解除了职工和家属的后顾之忧，从而体现了国家和社会对职工的尊重，有利于提高他们的工作积极性。

（3）建立工伤保险有利于促进安全生产，保护和发展生产力，工伤社会保险与生产单位改善劳动条件、安全教育、医疗健康、社会服务等工作紧密相连，对于保障企业和职工的安全生产，防治或减少工伤、职业病，保护职工的身体健康，至关重要。

（4）工伤保险保障了受伤职工的合法权益，有利于妥善处理事故和恢复生产，维护正常的生产、生活秩序，维护社会安定。

三、工伤保险制度的保障方式

工伤保险制度的保障方式与工伤事故责任归属密切相关，在现代社会中，由于对工伤事故实行绝对责任或无过失补偿原则，不以企业过错为要件，而以劳动、社会政策为基础，因此工伤保险方式就表现为雇主责任保险和工伤社会保险。

（一）雇主责任保险

对于法律规定雇主直接支付赔偿或向商业保险公司投保实现赔偿的方式，国际劳动局称为雇主责任保险。雇主责任保险在其发展过程中可以分为三个阶段：第一阶段是国家立法对雇主的赔偿责任、赔偿方法作原则规定，没有具体规定赔偿标准。在发生工伤事故后，雇主按照国家的原则规定自行支付赔款。第二个阶段是国家立法明确雇主的责任，规定赔偿最低

标准，并规定某些危险性大的行业必须向商业公司投保。第三阶段是国家立法规定雇主和承包工伤保险的商业保险公司向政府和主管部门缴纳一定的保证金，以便企业或保险公司破产时，仍能够照常向劳动者及其家属支付赔偿。从实行雇主责任保险的国家看，除少数实行的是雇主自行支付赔偿的方式外，大部分实行的是向商业保险公司投保的雇主责任保险。

（二）工伤社会保险

雇主对于工伤的绝对赔偿责任，只有与社会保险制度相结合，才会真正成为现实。作为社会保险的一个组成部分，工伤保险有以下显著特征。

（1）由国家立法颁布，强制实施。当一个国家的社会保障制度中设立了工伤保障项目后，凡立法规定实施范围内的企业、雇主必须参加，按照国家有关立法规定的内容履行应尽的义务。

（2）统筹资金，共担风险。政府有关部门根据立法负责工伤保险事务，统一筹措资金，建立风险分担机制，既可以使遭受工伤事故的人和家属得到相应的待遇，又可以避免工伤保险成为一个企业或某个雇主个人承担的保险。

（3）赔偿费支付稳妥。工伤社会保险对于工伤劳动者体现了保障与补偿的结合，既有对劳动者损失的一次性补偿支付，又有保障劳动者日后生活的定期给付待遇。

（4）政府行为的特征。国家对生产、工作中遭受事故的劳动者及其家属予以关怀，用相应的制度维护其利益，讲求社会效益。

工伤保险在相当大的程度上弥补了雇主责任保险的缺陷，因而为大多数国家所接受，欧洲绝大多数国家和拉美、亚洲一些国家都建立了工伤社会保险机制，而且比养老、失业、医疗保险普及。工伤社会保险并不是全世界工伤保障制度的唯一形式，雇主责任保险虽然存在缺陷，但是仍然有一定的发展空间。所以建立工伤保障制度形式的选择要根据实际情况，选择适合的工伤保障制度类型，保证工伤保障机制功能的有效发挥。

四、工伤社会保险的作用

（一）保障职工的基本权利

工伤保险作为社会保险制度的一个组成部分，是国家通过立法强制实施的，既是国家对职工履行的社会责任，也是职工应该享受的基本权利。工伤保险的实施是人类文明和社会发展的标志和成果。

（二）提高职工的工作积极性

实行工伤保险保障了工伤职工医疗、基本生活、伤残抚恤和遗属抚恤，在一定程度上解除了职工和家属的后顾之忧，工伤补偿体现出国家和社会对职工的尊重，有利于提高他们的工作积极性。

（三）保护职工身心健康

建立工伤保险有利于促进安全生产，保护和发展社会生产力。工伤保险与生产单位改善劳动条件、防病防伤、安全教育、医疗康复、社会服务等工作紧密相连。对提高生产经营单位和职工的安全生产，防止或减少工伤、职业病，保护职工的身体健康，至关重要。

（四）促进社会稳定

工伤保险保障了受伤害职工的合法权益，有利于妥善处理事故和恢复生产，维护正常的生产、生活秩序，维护社会安定。

第二节 工伤社会保险的特点和原则

工伤社会保险是世界各国实行最早和最广泛的一种社会保险。当今的工伤社会保险制度都体现出了公平性原则。工伤社会保险制度中的公平性原则体系是体现在一定意义上的公平性的一系列准则，包括补偿不究过失原则、差别费率原则及完整补偿原则。它所包含的公平意义不仅仅是一般的经济学意义上的经济公平，如通常的收入损失风险补偿，也包括许多非经济意义的、社会的以及劳动道德的公平，如权利与义务的结合、贡献与待遇的平衡等。这一公平性原则体系是贯穿于整个工伤社会保险制度建立和发展过程中的，并且维系其机制运行的准则。它是工伤社会保险制度中的一个最基本的原则体系，是工伤保险制度区别于其他社会保险险种的根本特征。

一、工伤社会保险的特点

在社会保险体系中，与其他社会保险制度相比，工伤保险具有以下特点。

（一）赔偿性

工伤保险的责任具有赔偿性，也就是说劳动者的生命健康权、生存权和劳动权受到影响、损害甚至被剥夺了。因此工伤保险是基于对工伤职工的赔偿责任而设立的一种社会保险制度，而其他社会保险是基于对职工生活困难的帮助和补偿责任而设立的。工伤保险实行“无过失赔偿”和“无责任赔偿”制，对于因工伤亡的工人，除了故意犯罪、醉酒或吸毒、自杀或自残三种情况外，无论责任在哪一方，企业（雇主）均依法负有补偿责任。

（二）优厚性

工伤保险待遇相对优厚，标准较高，但因工伤事故的不同而有所差别。待遇包括工伤期间的工资待遇、工伤医疗待遇、工伤津贴待遇、伤残待遇、职业康复待遇等，能为工伤事故的受害者及其家属提供全面的保障。

（三）强保障性

工伤保险的项目最多、最全面。除了医疗期间的免费医疗之外，还包括护理津贴、职业康复、伤残重建、生活重建、转业培训与就业以及工伤预防等，既含有对劳动者损失的一次性补偿支付，又有保障劳动者日后生活的定期给付待遇。

（四）劳动者不缴纳保险费

工伤保险不同于养老保险等险种，劳动者不缴纳保险费，保险经费全部由企业（雇主）承担，有些国家规定统一的比例来征缴工伤保险费，大多数国家实行行业风险级差费率。

二、工伤社会保险的原则

（一）补偿不究过失原则

补偿不究过失原则是指无论造成劳动者工伤的原因是劳动者一方，还是雇主一方，其工伤伤害的补偿均由雇主依法赔偿。它是工伤保险制度中具有鲜明特色的公平性原则，是工伤社会保险区别于其他社会保险险种的重要内容。

补偿不究过失原则的公平性是通过以下几个方面体现出来的。

1. 工伤的形成不是源于雇主或是劳动者，而是源于职业本身

工伤保险中风险的产生是与劳动过程有直接关系的。虽然造成工伤有自然的、人类无法抗拒的原因，也有劳动者和雇主的原因，但是，所有这些能够促成工伤产生的条件都无一例外的是与工伤劳动者的位置、时间与劳动行为有密切关系的。换句话说，离开劳动者位置、时间和劳动行为等和职业行为密切相关的要素是不可能解释工伤的产生的，即劳动者的职业本身就是工伤产生的第一原因。那么，只要劳动者一旦进入具有确定职业的劳动过程，并且这种劳动是劳动者用于换取劳动力价值的受雇佣的劳动，则其可能遭受的任何程度的工伤风险就应该在很大程度上由这种职业的提供者—— 雇主来负责，无论工伤产生的原因是纯自然的、不可抗拒的，或是人为的、可归咎于雇主或劳动者的。因此，工伤风险源于职业本身的观念，确立了职业作为工伤补偿责任的新的更为公平的基点，避免了劳动者关于工伤责任的纠缠，以及对工伤风险补偿的担忧。这个新的公平基点，是补偿不究过失原则公平性的最根本的表现。同时，它也是工伤社会保险区别于其他社会保险险种的根本特征。

2. 工伤责任对于劳动者和雇主是相互的、双向的

虽然工伤补偿责任源于劳动者所从事的职业本身，但是并不能排除劳动者和雇主在工伤发生以及工伤损失中的责任问题，这是工伤事故发生以后必须考虑和处理的问题。对于工伤事故所造成的损失而言，不仅是劳动者自身受到一定的伤害或失去生命，而且作为工作场所提供者的雇主也要蒙受相应的，甚至是更大的财产损失。不仅如此，雇主或劳动者一方或者双方还应承担起工伤事故损失中相关联的社会责任，以及相应的法律责任。因此，我们说，工伤责任对于劳动者和雇主而言是相互的。除非工伤事故的发生是由于自然的、非人力所能控制的原因，工伤责任的相互性明确了工伤事故责任公平分担的可能，也同时明确了劳动者和雇主在事故中必须承担各自依法应该承担的社会责任，包括经济责任和法律责任。这样就决定了工伤事故责任的双向性，即对于雇主来说，他应该承担造成工伤事故的责任，包括补偿劳动者在工伤事故中的各种伤害损失以及承担因为雇主自身原因所造成的事故损失。对于劳动者而言，尽管他能够获得由法律保障的与事故伤害相应的收入补偿，但是，劳动者仍然应该而且必须承担因为他在工作中的疏忽大意而造成的雇主财产的损失。这是补偿不究过失原则公平性的第二个表现。如果说第一个表现体现了工伤赔偿责任的公平性问题，则第二个表现就解决了工伤事故责任的公平性问题。但同时还必须注意到，在工伤社会保险实践中不能混淆上述两个公平性表现，即不可因工伤事故责任而影响工伤赔偿责任，把工伤补偿水平和事故责任相挂钩。

3. 工伤社会保险的投保具有典型的强制性

一般来说，投保既是劳动者获得社会保险待遇的权利，同时，又是一种必要的义务。但是，对于工伤社会保险制度而言，投保就不单纯是雇主的一种义务，而是必须在法律监督下按时、如数进行的一项约束。按照补偿不究过失的原则，要求雇主完全承担工伤事故对劳动者自身遭受的全部伤害的补偿，具体表现为投保人—雇主和被保险人—劳动者在投保行为上的绝对分离。因此，只有权威公正的法律才能迫使雇主遵照补偿不究过失的原则，给每一个劳动者投保工伤社会保险。从这个意义上说，工伤社会保险具有更大意义的强制性，这种强制性是体现补偿不究过失原则的公平性的有力措施和根本保证。因为只有这样，才能保证劳动者在遭受伤害以后，无论其所在劳动单位是否能够承受这样的补偿，还是因为经营不善导致停产或破产，均能够得到公平的工伤补偿。所以，作为补偿不究过失原则的公平性的第三个表现，强制性投保是第一个表现——工伤补偿责任得以确定和实现的法律保证。

（二）差别费率原则

差别费率原则是指在工伤社会保险基金提取过程中，按照生产单位的不同分别确定不同的基金提取率。所谓生产单位的不同，通常是指生产单位所在行业的区别。差别费率原则的公平性是通过如下两点表现出来的。

1. 行业提取费率的高低取决于其工伤事故风险发生率的大小

对于社会保险制度中的其他险种，无论是采用哪一种基金提取方式，在同一层次的统筹范围内所形成的社会保险基金的提取率或提取额都是标准划一的，与劳动者所在的行业的性质没有直接关系。但是，在工伤社会保险制度中，由于工伤事故发生率因行业的不同而呈现明显的差异，如果对工伤事故发生率不同的行业采用统一的提取率制度，就会产生行业之间工伤负担的不平衡。这种不平衡包含两个方面的情形：一方面，工伤事故发生率较低的劳动单位必须缴纳远远高于其所属劳动者工伤事故需要赔偿的基金提取额，并通过工伤社会保险的统筹操作，贡献给那些事故发生率较高的劳动单位，导致其单位负担率提高，从而极大地加重缴费单位的生产和经营成本，挫伤其参与社会保险的积极性。另一方面，由于工伤事故发生率较高的劳动单位利用社会保险的统筹机制，可以无限制地得到其他单位的基金贡献，因此，很难对这样的单位采取行之有效的防范措施来控制工伤事故的发生，降低其事故发生率的激励作用，造成工伤社会保险费用支出增大，工伤事故管理失去控制的严重后果。因此，按照劳动行业工伤事故风险发生率来确定工伤社会保险基金提取率，可以公平地体现社会生产中各个行业费用不同、负担不同的要求，保证工伤社会保险风险补偿和风险控制两大功能的实现。

2. 行业提取率根据工伤事故风险发生率的变动及时调整

当行业提取率确定以后，还应该根据各个行业工伤事故的发生情况给予及时调整。这是工伤社会保险行业费率提取公平性的第二个表现。如果所确定的提取率一成不变，则会因为行业工伤事故发生的状态的变化，使原有公平的行业间基金费用提取比率平衡被打破，新的工伤事故费用负担的不平衡就会产生。况且对于现代工伤社会保险制度来说，工伤社会保险发展的侧重点已经逐渐由被动的风险补偿转向主动的风险预防，采用基金提取率不断调整的方式，迫使劳动单位主动采取有效措施来控制和减少工伤事故发生率，从而改善劳动者的工作条件，提高劳动者工作的环境质量。所以，一旦工伤社会保险制度得以确立，就必须按照确定的事故发生程度，在一定时期内，对原有的行业提取率加以调整，满足工伤社会保险基金提取率公平性的要求。需要说明的是，随着工伤社会保险制度的逐步完善，工伤社会保险水平的不断提高，差别费率的问题将由劳动者的职业形式取代其行业形式表现出来，行业提取率制被职业提取率制所替代，真正体现出工伤风险的职业特征。

（三）完整补偿原则

工伤社会保险的完整补偿原则是指对被伤害的劳动者给予的补偿额应该充分完整，达到劳动者因伤残所造成的直接经济损失标准。根据社会保险制度补偿性的要求，当劳动者遭受工伤伤害以后，应该对劳动者发生伤残事故后个人所受的直接经济损失给予补偿。所谓直接经济损失，是指劳动者因遭受法定伤害而造成的与其第一职业标准工资收入相关的损失，以及为消除伤害后果所需的必要的额外支出，包括劳动者工资收入的损失、医疗和康复费用支付，以及劳动者扶养的直系亲属维持基本生活水平的需要。但是，从世界各国工伤社会保险的状况来看，一些国家，包括我国在内，其工伤伤害补偿并未能涵盖上述全部内容，尤其是劳动者医疗和康复费用的提供和补偿往往难以保证伤残者的需要。这对于伤残者来说是不公平的，因为这不符合工伤伤残补偿完整原则的要求。正因为如此，完整补偿原则作为工伤社会保险制度中一个重要的公平性原则，常常作为评价一个地区或社会工伤保险制度发展水平的一个标准。只有遵守完整补偿原则，才能充分保证伤残劳动者全部的风险补偿，保障伤残者的切身利益不受侵害，体现社会保险制度的保障功能。

综上所述，补偿不究过失原则、差别费率原则和完整补偿原则构成了工伤社会保险制度公平性的三个原则。其中，补偿不究过失原则综合反映了工伤社会保险制度完整运行机制的公平性问题，是现代社会工伤社会保险制度建立和发展的基本点，也是其他两个原则建立的基础。差别费率原则也是工伤社会保险制度中一个具有鲜明特色的公平性原则，它在补偿不究过失原则的基础上，侧重于反映工伤社会保险制度在保险基金形成过程中费用负担的公平性问题，它既是工伤社会保险基金形成过程中费用负担的公平性问题，也是工伤社会保险制度得以良性发展的前提和条件。完整补偿原则也是在补偿不究过失原则的基础之上建立起来的，它反映了工伤社会保险制度给付过程中费用补偿的公平性问题，既是工伤社会保险制度建立的根本目的，也是评估工伤社会保险制度发展水平的标准。因此，它们之间的相互关系成为工伤社会保险制度运行和发展的基本结构，分层次、有主次地左右着工伤社会保险制度的建立、运行和发展。

第三节　国外工伤保险的实践情况

一、工伤保险发展历程

随着 19 世纪西方进入工业时代，机器生产不可避免地带来更多的工伤事故，给劳动者及其家属带来巨大的伤害，为了减少这一社会问题的危害性，工伤保险应运而生。自 1884 年德国政府颁布了世界上第一个工伤保险社会统筹的法律，即《劳工伤害保险法》以来，发达国家在实践中逐步将这一制度完善、发展，在保障范围、待遇支付以及基金筹集方面形成了较为成熟的制度。到 20 世纪初，几乎所有西方国家都在劳动法规中对职业伤害补偿做出具体规定。自 20 世纪 60 年代起，西方国家开始把工伤保险的立足点放在预防上。到了 20 世纪末，工伤社会保险以保障公民人权为原则，形成了包括工伤预防、经济补偿和职业康复三大环节在内的社会保险体系。

从工伤归责的发展来看，工伤保险主要经历了三个阶段：雇员自身责任阶段、雇主过失阶段和雇主责任阶段。雇员自身责任阶段是指，雇工在劳动过程中受到职业伤害的一切后果都由其本人承担。这种责任承担的理论依据是认为给雇工规定的工资标准中已经包含了对工伤岗位危险性的补偿。雇主过失赔偿阶段的适用原则是过错原则，即雇主承担赔偿雇员的工伤伤害的责任的前提是雇主有过错。到了雇主责任阶段，一旦发生工伤事故，无论雇主有无过失，雇主都要承担责任，现在世界各国的工伤保险都采用这一原则。

二、国外工伤保险制度的类型

（一）社会工伤保险制度

社会工伤保险制度，即由国家立法规定，带有强制性的，由企业（雇主）缴费，社会统筹管理的工伤保险制度。如美国、英国、法国等国家均实行这种制度，占实行工伤保险制度国家总数的 80%。

（二）雇主责任制的工伤保险制度

雇主责任制的工伤保险制度，由国家颁布工人赔偿法，强制雇主对工伤者或其遗属直接支付工伤赔偿，全部费用由雇主负担。如埃塞俄比亚、冈比亚等 20 多个国家均实行这种制度，占国家总数的 15%。

（三）私人保险性的工伤保险制度

国家法律规定，要求雇主为其雇员向保险公司按同一费率或不同行业、不同企业以不同的费率缴纳工伤保险费。如芬兰、比利时等 31 个国家均实行这种制度，占国家总数的 23%。

三、国外工伤保险的范围

目前，不少国家从法律形式上规定，凡从业人员人数超过 5 人以上的企业，必须强制加入工伤保险。如德国 80%以上的劳动者都已经参加了工伤保险。发展中国家工伤保险的覆盖面要狭隘些，一般将小企业（20 人以下）排除在外，但随着经济的发展以及劳动者要求劳动保护的呼声加强，有的国家也在扩大工伤保险的范围。另外，原来工伤保险只适用于工业上的意外事故，现在把工作原因造成的职业病如上下班途中的意外事故、因抢险、救援、救火以及社会公益活动或者因公出境出现的意外事故等，也包括进来。工伤保险的范围虽然在扩大，但多数国家仍然坚持使用范围必须与工作或者职业的时间、地点相关的原则。

四、国外工伤保险的资金筹集

在国外，工伤保险资金一般是由企业（雇主）按雇员工资的一定比例缴纳筹集。但实行工伤保险的国家，企业（雇主）都要缴纳工伤保险费。但是，也有的国家被保险人要缴纳部分工伤保险费，主要是个体经营者参加工伤保险需要个人支付一定费用。有一部分国家，政府以提供财政补贴或弥补亏空的形式负担部分工伤保险费用。

企业（雇主）缴纳工伤保险费用的形式有：①工伤保险与其他社会保险项目的费用合并在一起缴纳，如德国等国家；②不同企业，按以前出现的工伤事故的情况，确定不同的费率缴纳。不同的费率为 0.2%~3%，如日本、意大利等国家；③按固定的费率缴纳，费率为 1%~6%；④实行雇主责任制工伤保险的国家，由雇主支付全部工伤保险费。工伤保险费率不管是实行统一费率，还是实行行业差别费率及个别费率，不少国家都与浮动费率挂钩，如实行统一费率加浮动汇率，或实行差别费率加浮动费率。

五、国外工伤保险待遇标准

（一）暂时伤残津贴和工伤补偿

按照无责任赔偿原则一律给付。职工在伤后 4~6 周内由企业支付工资，此后，由工伤保险部门给付工伤津贴，10~14 周后按照伤残程度给付本人工资收入的 20%~100% 的伤残抚恤金。根据 1964 年《职业伤害赔偿公约》规定，对于暂时丧失劳动能力者的最低补偿水平，应达到本人工资的 60%，绝大多数国家达到了这个标准，还有 1/3 的国家工伤补偿标准达不到本人工资的 75%，也有的国家按照工资的 80%~85%发放暂时的伤残津贴，有的国家如卢森堡按照工资收入的 100%发放。

（二）伤残抚恤金

永久残疾，根据残疾程度分为完全与部分两大类，但基本上都可以享受定期抚恤金，完全伤残者最低抚恤金是工资收入的 80%，但是部分残疾抚恤金支付与工资收入损失成正比。享有养老保险待遇的，视其水平如低于工伤补偿待遇的应补足差额，但两者相加不得超过原工资收入的 70%，如超过，一般采取保留伤残待遇、削减养老金的办法。

（三）工伤死亡遗属抚恤金

根据 1964 年召开的国际劳工大会通过的《职业伤害赔偿公约》的规定，有两个孩子的遗属最低津贴额，应达到其丈夫工资的 50%，但是所有的遗属的津贴费用的加总，不能超过死亡者原工资的 70%，遗属获得的抚恤金是无条件的，即不管其年龄，是否有工作能力，是否有子女抚养，其津贴水平也必须达到其丈夫原来工资水平的 30%以上。对于有两个孩子的遗孀还规定其抚恤金最低不能低于其丈夫工资的 50%。未成年子女享受工伤遗属抚恤金待遇，一般在 16~18 岁之前（在校学习或者残疾的情况可以延长），每个子女可领取亡父原工资的 15%。有些国家甚至将遗属待遇的范围扩大到死者的父母和未成年的兄弟姐妹，一般加起来的遗属待遇支付，可以达到死者原工资的 60%~70%。

工伤保险待遇还包括工伤医疗保健费用，为伤残者提供所需的辅助器具，以及康复所需要的设施、护理费用、就业补助等。

六、工伤预防和康复

过去，工伤保险注重经济补偿，现在普遍强调强化预防工作，防患于未然，减少工伤事故，因此都把工伤的预防工作放在首位。有的国家通过修改《灾害补偿法》，用法律形式强调预防是工伤保障的重要内容，并制定了必要的规章制度，规范安全措施，建立了事故预防机制和配备了专制预防人员，强化浮动费率机制，扩大了缴费差别，鼓励事前预防，如提取工伤保险费的 5%作为专门的预防款项，有利于搞好预防工作。

工伤事故发生后，重视康复，通过治疗康复或部分恢复身体功能，并采取各种措施，如规定康复优于补偿，以补偿促进康复、康复工作与在就业挂钩等，促进工伤者尽快恢复，并重返劳动岗位。

第四节　我国工伤保险制度的发展及问题

一、发展现状

我国政府历来十分重视职工的合法权益。新中国成立以来，国内的工伤保险事业得到了一定的发展。1951 年 2 月 26 日政务院公布并于 1953 年 1 月 2 日修正公布了《中华人民共和国劳动保险条例》，这对新中国成立初期百废待兴的生产发展起到了积极的稳定作用。然而，由于我国人口多、底子薄，工业化进程缓慢，加上缺乏经验，在管理模式、基金筹集、工伤范围及待遇等方面均存在不少问题。1978 年国务院 104 号文件《关于工人退休、退职的暂行办法》中，对伤残职工的退休、护理等待遇作了相应调整。1985 年增加了对抚恤遗属给予困难补助的规定。1987 年 12 月 3 日，国务院又颁布了《中华人民共和国尘肺病防治条例》，以法律的形式明确了接尘职工拥有的各项权利。1987 年 11 月 5 日，卫生部、劳动人事部、财政部、全国总工会联合颁发《职业病范围和职业病患者处理办法的规定》（是对 1957 年 2 月 28 日卫生部颁发的《职业病范围和职业病患者处理办法的规定》的重新修订），该规定扩大了原规定中的职业病范围，共计 9 类 99（102）种，基本上包括了国际劳工组织（ILO）第 121 公约中规定的 29 种职业病项目。根据《中华人民共和国职业病防治法》的相关规定，卫生部与劳动和社会保障部在 2002 年 4 月颁布的《职业病目录》中，把职业病的范围扩大为 10 大类 115 种。另外，1994 年 7 月 5 日，中华人民共和国第八届全国人民代表大会常委会第八次会议通过了《中华人民共和国劳动法》，使劳动者的权益在法律上得到了有效的保护。为配合《劳动法》的贯彻实施，1996 年 8 月劳动部在总结各地工伤保险试点的基础上发布了《企业职工工伤保险试行办法》（以下简称《试行办法》），该办法明确了工伤范围、工伤鉴定、工伤待遇、工伤保险基金的筹集以及工伤预防和职业康复等。2001 年 3 月，九届全国人大四次会议通过的《国民经济和社会发展第十个五年计划纲要》提出，进一步完善包括工伤保险在内的社会保障体系。

2004 年 1 月 1 日开始实施新的《工伤保险条例》，标志着我国工伤保险制度建设进入了一个新的发展阶段。我国从 2004 年开始全面推行工伤保险制度，截止到 2012 年年底，全国参保人数已达到 1.9 亿人，同比增长 7.4%，约占劳动者总数的 1/3。保险基金累计 861.9 亿元，同比增长 16.1%。有 312 万名国有企业老工伤人员纳入工伤保险统筹管理，基本解决了这一历史遗留问题。

二、工伤保险制度的内容

（一）工伤保险资金来源

我国的工伤保险资金来源包括企业单位缴纳的工伤保险费、工伤保险基金的投资收入和利息收入、上调基金和下拨基金、转移性资金收入、财政补贴、滞纳金和罚金收入以及其他收入，其中企业单位缴纳的工伤保险费是主要来源。按照企业所处行业的工伤风险程度大小，行业可划分为三类，其工伤保险缴费费率及类别划分详情如下：

一类为风险较小的行业（用人单位职工工资总额的 0.5%），例如，证券业、银行业、保险业等。

二类为中等风险行业（用人单位职工工资总额的 1.0%），例如，房地产业、环境管理业、娱乐业、农副食品加工业等。

三类为风险较大的行业（用人单位职工工资总额的 2.0%），例如，炼焦及核心燃料加工业、石油加工、化学原料及化学制品制造业等。

（二）工伤认定

工伤认定是指根据国家有关的工伤政策、法规的规定，确定职工受伤或患职业病是因工还是非因工造成的事实。职工负伤、残疾或死亡是否是工伤，也就是说工伤的认定，主要是看负伤、残疾或死亡是否与工作有关，是否是由于工作或他人、社会的利益造成的。认定工伤的具体标准是由 2004 年 1 月 1 日开始实施的《工伤保险条例》规定的。

职工有下列情形之一的，应当认定为工伤：①在工作时间和工作场所内，因工作原因受到事故伤害的；②工作时间前后或在工作场所内，从事与工作有关的预备性或者收尾性工作受到事故伤害的；③在工作时间和工作场所内，因履行工作职责受到暴力等意外伤害的；④患职业病的；⑤因工外出期间，由于工作原因受到伤害或者发生事故下落不明的；⑥在上下班途中，受到机动车事故伤害的；⑦法律、行政法规规定应当认定为工伤的其他情形。

此外，职工有下列情形之一的，应视同工伤：①在工作时间和工作岗位，突发疾病死亡或者在 48 小时之内经抢救无效死亡的；②在抢险救灾等维护国家利益、公共利益活动中受到伤害的；③职工原在军队服役，因战、因公负伤致残，已取得革命伤残军人证，到用人单位后旧伤复发的。

《工伤保险条例》明确了应当认定工伤的七种情形、视同工伤的三种情形以及不得认定工伤和视同工伤的三种情形。比较大的变化是“在上下班途中，受到机动车事故伤害的”以及“在工作时间和工作岗位，突发疾病死亡或者在 48 小时之内经抢救无效死亡的”，认定为视同工伤的情形。而《试行办法》规定，认定工伤必须符合“上下班规定的时间和必经路线”、“无本人责任或者非本人主要责任”。

《工伤保险条例》删除了《试行办法》中一些不好界定的限制条件，比较有利于保护职工合法权益，同时比较便于实践中操作。《工伤保险条例》规定“在工作时间和工作岗位，突发疾病死亡或者在 48 小时之内经抢救无效死亡的”，视同工伤。而《试行办法》规定，应认定工伤的必须是在生产工作的时间和区域内，由于工作紧张突发疾病造成死亡，或经第一次抢救治疗后完全丧失劳动能力的情形。在实际操作中，《试行办法》规定的“工作紧张”、“第一次抢救治疗”等限制条件不好操作，经常引起争议，因此《工份保险条例》也删除了这些不好界定的条件，做出了比较容易操作和界定的规定。

（三）工伤保险待遇问题

《工伤保险条例》除保留了工伤职工享受的医疗费用全额报销、辅助器具费用报销的待遇外，改变了工伤治疗期间发放标准工资的办法，增加了一次性伤残补助金和死亡补助金的内容，并适当提高了定期伤残抚恤金和供养直系亲属抚恤金标准，还建立起抚恤金随每年平均工资增长的比例定期调整的制度，等等。

1. 医疗待遇

《工伤保险条例》规定工伤职工在医疗期间享受如下待遇：

（1）工伤职工符合规定治疗工伤或职业病所需的挂号费、住院费、医疗费等全额报销。

（2）工伤职工需要住院治疗的，由单位按照省内因公出差伙食补助标准的 70%发给住院伙食补助费；经批准转外地治疗的，所需交通、住宿费用由单位按照职工因工出差标准报销。

（3）工伤职工在医疗期内停发工资，改为由单位按月发给工伤津贴，标准相当于工伤职工受伤前的本人工资。其中本人工资，是指工伤职工因工作遭受事故伤害或者患职业病前 12 个月平均月缴费工资。本人工资高于统筹地区职工平均工资 300%的，按照统筹地区职工平均工资的 300%计算；本人工资低于统筹地区职工平均工资 60%的，按照统筹地区职工平均工资的 60%计算。《关于贯彻执行〈中华人民共和国劳动法〉若干问题的意见》第 53 条规定：“劳动法中的‘工资’是指用人单位依据国家有关规定或劳动合同的约定，以货币形式直接支付给本单位劳动者的劳动报酬，一般包括计时工资、计件工资、奖金、津贴和补贴、延长工作时间的工资报酬以及特殊情况下支付的工资等。”“工资”是劳动者劳动收入的主要组成部分，劳动者的以下劳动收入不属于工资范围：单位支付给劳动者个人的社会保险福利费用，如丧葬抚恤救济费、生活困难补助费、计划生育补贴等；劳动保护方面的费用，如用人单位支付给劳动者的工作服、解毒剂、清凉饮料费用等；按规定未列入工资总额的各种劳动报酬及其他劳动收入，如根据国家规定发放的创造发明奖、国家星火奖、自然科学奖、科学技术进步奖、合理化建议和技术改进奖、中华技能大奖等，以及稿费、讲课费、翻译费等。其他医疗待遇见工伤保险待遇标准。

2. 伤残待遇

《工伤保险条例》规定职工工伤或患职业病评定伤残等级后，享受以下待遇。

（1）职工因工致残被鉴定为一级至四级的，应保留劳动关系，退出生产（工作）岗位，并享受以下待遇：发给一次性伤残补助金，按照伤残职工本人工资计发，标准是一级伤残为24个月的本人工资，二级伤残为22个月的本人工资，三级伤残为20个月的本人工资，四级伤残为18个月的本人工资。同时，按月支付伤残津贴，标准是一级伤残为本人工资的90%，二级伤残为本人工资的85%，三级伤残为本人工资的80%，四级伤残为本人工资的75%。伤残津贴实际金额低于当地最低工资标准的，由工伤保险基金补足差额。评上护理依赖等级者，按月发给护理费，标准按完全护理依赖、大部分护理依赖和部分护理依赖三个等级，分别为当地上一年职工月平均工资的50%、40%、30%。完全护理依赖者中特别严重的按60%发给。工伤职工达到退休年龄并办理退休手续后，停发伤残津贴，享受基本养老保险待遇。基本养老保险待遇低于伤残津贴的，由工伤保险基金补足差额。

（2）职工因工致残被鉴定为五级、六级伤残的，享受以下待遇：从工伤保险基金中按伤残等级支付一次性伤残补助金，标准是五级伤残为16个月的本人工资，六级伤残为14个月的本人工资。保留与用人单位的劳动关系，由用人单位安排适当工作。难以安排工作的，由用人单位按月发给伤残津贴，标准是五级伤残为本人工资的70%，六级伤残为本人工资的60%，并由用人单位按照规定为其缴纳应缴纳的各项社会保险费。伤残津贴实际金额低于当地最低工资标准的，由用人单位补足差额。经工伤职工本人提出，该职工可以与用人单位解除或者终止劳动关系，由用人单位支付一次性工伤医疗补助金和伤残就业补助金。

（3）职工因工致残被鉴定为七级至十级伤残的，享受以下待遇：从工伤保险基金按伤残等级支付一次性伤残补助金，标准是七级伤残为12个月的本人工资，八级伤残为10个月的本人工资，九级伤残为8个月的本人工资，十级伤残为6个月的本人工资。在劳动合同期内，单位确实难以安排适当工作、职工本人又不愿意自谋职业的，由单位根据伤残等级分别按月发给相当于职工本人工资60%、50%、40%、30%的生活费。劳动合同期满终止，或者职工本人提出解除劳动合同的，由用人单位支付一次性工伤医疗补助金和伤残就业补助金。具体标准由省、自治区、直辖市人民政府规定。

3. 死亡待遇

《工伤保险条例》规定职工因工死亡，可享受以下待遇：

（1）丧葬补助金为6个月的统筹地区上年度职工月平均工资。

（2）一次性工亡（因工死亡）补助金按工亡职工本人工资48个月发给，其中对因抢险救灾等维护国家、社会和公众利益死亡的按 60 个月发给。

（3）按规定可以享受供养直系亲属定期抚恤金的，其配偶每月按照当地上一年职工月平均工资的 40%发给，其他供养直系亲属每人每月按照 30%发给，孤寡老人或者孤儿每人每月在上述标准的基础上增发 10%。抚恤金总金额不得超过死者本人工资标准。

新条例在提高丧葬补助金和供养亲属抚恤金标准的基础上，增加了一次性的工亡补助金的内容。根据《因工死亡职工供养亲属范围规定》，因工死亡职工供养亲属，是指该职工的配偶、子女、父母、祖父母、外祖父母、孙子女、外孙子女、兄弟姐妹。此外，农民合同工也应按工伤保险待遇标准执行。其中，1991 年国务院令第 87 号关于《全民所有制企业招用农民合同制工人的规定》，要求大部分丧失劳动能力的农民合同工，按照其标准工资 70%的标准，每月发给因工致残抚恤费，直到死亡时为止，这样规定与新条例的规定基本一致。对部分丧失劳动能力即 7~10 级的伤残职工，根据其伤残程度一次性发给因工致残抚恤费，新条例中还要求企业发给一次性伤残就业补助金，其标准也由省、自治区、直辖市劳动行政部门根据实际情况确定。大部分和部分丧失劳动能力即被评为 5~6 级和 7~10 级伤残等级的农民合同工除享受上述待遇外，还享受新条例第三十七条规定的有关待遇。

（四）工伤预防和工伤康复

工伤预防是工伤保险的首要问题，做好预防工作，就能少发生事故，甚至不发生事故；工伤康复是工伤保险的根本目的，通过康复工作，使伤残者恢复劳动和生活能力。

1. 工伤预防

工伤预防是指事先防范职业伤亡事故以及职业病的发生，减少事故及职业病的隐患，改善和创造有利于健康、安全的生产环境和工作条件，保护劳动者在生产、工作环境中的安全和健康。

工伤预防注重对生产工作过程中意外事故的防范，并尽可能地避免或降低事故的发生率，减少工伤保险补偿费用的支出和大量的善后工作。国际劳工组织 1964 年第 121 号《工伤事故津贴公约》要求“每个成员国必须把制定工业安全与职业病预防条例”写入条款，要求实施工伤保险的国家，必须实行工伤预防的措施。我国原劳动和社会保障部发布的《企业职工工伤保险试行办法》，要求“工伤保险要与事故预防，职业病防治相结合，企业和职工必须贯彻安全第一，预防为主的方针，遵守劳动安全卫生法规制度，严格执行国家劳动安全卫生规程和标准，防止劳动过程中的事故，减少职业危害”。有关部门应采取宣传、教育、检查和奖惩等措施，并运用事故预防和宣传、科研等项费用支持工伤预防的科学研究工作，促进企业改善劳动条件，加强安全生产的管理，并通过运用浮动费率和安全奖惩制度，奖励对安全生产做出贡献的企业和个人，并适当补偿企业为降低事故和职业病的发生而先期投入安全生产设施、设备的部分资金，以此达到减少工伤事故和职业病发生的目的。

我国工伤保险中工伤预防工作起步较晚，工伤预防的制度和措施主要是通过差别费率、浮动费率的机制、奖励机制以及宣传教育等项工作来实现。工伤保险差别费率，是指征收工伤保险费用按照国民经济各行业的伤亡事故风险和职业危害程度的类别而实行的不同的收费率。我国是根据各行业的伤亡事故风险和职业危害程度划分职业伤害风险等级的，称为行业差别费率。实行差别费率的地方，还要根据各行业或企业安全生产状况和费用实际收支情况，定期调整费率，促进安全生产的管理。《企业职工工伤保险试行办法》规定，差别费率每五年调整一次，同时要求各地根据伤亡事故和职业病的统计及统筹费用进行测算后，再确定工伤风险分类和差别费率标准。新条例根据不同行业的工伤风险程度，将行业划分为三个类别：一类为风险较小行业，二类为中等风险行业，三类为风险较大行业。关于费率的确定，新条例规定，各省、自治区、直辖市工伤保险费平均缴费率原则上要控制在职工工资总额的 1.0%左右。在这一总体水平下，各统筹地区三类行业的基准费率要分别控制在用人单位职工工资总额的 0.5%、1.0%和 2.0%左右。

工伤保险制度实行差别费率制，是工伤保险不同于养老、医疗、失业、生育等保险制度的地方，这是因为工伤保险制度除了要体现社会调剂、分散企业风险的原则之外，还要体现工伤预防、减少事故和职业病发生的职能，以保障劳动者的安全和健康。浮动费率是指工伤保险管理部门定期对每个企业的安全卫生状况和工伤保险费用的支出情况进行评估，并根据评估结果和控制指标的规定，适当提高或降低其费率的制度。新条例规定用人单位属一类行业的，按行业基准费率缴费，不实行费率浮动。用人单位属二类、三类行业的，费率实行浮动。用人单位的初次缴费费率，按行业基准费率确定，以后由统筹地区社会保险经办机构根据用人单位工伤保险费使用、工伤发生率、职业病危害程度等因素，1~3 年浮动一次。在行业基准费率的基础上，可上下各浮动两档：上浮第一档到本行业基准费率的 120%，上浮第二档到本行业基准费率的 150%，下浮第一档到本行业基准费率的 80%，下浮第二档到本行业基准费率的 50%。费率浮动的具体办法由各统筹地区劳动保障行政部门会同财政、卫生、安全监管部门制定。

实行浮动费率的制度，通过降低或提高企业保险费率的机制，对企业进行奖励或惩罚，以促进企业重视安全生产，加强安全生产的管理工作。

2. 工伤康复

工伤康复是对工伤职工进行的一系列康复工作。这些康复工作可以概括为综合协调使用药物、度假疗养或教育措施，使残疾人恢复一定的工作、生活能力。这个过程包括医疗康复和职业康复。医疗康复主要包括医学上的治疗、运动治疗、语言训练、义肢安装、体能测试、职业指导和护理。职业康复是指采取各种适当手段，帮助伤残人员恢复健康和工作能力，以及料理自己生活的能力，包括肢体、器官、智能的全面和部分恢复，以及职业培训。工伤康复旨在通过医疗康复和职业康复，达到重返工作岗位或合适的职业，恢复正常生活能力，参加社会活动的目的。

国际劳工组织在 1985 年《残疾人职业康复的基本原则》第三版中明确规定了职业康复的主要内容包括以下六个方面：①掌握残疾人的身体、心理和职业能力状况；②就残疾人职业培训和就业的可能性进行指导；③提供必要的适应性培训、心理功能的调整以及正规的职业培训；④引导从事适当的职业；⑤提供需要特殊安置的就业机会；⑥残疾人就业后的跟踪服务。

三、工伤保险存在的问题

我国是一个工伤事故发生频繁、职业病危害严重的国家。据统计，仅 2003 年全国工矿企业发生工伤事故 15 597 起，死亡 17 315 人，并且，各种事故发生呈显著上升趋势，已引起国务院及相关部门的高度重视。在职业病方面，据不完全统计，中国实际接触粉尘、毒物和噪声等职业危害的职工超过 2500 万人。截至 2005 年，全国尘肺累计病例 607 570 例，累积死亡 137 481 人。近几年，尘肺发病率也呈上升趋势，仅 2005 年就发生尘肺病例 9173 例（中华人民共和国卫生部网站）。我国工伤死亡及尘肺发病率均为世界之首，每年因工伤和职业病造成的经济损失约2000亿元，这不仅严重影响了工人的安全和健康，也严重阻碍了我国经济体制改革的顺利进行。自新中国成立以来，我国政府和企业每年都将较大的资金投入到发展工伤保险事业中，然而由于政治制度、经济制度、经济基础、文化背景、社会习惯的差异，与发达国家相比，我国的工伤保险无论在覆盖范围、费率机制、补偿水平、资金筹集、管理制度、职业康复、工伤预防等方面均存在不少的差距和问题。

（1）覆盖面窄。我国的《工伤保险条例》中规定，可以享受工伤保险待遇的主体是“职工”和“雇工”，而不是所有存在雇佣关系的任何劳动者。大量的没有稳定劳动关系或没有劳动关系的灵活就业人员、自由职业者的工伤问题日益突出。此外，用人单位瞒报、漏报工伤保险费，单位骗保的现象也时有发生。而且由于逆向选择大量存在，一些风险小的企业往往不愿意参保，甚至劳动者本人也不积极参保。这些都导致了我国工伤保险参保率过低。

（2）工伤保险体系不健全（三位一体）。由于我国是发展中国家，受经济水平的限制，从我国建立工伤保险制度以来，一直以工伤补偿为主。相对工伤补偿而言，工伤预防与工伤康复的功能明显薄弱。一方面，工伤保险缴费率设置不合理，无法激励用人单位采取安全措施预防工伤事故的发生。另一方面，由于我国职业康复制度尚未成熟，工伤职业康复管理模式尚未统一，而且缺乏重新就业帮扶政策。

（3）法制建设落后。我国工伤保险的主要依据是《工伤保险条例》。首先，从法律角度来看，这只是一个行政法规，其约束力和执行力都较弱，没能对企业或雇主形成足够的强制约束。其次，工伤保险的相关法律存在不少漏洞，可操作性不强，在实施中容易出现矛盾。

（4）待遇标准不统一，待遇水平低。我国对工伤保险待遇的调整机制起始于1996年的《企业职工工伤保险实行办法》。2004年的《工伤保险条例》规定，“由统筹地区劳动保障部门根据职工的平均工资和生活费用等情况适时调整”。但是这种调整受到行政因素的影响，常常跟不上物价上涨的水平，造成实际待遇水平低的问题。由于各地经济发展水平不一，经济发达地区的工伤保险基金收入高，经济欠发达地区的工伤保险基金收入低，然而经济欠发达地区的工伤事故发生率却更高，造成工伤待遇的差异过大，弱势群体得不到保障。

（5）工伤保险制度落实困难。工伤保险制度落实的困难主要是获取赔付难度大，一方面是工伤认定困难，这是由取证困难造成的。部分没有参加工伤保险的企业，往往以双方没有签订劳动合同或职工违章操作为由，不申报工伤认定，而劳动者往往在个人申报时也提供不出有效证据。另一方面是职业病赔付困难。这是因为我国的工伤保险起步较晚，对职业病的相关规定和认定都不健全，法律法规的制定相对落后，在执行上还存在不少困难。

（6）从事工伤保险制度管理的人员过少，素质上良莠不齐。人员素质问题导致工伤保险工作管理粗糙，系统性、连续性差。由于认识上的差距，各地在费率水平、资金收缴、企业参保率、管理力度上也都存在着较大的距离，造成工伤保险科学、规范的管理难以落实。而且，国内的工伤保险是政府机构管、办一体化，这与一些发达国家和地区的雇主责任制所奉行的管、办分离的原则，即政府只承担依法管理与监督的职责，商业保险公司承担着经办的职责相比，既缺乏有效的灵活性，也缺乏相应的竞争与监督机制。

第五节 完善工伤保险制度的对策

我国是一个工业化、现代化起步较晚的国家，人口众多，地区经济发展极不平衡，面对世界经济的挑战和中国加入 WTO 的要求，迫切需要建立一个统一、规范、科学、具有强制性的工伤保险制度，以适应未来社会可持续发展的需要。而我国的工伤保险改革尚在起步阶段，与具有百年工伤保险发展历史的发达国家相比，还有许多问题亟待解决。结合自身国情，应从以下几个方面加以考虑。

一、建立科学有效的费率机制

不同的行业、企业因生产性质、生产条件、管理水平、重视程度等的不同，其工伤事故发生频率、严重程度以及经济损失存在着较大的差别，应在不同行业之间实行差别费率（即按照企业发生伤亡事故和职业病风险的不同，规定不同的缴费标准），高风险的、工伤事故发生较多的企业费率相应提高，低风险的、事故少的企业费率降低。全球 160 多个实行工伤保险的国家中，约有 41%的国家采用差别费率制。有关资料表明，许多国家通过实行差别费率机制，有效地遏制了工伤事故的发生。如日本在 1947 年实行差别费率，1951 年事故率比上年下降 12% ，1952 年又比上年下降 15%，1953 年再下降 4%。德国实行差别费率，在最近的 20 年里工伤死亡人数减少 2/3。这样既保证了公平，又能鼓励雇主采取保障工人安全的措施，达到了工伤保险的目的。此外，同一企业在不同的年度，由于采取不同的预防措施，工伤事故频率、严重程度及经济损失也会有所不同。应随着工伤事故的变化情况实行浮动费率（根据企业上年度发生事故的情况，重新调整下年度的缴费标准，这样更易看到企业长期在工伤预防方面的效果，对企业更具激励性），奖励那些在消除职业病、工伤事故及隐患方面成绩显著的企业，惩罚那些职业病和工伤事故频繁上升的企业。这样，既体现了工伤保险的保障性，又体现了其差别性。

二、加强工伤保险的制度管理

制度管理是做好工伤保险工作的保证。首先，应加强对工伤和职业病定点医院的管理，建立对医院的制约机制。政府有关部门和工伤保险机构要定期对指定医院进行评估和资格认证，对不能通过认证者，取消其指定医院的资格。其次，工伤保险机构应配备称职的专业技术人员，尽量将具有医学背景的专业人员充实到工伤保险机构中来，发挥其专业优势，对入院、治疗、用药、检查、转院及出院严格把关，既保证工伤职工正常的医疗需求，又能控制过度浪费。除此之外，还应加强对工伤保险经办机构的监督管理，使其制定严格的、科学的工伤管理办法、管理程序和管理措施，不断提高工伤保险人员的业务素质和职业道德水平。

三、重视职业康复工作

职业康复是现代工伤保险的重要一环，一方面可以为工伤残疾职工恢复劳动和生活能力创造条件，另一方面可以减少企业和社会的工伤保险费用支出。劳动和社会保障部门鼓励有条件的地区可以逐步兴办工伤职业康复事业，建立工伤康复中心，帮助工伤残疾人员恢复或者补偿功能，所需资金、费用可以在工伤保险基金的职业康复费用中支付。例如，大连市在

《城镇企业职工工伤保险规定》中也提到要按工伤保险费总额的2%提取康复事业发展费，这充分说明了政府对职业康复的重视。虽然我国的工伤保险事业起步较晚，但是我们可以充分利用现有条件，借鉴发达国家把工伤保险与工伤预防、职业康复一体化的经验，通过工伤保险机构拨付的资金，与相关医院，如职业病院、疗养院等联合或兴办专门的职业康复中心来开展此项工作，争取在职业康复方面与国际同步。

四、工伤保险与工伤预防相结合

早在工伤保险发展初期，有的国家就开始了与工伤预防相结合方面的探索，并且由于工伤预防工作较事后补偿更具积极意义，社会形象也好，工伤保险机构因此乐此不疲。如法国的社会保障机构除负责工伤补偿事务外，还建立专门的工伤预防基金和专职的安全监察员，雇主缴纳工资总额的115%建立工伤预防基金，主要用于为企业提供安全方面的咨询，提供安全技术和安全专家，监督实施安全条例和工伤统计分析等工作。德国的工伤保险机构也有一支安全监察队伍，经常检查企业是否遵守了安全规程等。另外有许多国家工伤保险机构都提供资金，支持工伤及工伤预防技术的科研工作，如德国工伤保险机构建立职业安全卫生研究所，专门从事工伤预防科研工作。在我国，工伤保险机构目前尚无专职的安全监察队伍，也没有类似的从事工伤预防工作的人员，但是配备这样的人员，督促企业执行安全生产法律法规，并向企业提出消除安全隐患的建议，是工伤保险发展到一定阶段的必然要求。现阶段，工伤保险机构可利用资金优势与安全卫生检测监察机构或其他具备条件的中介机构合作，开展工伤预防工作。同时，工伤保险机构也要提取一定的基金用于安全知识的宣传普及和预防科研工作，防止由于无知或蛮干造成的事故。总之，工伤保险与工伤预防相结合是工伤保险事业发展的趋势，工伤保险机构要有长远的计划，舍得投资，逐步配备专业人员，积极开展工伤预防及科研工作。只有工伤预防工作做好了，才能更有效地保障职工的安全和健康，发挥工伤保险应有的作用。

[案例分析]

案例一：交接班前伤亡不属于工伤

【案情摘要】

潘力是深圳市龙岗区坪地某时装厂的员工，从事保安工作。2005 年 12 月 17 日，潘力在工作岗位上突发疾病，后经医院抢救无效，于 2005 年 12 月 19 日死亡。其父潘旗认为潘力是在上班时在工作岗位上突发疾病死亡的，因此向社保部门申请工伤待遇。

但该时装厂提供的报告则称，潘力是在准备接班时，因身体不适而要求同事延长上班时间以替其上班，之后潘力感觉病情严重，前往医院入院就诊，并于次日经抢救无效而死亡。

【处理结果】

鉴于用人单位和家属就潘力突发疾病的场所存在争议，社保部门进行了调查。调查后认定，2005 年 12 月 17 日，潘力准备上班时，因身体不适而要求同事继续值班，后前往诊所就诊；因病情严重而再次要求同事前往诊所送其去医院就诊，后经医院抢救无效死亡。根据该事实，虽然潘力是在交接班过程中感觉不适，但其情形并非属于在工作时间和工作岗位上，故其并非在工作时间和工作岗位上因突发疾病而导致死亡，社保部门认定不属于或不视同工伤。

【分析】

工伤认定的情形中，要求必须是在工作时间和工岗位上所遭受到伤害事故，而对事故发生的原因并没有要求，因此，在本案中，潘力的发病时间和发病地点是问题的关键。社保部门对潘力突发疾病的时间、地点进行调查核实，对其同事先后两次进行调查并制作笔录，确认潘力不是在工作时间、工作场所突发疾病。根据《广东省工伤保险条例》第九条、第十条的规定，潘力不属于或不视同工伤。潘力突发疾病的时间、地点是该案的争议焦点，其死亡时间、死亡原因不是该案的关键。因此，潘力的死亡时间不影响社保部门依照相关事实依据做出潘力非工伤的认定结论。

案例二：事实劳动关系

【案情摘要】

2006年9月28日，曹友为其子曹民（某建筑公司员工）向社保部门提出工伤认定申请。2006年中期，张品承包该建筑公司某花园二期的一部分木工活。2006年8月14日，张品将其中一套木工活承包给了曹民。2006年8月30日，曹民班下的工人向曹民讨要工资，因未到发工资的时间，被曹民拒绝。其班下的工人赵某持铁棒击中曹民头部，导致其右侧脑室左移，经公安局法医鉴定为重伤，诊断结论为重型颅脑损伤。曹友因此要求社保部门认定曹民所受伤害属工伤。但该建筑公司则认为，其与曹民之间不存在事实劳动关系，因为其已将承建的工程分包给了张品，而张品又将其中一项木工项目分包给了曹民，因此曹民所受伤害不属于工伤。

【处理结果】

社保部门调查后认为，该公司将工程分包给不具备建筑工程质资的自然人，而自然人显然不具备用人单位的主体资格。因此，尽管曹民是从张品手里承包木工项目，但是，根据《广东省工伤保险条例》第三十五条的规定，该公司应当承担曹民的工伤保险责任，因为与曹民形成事实劳动关系的正是该建筑公司。

【分析】

根据《广东省工伤保险条例》第三十五条的规定，曹民与该公司形成事实劳动关系。同时曹民作为管班人员，其负责管理班下人员的日常工作以及工资发放等事宜。其在工作时间以及工作场所内，与员工就工资问题进行协商，属于其工作职责之内的事宜。在协商未成的情形之下，其被班下人员打伤，属于"因履行工作职责而遭受暴力伤害"。这个案例说明界定工伤除了要考虑发生时间、发生地点等因素外，认定参保人的身份及劳资双方的事实劳动关系也非常重要。在《工伤保险条例》第十八条、《工伤认定办法》第五条规定，提出工伤认定应填写工伤认定申请表并提交劳动合同文本复印件或其他建立劳动关系的有效证明等文件。因此对劳动者进行工伤认定的前提条件就是劳动者与企业、个体经济组织之间存在劳动关系或事实劳动关系。

CHAPTER 9

第九章 生育保险

[内容摘要]

生育保险是保障人类健康繁衍和确保劳动力扩大再生产的有效途径，因而一直受到各国的重视。本章全面阐述了生育保险的含义、内容、特点和作用，以及中国生育保险发展过程中存在的问题及相应的政策建议，同时比较了国外生育保险制度，分析了一些生育保险的相关知识分析案例。

[学习要点]

（1）生育保险的含义、内容、特点和作用。

（2）中国生育保险发展过程中存在的问题及相应的政策建议。

第一节 生育保险制度的含义

一、生育保险的定义

生育保险，是指女职工因怀孕和分娩造成暂时丧失劳动能力、中断正常工作会获得物质帮助的一种社会保险制度。它主要包含以下三个方面的要点：

（1）生育保险是对女职工专门建立的一项社会保险。生育虽包括在男女双方共同组成的家庭内部事务之内，生育带来的经济负担也由夫妻双方共同承担，但生育保险仅为女职工怀孕和分娩的生育行为提供直接的物质帮助和补偿。

（2）生育保险是对女职工生育子女全过程的物质保障。它不仅包括对女职工生育时所花费的检查费、接生费、手术费、住院费和医药费等费用的补偿，还包括对女职工在规定的生育假期内因未从事劳动而不能获得工资收入的补偿。

（3）生育保险是对女职工合法生育而实行的一项社会保险。合法生育包括符合法定结婚年龄、按《婚姻法》规定办理了合法的结婚手续、符合国家的生育法规和政策。在我国，女职工无论妊娠期长短或流产，无论分娩的是活胎或死胎，被保险者都享受生育保险待遇。

二、生育保险的具体内容

生育保险的具体内容一般包括：

（1）生育津贴，即在法定的生育休假期间对生育者的工资收入损失给予经济补偿。

（2）医疗护理，即承担与生育有关的医护费用（包括“产前检查费”）。

（3）生育补助，如对生育保险对象及其家属（如妻子和女儿）的生育费用给予经济补助，又如“婴儿津贴”和“保姆津贴”等。

（4）生育休假，包括母育假（产假）、父育假（母亲产假期间的父亲育儿假）和育儿假（母亲产假后父母双亲任何一方的育儿休假）。

中国生育保险制度包括四项内容。各国生育保险制度的具体内容会因国情与政策的不同而有所不同，比如，“父育假”、“保姆津贴”等政策主要在欧盟一些国家实行。

三、生育保险的产生和立法

生育保险同其他社会保险一样，是随着经济的发展和社会的需要而产生的。

首先，生育保险是工业化大生产的必然产物。生育是妇女的神圣天职，但也是有很大风险的，因为：①妇女在怀孕、分娩、育婴期间部分或全部不能参加劳动，失去劳动收入；②生育又需要增加医疗保健费用支出；③妇女生育期间在体力、心理和精神上都要承受很大负担和消耗，甚至有肌体伤残或生命危险。据有关资料表明，世界上每年约有50万名妇女死于分娩或分娩并发症，还有不少妇女因生育而留下伤残。妇女生育所遇到的这些风险，在自给自足的小农经济时代只能由个人和家庭自行承担，自己补偿，因而不可能产生生育保险。但当社会进入大工业生产后，生产关系发生了变革，妇女也由家庭劳动进入了工厂劳动，成为雇佣劳动者，生育费用成为工资的一部分，与其他生活资料一样，属于必要劳动。对生育费用一定程度的补偿不仅在于保证劳动者本身延续后代，还在于保证社会所需要的劳动力资源，保证劳动力的生产和再生产。在工业化社会条件下，生育保险就自然而然地产生了。

其次，生育保险是随着妇女从事生产与工作而逐渐发展起来的。随着社会的进步和发展，妇女越来越多地开始从事社会工作，但与此同时她们也必然遇到生儿育女的问题。如果让妇女抛弃其所从事的经济和社会活动，重新回到家庭，专事生育，意味着社会的倒退，广大妇女也不会接受。但让妇女抛弃生育而一心从事社会和经济活动也绝对行不通。解决这一矛盾的有效途径就是实行生育保险。当妇女因怀孕和分娩暂时不能劳动，得不到收入时，能从国家和社会得到一定的物质补偿，这一方面可以确保妇女生育继续进行下去，另一方面也保证了妇女日后走上工作岗位的权利，为妇女广泛从事社会劳动提供可能。因此，建立和发展生育保险是客观上必然要实行的一项社会事业。

生育保险是保障人类健康繁衍和确保劳动力扩大再生产的有效途径，因而一直受到各国的重视。德国早在 1883 年《劳工疾病保险法》中，就有关于生育保险的内容，此后各国都把生育保险作为疾病保险的组成部分或作为妇女权益保障的内容，在立法中做出规定。国际劳工组织在 1919 年和 1952 年分别制定了《保护生育公约》（第 3 号）和《保护生育公约》（第 103 号）。这两个公约均规定，妇女生育产假期至少应为 12 周，产假期间发给现金津贴，并提供医疗补助，其经费来自强制社会保险基金或其他公共基金。第 3 号公约还规定生育津贴不得少于妇女生育前工资收入的 2/3。1952 年国际劳工大会通过的第 102 号公约《社会保障（最低标准）公约》也有关于生育保险实施范围，生育津贴、生育医疗服务的规定。根据国际劳工组织的统计，目前世界上已有 102 个国家通过立法建立并实行了生育保险制度。

四、生育保险制度与其他相关制度的关系

（一）生育保险制度与女工劳动保护制度、妇女就业保障制度

生育保险与女工劳动保护和妇女就业保障属于不同的女性保障制度，但有重合之处，主要是对孕产妇的劳动保护项目，比如：①产前产后工时津贴，如女工孕期检查、产后哺乳时间计作劳动时间而发生的时间津贴。②孕期工作量减免，如不上夜班、减轻工作量不减工资等。③母婴保护设施，如哺乳室、托儿所、幼儿园等。④女性就业保障，即保障女工不会因为怀孕生育而遭受解雇，等等。

这些项目可以包括在广义的生育保险制度或“生育保障制度”之内。但由于实施 1~3 项保护的经费（如产前检查时间津贴、产后哺乳时间津贴、哺乳室建设费用等）并不是由“生育保险基金”支付的，而是被看作企业职工福利，因此将它们列入“女工劳动保护制度”。而“产前检查费”由“生育保险基金”支付，因此属于“生育保险制度”。上述第④项也可以被看作是“女性就业保障”的内容。

（二）生育保险与计划生育

计划生育是我国的一项基本国策。鼓励计划生育也体现在社会保障的政策之中，其中与生育保险也有关联。与生育保险相关的事项有实施节育（包括绝育）措施的各项费用、独生子女费、女性休假、独生子女母亲延长的产假、晚婚晚育父亲护理假以及各项休假津贴等。关于计划生育的各项休假及津贴，与生育保险一样都由各企业负担。关于实施计划生育所发生的费用最早属于医疗保险费用，都在“劳动保险金”项下开支，文件依据可见《国务院关于职工绝育、因病施行人工流产的医药费和休息期间工资待遇问题的通知》

（1957 年 10 月 12 日）。以后《国务院批转卫生部、财政部关于计划生育工作经费开支问题的规定》（1964 年 4 月 4 日），将计划生育各项费用纳入“计划生育经费”、“医药卫生补助费”或“公费医疗经费”之中。根据 1983 年国家计划生育委员会、财政部、卫生部《关于计划生育事业费开支范围和加强财务管理的规定》（国计生委字〔1983〕 6 号）的规定，“独生子女保健费”在企业的“职工福利基金”项下开支。在各地改革试点中，计划生育费用开始与生育保险基金相关联，根据《关于妥善解决城镇职工计划生育手术费用问题的通知》（劳社部发〔1999〕32 号），计划生育手术费用在有的地方可以纳入“医疗保险统筹基金”支付范围，有的地方已将其纳入“生育保险基金”支付范围。

五、生育保险的特点

（一）生育保险的覆盖面仅限于女性

在我国，还只是在达到法定结婚年龄，正式登记结婚，并符合国家计划生育政策规定的女职工生育时，才能享受生育保险待遇。

（二）给付项目多

在国外，生育保险的给付项目包括生育假期、生育收入补偿、生育医疗保健和子女补助金等项目。在我国，生育保险还配合国家的人口控制政策，对实行晚婚晚育的生育妇女制定了一些奖励政策。

（三）标准高

生育保险待遇有一定的福利色彩。生育期间的经济补偿高于养老、医疗等保险。生育保险提供的生育津贴，一般为生育女职工的原工资水平，也高于其他保险项目。另外，在我国职工个人不缴纳生育保险费，而是由参保单位按其工资总额的一定比例缴纳。

（四）生育期间的医疗服务与医疗保险的医疗服务有所不同

生育期间的医疗服务主要以保健、咨询、检查为主，与医疗保险提供的医疗服务以治疗为主有所不同。生育期间的医疗服务侧重于指导孕妇处理好工作与修养、保健与锻炼的关系，使她们能够顺利地度过生育期。产前检查以及分娩时的接生和助产，则是通过医疗手段帮助产妇顺利生产。分娩属于自然现象，正常情况下不需要特殊治疗。

（五）生育保险实行“产前与产后都应享受的原则”

在临产分娩前一段时间，由于行动不便，女职工已经不能工作或不宜工作；分娩以后，需要一段时间休假、恢复健康和照顾婴儿，这是生育保险不同于其他险种的又一区别。

（六）补偿原则

无论女职工妊娠结果如何，均可以按照规定得到补偿。也就是说，无论胎儿存活与否，产妇均可享受有关待遇，包括流产、引产以及胎儿和产妇发生意外等情况，都能享受生育保险待遇。

六、生育保险的作用和意义

生育是人口的再生产，是维持劳动力资源延续的一种社会活动。实行生育保险制度，对于保护妇女身体健康和保障劳动力再生产，都有积极的作用和重要的意义。

（1）保证女职工的身体健康和劳动力的再生产。女职工在怀孕期间以及生育时，体力的消耗很大，需要一段时间的休养和足够的营养。建立生育医疗保险，就能够保证女职工在生育期间得到及时治疗和保健，保证生育女职工及早地恢复身体。女职工在产前产后的一段时间内，暂时丧失了劳动能力，不能通过劳动取得报酬以维持基本生活，有了生育保险，就能使生育的女职工获得基本的生活保障，促进劳动力再生产的正常进行。建立生育保险，是保证女职工身体健康，减轻由于生育所产生的生活困难，保护女职工劳动能力的一项重要措施。

（2）有利于延续后代，保证劳动力的连续再生产。建立生育保险不仅是为了保证女职工的身体健康，而且也是为了保护下一代，使其得到正常的孕育、出生和哺育。一般来说，母亲在怀孕及哺乳期，保证有一定的营养，新生的婴儿就能有健康的体魄和正常的智力，这就为提高劳动力素质奠定了基础。建立生育保险是保证劳动力再生产的一个重要环节。

（3）可以促进计划生育政策的贯彻执行。为了更好地贯彻计划生育国策，可以利用生育保险这个保障机制，对实行计划生育的女职工在假期、医疗保险方面给予优待，对不实行计划生育的女职工适当降低生育保险待遇，以充分发挥生育保险对计划生育的促进作用。

第二节　国外生育保险制度的比较

一、生育保险发展过程

最早建立生育保险制度的是德国在 1883 年《劳工疾病保险法》中关于生育保险的规定。1919 年第一次国际劳工大会通过了涉及女职工产前和产后就业的第一个《保护生育公约》。1952 年，经修订产生了第 103 号公约《保护生育公约》，两个公约并存，供会员国选择批准。目前，大多数国家根据自己的社会制度和经济实力都进行了相应的生育保险立法，或者建立单独的生育保险制度，或者把生育保险作为医疗保险制度的一个组成部分。

二、生育保险类型

从各国的具体实践情况来看，生育保险大致可分为四种类型：社会保障型、社会福利型、雇主责任型和其他保障型。

（1）社会保障型。社会保障型是通过立法规定雇主、雇员和政府按照约定的筹资比例缴纳生育保险基金。由基金支付覆盖群体的生育费用。大多数国家都实行这种保险类型，具有代表性的国家有美国、德国、芬兰和巴西等。

（2）社会福利型。社会福利型的特征是不以是否参保作为生育保险待遇的前提，本国所有雇员均可以享受生育津贴。享受生育津贴的人员必须在生育期有一定时间的参保或就业记录。这种制度一般在经济条件比较好的国家沿用，主要有加拿大、瑞士、丹麦、澳大利亚和新西兰等发达国家。

（3）雇主责任型。雇主责任型的保险费用由企业或雇主负担，不要求职工有缴费记录。这种制度一般在经济尚不发达的国家中采用，比如苏联、利比亚等。

（4）其他保障型。其他保障型比如储蓄基金制度、全民保险制度。其中储蓄基金制度的代表国家是新加坡、尼日利亚和赞比亚。这种制度强制其居民按照收入的一定比例提取储蓄基金，以备生育时共同调剂使用。

三、国外生育保险的特点

（一）生育保险与医疗保障合并立法并实施

从世界各国的实施情况来看，大多数国家都是把生育保险与医疗保障结合在一起立法的，而且在操作过程中也是共同发挥保障作用的。这主要是因为在生育前后的过程中，生育和医疗保健密不可分，两者的给付在性质和标准上都有一定的近似性；同时，也是为了使生育保险基金具有更强大的支付实力，以提高其抗击风险的能力。

（二）覆盖范围较广

世界上有许多国家都将生育保险的范围扩大到一切符合法定条件的妇女，包括非工资劳动妇女在内，甚至有些国家还扩大到包括符合国家公民身份的所有妇女。对于享受生育保险的条件，各个国家的规定也不尽相同，大体有两种情况：第一种没有最低合格期限的规定，只要女职工是该国公民，就有资格享受生育保险，如澳大利亚、芬兰、伊拉克等国家。第二种有最低合格期限的规定，绝大多数国家属于这种类型，但每一个国家的规定都不相同，可以归纳为五种情形：①只对居住权有一定要求。如冰岛规定有常住权的母亲可以享受生育保险金；卢森堡规定受益人必须在该国居住 12 个月，夫妻两人必须在该国居住 3 年，才能享受生育保险。②只要从事受保职业的，就可以享受，而没有规定其他条件。如意大利、日本、波兰、危地马拉、几内亚、丹麦等国家。③要求具备从事一定时间的受保职业。如加拿大规定在最近一年内从事受保职业 10~14 周后，才能取得享受资格；阿根廷规定，产前连续受雇 10 个月，或从事现职工作 1 个月，并在从事现职工作一年内，受雇不少于 6 个月的，才能享受。④要缴足一定时限的保险费后，才能取得享受生育保险的资格。如墨西哥规定，受保妇女在生育前 12 个月内，必须缴纳 30 周保险费才能享受生育保险。大多数国家缴纳保险费时间为 10 个月。⑤除要求被保险人实际参加工作外还要达到一定时间。如法国规定，被保险人在分娩前必须投保满 10 个月，并且在生育的最近一年内的头 3 个月中，至少受雇 200 小时。

（三）待遇标准较优厚

国外生育保险的主要待遇包括产假、生育补助金、生育津贴、医疗保健、儿童津贴五项内容。从产假期限方面来看，60%以上的国家达到 3 个月，20%以上的国家达到 4~6 个月，瑞典和德国长达一年半。有些欧洲国家还规定在产假期满后享受半休假 8 年（如瑞典）、5 年（如比利时）、3 年（如法国）。从生育津贴方面来看，绝大多数国家甚至包括一些发展中国家如伊朗、玻利维亚、利比亚等国家，都实行了一次性的生育津贴，受保的妇女及受保男职工的妻子均可领取到相应的生育津贴。从儿童津贴方面来看，其水准一般都较高，这主要是为了鼓励生育，从而扩大社会劳动力的再生产。此外，在“福利国家”，妇女生育的子女越多，其津贴额度也就越高。

（四）实物给付与相关服务丰富多样

在大多数国家的生育保险待遇中，除了现金津贴外，还有相当多的实物给付，如发放免费的凭证奶粉，供给新生婴儿的全套用具，婴儿院则提供免费服务，婴儿定期就诊，以及为生育妇女提供各种咨询和指导等。

四、各国生育保险制度的比较

（一）享受条件的差异比较

从各国享受生育保险的条件来看，大体上可以分为以下几类：一是投保时间和受雇时间都达到规定标准。例如，法国规定，被保险人产前投保满 10 个月，并在产前 12 个月的最后 3 个月内受雇满 200 个小时，才可以享受生育保险。二是已经缴纳社会保险费，并达到规定的最低期限。例如，墨西哥规定，被保险人在生育前 12 个月已经缴纳 30 周保险费，才能享受生育保险。三是有居住权，并且在国内的居住时间达到最低限度。例如，卢森堡规定，受益人必须在国内居住达 12 个月，夫妻两个人必须在国内居住满 3 年，才可以享受生育保险。四是不规定具体条件。例如，澳大利亚规定，凡本国公民符合财产调查手续者，即可享受生育保险。

（二）享受待遇的差异比较

生育保险的待遇包括许多方面，各国的差异较大，如产假时间。产假长度一般为 12 周左右，但有些国家规定的产假时间较长，在 20 周以上。如芬兰规定产假为 33 周，德国为 32 周，意大利为 31 周，挪威、英国为 18 周。发展中国家规定的产假相对短一些，如菲律宾规定产假为 45 天，利比亚为 50 天。还有些国家根据生育胎次，分别规定了不同长度的产假，如法国规定生育第一胎和第二胎的产假为 16 周，生育第三胎以后的产假均为 26 周。

关于生育津贴，其计算方法有均一制和薪资比例制两种。采用薪资比例制时，薪资基数又有本人生育前工资、所在企业平均工资、待业平均工资、地区平均工资等几种选取方法。一般来说，各国的生育津贴都较高，即规定补偿标准不低于生育前的工资水平，或为原工资的 100%。

此外，少数国家还实行育儿假和育儿津贴待遇，即规定婴儿的母亲或父亲可以在休满产假后增加一段休假时间来照顾婴儿，允许的育儿假期各国从 6 个月到 3 年不等。育儿期间发给适当津贴，有些国家称为“母亲工资”或“父亲工资”，其标准低于生育津贴。例如，意大利的“母亲工资”是原工资的 30%，匈牙利的“母亲工资”是低收入女工平均工资的 50%左右。也有的国家不补偿育儿假期间的收入损失，只为休假职工保留职位，计算工龄。

第三节　我国生育保险制度及其变迁

我国生育保险基本上是一种职工生育保险，其覆盖对象主要是城镇就业职工。我国生育保险制度的建立和发展大致可以分为三个时期，即新中国成立初期的生育保险、“社会主义改造”与“文化大革命”时期的生育保险、经济转轨时期的生育保险。此外，计划生育保险也是我国生育保险制度的一部分。

一、新中国成立初期的生育保险

我国生育保险制度在新中国成立初期就已经建立，主要体现在新中国第一部社会保障法规《中华人民共和国劳动保险条例》(1951 年 2 月 23 日政务院第 73 次政务会议通过)之中，其保障对象为“女工人与女职员”。1953 年 1 月 23 日政务院颁布的《中华人民共和国劳动保险条例(修正草案)》和劳动部颁布的《劳动保险条例实施细则》对女职工生育保险待遇作了具体的规定。内容包括：女职工生育给产假 56 天，产假期间工资照发；女职工怀孕不满 7 个月小产时，给予 30 天以内的产假，产假期间工资照发；女职工难产或双生，增加产假 14 天，工资照发；女职工怀孕产前检查费和分娩的费用由企业行政或资方负担；产假期间仍不能工作者，经医院证明按疾病待遇的规定处理。1955 年政务院又下发了《关于女工作人员生育假期规定的通知》，对机关、事业单位女职工生育保险作了规定，规定的待遇标准与企业女职工大体一致。根据 1953 年的《中华人民共和国劳动保险条例(修正草案)》和《劳动保险条例实施细则》，新中国成立初期生育保险制度的内容大致如下：

(1)覆盖对象。雇用工人与职员人数在 100 人以上的国营、公私合营、私营及合作社经营的工厂、矿场及其附属单位与业务管理机关。

(2)生育保险金包括在劳动保险金之中，实行全国统筹与企业留存相结合的基金管理制度。劳动保险金由企业行政或资方按工资总额的 3%提留，其中 30%上缴中华全国总工会，70%存于该企业工会基层委员会账户内。

(3)生育休假及生育津贴。女工人与女职员生育，产前产后共给假 56 天，产假期间，工资照发。

(4)生育补助。女工人与女职员或男工人与男职员的配偶生育时，由劳动保险基金项下付给生育补助费，其数额为 5 市尺红布[①]，按当地零售价付给之；多生子女补助费加倍发给。此外，劳动保险基金对经济确有困难者在企业托儿所的婴儿给予伙食费补助。

(5)医疗服务。《中华人民共和国劳动保险条例(修正草案)》第 16 条规定：“女工人与女职员怀孕，在该企业医疗所、医院或特约医院检查或分娩时，其检查费与接生费由企业行政方面或资方负担。”

(6)女性临时工、季节工及试用工的生育保险。怀孕及生育的女工人、女职员，其怀孕检查费、接生费、生育补助费及生育假期与一般女工人、女职员相同；产假期间由企业行政方面或资方发给产假工资，其数额为本人工资的 60%。

(7)其他。关于小产、难产和多胎的保险规定。

二、“社会主义改造”与“文化大革命”时期的生育保险

“社会主义改造”与“文化大革命”时期(20 世纪 60 年代初至 70 年代末)我国生育保险制度发生了一些变化。20 世纪 60 年代初，中国已完成了对私营经济的“社会主义改造”，私营经济和公私合营经济都转制成了国营经济，实行计划经济体制，“单位制”逐步形成。“文化大革命”使这种变化得到了加强。1969 年 2 月，财政部颁发的《关于国营企业财务工作中几项制度的改革意见(草稿)》规定：“国营企业一律停止提取工会经费和劳动保险金”，“企业的退休职工、长期病号工资和其他劳保开支，改在企业营业外列支”。从此，我国社会保险的统筹制度中断了，生育保险制度也随之发生了变化：

(1)生育保险的国家统筹消失，企业生育保险形成，各企业只对本企业的女工负责。

---

① 1 市尺=0.333 米。

（2）此时期“临时工”实际上都成了“固定工”，生育保险从适合多种用工制度变化成了只适合单一的用工制度。

三、经济转轨时期的生育保险

20 世纪 70 年代末，“文化大革命”结束，随着我国的计划经济逐步走向社会主义市场经济，企业自负盈亏独立核算的原则已成共识，企业用人制度和用工制度的改革也已经有了新的气象，但是生育保险成本依然由企业各自负担。为避免更多的“性别亏损”，追求利润最大化，企业或者减少使用女工，或者在落实企业生育保险规定时打折扣，妇女公平就业的权利因此而受到损害。为了不让招收女工较多的企业在就业竞争中吃亏，为了不让妇女因承担生育责任而影响就业，变“企业生育保险”为“社会生育保险”、生育保险基金社会统筹，就成了我国生育保险制度改革的方向。

（一）在经济体制转轨中生育保险改革滞后

1988 年，国务院颁布《女职工劳动保护规定》，对女职工生育待遇进行了修订和完善，其中规定：不得在女职工怀孕期、产期、哺乳期降低其基本工资，或者解除劳动合同；并将正常产假由原来的 56 天延长到 90 天，其中产前假 15 天；难产的增加产假 15 天，多胞胎生育的，每多生育一个婴儿，增加产假 15 天。1953 年的《中华人民共和国劳动保险条例（修正草案）》中有关女工人、女职员生育待遇的规定和 1955 年 4 月 26 日《国务院关于女工作人员生产假期的通知》同时废止（第 19 条）。

1988 年我国关于生育保险的规定有两点作用：一是增加了产假天数（从 56 天增加到 90 天）；二是对 20 世纪 60 年代初至 70 年代末生育保险制度的变化由默认到正式承认。

（二）全国各地生育保险制度改革尝试

既然原有的生育保险制度已经与市场经济条件下的企业制度不相适应，国家又没有统一的新政策，当时医疗保险制度和养老保险制度的改革试点正在全国许多省市进行，各地的生育保险制度改革也就各显神通。1988~1994 年，各地改革措施归纳起来主要有以下两种。

1. 生育保险基金社会统筹

1988 年 9 月 1 日，江苏省南通市开始实行《南通市全民、大集体企业生养基金统筹暂行办法》，企业按男女全部职工人数每年一次性向社会统筹机构上缴一定数额的资金，建立女职工生养基金。统筹企业中有女职工生育，其生育医疗费和生育津贴由社会统筹机构负责支付。湖南省株洲市在 1988 年也试行生育保险基金社会统筹。企业按工资总额的一定比例上缴生育保险费，通过银行划归劳动部门统筹。生育女工凭企业证明按月从当地劳动部门领取生育津贴。在这段时间里，试行生育保险基金社会统筹的地区还有昆明、曲阜、绍兴、宁波、德州等几十个市县。

2. 夫妇双方所在企业平均分担生育保险费用

1988 年，辽宁省鞍山市实行《鞍山市保护老人、妇女、儿童合法权益的规定》，该规定第 8 条要求，生育津贴由夫妻双方所在企业各自承担 50%，若男方在部队、外地或机关工作，由女方单位全部承担。实行类似规定的还有苏州等市县。

生育保险基金社会统筹或生育保险费用分担在很大程度上减轻了试行企业生育保险费用

的压力，对妇女就业产生了积极作用。但由于地方法规的非权威性、各地操作管理上的复杂性，基金的收缴有一定的困难，尤其是对于男职工较多的企业。各地办法不统一，也增加了管理与监督上的难度。因此需要有全国统一的法规出台。

（三）生育保险从企业保险走向社会统筹

1994 年 12 月，劳动部发布《企业职工生育保险试行办法》（自 1995 年 1 月 1 日起试行），全国有了统一的生育保险基金统筹办法。1995 年 7 月 27 日，国务院发布《中国妇女发展纲要（1995—2000）》，其在生育保险上的目标是：20 世纪末“在全国城市基本实现生育费用社会统筹”，“改革女职工生育保障制度。将女职工生育保险费用由企业管理逐步改为社会统筹管理，这项改革由国有企业逐步扩展到所有企业”。劳动部于 1995 年下发了《关于贯彻实施〈中国妇女发展纲要〉的通知》。继 1995 年的《中国妇女发展纲要（1995—2000）》后，国务院于 2001 年 5 月 22 日再次发布《中国妇女发展纲要（2001—2010）》，指出，妇女享有与男子平等的社会保障权利。城镇职工生育保险覆盖面达到 90%以上，普遍建立城镇职工生育保险制度，完善相关配套措施，切实保障女职工生育期间的基本生活和医疗保健需求。《企业职工生育保险试行办法》的主要内容如下：

（1）目的是“为了维护企业女职工的合法权益，保障她们在生育期间得到必要的经济补偿和医疗保健，均衡企业间生育保险费用的负担”。

（2）企业按不超过工资总额 1%的资金向劳动部门所属的社会保险经办机构缴纳生育保险费（职工个人不缴纳生育保险费），社会保险经办机构负责生育保险基金的收缴、支付和管理。

（3）生育保险基金支付项目有生育津贴、与生育有关的医护费用和管理费，其中，生育津贴按本企业上年度职工月平均工资计发。

劳动部《关于贯彻实施〈中国妇女发展纲要〉的通知》（劳部发〔1995〕412 号）要求，“全国 80%左右的县（市），到本世纪末实现生育保险社会统筹”，并将保险覆盖面扩大到城镇各类企业。

《企业职工生育保险试行办法》是第一个试图与经济转型相适应的生育保险法规。《中国妇女发展纲要》和上述文件推动了《企业职工生育保险试行办法》在全国的实行。

截止到 2012 年，我国享受生育保险待遇的人数达到 352.7 万人，生育保险基金收入 304.2 亿元，支出 219.3 亿元，累计结余 427.6 亿元，增长了 24.8%。参加生育保险的人数达到 15 428.7 万人，增长了 11.1%。

目前我国生育保险待遇主要包括两项，一是生育津贴，二是生育医疗待遇。人力资源和社会保障部关于《生育保险办法（征求意见稿）》从 2012 年 11 月 20 日起面向社会公开征求意见。意见稿中明确，生育险待遇将不再限户籍，单位不缴生育险须付生育费。

同时，随着《企业职工生育保险实行办法》的出台，我国目前已有 27 个省、自治区、直辖市颁布并实施了生育保险规定。2010 年出台的《社会保险法》中有 4 条内容对生育保险制度进行了规定。其中第 53 条规定，职工应参加生育保险，由用人单位按照国家规定缴纳生育保险费，职工不缴纳生育保险费。第 54 条规定，用人单位已缴纳生育保险费的，其职工享受生育保险待遇；职工未就业配偶按照国家规定享受生育医疗保险待遇。第 55 条规定了生育医疗费用所包括的内容。第 56 条规定了职工享受生育津贴的三种情形。

第四节 我国生育保险存在的问题及政策建议

一、我国生育保险制度存在的问题

（一）生育保险制度与妇女就业冲突

虽然生育保险能促进女性积极就业，但是在实践中也有不少问题。比如，政府将强制企业为女性员工付生育费作为不缴纳生育保险费的惩罚，那么企业可能为了逃避生育费的额外支出而将减少雇用女性员工。这将给妇女就业带来负面影响。

（二）生育保险覆盖面窄，地区发展不均衡

我国生育保险的覆盖面与国际公约的差距过大。2010 年颁布的《社会保险法》规定的生育保险适用对象是职工，这里的职工主要是指企业职工以及机关、社会团体和事业单位的劳动合同制职工。《社会保险法》出台后，生育保险的适用对象不再局限于以正规方式就业的城镇女性劳动者，然而仍然将大部分的失业妇女、农村妇女和非婚生妇女排除在外。

另外，各地区的生育保险制度发展不平衡，导致地区之间的差距较大，经济发展较快的东部地区，生育保险覆盖面明显大于经济发展相对落后的西部地区。生育保险的地区不平衡，会进一步拉大地区发展的差距。

（三）生育保险统筹层次低，费率设置不合理

虽然我国的《社会保险法》已经提高了统筹层次，规定除了养老保险以外的其他社会保险基金逐步实行省级统筹，但是该规定过于笼统，缺乏可操作性，因而目前我国不少省份生育保险基金仍停留在市、地、县范围内统筹，造成基金调剂功能差，使得生育保险难以起到互助互济、均衡负担的作用。

过高的生育保险费率会给企业或雇主造成负担，不堪重负的企业就会逃避缴纳生育保险费，甚至导致企业或雇主减少雇用女性员工。截止到 2012 年年底，生育保险基金累计结余 427.6 亿元，说明目前 1%的费率标准过高，有下调的空间，也反映出政府对基金运转的监管责任有待加强。

（四）生育保险基金管理缺位

我国生育保险基金的监督同其他社会保险基金一样，实行收支两条线，基金纳入财政专户，专款专用。但是，在每年关于劳动与社会保障的发展汇报中，往往只有少量提及生育保险的相关内容，比如，基金支出、收入和参保人数，其他信息难以查询到，对生育保险工作不够重视给社会监督造成困难。

（五）生育保险待遇低、标准不规范

由于社保部门担心收不抵支而削减生育保险支付项目，我国的生育保险待遇与国外相比仍然较低。无论是产假标准、产假工资、医疗费用或者生育津贴，都与国外有明显的差距（表 9-1）。

表 9-1 各国产假安排

国家	瑞典	芬兰	加拿大	澳大利亚	中国
产假时间	69 周	39 周	37 周	18 周	14 周

（六）立法滞后，缺乏相应的监督管理机制

完善生育保险的相关立法，是构建完整、成熟的生育保险制度的第一步。然而，我国目前关于生育保险方面的立法明显滞后。首先，《社会保险法》中仅有 4 条针对生育保险的内容，而《生育保险条例》也直到 2012 年年底才面向社会征求意见。这说明生育保险立法滞后和缺乏。另外，现有的立法内容也不够规范、统一，导致城乡之间、省份之间差距较大；虽然已经逐步提高了生育保险基金的统筹层次，但是仍然缺乏可操作性的指导。而且由于规范的监督管理机制和必要的惩罚机制缺失，生育保险的实施阻力大，实践效果差。

二、完善我国生育保险制度的对策

（一）加强立法、强化制度建设

《中华人民共和国社会保险法》已于 2010 年 10 月 28 日获得通过，制定与该法相配套的法规已经迫在眉睫。与其他四种社会险种相比，我国的生育保险制度依然不够完善，主要表现在立法的严重滞后性。完善生育保险的相关立法，是构建成熟、完善的生育保险法律的第一步。对此，我们应该调整生育保障理念，从社会学角度出发，体现人与人之间的一种平等关系。国家和社会应该转变观念，要着眼于社会发展，着眼于整个民族素质，强化政府的主导地位和主要责任。在生育保险改革实践中，我国迫切需要一部全国统一的《生育保险法》。只有通过法律形式，才能保障生育保障水平与经济发展速度相适应，规范生育保险管理行为和职责。

（二）提高生育保险覆盖面，扩大享受待遇范围

目前，我国的生育保险享受对象为以正规方式就业的城镇女性员工。这把农村妇女劳动者排除在外，还有一部分自由职业妇女也享受不到生育保险待遇。因此，国家应该本着责任公平分担的原则，建立农村生育保险基金，将这一部分妇女劳动者包括到生育保险体系中，减轻农村妇女的生育负担，并在合适的时机，与城镇生育保险合并。对于城镇自由职业妇女，也应该让其自由选择加入，逐步将她们纳入生育保险的覆盖范围内，将保障城镇女性职工的基本权利扩大到保障生育妇女的基本权利。

目前，广东、上海、江苏等地区将灵活就业和失业人员也逐步纳入保障领域，在一些保障项目上也进行了拓展。一些地区还为男职工的家属提供部分生育保险待遇。因此可以借鉴这些地区的成功经验，将生育保险覆盖面的提高、待遇标准的提高逐步拓展到全国。

（三）规范待遇标准，提高待遇水平

在生育保险政策启动之初，生育保险待遇支付项目及支付标准应根据基金收缴情况量力而行，但是当基金有了足够积累时，应当扩大生育保险的功能，提高生育保险待遇水平。与

国际社会相比，我国的生育保险支付水平在各个项目上都偏低，这不但削弱了生育保险的作用，而且抑制了企业参保的积极性。因此应该根据社会保险基金收入、支出的实际情况和各地区生活水平制定符合实际的生育津贴支付标准。另外，要适时调整生育保险待遇，确保生育津贴、产假和产假工资的实际保障力度，避免受通货膨胀的波动而使得生育保险的保障水平下降。

（四）加强基金管理和监督

针对生育保险基金结余逐年递增的实际，我们需要建立科学的生育保险基金管理体系和监督体系。一是需要对生育保险的收缴水平和支出水平进行科学的调查和定量分析，确定基金结余量的合理水平，按照“以支定收，收支平衡”的原则管理基金收支。二是要在扣除生育保险基金实际支付需要之后，当年有结余的，由社会保险机构按照实际节约予以全额返还给企业，降低基金结余率，以减轻参保企业的负担。

在基金运行管理方面，也可以借鉴发达国家的经验，将基金交由专门的基金公司托管并限制其投资方向，可以提高基金的增值性。

（五）生育保险与医疗保险合并实施

生育保险在我国与其他四种险种相互独立，共同构成社会保险体系。然而生育保险究其起源就是作为疾病保险的一部分而提出的。生育保险与医疗保险之间有着不可分割的联系。比如，生育过程中涉及的检查、手术、住院等医疗服务，都与医疗保健紧密相关。基于此，许多国家都将二者合并管理。这样做的优势是节省和充分利用公共资源，避免费用承担上的矛盾和分歧，有利于增加保险基金的抗风险能力等。在我国，生育保险起步较晚，发展较慢，如果能将生育保险并入医疗保险，有利于借助起步早、较成熟的医疗保险扩大覆盖面，提高生育保险的地位，进一步完善我国的社会保险体系。

[案例分析]

案 例 一

【案例摘要】

2008 年 5 月 5 日，代某到潍坊市某禽业公司采购部工作，2010 年 4 月 1 日被调岗到后勤从事统计工作。2010 年 8 月 16 日，代某生育一男孩，休产假到 2010 年 12 月 16 日。产假期满后，因身体虚弱，代某又请病假三个月。病假期满后去上班，被公司告知在家等通知，等了两个多月通知后公司仍拒绝恢复工作岗位并要求三个月试用期，代某因不同意而被辞退。

公司一直未给代某缴纳社会保险费，潍坊市社保中心不给予办理生育保险待遇的领取。产假、病假期间公司也未付生育津贴和病假工资。

【处理结果】

2011 年 6 月 15 日，代某委托律师代理该劳动争议案，2011 年 6 月 16 日，律师将劳动争议仲裁申请书递交潍坊市坊子区劳动人事争议仲裁委员会。2011 年 8 月 10 日，仲裁委员会出具裁决书，根据《劳动合同法》、《山东省企业职工生育保险规定》、《劳动争议调解仲裁法》的规定，裁决如下： 一、自本裁决书生效之日起 15 日内，被申请人一次性支付申请人生育医疗费 1000 元、90 天生育津贴 4323 元（1441 元/月 ÷ 30 天 × 90 天）、2011 年 3 月 18 日至 2011 年 5 月 25 日期间的基本生活费 1771 元（1100 元/月 × 70% × 2.3 个月）、2011 年 5 月 26 日至 2011 年 6 月 6 日期间的工资 443.2 元（1205 元/月 ÷ 21.75 天 × 8 天）等共计人民币 7537.2 元。二、驳回申请人其他劳动仲裁请求。

【分析】

在本案例中，仲裁委员会认为：被申请人与申请人建立劳动关系，应依法为申请人缴纳社会保险费，保障申请人享受生育保险待遇，被申请人未依法缴纳，致使申请人不能享受生育医疗费及生育津贴，责任应当由被申请人承担。按规定，申请人应当享有法定 90 天的生育津贴。谈话录音证明被申请人与申请人重新约定试用期，违反了《劳动合同法》第 19 条第 2 项规定，申请人自 2011 年 3 月 18 日至 2011 年 5 月 25 日未提供劳动，系被申请人造成的，被申请人应当支付申请人在此期间的不低于当地最低工资 70%的生活费。2012 年提出的《生育保险办法》中，也明确规定了公司未给职工缴纳生育保险的，由公司按照法律规定的生育保险待遇项目和标准报销生育医疗费、支付生育津贴。进一步保障了女职工的权益，也提高企业参保的积极性。（110 法律咨询网）

案 例 二

【案情摘要】

某服装公司按照规定自 2007 年参加了生育保险，并按照要求以公司职工工资总额 0.9%的比例按月向当地社会保险机构缴纳生育保险费。该公司女职工较多，公司自行规定每个女职工负担一部分保险费，按女职工月工资 0.3%的比例向女职工征收生育保险费。这笔费用该公司并未缴给社会保险机构，而是冲抵了公司缴纳的生育保险费。后来该公司女职工得知按照国家规定职工个人不需缴纳生育保险费用，遂向劳动保障部门反映此情况。

【处理结果】

劳动保障部门到该公司了解情况后，责令该公司改正。随后该公司撤销了向职工征收生育保险费的决定，并退还已经向职工征收的生育保险费。

【分析】

这是一起因生育保险费的负担而发生的争议。生育保险费应由企业承担。根据 1994 年劳动部颁布的《企业职工生育保险试行办法》第 4 条规定：“生育保险根据‘以支定收，收支基本平衡’的原则筹集资金，由企业按照其工资总额的一定比例向社会保险经办机构缴纳生育保险费，建立生育保险基金。生育保险费的提取比例由当地人民政府根据计划内生育人数和生育津贴、生育医疗费等项费用确定，并可根据费用支出情况适时调整，但最高不得超过工资总额的 1%。企业缴纳的生育保险费作为期间费用处理，列入企业管理费用。职工个人不缴纳生育保险费。”《青岛市城镇职工生育保险办法》（青岛市人民政府令第 151 号）第 5 条规定：“用人单位应当按月向社会保险经办机构如实申报并缴纳生育保险费。用人单位以在职职工工资总额为基数，按 0.9%的比例缴纳生育保险费。职工个人不缴纳生育保险费。”该企业向职工个人征收生育保险费显然违反了国家规定和地方规定，应予以纠正。

生育保险是对女性劳动者因生育子女而暂时中断收入来源时，由社会和国家给予其必要的物质帮助的一种社会保险制度，目的在于保障女性劳动者劳动能力的恢复，使妇女安全、健康地度过生育时期，保护女性劳动者的身体健康，进而提高民族素质。因此应该由国家和社会负担生育保险费用，为女性职工的生育行为提供保障。（劳动法律网）

HAPTER 10

第十章 住房保障

[内容摘要]

住房保障制度是政府和单位为解决低收入家庭的住房问题而设置的社会保障性住房供给方式。本章重点阐述了住房保障的含义、形式及特点，阐述了国外住房保障的制度及做法，以及中国住房保障制度发展过程中存在的问题及对策。

[学习要点]

（1）住房保障的含义、形式及特点。

（2）国外住房保障的制度及做法。

（3）中国住房保障制度发展过程中存在的问题及对策。

第一节 住房保障概述

一、住房保障制度的含义

住房保障制度是指政府和单位在住房领域实施社会保障职能，对城镇居民中低收入家庭进行扶持和救助的一种住房政策措施的总和，是为解决低收入家庭的住房问题而设置的社会保障性住房供给方式。

住房保障制度是多层次住房供应体系的重要组成部分。也就是说，住房保障制度是国家通过行政手段对低收入家庭提供适当住房的一项制度。这一制度弥补了市场经济的缺陷和不足，对市场经济中弱者和低收入者提供帮助和救济，它的存在和实行提高了市场配置住房资源的效率，体现了社会公平和人道主义精神，是社会稳定、经济发展、社会进步的需要，是实现社会公平和社会安定的助推器。

住房保障包括广义的住房保障和狭义的住房保障。广义的住房保障指的是对全体居民的住房社会保障；狭义的住房保障则指的是对一部分有特殊困难或低收入居民的住房社会保障。以上两者具有阶段性的特征，是针对特定发展阶段的居民的收入状况、居住状况、市场供求状况、产业政策目标以及宏观经济状况采取的阶段性政策选择，随着条件的变化不断发生演进。我国出台的房改中以标准价格或成本价出售公房、集资建房和住房公积金等政策，属于广义住房社会保障的范畴；经济适用房、安居房、廉租房等政策是针对中低收入居民的，属于狭义住房保障范畴。随着住房制度改革的深入和其他配套政策措施如工资制度等的进一步完善、居民收入的增长和居住条件的提高以及住房市场的成熟，住房保障对象进一步缩小，从中低收入居民过渡到低收入居民，住房保障的形式也将做相应的调整。

二、住房保障的形式及其特点

综观世界各国的住房政策，住房保障的形式可以分为两大类：明贴和暗贴。所谓明贴就是按照一定的标准给予符合条件的居民以特定金额的现金补贴以支持其住房消费。暗贴是指政府对住房保障的非现金补贴，又可以分为侧重于住房供给的生产者补贴和侧重于住房消费的消费者补贴。生产者补贴包括免费或低价提供土地、贷款贴息、营运补贴及在提供建材和税收征缴方面赋予某种优惠等形式；消费者补贴则主要表现为低价出售公房和低租金制度、利息补贴、税收减负和实物分配等。

（一）明贴和暗贴的利与弊

暗贴通过向生产者或消费者提供各种形式的优惠或补贴而人为地将房租、房价控制在市场均衡价格以下，这将导致以下不良后果：①限制了价值规律和市场机制调节作用的发挥，资源配置效率低下，不利于住房的商品化、市场化和社会化；②控制价格会导致供给减少需求增加，从而造成房屋短缺；③增加财政负担，且住房质量也难以得到保证；④暗贴使占有住房者得到好处，因而容易诱发寻租现象，影响公平性；⑤住房是极富个性需求的商品，由政府提供公共住房的暗贴方式限制了消费者的选择自由，无法实现其福利最大化。

明贴则可以克服暗贴的上述各种弊端，而且，现金补贴的方式增加了消费者的收入，使其预算线外移，从而使等额补贴存在盈余，起到改善居民家庭居住和收入条件的双重效果。同时，增加了消费者对住房的选择自由，最大限度地满足其偏好，增加消费者福利并活跃了住房市场。

（二）生产者补贴和消费者补贴的利与弊

生产者补贴是政府政策侧重于住房供给，将补贴直接投向生产者一方，通过生产者的供给行为间接传递给需求者。国家经验表明，生产者补贴的适用条件为：住房极度短缺、急需解决住房困难；同时国家财力有限，实施直接的现金补贴有困难而只能通过地价优惠税收减免等间接方式实施补贴。就我国当前的实际情况来看，生产者补贴的适用条件已经基本满足，因而经济适用房政策等生产者补贴政策，在当前确实有实施的基础和必要。但生产者补贴存在不可避免的缺陷；政府为此而实施的投资计划、分配方法和对市场的严密监控，构成了政府对住房市场的直接干预，造成了价格机制和竞争机制的扭曲，不利于住房的商品化和市场化，并有可能产生向旧的福利分房制度复归的倾向。另外，政府为保证生产者实现规定的建筑标准和住房质量，保证补贴的政策真正传递到消费者，而不会在住房建设阶段产生效率流失或被生产者占有，必须付出巨大的监督成本。

相对而言，消费者补贴政策更有利于价值规律和市场机制调节作用的发挥，并能克服上述生产者补贴的各种不足，代表了住房保障补贴政策延缓的高级阶段。但是其实施需要具备以下条件：政府财力充足，有能力实施直接的现金补贴；居民收入条件和消费欲望有相当程度的提高，从而居民的住房收入弹性较高而房价收入比比较低。此时，住房补贴能迅速有效地提高居民的现实购买力，将潜在的住房需求转化为实际有效需求。就我国当前的实际情况来看，大部分地区还不具备实施消费者补贴住房保障政策的条件。

从以上对各种主要住房保障形式的分析可见，明贴优于暗贴，消费者补贴优于生产者补贴。但是选择何种住房保障形式，还需要结合居民收入和住房供给状况及政府财力等客观条件。事实上，住房保障形式的选择具有动态性和阶段性的特点，这是由住房保障的各种形式具有的阶段性和演进性的特点决定的，每种形式都是针对当时具体状况的现实选择，随着实际情况的变化而不断演进。因此每个国家的政府在实施住房保障时都不是选择单一的形式，而是针对当时的实际情况将几种形式结合起来运用。

第二节　国外住房保障的实践

一、西方国家住房保障体制

西方国家住房保障体制的构成内容从不同的角度分析会有不同的结果。本书将西方国家的住房保障体制划分成两个层次：住房保障的法律体系和住房保障的实施机构体系。住房保障的法律体系提供住房保障的制度保障，住房保障的实施机构体系提供住房保障的实施保障，两者共同作为西方国家住房保障的工具。

（一）西方国家住房保障的法律体系

西方国家涉及住房问题的法律较多，各国基本上都已经形成了相互补充的比较完整和完善的住房保障法律体系，有关住房保障的法律既包括在宪法、民法等一般性综合性法律中的诸多有关住房保障的法律条文，也包括综合性的社会保障法律中的诸多有关住房保障的法律条文，同时几乎所有国家都颁发了有关住房保障的专门性法律。这些法律在住房保障体制中发挥着重要的作用。

1. 提供建立住房保障体制的依据

住房保障的相关法律和专门法律通过对居民拥有适当住房的这一权利加以规定和保护，明确规定居住权是公民权利的重要组成部分，保障居民的基本居住条件是政府职能的基本体现，从而不仅为建立住房保障体制以及相关政策措施的采用提供了法律依据，而且也对居民享受有关住房保障待遇以及由此形成的其他财产权利与非财产权利给予了法律保障和支持。例如，从 1946 年起，瑞典就明确规定“享有良好的居住环境和宽敞的住房条件是国民的社会权利”，是政府的社会责任，政府要为保障国民的这一权利而不断努力。1948 年 2 月 23 日，杜鲁门总统在《关于房租控制与长期的住房致国会的咨文》中强调“国家有责任保证向我国全体人民提供像样的住房。我们应以低收入家庭支付得起的租金提供简单适宜的住房”。

2. 明确住房保障体制的目标

依据法律对公民居住权的规定，西方国家根据不同历史阶段的各自国情，有针对性地通过法律明确了住房保障体制的目标，并随着社会经济的发展和宏观政策的变更而适时调整，从而逐步实现全体居民的居住权。美国 1949 年《住房法》正式承认“为全美的每一个家庭提供舒适的家和适宜的居住环境”是国家的目标。1961 年 3 月 9 日，肯尼迪总统在致国会的住房和城镇发展计划咨文中提出了三个基本国家目标，其中之一仍是给全国人民提供体面的住房。瑞典政府于 1967 年的法案中提出“使全体人民能够以合理的价格住进宽敞、舒适和设备齐全的高质量的房屋”，在 1974 年又补充了“良好的居住环境、住房租户的参与权、各种住房阶层共处的整合居住社区”等内容。新加坡在独立之初，以住房绝对短缺问题的解决为目标，而当住房数量问题基本解决后，则于 1964 年将“居者有其屋”作为目标，推行住房自有化。

3. 规定住房保障的实现方式

为保证住房保障目标的实现，各国通过制定相应的政策法规，从微观上详细地规定住房保障的对象、保障标准、保障水平、保障资金的来源、专门管理机构的建立和权限的划分，以及对骗取保障行为的惩罚等，从而明确中央和地方、各种专门房地产金融机构之间的权责划分，既能使政策法令更具有可操作性，还可以避免其出现互相推诿等现象，以达到权责分明、各负其责、措施有力、提高效率、落实得当的目的。例如，自 1832 年《乔利拉法案》之后，英国不断充实和制定有关法规。1890 年《工人阶级住房法》首次授权地方政府建设住房来满足社会需要。1946 年，鼓励地方政府建造住房，规定对低收入家庭提供的住房实行控租政策。1962 年为规范当时民间兴起的建房社团的活动，颁布了《建房社团法》，规定建房社团的宗旨是为社团成员筹集资金，并以完全所有或租赁保有房地产证券形式贷给社员等。1980 年、1984 年、1985 年《住房法》和 1993 年《租赁改革、住房和城市发展法》则体现了政府力图实现住宅私有化的指导思想，对鼓励公房出售等问题做出了明确的规定。

《加拿大联邦住宅法》最初制定于 1938 年，后经不断修订完善，现已成为联邦政府住房政策的总纲领。以此为依据，联邦政府制定“社会住房计划”以资助低收入和最穷的加拿大国民，使之也有体面的栖身之处。为此，联邦政府根据《加拿大抵押和住宅公司法》专门成立“加拿大抵押和住宅公司”，授权该公司代表政府行使贷款职能，执行社会住房计划，改善现有住房和居住区环境。

（二） 住房保障的实施机构体系

由于中低收入阶层住房问题是实现全社会住房目标所面临的主要问题，因此西方国家一方面以法律为依据成立专门的机构来实施法律规定的各项保障措施；另一方面通过法律来引导和规范其他经济主体的行为，鼓励其服务于住房保障的整体目标，从而保证住房保障体制落到实处。从其组成结构上看，可以分为决策协调机构、具体执行机构和住房金融机构三个层次。

1. 决策协调机构

住房保障体制的落实是一个极其复杂的系统工程，涉及计划、财政，金融、税务、土地、规划、司法等许多部门。为了有效地协调各部门的工作，保证有关政策法令的正确执行，一些国家先后设立了高层次的决策协调机构，负责制定解决住房问题的政策和计划，运筹物资、资金、劳动力等资源的分配，协调住房保障体制的运行。如瑞典的住房委员会下设国家住房管理局和 23 个省级住房管理局，284 个区设有国家贷款和补贴的委托办事机构。住房委员会的职责包括：负责协调各政党在住房问题上的意见，审定政府的住房财政报告；批准有关住房的立法；处理各种住房抵押贷款；负责编制住房建设计划、质量控制指标和技术规范方法；确定补贴标准等。美国 1965 年颁布《住房和城市发展法》，将联邦住宅局、联邦全国抵押协会、城市改建处、小区设施管理处合并，成立一个内阁级的住房和都市发展部，全面负责实施住房发展计划。该部下设公众住房局，专门负责解决低收入家庭的住房问题。

2. 具体执行机构

由于政府决策协调机构负责制定政策和计划、分配资源，若其直接参与住房市场，容易造成“政企不分”，影响市场机制的运作和自身职能的发挥。因此除少数国家外，政府决策协调机构一般不直接参与住房市场，而是由专门的机构来具体执行有关政策和计划，以解决中低收入阶层的住房问题。具体执行机构主要包括国有住房公司和民间非营利组织两大类，其中，国有住房公司以地方政府所有为主，民间非营利组织则包括居民自发组织、私有企业和宗教或慈善机构的住房组织等。新加坡于 1960 年根据《建房与发展法令》成立国家住房发展局，由其全权负责建造和分配向中低收入阶层出售（出租）的公共租屋。国家住房发展局按商品经营原则自主经营、自负盈亏，其资金来源是国家贷款和政府给予的住房差价补贴。瑞典的住房供应以国有公司和住房合作社为实施主体，前者以瑞典自治体住宅公司协会为代表，后者则以瑞典全国住房合作社联盟为代表。

3. 住房金融机构

住房是价格高昂的生活必需品，西方国家的住房价格一般相当于家庭年收入的 3 ~ 6 倍。中低收入阶层很难在短时间内完全用自有资金来购置住房，于是开展住房信贷的住房金融机构便成为解决居民购置住房资金缺口的重要力量。一方面，多数国家采取税收、利率优惠政策鼓励个人储蓄和利用抵押贷款建房、购房，由金融机构将量小分散、期限短暂的资金转化为数量较大、期限较长的资金；另一方面，政府给予中低收入家庭建房、购房的预算拨款与经济补助等资助性资金，也需要金融机构进行营运管理。住房金融机构可以分为政策性住房金融机构和商业性住房金融机构，而前者主要是针对中低收入阶层住房问题而设立的。美国联邦抵押贷款协会、英国住房协会、加拿大住房抵押贷款金融公司、日本住宅金融公库、瑞典城市抵押银行、挪威国家储蓄银行、意大利国家房地产信贷银行等都属于政策性住房金融机构或者具有很强的政策性功能的住房金融机构。这些机构通常是国家的法定机构，其领导体制归属于政府有关部门。政策性住房金融机构一般由政府批准的董事会直接领导，董事会成员由政府、专家和有关利益集团的代表等组成。由董事会聘任总经理，依法自由经营，自负盈亏，任何政府部门都不能直接干预其业务。政策性住房金融机构的资金来源是政府财政拨款、中央银行贷款、专项住房基金、法定强制储蓄和社会居民存款等。其中，政府财政拨款主要用于创办这些机构和充实营运资金。政策性住房金融机构一般不直接吸收普通储蓄，而是依赖于其他金融机构的转借，或者是吸收与住房贷款相联系的强制储蓄和居民住房存款等，尤其是储蓄银行更是如此。在资金运用上，政策性住房金融机构主要是以优惠的条件对中低收入阶层的住房建设给予金融资助，包括为中低收入阶层提供购、建房贷款，对向其出售、出租住房与建房的机构提供建房贷款，以及为贷款提供担保。

二、美国、德国和新加坡的住房保障制度

（一）美国的住房保障制度

美国是一个居住水平很高的国家，实行商品化的住房保障形式，住房商品化程度较高，私人拥有住房比例较大，其住房政策方面有许多成功经验。

1. 通过立法保障住房措施的落实

美国在住房保障方面最具特色的，就是各项措施通过立法保障来落实和实施。美国政府为了解决低收入居民住房和贫民窟问题，先后通过了《住房法》、《城市重建法》、《国民住宅法》、《住房与城市发展法》等，对住房保障作了相应的规定。一是扩大房屋抵押贷款保险。除了少数富人家庭外，很少能一次付清房款，通常按房价 25%支付现款，其余部分以房屋为抵押向银行和放款协会寻求贷款。二是提供较低租金公房。《住房法》规定，政府必须为低收入者提供较低租金住房，其租金一般不到私有住房租金的一半。三是提供低利息贷款建房。《国民住宅法》规定，政府提供低利息贷款，鼓励私人投资于低收入家庭公寓住宅，建成后的住房，优惠提供给受城市重建或政府公共计划丧失住所的家庭。四是提供房租补贴。家庭收入为居住地的中等收入 80 %以下者均可申请此项补贴。五是帮助低收入家庭获得房屋所有权。六是禁止住房中的种族和宗教歧视。

2. 加快住房自有化步伐

美国住房自有化水平的提高得益于美国居民住房消费观念的变化。美国家庭消费中用于住房租金的比例呈上升趋势，绝大多数人逐步由租房转向买房。自有住房占总住房面积的比例，1940 年为 44%，1970 年为 63%，到现在已超过 90%。据统计，20 世纪 80 年代初，美国平均一户拥有的住房就已超过一套，住房自有化水平及居住水平均居世界前列。

3. 发达的房地产金融

美国房地产金融发达，金融机构积极地参与住房建设。美国私人金融机构和政府金融机构都经营房地产贷款，特别是个人住房抵押贷款。私人金融机构中的商业银行，房地产抵押贷款证券化趋势突出，私人金融机构中的非银行储蓄机构，如储蓄放款协会、互助储蓄银行、信贷协会等也经营房屋抵押贷款。美国政府有专门的信贷机构，如联邦住宅放款银行委员会、联邦住宅抵押贷款公司、联邦住宅管理委员会等，主要职能是为放款协会提供贷款二级市场，为买房提供抵押贷款保险与资金。

（二）德国的住房保障制度

第二次世界大战后，德国房荒曾经十分严重，这主要是两方面的因素造成的：一是大量住房毁于战火；二是战后大量移民的涌入加剧了住房的紧张状况。住房短缺成为当时最突出的社会问题，因此，政府把解决住房困难作为当务之急，采取了多种措施，调动各方面的积极性，解决住房短缺问题，并由此形成了一系列住房保障政策和制度。

1. 房租管制

第二次世界大战后，由于住房出租价格大幅度上升，广大居民无力支付所承租住房的费用。因此，为保障居民的基本住房条件，德国政府采取了租户权益保障措施，要求各地政府按照不同区位、不同结构和质量的房屋，分别提出相应的指导租金水平，作为住房出租人和承租人确定住房租金的参考标准。随着住房供求矛盾的缓解，20 世纪 60 年代政府提出有条件取消租金管制制度，除汉堡和慕尼黑等一些大城市外，缺房率在 3%以下的城市和乡镇遂取消了房租限制。另外，为了增加房租价格的透明度，德国许多城市都制定了一个房租价目表，列出了该城市各种房产的大致租价。这个价目表一般是由各个城市的住房管理机构、租房者协会以及住房中介商协会等机构，在对住房情况进行综合评估后共同制定的，很有权威性。虽然房主和租房者可以就具体租金讨价还价，但是最后价格必须限定在这个价目表所规定的浮动范围内。

2. 福利性公共住宅

所谓福利性公共住宅，就是在政府资助下，由个人、非营利住宅公司、自治团体建造，向多子女家庭、残疾人、低收入者以及养老金少或领救济金的居民出售或出租的住宅，包括大中型企业用自有资金建造并在税收上得到国家优惠的职工住宅。这是德国在战后房荒严重而国内既缺乏储蓄资金又缺乏资本市场的情况下，用以调动社会各方面的力量加快住宅建设的一项政策。联邦法律规定，对于因经济收入低，或某一民族、信仰某一宗教，或孩子太多等而找不到房子的家庭，政府有提供福利性公共住宅供其租住的职责。第二次世界大战后，德国政府支持建设了相当规模的福利性公共住宅，为解决房荒发挥了很大的作用。对这类福利性住宅，在供应对象（租户）、租金及供应面积等方面，政府都有明确的限制。如只能租给享受社会保险、战争中损失严重的家庭及难民；房租每平方米不得超过 1 马克；每户平均居住面积为 32~65 平方米等。

3. 房租补贴

房租补贴制度是目前德国对低收入居民住房保障的主要方式。根据法律规定，德国公民凡家庭收入不足以租赁适当住房者，有权享受住房补贴，以保证每个家庭都能够有足够的住房支付能力。房租补贴数额是根据家庭人口、收入及房租支出情况确定的。对低收入居民，其实际缴纳租金与可承受租金的差额部分由政府负担。其中，居民实际缴纳租金要与家庭住房需要相结合，可承受租金一般按照家庭收入的 25%确定。补贴期限为 15 年，15 年以后随着家庭收入的增加，相应地逐年减少租金补贴。对于领取社会救济者、收入特别低的家庭也有特殊的规定。房租补贴的资金由联邦政府和州政府各承担 50%。

4. 住房储蓄

德国大部分市民习惯以租房为主，这一方面是因为住房价格昂贵，另一方面也是为了便于工作的变动和城市之间的流动生活。即使要买房，在德国也很少有人全靠自己的钱，而是依靠银行贷款购房。在这方面，德国的住房储蓄制度发挥了重要作用。德国住房储蓄制度是为实现购房、建房筹资而形成的互助合作融资体系，主要有以下特点：一是先储蓄、后贷款。即先由储户根据自己的住房需要及储蓄能力，与住房储蓄银行签订储贷合同，储户每月按合同约定存钱，当存满储贷金额的一定比例后，即可取得贷款权。德国住房储蓄银行、住宅互助储金信贷社、住宅信贷协会、私人建筑协会和公营建筑协会都是在吸收个人存款基础上，发放房地产贷款，为个人买房、建房筹集资金。其中，住房储蓄银行属于国家银行，安全性高，吸收了德国一半以上的居民存款；住宅互助储金信贷社是一种民间住宅金融机构，凡入社居民，只有当储蓄额达到所需贷款额的40%~50%时，才有资格获得所需贷款。如想获得私人建筑协会和公营建筑协会的贷款，则须先签订一个建筑储蓄合同，当储蓄额达到合同金额的33%~40%时，才有资格得到一笔建筑贷款。二是贷款利率固定、低息互助。住房储蓄制度是一种封闭运转的融资系统，独立于德国资本市场，存贷款利率不受资本市场供求关系、不受通货膨胀等利率变动因素的影响。三是政府实行储蓄奖励。对低收入居民来说，参加住房储蓄可以得到政府的奖励。奖励分为两种：一是储蓄奖励，不同家庭状况和收入状况的储户，其住房储蓄基础部分每月可获得最高10%的奖励；二是购房奖励，对通过住房储蓄进行的购房活动，政府还给予贷款总额14%的贷款补助。此外，政府对住宅价格的有效调控以及相应的住宅价格稳定，保证储蓄的住宅购买力不发生大的变化（贬值），也是住房储蓄制度得以发展的一个重要外部条件。

5. 购建房税收政策

首先，政府对非营利性建房企业所兴建的福利性社会住宅给予资助。由政府向土地所有者（德国的土地是私有制）征购土地，租给建房企业建住宅。建房企业向城市政府提出建房预算，可获得政府提供的占建筑费用50%的无息贷款，偿还期为25年，实际上是由国家支付贷款利息。同时，还鼓励一些大型厂矿企业主为本企业的职工建造福利性住宅。企业具备25%的自有建房资金，即可获得75%的政府优惠贷款，并可获得减免土地税、所得税等方面的优惠。其次，鼓励私人建房。德国政府通过减免税和其他奖励措施对私人建房予以鼓励。优惠措施包括：①建房费用可在最初使用住宅的12年内折旧50%（后又改为在最初8年内折旧40%），从而降低房主应纳税的收入；②申请建房的贷款可从应纳税的收入中扣除；③免征10年地产税，并在购买房地产时免征地产转移税。同时，经申请还可以得到私人建房贷款。再次，鼓励私人按市场价购房。凡德国公民购房者，可以得到住房补贴。住房补贴共连续支付8年，每年的补贴最高约2500欧元，有子女的家庭买房还可以另外得到儿童购房补贴。

（三）新加坡的住房保障制度

新加坡是一个市场经济国家，但住房的建设与分配并不完全通过市场来实现。在住房保障制度方面，政府干预和介入的政策很有特色。

1. 实行住房公积金保障制度

公积金制度是新加坡于1955年建立的一项强制储蓄制度，由雇主和雇员共同缴纳，以解决雇员退休生活保障问题。1968年，新加坡政府为了解决中低收入家庭的住房问题，允许动用公积金存款的部分作为首期付款之用，不足部分由每月缴纳的公积金分期支付。这项规定使低收入者既能购房又不影响生活，从而极大地促进了低收入者购房的积极性。该项规定最初只针对最低收入家庭，1975年后政府才对中等收入家庭放开了限制。目前，新加坡已有90%以上的居民住进了新建的居民楼，人均居住面积达20平方米以上。公积金制度成为新加坡国民储蓄的主要组成部分，新加坡也成为东南亚地区解决住房问题的典范。

2. 分级提供公有住宅补贴

严格按家庭收入情况来确定享受住房保障水平，住房短缺时期只有月收入不超过 800 新元的家庭才有资格租住公用住宅。政府对购房补贴也采用分级的办法。例如，一室一套的，政府补贴 1/3；三室一套的，政府只补贴 5 %；四室一套的，政府不仅没有补贴，而且按成本价加 5%的利润；五室一套的，政府按成本价加 15%的利润。由于房价上涨，出售公有住宅所赚的利润必须向房屋开发局缴纳一部分。

3. 公有住宅的合理配售政策

自 1968 年新加坡大力推行公共住宅出售政策以来，购房者日益增多，搞好公房配售，让购房者觉得公平合理，成为房屋开发局的重要课题。起初，政府采用登记配售，以登记的先后顺序出售，后来改为定购制度。每季度公布一次建房计划，凡定购并申请房屋的人就可以进行抽签，中签后经过购房审查交付订金，后随即签订购房合同，并交付房价的首付款。一般等两年多就可以住上新房。这种办法缩小了各地区、各类型住房的供求差距。

第三节　中国住房保障制度概况

一、我国住房保障制度的发展历程

我国住房保障制度的目的是通过各种有效的途径和方式，解决中低收入家庭的住房困难，满足其基本的住房需要，逐步实现“居者有其屋”。改革开放 30 多年来，我国逐步建立并形成了以住房公积金和土地融资为核心，融合了英国、美国、新加坡和我国香港地区住房保障制度的经验，主要由经济适用房制度、限价房制度、公共租赁房制度、廉租房制度和住房公积金制度组成的住房保障制度，并取得了一定成效。中国住房保障制度的发展历程如表 10-1 所示。

表 10-1　中国住房保障制度的发展历程

时期	住房保障模式	具体措施
住房保障制度的传统时期（1949~1977 年）	住房完全福利化制度	①政府统一建造，无偿提供；②以实物分配为主；③住房分配的低租金与等级制度
住房保障制度起步与调整时期（1978~1998 年）	住房开始商品化，保障性住房福利化和商品化并重	①以成本价出售保障性住房；②优惠出租保障性住房；③自建住房；④提租补贴改革；⑤全面推行公积金制度；⑥《国务院关于深化住房制度改革的决定》出台
住房保障制度的继续深化时期（1999~2004 年）	继续推行住房商品化	①2003 年发布《国务院关于进一步深化城镇住房制度改革加快住房建设的通知》；②建立和完善以经济适用房为主的多层次住房供应体系
住房保障制度的进一步完善时期（2005 年至今）	保障性住房注重保障性，并开始发挥保障功能	①控制房价过快上涨，大力调整住房供应结构；②进一步完善时期保障性，并开始出台《国务院关于解决城市低收入家庭住房困难的若干意见》；③建立健全城市廉租住房制度；④改进和规范经济适用住房制度；⑤建立多层次住房保障体系；⑥加快保障性安居工程建设；⑦政府支持和引导民间资本投资建设经济适用房、公共租赁房等保障性住房

二、　我国住房保障制度各组成部分介绍

目前我国住房保障制度包括经济适用房制度、廉租房制度、住房公积金制度、公共租赁房制度和限价房制度等。其中以廉租房制度、经济适用房制度、住房公积金制度为主要内容，其

基本框架如图 10-1 所示。

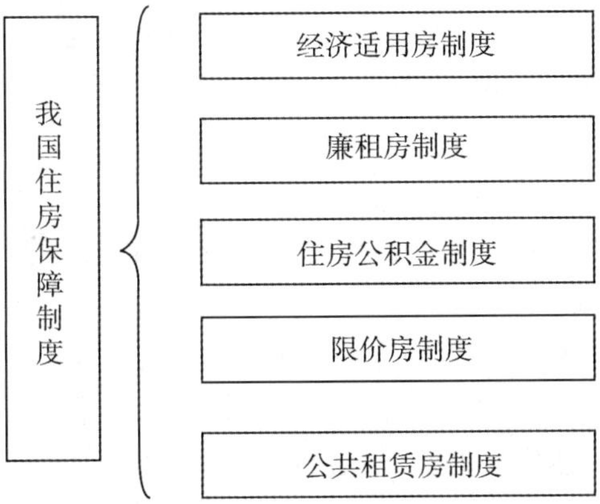

图 10-1 我国住房保障制度

（一） 经济适用房制度

经济适用房是指政府提供一定的政策优惠，并且由政府规定建设标准、销售对象和销售价格，具有社会保障性质的政策性商品住房。经济适用房有以下特点。

1. 经济性和适用性

经济性是指经济适用房的价格要明显低于同类商品住房，更容易满足中低收入者的购房需求。适用性是指经济适用房必须能满足住房者的基本居住需求，但建设标准一定要达到国家相关规定。

2. 社会保障性是经济适用房的一个突出特点

这主要体现在以下四个方面：第一，经济适用房是我国政府为保障中低收入人群的住房需求，在市场机制不能够有效解决全体居民住房的情况下，通过统一的规划来建设的住房，在经济适用房建设中，政府是重要的参与者。第二，在经济适用房开发和建设过程中，开发商享有政府所给予的一定的优惠条件，例如，相关税费减半，免交土地出让金和建设用地实行行政划拨等，以期经适房的建设成本得到最大限度降低，让利于民。第三，经济适用房的销售实行政府指导价，原则是“保本微利”，这就决定其价格在相当程度上低于同类商品房的市场价格，保证了中低收入家庭对其在经济上的可接受性。第四，城镇中低收入家庭是经济适用房的供应和销售对象，经济适用房的销售并非是面向所有有住房消费需求的居民。

3. 准商品性

构成商品的三个基本要素是：属于劳动产品、能够满足社会的消费需要和必须通过市场交换。显然，经济适用房具有明显商品性特点。但是经济适用房又不完全属于商品，第一，其销售对象被限定，即符合规定条件的城镇中低收入家庭；第二，消费者在购买经济适用房后并不具备完全产权。由此可以看出，经济适用房具有的是准商品性的特征。

（二）廉租房制度

廉租房，又称为公共住房，是政府以租赁的形式、控制租金标准，为无力通过市场行为购买或租赁住房的贫困家庭提供的社会保障性质的住房。廉租房制度是具有社会保障性质的一项福利政策，是我国住房保障制度中的重要组成部分。它是以满足基本居住条件为前提的，承租时实行申请审批制度；是政府为解决住房条件差、收入低的家庭的住房问题而专门设置的一项福利型住房分配制度。其具有保障性、非营利性和公益性的特点。

我国的廉租房制度保障形式主要有两种。

（1）实物补贴，即政府向符合保障条件的家庭提供住房，每月向其收取远低于市场价的租金。

（2）租金补贴，即政府不提供住房，而是根据受保障家庭的具体情况（家庭人数、人均居住面积等），按月补贴租金。

1999 年 4 月，《城镇廉租住房管理办法》的颁布，标志着廉租房制度在我国正式启动。由于廉租房制度的高福利性质，需要政府和社会各界投入大量的资金，截至 2005 年年底，我国的廉租房制度的发展以及廉租房的建设速度都极为缓慢，供给量远不能满足社会需要。自 2006 年起，中央开始加大廉租房制度的建设，给予各地政府大量财政支持，我国廉租房制度才开始了飞速发展。

（三）住房公积金制度

住房公积金是指国家机关、国有企业、外商投资企业、城镇私营企业、其他社会团体及其在职职工长期缴存的住房储蓄金，它包括两部分：职工本人按月缴存的部分；各单位按照一定比例为职工按月缴存的部分。当职工退休后，这两部分均退还给职工。一般来说，住房公积金制度具有以下性质。

（1）社会保障性。住房公积金制度的实施是以保障居民的住房需求为目的的，各企业单位为职工缴纳的公积金具有一定的福利性质。另外，当职工利用住房公积金办理购房贷款时，免交手续费，贷款利率也低于商业贷款利率，减轻了购房者的负担，所以住房公积金制度具有一定的社会保障性。

（2）互助性。住房公积金的储备特性使得全社会职工个体较少的资金归集成了巨额的资金储备，暂时无购房需求的人帮助了需要改善住房条件的人。另外，住房公积金的增值收益也是廉租住房建设的重要资金来源。

我国住房公积金的归集、使用流程如图 10-2 所示。我国的住房公积金制度来源于新加坡的中央公积金制度，自从 1991 年上海率先推出住房公积金制度之后，经过近 20 多年的发展，已经普及到全国大部分城市，并起到了一定的作用。例如，增加了职工待遇中关于住房保障方面的福利；减轻了职工的贷款购房压力；公积金的增值收益也为城市廉租住房建设提供了资金保障，为我国住房保障制度的完善奠定了基础。但是，由于各地区之间政策差异及经济体制限制，我国住房公积金制度在实施过程中还存在着许多问题。

（四）公共租赁房制度

公共租赁房是指由政府或其他各类投资主体参与投资建设，限定其建设的标准和出租的租金，政府对其进行统一管理的住房。它是政府或其他各类投资主体租赁给那些既买不起商品房，又不具备申请廉租房、经济适用房条件的“夹心层”居民的。其最核心特征是在房屋所有权不发生变化的同时，通过租赁方式实现住者有其屋，最主要的目的是解决“夹心层”

居民的住房问题，完善我国住房保障体系，使我国保障性住房覆盖范围扩大。

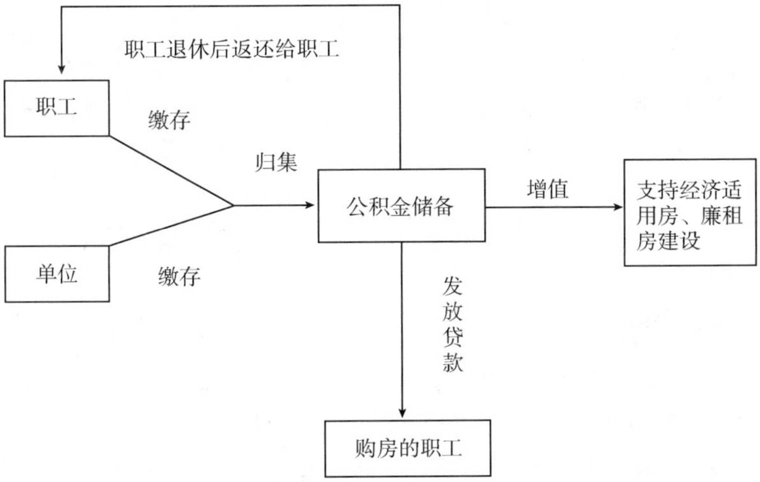

图 10-2 住房公积金归集、使用流程图

公共租赁房作为保障性住房的一个分支，继承了保障性住房的一些性质，又具有相对其他保障性住房的一些特殊性。公共租赁房的性质归结起来有以下七个方面。

（1）公共租赁房具有保障性。公共租赁房作为保障性住房的一个分支，是为了保障社会“夹心层”居民的住房需求，让人们能够“居者有其屋”而提出来的，因此具有保障性。

（2）公共租赁房的准入对象有明显的针对性。公共租赁房是为“夹心层”居民而提出来的，不在其保障范围内的居民不能享受到公共租赁房的保障，因此其准入对象有很强的针对性。

（3）公共租赁房申请制度严格。申请承租公共租赁房的居民必须要经历严格的申请程序，并通过公示后才能承租公共租赁房，其申请制度及申请程序均十分严格。

（4）公共租赁房的价格缺乏弹性。公共租赁房价格的制定是由政府强行制定，不受市场的影响，不属于市场行为，不会因为外界市场因素的变化而变化，因此其价格缺乏弹性。

（5）政府对公共租赁房具有强制干预性。公共租赁房是在政府的政策指导下，由政府或政府主导下的公共机构、企业开发建设的，并在政府对其强制管制下实行的，因此政府对公共租赁房具有强制干预性。

（6）公共租赁房退出机制较灵活。政府可以根据公共租赁房保障的对象收入、商品房市场等情况制定激励退出机制、强制退出机制等退出机制，并且政府还可以根据退出的时间年限的不同，有多种可供选择的退出方案，因此公共租赁房退出机制较灵活。

（7）公共租赁房的价格具有优惠性。公共租赁房作为保障性住房，其出租价格一般会低于市场商品房租赁的价格，因此，在价格上具有一定的优惠性。

（五）限价房制度

限价房，又称限房价、限地价的“两限”商品房，是一种限价格、限套型（面积）的商品房，主要解决中低收入家庭的住房困难，是目前限制高房价的一种临时性举措，并不是经济适用房。

限价商品房按照“以房价定地价”的思路，采用政府组织监管、市场化运作的模式。与一般商品房不同的是，限价房在土地挂牌出让时就已被限定房屋价格、建设标准和销售对象，政府对开发商的开发成本和合理利润进行测算后，设定土地出让的价格范围，从源头上对房价进行调控，之后的操作完全市场化，建成以后根据地方实际情况以略低于市场价格出售给中等收入的家庭，其本质仍然是商品房，房屋品质要高于经济适用房。

第四节　中国住房保障制度发展现状

一、经济适用房的供给现状

2000~2010 年，我国新开工房屋共有 858 051.36 万平方米，其中住宅 686 140.33 万平方米，占到总开工面积的 80.0%。经济适用房 54 565.83 万平方米，占房屋总开工面积的 6.4%，同时占住宅总开工面积的 8.0%。2000~2010 年，我国各类新开工房屋面积汇总如表 10-2 所示。从表 10-2 中可以看出，我国经济适用房的新开工面积从 2000 年的 5313.32 万平方米到 2010 年的 4909.54 万平方米，每年新开工的房屋面积相对于住宅的增长相对稳定。由于住宅建设增长迅速，经济适用房占总开工面积的比重不断下降。这些数据说明，经济适用房的总开工面积并没有伴随着经济的增长而同比增长，反而呈现了相对下降的趋势。

表 10-2　2000~2010 年我国新开工房屋面积

年份	本年新开工房屋面积/万平方米	住宅/万平方米	经济适用房/万平方米	经济适用房占住宅比重	经济适用房占总开工面积比重	住宅占总面积开工比重
2000	29 582.64	24 401.15	5 313.32	0.218	0.180	0.825
2001	37 394.18	30 532.72	5 795.97	0.190	0.155	0.817
2002	42 800.52	34 719.35	5 279.68	0.152	0.123	0.811
2003	54 707.53	43 853.88	5 330.58	0.122	0.097	0.802
2004	60 413.86	47 949.01	4 257.49	0.089	0.070	0.793
2005	68 064.44	55 185.07	3 513.45	0.064	0.052	0.811
2006	79 252.83	64 403.80	4 379.03	0.068	0.055	0.813
2007	95 401.53	78 795.51	4 810.26	0.061	0.050	0.826
2008	102 553.37	83 642.12	5 621.86	0.067	0.055	0.816
2009	116 422.05	93 298.41	5 354.65	0.057	0.046	0.801
2010	163 646.87	129 359.31	4 909.54	0.038	0.030	0.790

资料来源：《中国统计年鉴》（2011）

表 10-3 是 2000~2010 年我国住宅和经济适用房竣工情况，从表 10-3 中可以看出，2000~2010 年，我国住宅共竣工 43 118 637 套，其中经济适用房 4 825 373 套，占住宅总竣工数的 11.2%。但是，经济适用房的竣工数却由 2000 年的 603 573 套下降到了 2010 年的 399 193 套，经济适用房在住宅中所占比重也从 2000 年的 28.2%下降到了 2010 年的 6.6%，而且目前仍然呈现不断下降的趋势。这表明经济适用房竣工数相对于住宅竣工数的不断增长，呈现不断下降的趋势。

表 10-3 2000~2010 年我国住宅和经济适用房竣工数及比重

年份	住宅竣工数/套	经适房竣工数/套	经适房竣工数占住宅竣工比重
2000	213 9702	603 573	0.282
2001	241 4392	604 788	0.250
2002	262 9616	538 486	0.205
2003	302 1134	447 678	0.148
2004	404 2219	497 501	0.123
2005	368 2523	287 311	0.078
2006	400 5305	338 040	0.084
2007	440 1203	356 580	0.081
2008	493 9189	353 782	0.072
2009	554 8897	398 441	0.072
2010	601 9767	399 193	0.066

资料来源：《中国统计年鉴》(2011)

二、公积金制度的建立

我国住房公积金制度是 1991 年由上海市率先建立的。1994 年 11 月 23 日，财政部、国务院住房制度改革领导小组、中国人民银行联合下发了《建立住房公积金制度的暂行规定》，标志着我国住房公积金制度的建立。目前，全国已有 267 个城市成立了管委会，基本建立了住房公积金的依法、自主和民主决策机制。进行机构调整，实行政企分开，各地原有住房公积金管理机构的资产清理、审计工作已基本完成，资产移交、人员安置等工作基本就绪，163 个城市已按《条例》要求设立了新的住房公积金管理中心。监管体系，全国住房公积金监管系统经过试运行，目前正在进行专网建设。

近年来，在国家相关政策的指导下，在全国住房保障建设突破性发展的良好环境下，住房公积金运行呈现以下特点：

第一，在制度覆盖面扩大和平均缴纳水平提高的双向带动下，归集额大幅增长。

第二，用住房公积金归还购房贷款的比例和金额迅速提高，住房公积金支持职工住房消费的作用日益扩大。

第三，廉租房补充资金用于廉租房源收储和运作有序展开，支持购买普通自住住房的个人贷款政策适时调整，住房公积金制度在住房保障方面的作用日益凸显。

三、 廉租房实施现状

从 1998 年提出建立廉租住房构想至今，中国廉租住房制度已经走过近 16 年的历程。原建设部通报的数据显示，2005 年年底，除西藏外，全国 30 个省（自治区、直辖市）全面启动了廉租住房工作。291 个地级以上城市中，已经有 221 个城市建立了廉租住房制度，占地级以上城市的 75.9%；累积已有 32.9 万户最低收入家庭通过了廉租住房制度改善了居住条件。2006 年年底，全国 657 个城市中有 512 个城市建立了廉租住房制度，累计已有 54.7 万户低收入家庭，通过廉租房制度改善了住房条件。

2007 年《国务院关于解决城市低收入家庭住房困难的若干意见》，首次明确了廉租房制度在住房保障体系中的重要地位，指出要把廉租房制度作为“解决城市低收入家庭住房困难的主要途径”。各地廉租住房制度建设速度明显加快。建设部数据显示，截止到 2007 年 6 月底，全国 657 个城市中，已有 586 个建立廉租住房制度，占 89.3%，2007 年计划安排廉租住房资金达到 79.4 亿元，超过 2006 年之前廉租住房资金总额的 19%。2009 年，全国累计新开工廉租住房 158.4 万套，各地通过购买、改建新增廉租住房房源 26.6 万套，合计新增 185 万套，年初计划的廉租房建设任务已经全部开工。同时，新增发放廉租住房补贴 80 万户。

从 2011 年起，我国将进入保障性住房建设“加速跑”阶段。保障形式继续以包括廉租房在内的公共租赁住房，包括经济适用房在内的政策性产权房和各类棚户区改造安置房等实物住房保障为主，同时结合租金补贴。之后的五年，全国计划新建保障性住房 3600 万套，大约是过去 10 年建设规模的两倍；同时，每年还将改造农村危房 150 万户以上。2011 年全国开工建设保障性住房和棚户区改造住房 1000 万套，比上年增长 70%以上，创历年之最。

2011 年 10 月 25 日，住房和城乡建设部透露，2011 年的 1000 万套保障房可以在 11 月月底前实现全部开工。通过大规模保障性住房建设，到“十二五”末，全国城镇保障性住房覆盖率将提高到 20%以上，基本解决城镇低收入家庭住房困难问题。住房和城乡建设部网站报道，住房和城乡建设部有关负责人再次重申，2013 年开工建设 1000 万套保障性住房的开工标准是，规划设计的永久性建筑工程已进入基础的结构施工。对于仅是搭建施工现场围护设施，或仅是开挖基坑的，不计入已开工的项目和套数。目前，我国所有的城市已经全面建立了廉租房制度，政府公共服务职责已经将解决低收入家庭住房困难工作纳入各级政府的工作中，各项政策和措施正在不断落实和完善之中。为了保证廉租房建设得到落实，国家建立了与各级政府签订目标责任书制度，目前全国各省（自治区、直辖市）通过签订目标责任书等方式，将廉租住房制度建设纳入对市（区）、县人民政府的目标责任制管理，明确了最低收入家庭住房保障目标及具体考核办法。

第五节　中国住房保障制度存在的问题

一、　经济适用房制度

（1）建筑面积不合理。据调查，我国的经济适用房中，面积在 80 平方米左右的经济适用房户型并不多见，相对而言，最普遍的是 120 平方米左右的大户型，甚至有的经济适用房还建成了类似“别墅”设计。以北京市 2010 年数据为例，建筑面积在 70~80 平方米左右的两居室中小户型还不到 20%，面积在 90~120 平方米的占到 50%，而三居室的房屋中，60%的建筑面积都在 120~150 平方米，同时还有 5%的复式和跃层。经济适用房面积超标失控，部分建筑偏豪华是目前存在的一个严重问题。事实上，为了保证经济适用房真正提供给需要的人群，我国的很多相关法规都对经济适用房的面积做出了严格规定。然而，虽然有如此多的管理办法和规定，依然有很多经济适用房的建筑面积严重超标。

（2）销售对象混乱。经济适用房制度实施目的是为了满足中低收入人群的购房需求，满足其拥有房屋的愿望，但是从经济适用房的实施状况来看，其目的并未达到。目前，我国个人资金管理和信用管理等条件还不够完备，隐形收入标准也不确定，关于房屋购买者收入水平的确定审核取证难度很大，由于缺乏详细明确的规定，取证费用的承担也是一个模糊的问题，这就导致了经济适用房制度在实行过程中往往是无人复审购房者的资料，使一些本来没有购买资格的人凭借着制度的漏洞，购买到了经济适用房，这显然违背了经济适用房政策的初衷。

（3）房屋产权不清。经济适用房的建设用地是政府无偿出让的，居民的购买价格中不包括土地出让金的价格，所以买到的经济适用房不能拥有完整产权，经济适用房的上市交易或转让必须受到有关政策法规限制。随着经济的发展和生活水平的提高，许多经济适用房的拥有者都面临着房屋出租、出售、抵押、转让等一系列问题，如何在这些过程中明确产权关系，这个问题已经迫在眉睫。目前，我国经济适用房的上市交易实行的是准入制度，在经济适用房上市交易之前须缴纳有关的税费，并且补交土地出让金等一系列在当初居民购买时所获得的优惠。但是由于存在着货币时间价值、通货膨胀等因素，因此，补交数目很难有明确统一的规定，这也是经济适用房在市场上自由流通的最大障碍。

（4）寻租行为严重。开发商在经济适用房的审批建设过程中处处寻找寻租点，是导致经济适用房政策失效的一个重要原因。而导致寻租问题产生的原因，一是政府和开发商在经济适用房的建设开发过程中，责、权、利划分不够清楚，二是目前在各级政府中都缺少住房保障的专门管理机构。

（5）缺乏退出机制。作为保证中低收入人群住房需求的政策，经济适用房目前存在的一个重要问题就是缺乏退出机制。很多人在享受了经济适用房所给予的优惠后，收入在并不长的时间内有所提高，于是又购买了其他商品房，将曾经购买的经济适用房出租或者出售，经济适用房成为投资的工具，这种做法加剧了经济适用房的供需矛盾和社会收入分配的不公。

二、廉租房制度

廉租房制度存在的问题主要表现在以下几个方面。

（1）廉租房制度建设滞后。首先，以廉租房为核心的住房保障制度建设滞后于其他社会保障制度建设。其次，廉租房制度建设滞后于城市低收入群体的实际需要。很多城市都还没有建立这一制度，即使是建立了廉租房制度的城市，由于廉租房供给不足，也只有少数家庭得到了廉租房，还有很多城市低收入群体没有享受到廉租房制度带来的实惠。

（2）廉租对象覆盖面过于狭窄。根据目前的规定和各地的做法，廉租房的分配对象主要是具有城市户口的双困难户家庭，在廉租房体系的培育初期对社会的稳定起到了重要的作用。但随着社会的转型，城市打工者、进城民工、城乡结合部土地被征后的农民是一个不可忽略的新的住房低收入群体。这个群体的形成不但有历史的因素，而且在中国这个二元结构的社会，随着城市化进程的加快，这个群体还将不断地扩大。如果不对他们的住宅问题给以充分的重视，这将给城市的发展带来不小的冲击，而问题得不到及时解决，拖得越久，越延迟，所付出的代价也将越大。

（3）资金来源渠道单一且数量不足。廉租房政策是政府解决城市低收入群体住房问题的重要举措，但资金来源渠道单一且数量不足，是制约其发展的一大障碍。现阶段，虽然政府提出了财政拨款、住房公积金增值资金、直管公房出售一定比例的归集资金、社会捐赠等多种渠道、多种方式的资金筹措机制，但在廉租房实践中，大部分资金仍主要来源于住房公积金增值收益，政府财政资金未能有效落实。资料显示，2006 年我国的财政收入高达 3.9 万亿元，增长约7000亿元，同比增长24%。而原建设部通报显示，截止到2006年年底，全国累计用于廉租房制度的资金仅为70.8亿元；其中2006年用于廉租房制度的资金为23.4亿元，虽然有提高，但只占当年财政收入的0.06%左右。

（4）廉租房房源十分有限。近年来，由于全国范围内的大规模旧城改造，大批平房和小户型旧楼房被列入拆迁范围，城区内低价可供出租的房源逐渐减少；实行货币化补偿又造成了部分拆迁户无力购买商品房，只有在市场中租房而居。低价住房需求急剧增加造成了廉租房的有效房源不足。一些大城市的住房租赁市场价格偏高，很多城镇低收入者获得了廉租房配租资格后，经常找不到房子或无力租住，而政府也没有足够的财力新建足够的廉租住房，这已成为政府廉租房政策遭遇的最大瓶颈。

（5）监管机制有待完善。廉租房应该实行动态管理，即当城市低收入群体摆脱贫困后，就应该退出廉租房。但由于廉租房制度刚刚起步，一套有效的监管机制还没有建立起来，这就会导致一些城市低收入群体虽然已经摆脱了贫困但依然占有廉租房的情况。

（6）收入线划分标准问题。随着廉租对象范围的逐步扩大，根据各地居民收入情况划分一个合理的收入线并据此科学地确定廉租对象就变得日益紧迫。然而，由于我国没有建立个人信用制度和个人收入申报机制，居民的隐性收入没有办法统计，因而划分居民收入线的基础将变得很薄弱，实施起来也非常困难。而且，在收入线划分后，还存在一个无法监督的问题。隐性收入存在，导致监督居民的实际收入变得异常困难。

三、住房公积金制度

（1）保障覆盖率较低。目前，住房公积金在制度性质上只是一种职业福利，国家的作用只是提供制度框架，包括标准和管理方法，而不是强制执行。单位公积金补助虽然是由国家规定的，但通常只在全民所有制单位执行，其他所有制单位有选择弹性，至今也没有像养老、医疗保障那样制定强制执行的规定。我国的住房公积金制度至少到目前为止将四部分人排除在外：一是没有参加公积金制度的集体企业和个体企业的职工；二是相对困难企业的职工（相当一部分下岗职工）；三是没有单位的城市居民（包括个体从业者）；四是在城市工作的农民工。后三部分人构成目前我国的弱势社会群体，他们最需要社会的援助。

（2）公积金贷款跨区域使用受限制。现在全国各地的住房公积金贷款一般都是由各个地方的住房公积金管理部门负责管理。住房公积金贷款缺乏跨区域使用的功能，造成了许多购房者没有办法把其住房公积金用到实处，浪费了大量资源。

（3）公积金购买及使用缺乏灵活性。住房公积金，是一种强制储蓄的住房金融模式。只要有工作单位都会强制要求购买。而在住房公积金使用的过程中，住房公积金贷款必须是本人买房才可以申请住房公积金贷款，对首次买房和二次买房对公积金的使用有严格的规定，缺乏灵活性。

（4）没有优惠低收入群体。在各个城市房价大涨的情况下，就全国而言，申请住房公积金贷款的借款人多数是具有一定经济实力的家庭，属于收入中等或高收入人群，低收入者申请住房公积金的家庭较少，造成大多数中低收入者用自己的公积金储蓄为少数中高收入者购房提供补贴的局面。

（5）贷款资金来源单一，低息运作效率不高。目前，住房公积金贷款的资金来源只有单位和职工共同缴纳的住房公积金。除此之外，没有其他的住房公积金贷款的来源。这在某种程度上影响住房公积金可贷资金金额。我国公积金执行低息存贷政策，不但很难吸引其他资金的进入，而且还要防止挪用到其他高息借贷项目，加大了监管的成本，也造成了吸收公积金积极抵押贷款消极的现象。

第六节 中国住房保障制度相应对策

一、经济适用房制度

（一）完善经济适用房准入、退出机制

1. 对申请家庭实行打分制，规范经济适用房分配

在经济适用房分配时，可以利用数据库中登记的资料，对申请家庭的困难程度进行打分排队。负责打分的小组成员由两部分组成，从经济适用房管理部门工作专家中随机抽调；从申请人数据库中随机抽调。随机抽调打分人员的方式可以有效避免作弊现象；允许申请人参与到打分环节，也充分体现了民主，增加了经济适用房分配的透明度。在制定经济适用房分配标准时，要严格执行"双标准"，不仅要考虑申请家庭的经济情况，还要将申请家庭的现有住房人均居住面积、家庭结构列入考虑条件，即家庭收入符合当地低收入标准，无自有住房或家庭人均居住面积低于当地人均居住面积的家庭才有申请资格。对目前无自有住房，家庭居住条件急需改善的低收入家庭，应酌情给予优先分配。最后，要严格审查申请人家庭情况，经审核通过后通过媒体、网络进行公示，发动民众进行监督。对于开具虚假收入证明的单位或个人，相关部门要给予经济处罚，要制定出明确的处罚标准。

2. 建立合理的经济适用住房退出机制

政府在经济适用住房项目建设中投入了大量资金，目的是对低收入阶层的住房进行保障。但我国的经济适用房在认购五年后，即可上市交易，虽然买卖双方需缴纳一定的土地出让金及相关税费，但国家投入的大量资源及税费优惠仍会使买卖双方获利。应延长经济适用房的上市交易年限，甚至推行经济适用房租赁模式，禁止经济适用房上市交易。若购买者要退出，统一由政府收购。另外，定期抽派专职人员对经济适用房入住情况进行暗访调查，对于长期空置或出租给他人使用的经济适用房，一经查实，政府要强制收回，并制定出处罚标准。如对其进行经济处罚，取消其享受经济适用住房保障资格。

（二）采用"以租代售"方式对经济适用房制度进行改革

如何才能既不造成资源的浪费，又能合理地保障"夹心层"人群的住房需求，是解决经济适用房问题的重点。通过之前的分析，有学者提出实施经济适用房"以租代售"是目前经济适用房制度的最优解决方案。"以租代售"的基本思想是指以租赁方式代替目前的廉租房出售，即经济适用房的申请者经审批合格后，在租赁期内有权利随时放弃租赁，这就意味着其退租之后政府可以马上将其继续出租，进而保证了经济适用房资源的合理配置。同时，居民在同一房屋租赁满 15 年后可购买该房屋的全部产权，房屋的购买价格应以二手房市场价格为准。之所以要在房屋居住满 15 年后才有权利购买房屋，其目的有两点：一是如果该期限过短，就不可避免地会有一些人购买经济适用房后将其转租，等到达到该期限后再将房屋出售，从中牟利。二是为了满足一部分没有在 15 年内得到收入提高的人群的购房需要。这也是对这种

人群利益的一种保障。

（三）严格控制经济适用房价格

1. 坚持先定价后建设的原则

要切实从建设环节，降低经济适用房的价格，建议经济适用房采用先定价后建设的方式，即政府对某个经济适用房项目规划设计完成后，组织专业人员根据当地房地产市场、建材市场、劳动力市场等具体情况，对项目整体造价进行估算，制定出较为合理的经济适用房价格，价格一经确定，不得更改；依照既定的价格，通过招标方式，由房地产开发企业承建。在建设过程中，开发企业自行负担所承建项目中由于风险或资源浪费而产生的超额费用；在保证工程质量的前提下，若通过改良施工工艺、节约资源等方法降低整体项目成本，政府应对开发商进行奖励。

2. 明确经济适用房项目的利润率计算标准为“资本利润率”

要明确经济适用房利润率的计算标准。我国《经济适用住房管理办法》虽然规定了经济适用房项目利润应控制在3%以内，却没有指明利润率的计算基数。由于根据成本利润率、销售利润率、资本利润率三个不同标准计算出来的利润出入较大，这让许多房地产开发企业钻了空子。要严格控制经济适用房售价，就要明确地将资本利润率定为房地产企业的利润计算标准。

3. 鼓励开发商参与经济适用房项目建设

对于一些位置较偏的经济适用房项目，其周边服务配套设施一般都不够完善，要方便居民的日常生活，需要政府投入大量财力、人力再进行配套设施建设。建议政府对经济适用房项目承建企业给予优惠，鼓励他们对周边地块同时进行开发建设，如经济适用房的开发商可以优先取得周边地块的开发权，开发商进行周边地块开发时，政府可以降低相关税费的取费费率等。一方面，使开发商得到实惠，提高他们参与经济适用房建设的积极性；另一方面，避免了“贫民窟”的出现，也降低了政府配套设施建设的财政支出。

二、住房公积金制度

（一）规范住房公积金的管理监督

1. 明确住房公积金管理中心与专户银行的权责

住房公积金管理中心是地方政府针对公积金制度设立的独立职能部门，应完全担负起住房公积金的归集、管理、贷款审核等工作，专户银行也应认真做好监督工作，负责公积金的存储和贷款发放。要使中心与银行、职工与银行的关系单纯化，节约因手续烦琐而产生的费用，要增加中心与各缴存单位、缴存职工的直接联系，强化公积金管理中心的职能作用。

2. 完善公积金管理机构设置，强制各级政府建立独立的住房公积金管理中心

确定中心隶属于政府部门的关系，对于中心与政府决策部门的职责分工要进一步明确；根据各地区的不同情况，对中心应设置的部门及各部门人员数量、编制性质、各部门职责范围做出规定；要明确住房管理中心的事业单位性质，杜绝一些以营利为目的的行为。

3. 严格住房公积金的监督管理

住房公积金的缴存者是广大职工，所有权也应属于职工，职工有权对公积金的归集情况、使用情况、保值、增值情况以及缴存余额进行详细了解。要使公积金管理透明化，制定全国统一的住房公积金信息报表，建立公积金信息月报、季度报、年报制度，将住房公积金的详细情况及时反馈给群众。要建立开放的公积金信息网站，方便广大储户学习住房公积金的相关知识，查询公积金归集、使用等信息。对于有条件的大城市，可增设住房公积金监督机构，人员设置由政府抽派专业人员和民众通过选举代表两种方法组成，共同对当地住房公积金管理委员会的工作进行监督，凡是被违规占用、挪用的公积金款项，要及时追回。确保广大职工缴存公积金的安全，维护他们的合法权益。

（二）加大力度归集住房公积金

提供住房抵押信贷业务的基础是从积极地吸纳储蓄、扩大资金的来源开始的，对于住房公积金来说，则是政策性住宅金融经营活动的起点。在目前缴费率不变的情况下保障资金的增加，是为了加大住房公积金的归集力度，也为了扩大公积金的缴存范围，这一点的实现需要注意以下几个方面：①降低准入门槛，同时规定住房公积金缴存额的上限。除了有条件参照现行缴存标准的企业之外，针对多数非公有制企业的实际情况，住房公积金的缴存可实行低门槛进入。②要把住房公积金纳入强制实施的社会保障体系当中，依法推进住房公积金制度在非公有制企业的逐步建立。③创立公积金受益凭证，对公积金缴交额实行证券化，并采取市场利率进行运作，使职工在购买公积金的同时可以得到资金的增值。

（三）实现住房公积金保值增值

目前，有四个方面的问题在住房公积金保值增值中凸显：沉淀资金存款利率倒挂；整体使用效率不高；增值收益大幅下降；安全保值较为困难。我们必须切实转变重归集、轻使用的观念，只有创新运作使用机制才能实现公积金保值增值。要实现住房公积金保值增值，就要做到：①将扩大个人住房贷款作为第一使用投向；②增加使用公积金购买国债的规模，压缩沉淀资金数量，确保低风险、高增值收益；③扩大购买债券品种的范围。[①]

（四）开展住房公积金贷款证券化试点

通过住房二级抵押贷款市场与资本市场的互相融通，我国应尽快试行住房公积金贷款的证券化，形成统一开放的住房信贷体系，改善住宅消费环境。扩大资金来源的有效手段之一就是推行住房抵押贷款证券化，这也是住房金融市场发展到特定阶段的必然要求。

（五）形成市场主导的政策性住房

金融制度对住房公积金制度进行阶段性改革，是形成政策性住房金融制度的必然选择。按照政策性住房金融功能的作用，住房公积金可以分为市场主导型和政府主导型。从长远来看，住房公积金制度的定位应该是市场主导型住房金融。在当前资金和房屋数量的供求矛盾得到缓和后，政府的直接干预就可逐步减少，只保留少量间接干预。在制度转轨期间，政府加快完成由政府主导型朝市场主导型的转变，就必须着力解决存贷利率的决定机制，即吸引更多人、更多的资金注入住房储蓄。

（六）加大公积金制度实施力度

（1）扩大公积金的使用范围，允许公积金用于租房并将公积金用于医疗、养老等社会保

①章钧. 2009. 住房公积金制度的住房保障作用研究——以常州市为例. 上海交通大学硕士学位论文.

障方面。目前，我国缴存的住房公积金主要用于职工购房，使得大量买不起房、急需租房的中低收入阶层享受不到保障。根据我国目前的实际情况，可以适当扩大住房公积金的使用范围，例如，用于职工租房、旧房维修等，让低收入阶层切实受益。另外，我国的公积金制度是借鉴新加坡的经验建立的，新加坡的住房公积金中有12%的比例用于职工的医疗、6%的比例用于职工养老①，这种方法也值得我们去探索和借鉴。

（2）要改变“劫贫济富”现象。提高低收入家庭公积金贷款购房的可贷额度，适当延长其还款期限，降低其购房难度。对公积金缴存额度较高的中等收入阶层，要对其申请公积金贷款增加限制，如减少对公积金贷款额度；仅对90平方米以下的中小户型发放贷款；当住房公积金贷款资金出现紧缺时，对其实行轮候制度，优先向低收入阶层提供公积金贷款等。

三、廉租房制度

（一）设立专门的廉租房管理机构

随着6000亿元结余公积金投入到保障性住房的建设中，廉租住房建设的工作量也会随之增大，如何更好地利用这6000亿元资金，对相关工作人员的专业性也提出了更高的要求。因此，设立专门的廉租住房管理机构是十分必要的。建议成立房管部门下属的廉租住房管理中心，职责范围包括：当地廉租住房保障相关规定的制定；廉租住房保障标准、保障方式的确定；负责对申请保障的家庭进行审核、公示；新建廉租住房项目的规划与建设工作，探索新的廉租住房房源；发放租金补贴；定期对受保障家庭进行收入审查，监督不符合保障条件的家庭退出廉租住房；对廉租房制度建设的资金进行统筹规划管理等。

（二）建立动态化的保障机制

由于不同区域、不同时期经济发展的动态变化，居民的收入水平、住宅租赁市场的租金也随着产生波动。当城市居民整体收入水平提高，住宅租赁市场租金水平提高时，保障标准也应适当提高，这样才能满足最低收入阶层的基本住房需求。各地应根据政府财政能力，对居民收入水平、租金水平等定期进行考察，对廉租房保障标准适时调整，并定期对居民的受保障资格进行审查。

---

①章钧. 2009. 住房公积金制度的住房保障作用研究——以常州市为例. 上海交通大学硕士学位论文.

CHAPTER 11

第十一章 福利制度

[内容摘要]

社会福利已经从单纯的社会救济发展成为公民的社会权利。本章全面阐述了社会福利的概念、内容及对象；阐述了国外社会福利制度的实践情况，以及中国社会福利制度存在的问题和改革措施。

[学习要点]

（1）社会福利的概念、内容及对象。
（2）国外社会福利制度的实践情况。
（3）中国社会福利制度存在的问题和改革措施。

第一节　社会福利概述

一、社会福利制度的产生背景

在早期的人类社会中，家庭是人类社会生活的核心，一切宗教、管理、经济以及互助等活动都是围绕家庭或亲属关系展开的，因而家庭也是最主要的福利组织。随着社会分工的出现和专业化程度的不断提高，宗教、政府、经济以及各种互助组织才从家庭中分化出来，形成了相互独立的组织系统，这些组织在不同的历史时期承担着不同程度地为社会成员提供福利的责任。直到 19 世纪末，家庭一直是满足社会成员需要的最主要的社会单位。而宗教组织则是家庭以外最重要的福利渠道。在此期间，政府虽然在很长一段时间内也承担了一部分社会福利责任，如 1601 年英国颁布了《伊丽莎白济贫法》后政府取代了教会对贫困人群的救助责任，但政府大规模介入社会福利，即福利国家的出现，则是始于 19 世纪 80 年代德国实施强制性的社会保险制度，西方发达国家随之纷纷效仿，推行社会保险，从此拉开了建立现代社会福利制度的序幕。到 20 世纪 30 年代第二次世界大战之前，西方各资本主义国家先后出台了医疗、工伤、养老和失业等各种社会保险政策。例如，英国在 1911 年出台了社会保险法；美国从 1913 年开始在联邦范围内实施累进税收制度，在 1935 年出台了《社会保障法案》；欧洲各国政府在其他领域也实行积极干预的政策，如实施公共卫生和义务教育制度，制定劳动安全法规和推行福利住房等。欧洲各国普遍实施了儿童福利计划，为普通家庭的儿童提供固定的现金帮助。在这一期间，政府最大的也是影响最深远的作为则是普遍实行累进税税收制度，为政府承担社会责任提供经费基础。这些政策和计划的实施使社会福利的性质发生了两个根本的变化；一是原来由家庭和宗教组织承担主要责任的社会福利制度转变为由政府承担主要责任；二是使福利由原来的家庭互助和慈善行为变成了劳动者的权益。换言之，以社会保险为支柱的现代社会福利制度取代了以慈善和救济为核心的传统社会福利制度。

1929~1933 年，资本主义各国发生了一次空前严重的大危机，美国工业生产下降了 55. 6%，法国工业生产下降了 35.7%，英国工业生产下降了 32.3%。危机使整个资本主义世界的工业生产下降了 44 %，世界贸易额缩减 1/3，钢产量倒退 31 年，煤产量倒退 28 年，整个工业倒退 20 多年，回到了第一次世界大战前的水平；资本主义世界失业者达到了 3000 多万人。这次危机动摇了资本主义制度，它所造成的广泛失业和贫困使资本主义各国的阶级矛盾急剧尖锐化，劳动人民纷纷起来斗争，革命运动高涨。为了缓和阶级矛盾和挽救垄断资产阶级岌岌可危的统治，以福利经济学和凯恩斯主义为理论依据的福利国家学说应运而生。这种学说主张资产阶级国家为了促使经济繁荣，应采取适当的赋税政策，对国民收入进行再分配，实行社会保险、失业津贴等社会福利政策。各国垄断资产阶级迫于形势和劳动人民的斗争，不得不采纳这类主张，开始实施社会福利政策。

但是，在第二次世界大战以前，它还只是零星的救济补助措施。第二次世界大战后，出现了一系列新情况：①一系列社会主义国家的建立，社会主义制度优越性的初步显示，社会主义的影响加强，资本主义各国的无产阶级进一步觉醒，掀起了波澜壮阔的政治斗争，垄断资产阶级慑于无产阶级的强大力量，不得不实行某些让步，逐步扩大社会福利措施，改善工人的劳动条件和生活条件，以缓和阶级矛盾，抵制社会主义的影响。②第三次科技革命出现，一方面，新技术革命的发展，技术的进步，越来越需要发挥工人的主动性和创造性。像恩格斯所描述的英国工人阶级状况，在皮鞭下劳动的时代已经过去，在新的生产力条件下，无产阶级的斗争，哪怕是极短的罢工，都会给垄断资产阶级带来巨大损失。因此，为了再生产的顺利进行，垄断资产阶级不得不增加工人的社会福利。另一方面，由于技术的进步，各发达资本主义国家的劳动生产率在 20 世纪 50~60 年代有了很大的提高。各资本主义国家在 1948~1973 年的年平均增长率都较高，如日本为 15%，联邦德国为 9.2%，意大利为 1.4%，法国为 6%，加拿大为 5%，美国为 4.6%，英国为 3%。这样，资产阶级有可能在不断增加相对剩余价值、提高剥削率的同时给予劳动人民较高的工资和福利。如 1948~1983 年，美国劳动者的实际收入增长了 98.3%，而同期，劳动者的收入占国民收入的比重，却从 29.7%下降为 25.8%，这就清楚地表明，劳动生产率提高所创造的社会财富，绝大部分为垄断资本家所占有。③跨国公司有了很大的发展，跨国公司的子公司几乎遍及整个资本主义世界。发达国家在发展中国家的投资利润率大大超过本国，如 1965 年，美国对发展中国家直接投资的利润率为 17.2%，1973 年为 25.1%，1976 年为 24%，而相应年份对发达国家的投资利润率分别为 8.4%、13.8%和 11.30%。垄断资产阶级从发展中国家攫取大量超额利润，这就使他们有可能给予本国工人以较高的工资和福利，缓和国内阶级矛盾。因此，第二次世界大战后，社会福利发展成为全社会规模的庞大体系。在福利国家，社会福利已经从单纯的社会救济发展成为公民的社会权利，它使一部分工人群众不仅得到了基本生活条件的保障，而且生活的质量和水平也有所提高。

二、社会福利的概念、内容及对象

（一）社会福利的概念

关于社会福利的概念一直存在着不同的定义和解释。其内涵和外延因各国社会保障制度的内容不同而有所区别。在福利国家，社会福利通常涵盖了社会保障，包括政府和社会为国民提供的各种服务设施和社会保障的内容，因此，凡是政府和社会提供的为提升国民的物质和精神水平而采取的措施都属于社会福利的范畴。从这个层面上说，社会福利不仅是为了满足人们的基本社会需要，也是为了满足人们较高层次的生活享受，以及各种精神需求。这种理解实际上是一种广义的社会福利的概念。相对而言，另一种理解是狭义的社会福利的概念，即指由国家和社会团体举办的、社会保险和社会救助之外的各种福利事业和公共服务。

我国社会福利的概念是从此狭义角度去界定的，被认为是社会保障体系的一部分。它是指国家和社会通过举办各种福利事业和采取各种福利措施，为社会成员提供基本生活保障，并不断改善生活状况的一种社会保障制度。

（二）社会福利的内容

社会福利的内容既包括由国家和社会举办的以全体社会成员为对象的公益性事业，如教育、科学、文化、体育、卫生、环境保护等设施，也包括由国家和社会举办的以某一特定群体为对象的专门性福利事业，如为残疾人举办的各种福利企业，为无依无靠的老人举办的敬老院，为孤儿举办的孤儿院等，还包括国家发放的各种福利性补贴，如为城镇居民发放的副食品价格补贴等。

（三）社会福利的对象

关于社会福利的对象，可以认为社会福利的对象和社会保障的对象是重叠的，都是为了解决民生问题。但是民生问题有两个层次，一是经济收入保障的层次，二是包括精神生活在内的生活保障层次。社会福利需要解决的主要是后者，社会福利既以全体社会成员为对象，又以某一特定群体为对象。但是，社会福利和社会保障不是割裂的，只有把两者结合起来才能构成完整的民生问题。

三、社会福利的特性及意义

（一）社会福利的特性

社会化福利相对于社会保险来说，具有以下特征：

（1）社会福利具有普遍性。社会福利是国家和社会向全体社会成员提供的一种福利，任何人都有权享受。在社会福利项目中，有些是向全体社会成员提供的，如国家提供的义务教育，各种公共福利设施；有些是向特殊社会群体提供的，如残疾人福利、儿童福利、老人福利等，而就特殊群体范围而言，对于他们也是具有普遍性的。享受社会福利，不需要经济状况的调查，只要是社会成员，或某一部分社会成员，均可以享受这些福利待遇。

（2）社会福利具有更明显的公平性。社会福利是一种典型的国民收入再分配方式，是对社会财富分配的必要补充。它通过对全体社会成员或部分社会群体提供福利设施和服务，来共同分享社会发展的成果，满足社会成员的需要。享受社会福利与每个人的经济地位、职业背景等无太多联系，也无须与其贡献挂钩，因此，在“人人有份”的社会福利原则下，更多体现为追求社会公平的目的。

（3）社会福利的资金来源具有单向性。与社会保险费用实行三方负担原则不同，社会福利的资金来源于国家和社会，社会成员享受各种社会福利无须缴费。从国家来说，社会福利资金主要来源于国家税收；从社会来说，主要来源于各单位的福利资金或各种社会募捐。从各国社会福利资金筹集来看，国家财政预算拨款和社会捐助相结合，已成为社会福利资金筹集的发展模式。

（二）社会福利的意义

社会福利是国家对国民收入进行再分配的一种形式，它使社会成员除劳动收入以外，均等地获得国家提供的各种福利设施和服务，因此，社会福利是全体社会成员共享社会成果的一种国家政策，建立社会福利制度具有重要意义。

（1）举办社会福利，有利于满足社会成员的物质生活需要。随着社会化生产的发展和生产力水平的提高，劳动者创造的财富越来越多，生产的社会化发展必然带来人们生活社会化程度的提高，许多原来属于个人的责任和家庭的职能成为国家的责任和社会的职能，如儿童健康、老人保健、残疾人康复和就业、科学文化和教育事业的发展等，这些都需要国家为社会成员来举办。国家通过财政税收的方式，将积累的财富通过举办各种社会福利事业，使社会成员共同受益，提高社会成员的物质生活水平。

（2）举办社会福利，有利于提升社会成员的精神生活需求。在社会福利项目中，包括以全体人民为对象的公益性事业，如教育、科学、文化、体育、卫生、环境保护等服务和设施，这些公益性事业的发展，极大地满足了社会成员在精神生活方面的需求，从而推动了社会的文明和进步。

（3）举办社会福利，有利于促进社会经济的发展。社会化福利通过一种公平的机制向社会成员提供各种福利设施和服务，使社会成员能够分享社会发展的成果，满足其物质生活和精神生活的需求，从而能够激发劳动者的生产积极性和创造性，提高劳动生产率，最大限度地实现劳动者资源的效率，促进经济的发展。

第二节 国外社会福利制度的实践情况

一、英国的社会福利制度

（一）英国社会保障制度的内容

英国是西欧社会福利制度的发源地，也是社会福利制度迄今发展最为全面的国家之一。它包括国民医疗卫生制度、社会服务制度和社会保障制度三大体系，具有社会化程度高、项目多、管理严的特点，在英国的社会生活中起着相当重要的作用。英国的社会福利制度形成于20世纪40年代后期。第二次世界大战结束后，社会民主思潮在欧洲盛行。英国工党于1945年上台执政，在经济上大力推行凯恩斯主义，认为资本主义经济危机的根源在于有效需求，而增加社会福利正是扩大政府财政支出的主要手段。因此，工党政府先后颁布和实施了《国民保健法》、《国民保险法》和《国民救济计划》等社会福利法案。首相艾德礼宣布在英国建立社会福利制度。

20世纪60~70年代初，英国经济呈高速增长趋势，也是社会福利制度发展和完善的时期。据统计，1950~1959年其工业生产增长率为2.8%，1960~1969年上升为3.5%，英国处于最繁荣的时期；人口结构相对稳定，人口的老龄化不明显，劳动力资源充足；失业率和通货膨胀率保持在较低水平。客观的经济社会环境为社会福利制度的实施提供了条件。英国的社会福利制度经过40多年的发展，已经成为一个庞大、复杂而有序的福利社会体系，其管理机构和监督机制也日趋完善。英国的社会福利制度主要包括以下方面。

1. 国民医疗卫生制度

国民医疗卫生制度即为每个社会成员提供广泛的医疗服务，由医院及社区服务、家庭卫生服务和其他服务三部分组成。英国中央政府直接负责国民医疗卫生工作，下设一系列地区医疗管理机构。根据《1990年英国国民医疗卫生和社区关怀法案》，地区医疗管理机构负责评估当地居民对医疗卫生的需要，以购买方的身份同医院和其他医疗机构签订合同，保证医院等医疗机构为当地居民提供医疗服务，并根据就诊人数对医院拨款。国民医疗卫生服务体系中近80%的项目是免费的。同时规定所有服务项目对下列人员免费：16岁以下儿童；孕妇和生育后不到一年的妇女；60岁以上的妇女和65岁以上的男人；患有某些特殊疾病的人；领取退休金的残疾军人；领取救济和困难补助家庭的成员；低收入家庭的成员。如治牙、验光等收费项目，对儿童、孕妇和低收入家庭也实行免费。

2. 社会服务

地方政府负责社会服务工作。社会服务对象为老人、残疾人、精神病人和儿童。它为在家居住的服务对象提供帮助和护理，专为无法在家居住的服务对象提供居住和疗养场所。社会服务机构为尽量使老人生活在自己家中，提供包括护理、夜间陪同和洗衣等服务以及助听器、报警器等设备；同时，修建老人公寓，雇用护理人员，安置老人。为使残疾人能够独立生活，社会服务机构安排社会工作者定期探访，提供教育和娱乐设施，改善残疾人的起居条件；安排生活不能自理的残疾人居住在残疾人公寓。社会服务机构为本地区的每个精神病人安排康复和社会活动计划，为其提供社会活动中心和护理人员。社会服务机构还为孤儿和遭到虐待、遗弃的儿童提供保护。

3. 社会保障

政府从五个方面对公民实施“从摇篮到坟墓”的全方位社会保障。

一是国民保险。国民保险法规定了一个由多种津贴和补助金构成的综合社会保险制度。津贴和补助分为缴费性和非缴费性两类。在英国大部分津贴属缴费性津贴，领取缴费性津贴的人按周缴纳保险费，在缴足一定期限后方能享受相关的津贴；非缴费性津贴则根据特殊需要发放。国民保险津贴主要有产妇津贴、生育补助、儿童津贴、儿童特别津贴、儿童监护津贴、寡妇津贴、寡母津贴、寡妇抚恤金、疾病津贴、病残抚恤金、护理及伤残津贴、失业金、养老金和高龄补助、战争抚恤金、低收入家庭补助津贴、社会补助金等共 40 余种。

二是国民保健。《国民保健法》规定，英国公民可享受除牙科手术、视力检查和配镜以外的一切免费医疗，病人只需付处方费，而产妇、哺乳期妇女、儿童、退休者、医疗事故造成的病人、战争或因公伤残津贴领取者及低收入家庭无须支付处方费用。英国卫生部在全国各地设有 100 多个地区卫生管理局和委员会，负责管理国民保健的具体实施（每个区设一个总医院、若干个普通医院、诊所及各类专科医院等），还负责免费提供辅助医疗手段和取暖设备，管理学校、家庭和环境卫生，监督食品、药物安全，进行防疫、戒毒、堕胎及医务人员的培训。国民保健费用的 88%由政府支付，其余部分由医院承担。

三是个人社会福利。政府有关部门和社会志愿者针对公民的特殊困难提供各种服务，包括帮助失业者解决生活困难；对精神病患者登门治疗，处理相应的社会问题；帮助建造儿童游乐设施，照管 17 岁以下的孤儿；为老人和困难家庭提供生活和娱乐服务。

四是住房援助。政府对低收入家庭发放住房津贴，对第一次购买住房的低收入家庭给予额外津贴和其他优惠条件，为老人和病人提供特殊住房。地方政府优先为无房户解决住房问题。政府制定限制措施，控制房租，防止私房以高额租金出租。居民除可以个人收入购房外，还可通过房屋互助协会、保险公司、地方当局和银行等途径贷款购房或建房。房屋互助协会发放的抵押贷款所占的比例最大。该协会不建造住房，而是以贷款者所购买的住房作为抵押品发放贷款，贷款期一般为 20~25 年（特殊情况可延至 30~35 年），贷款者按月还本付息。

五是教育补贴。英国大部分学生（初等教育和中等教育）由政府教育基金资助接受免费教育。免费生除免交学费外，书本和其他学习用品也免费。教育部门还向特殊学校的学生（聋哑、低能儿童）和其他公立学校 7 岁以下的学生免费提供牛奶，每人每日 1/3 品脱（0.19 升），如因健康原因可延长到 11 岁。高等教育中，90%的大学生可获得政府津贴。

社会保障是为老人、残疾人、失业者、低收入家庭等提供经济帮助。英国的社会保障由政府的社会保障部统一管理，社会保障部下设发放补助金、收缴国民保险金、儿童抚养金、信息技术服务、安置无家可归者和荣军养老等 6 个执行机构，社会保障部是英国政府中最大的部门，部门中有雇员近 10 万人。

英国社会保障可分为投保性补助和非投保性补助，共 30 多项。只有定期缴纳国民保险税后才能享受的补助称为投保性补助，如养老金、失业救济金、疾病救济金、孕妇补助和孤寡补助等；无须缴纳保险税，属于社会救济性的补助称为非投保性补助，如低收入救济、家庭困难救济以及住房、生育和儿童补助等。

投保性补助的经费来源于企业和个人上缴的国民保险税和国家补贴；非投保性补助的经费完全由政府负担。1994 年社会保险总支出为 830 亿英镑，其中 400 亿英镑为国民保险税收；其他 430 亿英镑为政府财政支出。

社会福利费用膨胀主要有以下三个原因。

第一，人口老龄化，形成庞大的受养人口。据统计，英国 80 岁以上的老人在 40 年代仅为 75 万人，现在为 200 万人，2020 年将为 300 万人；工作人员与领取养老金人数的比例随之也发生变化，40 年代为 5:1，现在为 3.3:1，2020 年将为 2:1。社会保障费用的一半需支付养老金。

第二，失业人口增加，失业率居高不下。自 20 世纪 70 年代以来，英国经济开始衰退，传统企业萎缩，大量工人失业，失业人数长期保持在 250 万 ~ 300 万人。政府的失业救济金、家庭困难补助等费用开支剧增。

第三，其他社会原因对社会福利开支的膨胀也起到了推波助澜的作用。如提高社会医疗水平，采用先进的医疗技术和设备，研制新药等，导致医疗卫生保健费用的增加。单亲家庭的出现，使低收入家庭数目大大增加，政府需要支付更多的低收入家庭补助。

为解决福利开支过大的问题，英国保守党于 1979 年上台后，削减社会福利开支，将部分福利机构私有化，造成国民医疗卫生等的服务质量下降，引起人民的不满。保守党政府自 20 世纪 90 年代以来开始对社会福利制度，特别是社会保障进行结构性调整，在养老方面大力推行职工与个人养老金计划，实施社会保障的多层次，在国家提供最基本的生活保障的基础上，突出企业补充性保险和个人储蓄性养老保障的作用。同时，改变现在收支的财务机制，实行基金制。

（二）英国的福利国家制度存在的问题及其改革

英国现代社会福利制度的初衷是想通过各种各样的解决贫困与失业的计划，做到人人平等和社会富裕。可是，这套制度后来却问题百出，这却是始料不及的。

1. 英国的福利国家制度存在的问题

首先，福利增长过快，财政不堪重负。英国在福利国家建设中增加了越来越多的社会保障项目，范围一再扩大，水平也不断提高，其结果是社会福利开支直线上升，国家财政日益困窘。1949 年英国福利开支占国民生产总值的比重为 10.6%，1966 年便达到 14.4%，1978 年进一步提高为 27.3%。如果经济高速增长，福利开支的不断膨胀可以从经济增长中得到补偿，那也就不存在什么问题。然而，第二次世界大战后的英国不具备这一基础条件。在经济长期不景气的情况下，福利开支仍然有增无减，势必导致或加深财政危机。1946~1983 年，英国的财政赤字年度为 34 年，1973~1988 年，英国各级政府财政赤字从 39 亿英镑增加到 145 亿英镑。由于财政困难，政府又不得不依靠举债来维持其庞大的福利开支，于是，高负债与高赤字相伴而生。1982 年英国国债高达 1000 亿英镑，占当年国民收入的一半，国债利息为 60 亿英镑。

其次，过分追求公平，经济缺乏效率。以"均等化"为目标的福利分配必然造成劳动力市场和资本市场上的动力不足，行为扭曲，从而引起经济效率的损失。在劳动力市场上，先是个人的"收益"与"损失"平衡表发生变动，每个人心目中计算的天平开始倾斜，然后社会观念随之改变，表现为“多干”、“不干”几乎一样，这不但使在业人员劳动的积极性受到影响，而且使人们滋长了吃大锅饭和“混”的思想，并在工作与闲暇、再就业与失业的行为选择中变得消极，容易倒向后者。

在资本市场上，一方面，平均分配带来的巨额福利支出使资本的形成率低，削弱了英国扩大再生产的能力；另一方面，由于累进所得税和财产转移税不仅被用于筹集社会保障的经费，而且被作为实现“收入均等化”的手段，从而既使国内投资的积极性降低，又使投资者在考虑投资还是储蓄、积累还是消费时趋于保守。

最后，政府干预过多，经济深受其害。福利主义和平均主义的双重作用促使英国政府不断强化其干预经济的职能，而要实现全民福利和国家保障，高税收是必不可少的。和其他欧美国家不同的是，英国的社会保险费征收较低，其“福利国家”的维持主要是通过财政预算增加政府的一般税收进行的。英国是西欧税赋最重的国家之一。而政府的高额税收除了对人们工作和投资积极性产生消极作用外，还引起大量的逃税现象，“黑市经济”、“地下经济”盛行，资本和专业人员外流，同时经济环境恶化，劳动力成本提高，产品的国际竞争力削弱，所有这些无疑影响了经济的增长。自第二次世界大战后以来，英国的经济增长极为缓慢，20世纪70年代的经济平均年增长率只有2%左右。在发达资本主义国家当中是增长速度最慢的一个。

2. 布莱尔政府福利制度改革的具体措施

在“第三条道路”思想的影响下，布莱尔在他的《新英国》一书中，提出了“积极福利”.的思想。围绕建设英国的“新生活”，为推动英国经济朝稳定的可持续发展的方向前进，以布莱尔为首的工党政府对社会福利制度进行了大量的调整与变革。目前，改革仍在继续。

布莱尔政府福利制度的改革实际上是从两个方面进行的，一是改变政府的角色。布莱尔强调，未来“政府的角色不必是提供所有的社会保护，而是为其提供组织和规范”。二是改变福利的对象和提供方式。由单纯的穷人受益转变为普遍受益，以鼓励工作者、促使人们去挣钱、减少失业开支对纳税人的负担等为目标，财政大臣布朗承诺未来的财政预算“将把削减的税收用于公众和就业”，同时改变福利的基本方式，以向穷人提供“扶助而不是施舍”为思想基础。工党政府认为过高的社会福利是阻碍英国发展的重要原因。为此，工党政府上台伊始，便实行了下述的初步改革。

其一，不增加所得税，促进社会福利。工党改变以往的“提高税收和扩大支出”形象，遵从大选时的诺言，在1997年7月的新预算中，以不提高所得税的基本税率和最高税率为前提，实施削减公共支出赤字、促进社会福利的计划。

其二，促使“不工作阶层”回到社会中去。英国有5800多万人口，其中100万成年人从未工作过。工党政府竭力使这个“不工作阶层”参加工作。假如私人企业雇佣新职工，雇主每周可从政府机构领取若干补贴。

其三，采取积极措施，鼓励25万名年轻失业者就业，并取消失业津贴。政府把征收的52万英镑“意外收入税”（对私有化后取得暴利的电信、航空、铁路、供水等公共部门征税）作为基金，用于资助青年人和单亲家庭的就业。

其四，加强财政纪律，清除欺诈行为。英国有5800万人，却拥有7900万个社会保障号码。其中，有些是合法的，比如，寡妇可依靠死去丈夫的养老金生活而继续使用其号码，但却有很多号码为诈骗者所利用。为此，政府拟严加审核，重新登记领取养老金与失业津贴者。

其五，提出发展社会保障的新思路。政府的政策重点将不再是增加社会津贴，而是增加社会服务。

二、德国的社会福利制度

与严谨的德国人一样，德国的社会福利体系也以其细密、完整而著称。今天的德国拥有一张稠密的、包罗万象的防范老、病、残、孕、事故、失业等各种风险，以及改善照顾家庭、婚姻生活、促进就业、青年培训、子女抚育和救济贫困的社会福利网络。尤其是 1995 年引进护理保险后，使德国社会福利和社会保障体制更趋完善，形成了以五大社会保险分支为支柱的四层保障体系。

一是社会保险，包括养老、医疗、失业、事故和护理保险。

二是社会赡养和赔偿，包括抚恤战争阵亡者和补偿所谓受原民主德国统一工人党迫害者等。

三是社会补贴，包括子女抚育津贴、教育补贴、就业促进补贴、青年资助和住房津贴。

四是社会救济，包括日常生活费用补助和特殊困难，如伤残、疾病等的补助和照顾。

其中最关键的内容首推五大保险和社会救济。

（1）养老保险，特别是法定养老保险可谓德国社会福利与社会保障制度的最大的支柱。所有工人和职员，包括部分自营者（如艺术家、手工业者等）均须参加义务养老保险。它覆盖了近 90%的从业人员。此外，国家公务员、法官等还有各自专门的养老保险机构，他们一直享有一些优待，保障内容比较特殊。养老金支出主要通过投保者和其雇主缴费及联邦补贴来负担。养老保险除了发放养老金（包括年老、就业能力下降和遗属养老金）外，还提供职业康复等福利待遇。

（2）医疗保险。目前，德国近 90%的人口，约 7200 万公民参加法定医疗保险。其中，属于义务投保者的主要是工人和职员及学徒工，此外还有海员、养老保险金及失业金领取者、自由职业者，如艺术家、传媒工作者和大学生等。投保人的家属（含配偶及子女）作为联保者享受附带保险，且不用另外附加缴费。现在，德国约 50%的医疗卫生支出是由法定医疗保险承付的。其余近 10%的人口大多参加了私人医疗保险。医保机构和医疗服务提供者医生协会签下了集体合同，由后者提供服务，前者支付费用。医保所提供的福利待遇主要有三大类：一是预防、早期诊疗和诊治疾病，包括支付疾病、牙病诊治、提供药品及住院医治等费用；二是康复费用；三是发放病休津贴；四是为孕产妇护理等。投保者可以自由选择去开业医生和牙医处就诊，还有权自由调换医保机构。

（3）失业保险。随着经济前景趋暗，失业保险和就业促进在社保制度中的地位愈发重要。在德国，所有雇员原则上都参加失业保险。该保险由联邦劳工局负责，其提供的服务和待遇有工资补偿，包含失业补贴、失业救济、短工津贴、坏天气补贴（适用于建筑工人）等，就业培训和求职费用等，进修、改行培训、求职、差旅及在国外工作的返家探亲费用。投保者要领取失业补贴必须满足下列条件：失业前三年中至少要缴费 360 天，而获得失业救济者须在失业前投保 150 天或领过失业补贴。失业补贴和失业救济待遇分别为领取者失业前净工资的 67%和 57%，无孩子者 60%和 53%失业救济的费用由联邦通过税收来解决，其他支出则由雇主和雇员各付一半。

（4）事故保险。在德国，所有的雇员和农民，甚至包括学徒、学生及儿童都被纳入法定事故保险的保护范围，不仅工作时间之内，就连上班途中也属保险范围。现在该保险已覆盖了德国总人口的近一半。具体操作主要由职业合作社负责。通过向雇主或企业收缴保险费来筹资，费率协商决定。当然，联邦、州、联邦劳工局均承担相应责任。他们除了预防意外事故和加强企业内部的劳动保护以降低职业病的发生率外，主要承担受事故和职业病伤害的投保人的医疗费，给予致残者约合标准工资 80%的伤残津贴。另外，还支付约合 75%的伤残津贴等过渡补助，以支持事故受害者的转岗培训。如投保者丧失至少 1/5 的工作能力或身亡，本人或配偶、子女还可得到相应的养老金及抚恤金、伤葬费等。

（5）护理保险，是 1995 年引入的义务险种。德国法律规定了“护理保险跟从医疗保险的原则”，即所有医疗保险的投保人都要参加护理保险。护理保险的费用主要通过雇主、雇员向医保机构缴纳保费来筹集，政府大力资助。护理分居家和住院护理两大类，护理按需要强度分成三级，由实物和货币待遇组成。

（6）社会救济。作为德国社保体制最后的“收容及防御网”，是帮助那些通过其他社保项目无法或不足以享有基本法所赋予的符合人的尊严的基本生活的贫困者，不仅每个德国人，甚至有避难权的外国人均有权获得。原则是“先保险后救济”及“尽可能发挥受援者的自救力”。与保险强调义务和权利对等不同，它来源于政府的税收，由德国最低一级行政机构城镇负责管理，无偿发放，主要分日常生活补助和特殊状况照顾两类。前者主要向低收入者提供实物援助（如接老人入住养老院并给予零花钱、给孕妇医疗援助、对残疾人进行康复治疗等）和货币支付（如提供衣、食、取暖、保健费用等日常个人基本需求的基金）。货币支付分为一次性和多次性两种，多次性的货币支付是指按各联邦相关机构每年 6 月 1 日公布的各州不同但差别微小的救济标准发放。一次性的如冬装费等，是为陷入特殊生活境遇如伤残、疾病和需照料的特定人群提供特别援助和照顾。受援者被要求积极寻求工作，主动拒绝可能的工作则意味着失去此救济。

（7）德国的社会福利制度的改革。在世界经济日益全球化的今天，德国面临着人口老龄化、社会福利负担过重、东西部地区经济与社会发展不平衡等诸多不利因素的挑战。继续以改革求发展，不仅是德国社会各界的共识，也是德国在新世纪的唯一选择。

经过与在野党代表长达两个多星期的谈判，德国联邦政府卫生部于 2003 年 7 月 21 日推出了医疗保险体制改革方案。这是德国自统一以来动作最大的社会福利改革。

德国的医疗费用高昂，且有不断上涨的趋势。对于承担整个医疗费用支出 2/3 的政府来说，这是一个日益沉重的经济负担。1991 年，德国政府医疗支出为 1800 亿马克，约合 930 亿欧元，而目前已经上升到 1430 亿欧元；医疗费用占整个国内生产总值的比重也从当时的 8.7%上涨到现在的 10.6%，在发达国家中仅次于美国和瑞士，居第三位。同时，参加医疗保险的公众需缴纳的保险费也水涨船高。20 世纪 80 年代，医疗保险费用只占工人税前工资的 8.2%，而现在已上升到14.3%。增加了个人的负担。德国政府已经被巨额医疗支出压得喘不过气来，德国公共医疗保险机构亏空已达 30 亿欧元，整个医疗保险系统到了濒临破产的地步。德国政府希望通过医疗保险改革大幅减少政府支出，缓解财政赤字压力，并以此带动整个德国社会福利制度改革。

按照改革方案，个人应缴纳的法定医疗保险费从平均占工资的 14. 4%降至 13%以下。同时，为了弥补因此造成的医疗保险基金的亏空，政府将削减参保人员享受的待遇。例如，免费看病将改成每次看病收费 10 欧元，住院治疗费及药费个人要承担 10%，非处方药品的费用全部由个人承担。该方案将使德国每年的医疗福利支出减少 230 亿欧元。这一改革方案已于 2004 年 1 月 1 日起实施。

法定医疗保险制度是德国引以为自豪的社会保险体系的重要组成部分，它与养老保险和失业保险一起，构成德国社会保险体系的三大支柱，是德国社会福利制度的主要组成部分，至今已有 100 多年的历史。

养老金制度也是德国亟待改革的社会福利体系的一个方面。德国政府的支出有一半用于补贴养老金的空缺和还债，其中联邦政府每年用于补贴法定养老保险体系的资金高达 729 亿欧元。由于绝大部分支出是硬性支出，政府财政支出结构调整的余地非常小，靠节省开支解决不了问题。德国采取的是用就业者缴纳的养老保险金支付已退休人员的退休金的办法。因此，就业者与领取退休金者必须保持一定的比例，这种养老体系才能维持下去，随着出生率的降低，社会人口逐步老龄化，尽管德国养老保险缴费率已经接近 20%（就业者和雇主各一半），但德国的养老保险体系仍入不敷出，只能靠政府财政每年的巨额补助来维持。

为了对德国的福利体系作根本性改革，德国社民党推出了名为“2010 纲领”的一揽子改革方案。改革的最终目的是要削减社会福利开支，减轻政府过重的福利包袱，增强企业和个人的积极性。然而，由于改革触及人们享受已久的高福利待遇，因此德国民众对政府的改革计划表现出一种复杂的心态，但大多数人已经意识到，改革是大势所趋。

三、西欧国家社会福利制度

（一）瑞典的社会福利制度

一是父母保险。法律保障妇女不会因怀孕、生育而失去工作，并规定妇女有权因怀孕而要求调换较轻的工作。如换不成则可带 90%工资提前 50 天休息。产假为 15 个月，父母都可在儿童 8 岁前享用。其中一年保留工资 90%。但如同疾病保险一样，收入超过基数 7. 5 倍部分不计在内。家庭妇女产假中也可得到少量补助。收养 10 岁以下幼儿者享受同等待遇。儿童 12 周岁之前父母一年可请 3 个月假照顾病儿，待遇如同本人休病假。父母因照看残疾儿童而半日或全日不能工作时，国家提供其相当于基数 100%或 200%的补助。

二是儿童福利。所有儿童在中学毕业前由国家每年补助 9000 克朗。因父母分居或病逝而生活困难的儿童，国家提供不少于基数 40%的补助，并且教育全部免费。但国家不负责高中以上青年人的生活，因此大学生一般依靠国家低息贷款度日。

三是疾病保险。瑞典医院绝大多数属于公立。患者看病（包括化验检查费）一次交 70 克朗，一年内超过 15 次后免费。年收入低于 6000 克朗者住院免费，其他人扣发 1/3 的疾病补贴，但一天不超过 65 克朗。

四是失业补助。失业补助由工会负责，凡入会一年以上并在过去的一年中工作不少于 5 个月者，失业后可得到相当于工资 90%的补贴，但最多一天不超过 543 克朗。补贴一次最长不能超过 60 周，年龄超过 55 岁的不超过 90 周。未参加失业保险者可得到每天 140 克朗的现金补贴。如企业宣告破产并无支付能力时，国家将负责支付其拖欠的职工工资、津贴、休假工资和解雇费等，但总额不超过基数的 12 倍。

五是老年福利。瑞典法定退休年龄为 65 岁，但在 60~70 岁的，可根据本人情况提前或推迟退休。每提前一年福利金减少 0.5%，而每推迟一年则增加 0.7%。其老年福利金主要分为以下三种：①基本养老金。满 65 岁的本国公民人皆享有。单身老人可得基数的 96%，夫妇可得基数的157%。仅靠养老金生活的老人还可得到基数54%的补充养老金、住房补贴和免税待遇。②补充退休金。工作3年以上的老人还可得到与退休前工资相联系的补充退休金，大体相当于其15个收入最高年平均收入的60%。③部分退休金。年满60岁的老人可将其工时减少一半或1/4，保险局负责补足其因此而减少的收入的65%。

六是劳动保护与残疾人福利。在工作时或上下班途中因事故受伤，或因工作环境污染而致病，都可享受完全免费治疗。保险部门负责赔偿由此而造成的包括收入下降在内的一切损失。残疾人年满16岁后即可提前退休，并领取基本养老金和基数104%的补充养老金。如其生活难以自理或学习、工作需要特别协助时，每年还可得到11 592~22 218克朗的残疾补助。

七是社会救济及其他。地方当局根据居民家庭情况向低收入者提供住房补贴，并向收入低于生活最低水准的人提供社会救济。退休金、疾病补贴、失业补贴和产假补贴等都要缴纳所得税。

八是管理与资金筹集。瑞典社会福利主要通过立法进行管理。《社会保险法》对保险范围、补助条件和补贴多少等作了详尽规定。其公民和获准在瑞典居住的外国人满16岁后，只要履行一个简单手续即加入了社会保险。未成年儿童跟随其父母享受有关待遇。某些与其有双边条约国家的公民在瑞典也可享受其社会福利。

瑞典国家社会保险局和国家社会局负责颁布有关条例，监督法律的执行，并协调有关工作。全国有三个社会保险法院。对有关决定不服者可上告省社会保险办公室甚至国家社会保险局。如仍得不到纠正时，可向社会保险法院提出申诉。对其裁决不满者还可上诉到社会保险最高法院。

（二）丹麦的社会福利制度

丹麦的社会福利制度以“高税收、高福利”的北欧斯堪的纳维亚模式著称于世，所谓斯堪的纳维亚模式的社会福利制度讲究平均分配，社会福利覆盖境内任何公民，男女充分享有平等的权利。丹麦的福利基金是由政府管理，主要通过征税获得。在丹麦，人们每月工资的50%以上都用来交税，但他们似乎并没有太多的怨言，因为他们的生、老、病、死都由政府负责。

普遍性是丹麦社会福利和社会保障政策的一个重要原则，因此丹麦的社会福利和社会保障范围及内容十分宽泛。社会福利和保险涉及人的出生、婴儿时期到老年的全过程，以此保证全体丹麦人都能够享有富裕的生活，全体公民在生病、失业以及年迈的情况下仍能享有住房、各种服务以及社会安全等基本权利。虽然这种社会福利和社会保障体系是建立在市场经济基础上的，但由于社会成员间的贫富差距很小，而且基本实现了共同富裕，所以丹麦人称这种社会福利和社会保障制度为“资本社会主义”。丹麦的老年福利政策就是福利制度普遍性的一个典型写照。丹麦的老年福利政策由四个部分组成：养老金制度、弹性退休政策、住房政策和关怀政策。首先，丹麦的养老金制度覆盖了所有在丹麦居住的退休人员，不论其是否缴纳社会保险税费。根据法律，凡是年满67岁的丹麦公民，都可以无任何附加条件地领取政府养老金，充分体现了这一制度的普遍性原则。弹性退休政策是指允许60～67岁的劳动者根据自己的需要酌情逐渐减少工作时间，使老年人有一个从半退休状态到完全退休的过渡过程，而其间政府对因此而减少收入的老年人予以补贴。丹麦的老年人住房法案规定：地方政府负责老年住房的建筑和管理。老年住房包括老年公寓、养老院、疗养院和老人收容院，以此确保每一个老人的住房权利都能得到保障。丹麦的老年关怀政策针对的是全社会的老年人，不论经济状况、身体状况以及居住地点的差异，丹麦的老年人都可以享有周到而全面的关怀服务。服务的基本内容包括医疗护理和家庭服务，医疗护理主要由普通全科门诊、专科门诊和家庭护理组成，家庭服务的主要内容有家务劳动、个人卫生和病人照料等。所有服务均为免费提供。

高度的制度化与法制化是丹麦社会福利与社会保障体系的有效保证。政府对社会福利与社会保障收支和政策的制定，主要通过法制和行政方式管理。无论是儿童福利、老年人福利，还是残疾人福利，丹麦都将其纳入社会立法，实现制度的合法性。行政管理以法律为依据，依法行政贯穿社会福利与社会保障计划、执行和解决纠纷问题的全过程。福利事业从中央到地方形成了完整的运作体制，从组织管理到具体福利服务的提供，都拥有制度化的全方位保障。

中央与地方分工明确是丹麦社会福利与社会保障管理体制的又一特点。在丹麦，中央政府只负责制定政策、标准、计划和实施转移支付等宏观调控方面的任务，大多数职责都下放给地方政府承担，包括老年人的照顾和服务、婴儿家庭补贴、残疾人康复和照料、失业救济（没有缴纳社保费的失业人员）、生病津贴以及社会养老金分配等，地方政府被称为“全能政府”，有充分的权力进行具体的福利立法，担负着完成社会政策的任务。由于地区之间存在经济条件和发展差距，有些地方政府的收入不能弥补支出，所以社会福利和社会保障收入的 1/3 左右来自上级政府的收入返还和补助。中央政府承担着在全国范围内调节社会保障资金的责任。中央政府对社会福利事业的管理不是依靠行政手段，而主要是通过统一的法律和中央财政转移支付制度来实施。全国 GDP 的 20%被用于转移支付，中央政府通过这种制度来对地区间财政进行调节，以达到社会福利均等化的目的。

社会福利资金收支管理分离是丹麦社会福利制度的特点之一。丹麦的社会福利与社会保障资金支付基本由社会事务与卫生部、劳动部（或劳工部）及其他承担社会福利职责的部门管理。由于丹麦的社会福利与社会保障收入主要来自税收，约占全部资金来源的 80%，因此收缴社会福利与社会保障资金由税务部门征收管理。丹麦社会福利与社会保障支出占国内生产总值或国民收入的比例很高，社会福利与社会保障总支出约占 GDP 的 34%，丹麦的税收负担率也是世界上最高的国家之一。目前，丹麦已经出现社会福利资金中政府预算支出比例下降，雇主和雇员缴纳社会保障费比例提高的趋势。

四、美国的社会福利制度

经过 60 多年的发展和变革，美国的社会福利政策在内容上逐步完善，形成了三大政策支柱，即社会保障、社会公益事业和最低物质供应。

（一）社会保障

社会保障是组成美国社会福利制度的第一大支柱，由那些能帮助人们处理共同生活风险的行为所组成，用以保护其国民免遭天灾人祸的伤害，例如，残疾、疾病、有工资收入者的配偶或监护人的离婚、退休以及死亡等方面。社会保障政策成为那些生活水准急速下降的人们的“缓冲器”。

与其他福利国家一样，社会保障在美国的推行是极为广泛的，是一项几乎覆盖全部人口的广泛而又综合的公共计划。贫困不是社会保障设立的主要资格基础。比如，失业工人很可能不贫困，但他们通常有资格享受失业保险所给予的权益；退休工人或许一点儿也不贫困，甚至可能已处于中产阶级范畴，但他们仍具备享受社会保障所提供的养老、防老权益。社会保险计划实施的根本目的，是为了防止那些由于收入损失而产生的社会问题，所以社会保障计划是任何一个福利国家都视为最昂贵的计划，其范围涉及社会的各个层次。

（二）社会公益事业

美国社会福利制度的第一大支柱，是指为其国民提供最为基本的生活必需品和相关的服务，包括教育、卫生保健、住房、幼儿日托和法律服务等。

社会公益事业中一个普遍而又具有代表意义的内容便是公共教育。同所有福利国家一样，美国的初级、中级公共教育都是作为市民权益的基础部分而由政府免费提供的。法律规定，父母必须将其 5~16 岁的子女送到学校就读。通常而言，高等教育不是免费的，但美国政府及其他福利国家一般都提供免费资助。而提供这种帮助的财政支出无疑是巨大的，国家可能负担得起，也有可能不堪承受。而公众高等教育对于一个国家的经济繁荣来讲是至关重要的，所以所有福利国家都不遗余力地推进高等教育进程以使学生有就读能力。

除了教育之外，美国同其他福利国家一样，也致力于推进基础卫生和营养的计划。所不同的是，除美国之外的许多福利国家都将免费享受综合性卫生保健视为公民的一项权利，而美国则仅限于老龄和贫困者，尚未成为公共政策的一个目标。

（三）最低物质供应

美国社会福利制度的第二大支柱，是指国家为所有最贫困、最易遭受伤害以及蒙受重大损失的居民制定一项最低物质生活标准，以确保他们能在最低生活水准之上。在美国，该项计划也称为“反贫困政策”，其中有些计划为低收入者提供现金补助，有些提供物品，有些提供服务，还有许多计划更直接地培养待援者独立的劳动技能。

第三节　中国社会福利制度存在的问题

中国现有的是一种“补缺型”的社会福利制度，它强调的首先是家庭和市场的责任以及基础作用，提供个人的福利待遇需求，社会福利不直接起作用，只有当家庭和市场失灵不能保障人们的生活时，社会福利才会介入，它的主要目标是弥补家庭和市场的缺陷，防止个人因为其他原因不能获得基本的经济收入而陷入困难的境地。我国目前的补缺型福利特点突出表现在社会保障水平低、社会保障覆盖面窄和基本社会福利严重不足三个方面。它的受益对象只限于部分符合条件的特殊人群，一般来说以孤、老、残、幼为重点，而不是社会的全体成员，社会福利的主体和提供方式单一，以社会群体为主的划分福利标准也显得十分单调和笼统。具体来说，我国现有福利制度主要存在以下问题。

一、资金不足，来源范围窄

社会保障总投入偏低，社会福利在其中占有的份额更是少之又少。尽管近几年国家对整个社会保障制度的投入在持续加大，但财政性社会保障投入占国家财政支出的比重还不到

15%，而政府每年用于社会福利的支出更是极少。数据显示，2012 年国家用于社会福利的费用只有 115.8 亿元，这个比例只占到民政事业实际支出总额的 3.6%。虽然近几年社会福利投入有上升的趋势，但总体而言，政府对于社会福利的投入力度不够，而且资金的来源范围窄，大多数社会福利事业单位都处于单纯依靠国家拨款维持生存的状况，社会筹资渠道仍未真正开辟，投资结构单一，导致资金的严重短缺和供需矛盾突出。

二、城乡社会福利水平悬殊

我国社会福利总体水平不高，覆盖范围非常有限，城乡经济社会发展不平衡问题比较严重。我国一直实行的是城乡“二元化”的补缺型和制度型并存的、尴尬的社会福利模式，国家投入大量的人力、物力、财力用于加快城市化进程，在城市已经基本建成了比较健全的社会保障网络，形成了一个完善的社会保障体系，占全国总人口 30%的城镇居民享受了 59 %以上的社会福利资源。而在农村，占全国总人口 70 %以上的农村居民却只享有社会福利资源 的 5%，教育、医疗、住房、养老等问题层出不穷，水平远远低于城市，造成了城乡福利水平悬殊。尤其现在农民工增多，农民工的社会福利问题，留守儿童的教育问题等，都成为亟须解决的社会问题。根据亚洲开发银行统计， 我国基尼系数从 1981 年的 0. 13 显著上升，至 2013 年已经超过了 0.47。城乡及地区间收入差距也日益扩大，收入呈现出不同步增长趋势，1985~2013 年，城乡人均收入的比例由 1.9:1 上升至 2.16:1，我国已经成为世界上城乡差距巨大的国家之一。而真正导致我国收入差距拉大的原因主要是我国长期以来单纯追求 GDP 的增长，而忽视了经济社会发展的平衡性，导致我国经济发展的成果并没有惠及所有地区和人群，不同群体所分享的社会福利服务高度不均等。

三、立法建设不完善

新中国成立以来，虽然我国在社会福利立法上有所成就，也做了不少工作，但相应的法规建设还很不完善，我国目前的社会福利法缺乏统筹性，只有少数几部特殊法律，远没有形成以社会福利为核心的法律体系，而且这些法律都是一些宏观性的政策指导，缺乏详细规定，更多的只是停留在行政命令的层次上，国家立法的滞后严重影响了我国社会福利的发展水平。

四、运行机制陈旧

在中国社会福利事业的实践中，整个运行机制仍然保留着计划经济时代城乡分割、官民分割的板块结构。政府与社会关系调整仍未到位，社会福利仍以行政推动为主，尤其是中央政府的推动，地方政府积极性并不高，社会自治功能不足，即使一些地方进行了资助民办或社会办社会福利事业的试验，但并未从根本上改变运行机制陈旧的格局，比如，政府公共预算的老年福利事业拨款，通常只拨给公办福利院，民间或社会举办的福利机构即使收养的是应当由政府负责供养的鳏、寡、孤、独人员，也得不到政府的拨款资助，公共福利资源只在公办福利事业系统内部使用，这种状况无疑极大地制约了民间或社会力量举办社会福利事业的积极性。在 2013 年 1 月上旬发生的河南省兰考县 7 名孤儿火灾中丧生的惨痛事件，就是民间收养孤儿得不到政府资助与有效监管的一个例证。因此，整个社会福利事业的运行机制并未跟上经济社会转型与发展进步的步伐，其后果不仅是公办福利机构无法发展壮大，社会力量参与也因被排斥在外而缺乏应有的政策支持。

第四节　改革社会福利的措施

由于社会福利制度残缺等，中国社会福利事业的发展日益呈现出需求持续高涨与供给严重不足的尖锐矛盾。中国是1999年步入老龄化社会的，到2013年时，全国60岁及以上老年人口达2亿多人，占总人口的15%。其中，80岁以上的高龄老人将从0.22亿人上升到2013年的0.23亿人，年均增长100万人的态势将持续到2025年，失能老年人口从2012年的3600万人增加到2013年的3750万人，慢性病老年人口从2012年的0.97亿人增加到2013年的1亿人以上，空巢老年人口从2012年的0.99亿人增加到2013年的1亿人以上。预计到2015年，部分失能和完全失能老年人口将达4000万人，其中完全失能老年人口将超过1200万人，到2050年，全国失能老年人口将达到1亿人，同时还将有7900多万名临终无子女的老年人，他们将面临突出的护理问题。2012年全国残疾人总数达8500万人，而截至2012年年底，全国社会福利机构能够提供的床位数为429.3万张。其中，老年床位416.5万张，智障及精神疾病患者床位4.1万张，儿童床位8.7万张，其供给紧张状况可见一斑。2011年我国0~14岁的人口占总人口的16.61%，达到2.22亿人以上，其中贫困家庭子女、流动人口子女、残疾儿童还未享受到公平的义务教育，幼儿园能够接纳的幼儿数额无法满足城乡居民的需要。由此可见，社会福利事业的滞后，事实上直接影响到数亿人的生活质量，如果再加上这些老年人、残疾人、儿童所在家庭的其他成员，它确实是一个涉及全民的事业，面对这样的局面，加快发展社会福利事业已经刻不容缓。当务之急是需要采取多管齐下的措施。

一、使社会福利与社会经济同步发展，让经济发展成果通过社会福利惠及民生

我们知道，发展社会福利事业不仅是由于国民的迫切需求，也是为了促进经济社会的协调发展，没有社会福利事业的全面发展，将不利于保障与提升国民的生活质量。因此，必须改变重经济增长轻国民福利提供、重经济保障轻服务保障的路径，使社会福利与社会经济同步发展，高度重视国民社会福利诉求中的精神需要与情感满足，尊重中国的具体国情特别是传统文化与国民特性，真正走出一条中国式的社会福利发展道路。面对社会福利事业发展滞后的现状，中央政府要实施大刀阔斧的改革，尽快制定促进社会福利事业发展的路线和政策，并提供相应的财力保障，让老年人、儿童、残疾人、妇女群体的生活质量通过相关福利制度安排得到保障。

二、加大资金的投入力度，扩大资金来源

坚持政府主导，加大财政的投入，这是推进社会福利事业不断发展的基础和保障，对于“三无”老人、残疾人和未成年人，政府必须按照不低于当地平均生活水平的标准给予生活保障，同时对于福利机构给予政策支持和优惠待遇，让社会参与其中，通过社区服务来提供免费服务，同时，还要大力发展社会福利彩票，以筹集更多的资金。

三、加快农村福利发展

尽快打破城乡二元分治状况，充分发挥政府的主导作用，加大资金扶持力度，落实各种

优惠政策，逐步建立覆盖城乡的最低生活保障制度，把农村经济与社会发展纳入国民经济与社会发展全局之中，与城市发展进行统一规划，实现城乡的协调发展和共同繁荣，探索一种将农村社会保障与传统家庭模式相结合的发展模式，实现新型社会福利的可持续发展。

四、社会福利社会化

单位办社会办福利的功能日益向社区剥离、家庭小型化的趋势以及弱势群体的增加等因素，使单纯依靠国家来支付社会福利的方式越来越不适应经济的发展，因此，为了满足社会的需求，政府必须与社会福利力量结合起来，共同开展社会服务，建立一个以家庭为基础、以社区为依托、以社会福利机构为补充的社会福利服务体系。

以老年人社会福利为例，随着经济的发展，人口老龄化现象日益严重，全国每1000名老年人拥有养老床位不足20张，我国的养老压力越来越大。家庭中的一对年轻夫妇面对上有两对老人、下有一个孩子的即所谓4:2:1的现象将会普遍存在，这种家庭成员构成态势，将会使照料老人成为家庭成员的沉重负担。而机构养老专业化服务水平不高，服务水平参差不齐，标准化管理不到位，严重制约了老年人的健康发展。另外，在精神慰藉方面，如今“空巢”、“失独”老人不断增加，他们的子女不在身边，老年人难免会感到寂寞，造成内心的孤独。

针对这一现象，我国已经明确了以居家养老为基础、以社区养老为依托、以机构养老为辅助的养老模式，居家养老其实就是将家庭养老和社区服务结合起来的一种养老方式，让老年人不脱离习以为常的家庭生活方式，不脱离熟悉的社区环境，坚持依托社区，充分发挥社区的功能和作用，建立一支有责任心、懂专业的、合格的专业工作人员和志愿者队伍，努力提高机构养老的设施建设和服务质量，在家庭、社区、社会、个人和政府的共同努力下，不断完善我国老年人的福利制度。

着力实现社会福利的社会化，还可以通过提高福利服务专业化和职业化水平来完善，如今我国已经开始重视对社会福利人才的培养，很多高校都开始设立了社会工作专业，培养专业社会福利的师资力量和工作人员，从现在开始就应该加强对社会福利工作者的培养和训练，建立一支素质高、水平高的专业人才队伍。

五、依据国情，加强福利制度立法建设

通过对西方发达国家在社会福利制度方面的梳理，我们得到的结论是这些国家都建立了比较全面的法律保障体系，而且随着社会的发展还在不断地进行改革和完善。但我国现有的社会福利法律都较为笼统，缺乏相对细化的单行法律，基本上没有形成体系，针对这一现象可以从以下几个方面进行改善。首先是修订现有的基本法并制定实施细则，不断更新和完善现有的法律制度，明确相关主体的责任和义务，对于一些实施细则要坚持贯彻执行，保障新法落到实处； 其次是制定一部综合性的《社会福利法》，在明确了社会福利的权利主体、内容和权利的行使的基础上制定一部综合性的法律，来统一协调和保障各福利法律的严格制定和执行； 最后是建立与社会福利法相匹配的其他法律制度，因为社会福利制度所涉及的内容非常广泛，单纯依靠社会福利法律可能无法运行，需要多方面的配套法律来支持，只有把两者结合起来，才能更有效地健全我国社会福利法律制度。

具体来说，我们还可以进行如下改革。

1. 健全老年人福利制度

老年人福利是指国家和社会通过福利设施、福利津贴和社会服务，满足老年人的生活照料需求并促使其生活质量不断得到改善的一种制度安排。根据联合国的统计标准，如果一个国家60岁以上老年人口达到总人口数的10%,或者65岁以上老年人口占人口总数的7%以上，那么这个国家就已经属于人口老龄化国家。自1999年我国步入老龄化社会以来，人口老龄化加速发展，老年人口基数大、增长快并日益呈现高龄化、空巢化趋势，需要照料的失能、半失能老人数量剧增。2011年，全国60岁及以上老年人口1.84亿人，占总人口的13.7%，预计到2015年，老年人口将达到2.21亿人，老龄化水平达到16%；2020年老年人将达到2.43亿人，老龄化水平达到18%；到2050年老年人口总量将超过4亿人，老龄化水平将提升到30%以上；到2100年中国老年人口仍高达3.18亿人，占总人口的31.09%。21世纪的中国将是一个不可逆转的老龄社会。人口老龄化对中国养老服务和老年人福利制度建设提出了新要求，目前，中国老年人福利面临着家庭养老功能弱化、机构养老供给不足、护理服务亟待发展等困境。健全老年人福利制度，我们应当在“四个有”上下工夫：一是继续推进高龄补贴和困难老年人养老服务补贴制度。目前已有18个省份建立了省级统筹的80岁以上老年人高龄补贴制度，22个省份建立了经济困难老年人养老服务补贴制度，要推动没有建立这两项制度的省份尽快出台相关政策，已经建立的省份要不断完善和提高标准，让老年人享受养老服务时“有资金”。二是认真实施《社会养老服务体系建设规划（2011—2015年）》，争取在“十二五”期间，初步建立起与人口老龄化进程相适应、与经济社会发展水平相协调，以居家为基础、社区为依托、机构为支撑的社会养老服务体系，日间照料服务基本覆盖全部城市社区和半数以上的农村社区，每千名老年人拥有养老床位数达到30张，让老年人享受养老服务时“有场所”。三是建立社区老年人的医疗卫生网络和家庭医生联系制度，推进养老护理员职业技能培训和鉴定工作，培养具有专业资格的养老护理员队伍，力争“十二五”末养老护理员全面实现持证上岗，让老年人养老时“有人服务”。四是通过多种途径为老年人提供心理和社交服务、教育服务，推广向老年人免费开放图书馆、博物馆及艺术馆的做法，以及为老年人就餐、理发、洗澡、看电影提供低偿服务的做法，倡导对老年人游览公园、风景名胜和乘坐市内公交实行减免费用等政策，探索长期护理保险与临终关怀，适时建立丧葬补贴制度，让老年人晚年“生活有质量，死时有尊严”。

2. 健全残障人福利制度

残障人包括视力、听力、言语、肢体、智力、精神残障等多种类型，是一个特殊的社会群体，目前全国各类残障人士总数为8500万人，约占全国总人口的7%。残障人福利是指国家和社会保证有残障的公民在年老、疾病、缺乏劳动能力及退休、失业、失学等情况下获得基本的物质帮助，并根据社会经济发展水平给予残障人相应的康复、医疗、教育、劳动就业、文化生活、社会环境等方面权益保障的制度安排。当前，我国残障人福利面临着以下突出问题，群体规模庞大，基本生活和日常照料缺乏有效的制度保障；困难程度较深，生活质量低。2010年全国城乡残障人士人均收入分别为9365.8元、4739.2元，仅是全国城乡居民人均收入的49%、80%，残障人士家庭恩格尔系数为47%，比全国居民家庭平均恩格尔系数高8.1个百分点；农村残障人弱势明显，超过2300万的农村残障人生活在贫困线以下，占农村贫困总人口的20%。

健全残障人福利制度，要切实抓好以下几个方面的工作：一是要推动建立困难残障人生活补贴制度和重度残障人护理补贴制度，优先发展供养型、护理型和医护型社会福利机构，对城乡“三无”残障人实行集中供养，对失能、半失能的老年残障人提供护理服务。二是要促进残障人就业。通过促进残障人就业推进残障人参加社会保险等法定保障。通过税收优惠、资金、技术、设备等方面的扶持以及产品收购，突出残障人福利企业的公益性，有意识地扶持和发展社会福利企业。三是要落实残障人的生活保障制度。一方面，要通过最低生活保障制度为残障人基本生活需要的满足提供制度保证；另一方面，要将残障人的专项救助纳入法律规范，做好残障人生活保障制度与其他制度的衔接配套，确保残障人的生活得到保障。四是要强化残障人康复服务。一方面，要大力发展残障人康复事业，通过疾病预防、医疗康复、社区康复等多种形式，使残障人平等地融入社会生活；另一方面，要做好残障人的康复服务和工伤保险制度的有机结合。五是要建立增强公平性的第二次、第三次分配机制，提高残障人特别是农村残障人福祉水平，保障残障人与全国人民共同步入全面小康社会。

3. 健全儿童福利制度

儿童福利是指政府和社会为所有儿童提供健康的生存环境和接受教育的机会，保护其合法权益，向其提供个人成长所必需的各种保护性措施和社会服务的制度安排，主要有儿童医疗健康、儿童文化娱乐、义务教育、孤残和困境儿童福利事业等内容。我国儿童人口基数庞大，0~14 岁人口近 3 亿人，约占总人口的 22%，是世界上儿童最多的国家，儿童问题层出不穷，儿童福利需求巨大。健全儿童福利制度，必须坚持物质保障与服务保障相结合，做到特困优先，逐步惠及全体。

一是要扩大儿童福利范围。完善城乡居民最低生活保障制度，通过分类确保提高贫困家庭儿童生活水平。探索对儿童实施营养干预和补助的方法，改善儿童营养状况。逐步提高农村义务教育寄宿制学校家庭经济困难学生生活补助标准，扩大补助范围。

二是要保障儿童基本医疗。在城镇居民基本医疗保险和新型农村合作医疗制度框架内完善儿童基本医疗保障，逐步提高儿童医疗保障水平，减轻患病儿童家庭医疗费用负担。加大对大病儿童和贫困家庭儿童的医疗救助。对贫困家庭儿童、孤儿、残疾儿童参加城镇居民基本医疗保险及新型农村合作医疗个人缴纳部分按规定予以补贴。

三是要建立健全孤儿保障制度。落实孤儿社会保障政策，满足孤儿生活、教育、医疗康复、住房等方面的需求。加强儿童福利机构建设，全面提高儿童福利机构的管理服务水平，完善孤儿收养制度，提高家庭寄养孤儿和亲属监护养育孤儿的养育质量。帮助有劳动能力的适龄孤儿就业。

四是要建立受艾滋病影响儿童和服刑人员未成年子女的替代养护制度，为受艾滋病影响儿童和服刑人员未成年子女的生活、教育、医疗、公平就业提供制度保障。

五是要建立完善残疾儿童康复救助制度和服务体系。建立残疾儿童登记制度，对贫困家庭残疾儿童基本康复需求按规定给予补贴。优先开展残疾儿童抢救性治疗和康复，提高残疾儿童康复机构服务专业化水平。以专业康复机构为骨干、社区为基础、家庭为依托建立残疾儿童康复服务体系，加强残疾儿童康复服务，增强残疾儿童生活自理能力、社会适应能力和平等参与社会生活的能力。

六是要加强流浪儿童救助保护工作。完善流浪儿童救助保护网络体系，健全流浪儿童生活、教育、管理、返乡保障制度，对流浪儿童开展教育、医疗服务、心理辅导、行为矫治和技能培训。探索建立流浪儿童早期预防干预机制，提高流浪儿童救助保护工作专业化和社会化水平。

七是建立和完善流动儿童和留守儿童服务机制。建立流动儿童登记制度，为流动儿童享有教育、医疗保健等公共服务提供保障。加强对留守儿童心理、情感和行为的指导，提高留守儿童家长的监护意识和责任。

4. 健全慈善捐助制度

慈善捐助是指为解决社会问题，促进社会进步，自愿捐赠金钱、物质或贡献时间、才智、劳动，不图报酬的行为，主要由款物捐赠行为和志愿服务行为两方面组成。慈善捐助领域宽、渠道广，能够广泛动员社会资源，促进全社会形成团结互助、平等友爱、共同进步的社会氛围和人际关系，是推动社会福利事业发展的巨大力量。以 2011 年为例，当年全国社会捐赠总额为 845 亿元，流向最集中的领域分别是教育 284 亿元，扶贫 245 亿元，为老年人、儿童、残障人、妇女等群体服务 87 亿元，当年有 6000 万人参加了志愿服务活动，提供了超过 3 亿小时的志愿服务，这其中相当一部分是扶老、助残、救孤、济困、赈灾等社会福利志愿服务活动，慈善捐助事业与社会福利呈现出越来越紧密的融合发展趋势。必须看到，尽管我国的慈善捐助事业有了较大发展，但慈善机构和组织公信力不强、善款规模不大、参加志愿服务的人员比例不高、社会慈善捐助意识不浓的状况没有根本改变。以善款规模为例，发达国家善款一般占到 GDP 的 7%甚至更高，而我国即使以善款额最高的 2008 年 1000 亿元计算，也还不到 1%；许多发达国家人均捐款超过 1000 美元，最高可达 3000~4000 美元，而我国还不到 110 美元。当前健全慈善捐助制度，应当着力抓好以下几个方面的工作：

一是规范慈善行为，完善自律机制。要督促各类慈善组织建立规范、公开的财务管理、信息披露制度，在善款的募集、管理、使用、增值等环节建立一整套严格的操作规范，将善款总额使用到哪些项目上以及善款收支情况公之于众。要引导各地成立慈善行业协会或联合会，通过协会或联合会的监督与约束，推动慈善组织的有效运作。

二是建立多种监督平台，加强社会各方面的监督。尽快建立全国慈善信息服务平台，改变慈善信息碎片化的状态；建立权威性较高的慈善网站，通过网站公开各类慈善信息；建立慈善组织与个人慈善信息信用档案库、志愿服务个人信息库，通过该信息平台进行发布，接受社会监督；在慈善组织内建立第三方参与的内部监管机制，对慈善资金运作进行全过程监控，并定期公布有关信息。

三是健全税收制度，全面扶持慈善组织发展。一方面应从税法的角度界定作为税收优惠主体的慈善组织，对税收优惠主体的慈善组织免征所得税、营业税和增值税；另一方面，应完善个人或企业慈善捐款的税收减免制度，简化办理手续，赋予慈善组织同等的税收豁免权。

四是加强慈善人才队伍建设，提高慈善活动的运作水平。依托高等院校和大型慈善组织，加快培养讲诚信、守法纪、愿奉献、有能力的慈善人才。注重慈善事业专业岗位的发掘，尽快推进慈善岗位的专业化和职业化改革。

五是培育和践行以平等、博爱、互助、共享为核心的现代慈善观，增强全社会的慈善意识。

六是建立公民志愿服务记录制度，将公民参加志愿服务情况作为升学考核、选拔录用、给予奖励优惠的重要依据，大力表彰慈善捐赠和社会志愿服务活动中涌现出来的先进个人和先进单位。

另外，健全教育福利制度，坚持基础教育和师范教育的免费性，保证高等教育的低费性，保持社会教育的开放性和公益性，促进教育福利的公平性和普惠性，合理配置教育资源，重点向农村、边远、贫困、民族地区倾斜，支持特殊教育，提高家庭经济困难学生资助水平，积极推动农民工子女平等接受教育，让每个孩子都能成为有用之才；健全住房福利制度，完善市场配置和政府保障相结合的住房政策，加强保障性住房建设和管理，满足困难家庭基本需求；健全医疗福利制度、就业福利制度、计划生育福利制度等，应随着时间的推移和经济社会发展的推进，逐步提上议事日程。

[案例分析]

案 例 一

2013 年，81 岁的尹老汉将自己的两个女儿告上法庭，要求两个女儿每个星期看望自己一次。记者从北京市昌平区法院获悉，该院日前对此案做出一审判决，判令老人的两个女儿每月须看望老人一次。

据了解，新修订的《老年人权益保障法》于 2013 年 7 月 1 日正式施行，其中明确规定，家庭成员应当关心老年人的精神需求，不得忽视、冷落老年人。与老年人分开居住的家庭成员，应当经常看望或者问候老年人。

案 例 二

2008 年 3 月 25 日，市残联、市残疾人就业服务指导中心联合在万象城举办春季残疾人专场招聘会，11 家用人单位为残疾人提供近 150 个用工岗位，200 多位残疾人参加现场招聘，其中近 100 人与企业达成用工意向。记者在现场看到，一家电子公司的招聘海报上写明，招聘普工 30 名，要求是聋哑人，有社保、医保。“这是公司第 3 次招聘残疾人。”该公司负责招聘的人事主管告诉记者，残疾人工作不挑剔，做事踏实，他们这次要招聘的残疾人数量占公司总人数的 1/4。市残疾人就业服务指导中心相关负责人说，国家出台了《残疾人就业条例》等相关政策后，有关残疾人就业税收优惠政策大大促进了企业招收残疾人的热情，不仅用人单位增加了，而且招聘的数量和岗位的也增加了不少。

CHAPTER 12

第十二章 社会优抚

[内容摘要]

社会优抚制度是社会保障制度中的一个重要组成部分。本章全面阐述了社会优抚的内容和特点，阐述了社会优抚的形式、原则和作用，社会优抚的对象、标准和资金，以及我国社会优抚存在的主要问题及其政策建议。

[学习要点]

（1）社会优抚的内容和特点。
（2）社会优抚的形式、原则和作用。
（3）社会优抚的对象、标准和资金。
（4）我国社会优抚存在的主要问题及其政策建议。

第一节 社会优抚的内容和特点

一、社会优抚的概念

社会优抚制度是社会保障制度的一个重要组成部分。它是国家以法定的形式，通过政府行为，对社会有特殊贡献者及其家属实行的具有褒扬和优待抚恤性质的社会保障措施。社会优抚制度与其他社会保障制度的不同之处，是其保障对象的特殊性，它是针对特殊社会成员所实行的优待抚恤。作为优待措施，它包括政治、经济方面的优待。作为抚恤措施，它包括抚慰和恤赈，抚慰即给予政治荣誉和精神上的安慰，恤赈即给予钱款和物质帮助。具体地说，社会优抚制度有以下几层含义：

（1）社会优抚对象是社会上具有特殊贡献的那一部分人，既包括有贡献者本人，也包括有贡献者的家属。这些对象是指维护国家民族利益，保护国家和民族的安全，牺牲个人利益，影响个人需求或利益发展，为国家和民族做出贡献的那部分人。

（2）社会优抚工作是国家维护自身利益的需要，也是国家和社会的责任。优抚对象是曾经或正在为国家做出特殊贡献者，国家和社会有责任保障他们及其家属的生活，这是国家为维护其统治的必要手段。在一些国家的社会保障制度项目中，社会优抚对象作为特殊的对象享有各种保障，在中国，社会优抚是政府社会保障工作的重要组成部分。

（3）社会优抚的保障水平较高，是优惠性保障措施。相对于其他保障对象而言，优抚对象对国家和社会的贡献较大，因此，国家对他们所实施的保障标准比较高，保证其生活水准不低于一般保障对象的平均水平。

（4）社会优抚是一种荣誉性的社会保障措施。除了有现金补贴和服务帮助以外，国家和社会还通过各种优抚活动，在全社会宣传有贡献者的特殊功绩和高尚品德，增加他们的荣誉感，提高他们的社会地位，使其成为社会尊敬效仿的楷模和榜样。

当今世界各国保障制度中都有社会优抚的内容。在我国，社会优抚工作是各级政府的一项日常工作，归属于各级民政部门的业务。

郑功成等学者并不赞同“社会优抚”的提法，认为应以“军人保障”取代“社会优抚”或“优抚安置”等提法，将新型军人保障制度明确界定为中国新型社会保障体系中的一个专门子系统，从整体上加以推进。“社会优抚”概括的还是新中国成立前中央苏区的军人保障内容，“优抚安置”则将军人福利、养老保障等内容排除在概念之外。因此，有必要确定“军人保障”或“军人社会保障”的概念，以求与军人保障制度的客观内容相吻合。军人保障作为一个系统的概念，需要在建立和发展面向军人的社会保障事业时，不仅要考虑到抚恤、优待和安置问题，还要考虑军人的福利和养老等问题。

二、社会优抚的内容

优抚工作的目标是使优抚对象达到社会平等的生活水准，不致因其对国家做出突出贡献而降低生活水平或遭受不幸。因此，国家针对可能影响优抚对象的死亡、伤残、退役等因素，通过优抚保障设立了死亡抚恤、伤残抚恤、社会优待和退役安置以及社会褒扬等内容。

（一）死亡抚恤

死亡抚恤是优抚保障制度中最基本的内容。军人若在服役中为国捐躯，必然使其家属尤其是被赡养人蒙受巨大的损失。因此，国家有责任抚慰其家属，保障其生活，提供既有褒扬意义，又有物质补偿性的抚恤金。

死亡抚恤是政府按规定向遗属提供的。根据现役军人死亡的性质不同（战时牺牲、平时牺牲、因病去世），生前是否立功和被授予荣誉称号，以及生前收入和级别情况，确定不同的抚恤金待遇标准。首先要确定一个共享的最低限额，在此基础上，再根据个人的情况制定出各自的具体标准。

根据抚恤的内容和性质不同，死亡抚恤分为一次性给付和定期给付两种形式。一次性给付是具有褒扬和社会补偿性质的社会津贴。定期给付则是具有救助性质的国家补助。

（二）伤残抚恤

伤残抚恤也是优抚保障制度中最基本的内容之一。军人在服役期间受伤致残或患病致残的情况出现以后，将会给其本人及其家属的生活带来很大困难。因此，国家应当通过保障措施，对他们本人及其家属进行褒扬和抚恤。

从概念上说，伤残抚恤是国家依法为现役伤残军人及其家属提供保障其生活的资金和服务性的特殊保障项目。这说明：第一，伤残抚恤是在现役军人负伤或致残后，由国家按照规定向其本人和家属提供的；第二，伤残抚恤是在现役军人致残后保障他们及其家属的生活达到当时社会的一定水平；第三，伤残抚恤对保障对象既提供资金保障，又提供服务保障。

从具体操作的内容和标准来看，伤残抚恤一般分为三种类型：战时负伤致残、平时负伤致残和因病致残。致残的类型要由专门的审批机构在医疗终结后给以评定。伤残抚恤所保障的生活水平或抚恤标准，要根据其本人致残的性质类型和劳动能力丧失程度及生活能力受影响的程度等因素来确定。伤残抚恤的资金保障，包括按规定支付的抚恤费、保健费和护理费等；服务保障，包括就业、就学、就养、康复治疗等社会优抚措施。

（三）社会优待

社会优待是国家和社会按照立法规定和社会习俗对优抚对象提供资金和服务的优待性保障制度。

首先，社会优待是国家和社会提供的优惠性保障措施。国家的《兵役法》对此有明确的规定。同时，各国的历史文化传统中，一般都形成了某种崇拜英雄的风俗习惯。我国的拥军优属，即属于社会优待的范畴。

其次，社会优待的目标是保证现役军人，尤其是义务兵及其家属维持一定的生活水平，并随着社会的发展不断提高他们的生活质量。优抚对象为国家和社会尽了义务、作了贡献，国家理应通过法定的措施和服务方式使他们的生活过得更好，国家和社会有义不容辞的责任通过各种优待办法对他们进行表彰和褒扬。

再次，社会优待手段既包括资金保障，也包括服务保障。资金保障，通常是向优抚对象提供各种生活津贴；服务保障，主要是由社会各界（包括工作单位、社区组织或社会团体）提供，既有生活服务，又有生产服务。

根据我国的有关规定，社会优待更多地体现在革命伤残军人的优待措施中，主要内容有：①建立伤残军人休养院或疗养院，根据伤残等级，从生活、治疗、休养等方面对无家可归的伤残军人进行供养和服务；②对未入伤残军人休养院的在乡特等、一等革命伤残军人，按当地干部标准由国家供给商品粮；对生活不能自理的，国家通过民政部门发给相当于当地二级普通工人工资标准的护理费；③对于离退休的因战、因公致残，完全丧失劳动能力，饮食起居不能自理的特等、一等革命伤残军人，除发放离退休费外，另由原单位发放护理费；④在交通费、入学条件、医疗待遇等方面，国家对伤残军人实行优待政策。

（四）退役安置

退役安置是国家和社会依法向退出现役的军人提供资金和服务保障，使之重返并适应社会的一种优抚保障制度。这一概念包含以下三层意思和内容。

（1）退役安置是国家和社会向退出现役的军人提供的。国家的《兵役法》，从保持军队的活力和战斗力的目标出发，对现役军人退出现役做出了有关优抚保障方面的规定，对现役军人的类别和退役待遇做出了明确的界定和要求。优抚安置的具体方式和等级划分，要依据现役军人的类别、职别及服役期间获取的荣誉称号确定。

（2）退役安置是为了帮助一度生活和工作在军队系统中的军人，在退役后做好重返社会的必要准备。军人退役后，在培养职业能力和改变生活方式方面，需要有一个再社会化的过程。退役安置就是为了完成这一过程而创造必要的条件。

（3）退役安置对退役军人既提供资金保障，又提供服务保障。资金保障包括退役安置费、各种临时性生活津贴和生产性贷款；服务保障包括就业安置、就学安置、落户安置、职业培训、技术培训等项目。

另外，国家还要对退休的军官和专业技术人员实行退休安置，提供高于一般退役军人的优抚保障。此保障专门面向在军职岗位上退役养老的老年军人，它实际上包括退休保障与离休保障两种制度。后者有严格的身份限制且待遇较前者优厚，其法律依据分别是《关于军队干部退休的暂行规定》（1981 年）和《关于军队干部离职休养的暂行规定》（1982 年）。离、退休保障的对象，是符合法规规定的年龄（现行规定退休年龄为男满 55 岁，女满 50 岁；离休年龄根据职务不同而有所变化，师职以下干部 55 周岁，军职干部 60 周岁，兵团职和大军区职干部为 65 周岁）并直接从军职上退役养老的军人，其中离休保障对象还须具备入伍和参加工作的时间要求；保障待遇包括退休金、医疗费、护理费、安家补助费等现金支付和物质帮助，但离休干部还有相应的政治待遇（如依照级别安排荣誉职务等）；保障方式包括分散养老与集中养老两种，后者由国家建立休养所安置离、退休军队干部养老等。

除此之外，还有其他的保障。它是指不在上述项目范围内，但对军人的生活等起保障作用的其他保障性措施，包括：一是军人社会补贴，是一项主要通过对粮食、衣服等的价格补贴或免费等来保障军人生活的补贴制度，如军粮按议价或市场价格收购，按统购（优惠）价格供应部队，差价由中央与省级财政分担。二是军人职业福利，即军人在军营中享受由所在部队提供的相应福利待遇，如公房福利、津贴福利、集体福利、设施福利、单位副业生产所提供的现金或实物福利等。三是军人社会福利，即由军队举办的疗养事业和民政部门举办的休养事业、精神病人收养事业、军烈属中的孤老收养事业等。

三、社会优抚的特点

社会优抚依其特点来说，既有社会保险的性质，又有社会福利的性质，还包括社会救济的成分，是一种综合性的特殊的社会保障。

（1）优抚内容的综合性。社会优抚不像社会保险、社会救助、社会福利或医疗保障那样，只承担某一方面的任务，而包含了各个方面的相关内容，即对军人实行全面保障。如伤残、死亡抚恤制度和离、退休制度与社会保险的内容基本一致，是以社会保险方式实施的优抚保障；军人精神病院、康复机构、光荣院、休养院以及义务兵邮资免费等，实质上与社会福利性质一致；社区对军烈属的某些援助属于社会救助性质等。由于这些优抚形式常常是综合发挥作用的，因此社会优抚具有综合性。

（2）优抚对象的特殊性。特殊保障是国家根据自己的国情、传统和需要，专门为一些特殊的对象设立的在待遇上与众不同的社会保障制度。我国的优抚保障制度，是国家和社会根据《宪法》及有关法律和政策的规定，为褒扬现役军人和退伍军人对国家和社会的特殊贡献，体恤抚慰他们所作的牺牲，对现役军人和退伍军人以及依靠他们赡养的亲属提供确保一定生活水平的资金和服务特殊的社会保障制度。因此，社会优抚是针对社会特殊的对象设立的社会保障，不具有普遍性。

（3）优抚目标的双重性。一般社会保障子系统的目标是保障社会成员的基本生活并实现社会的稳定，而由于社会优抚直接与国家的政治利益需要相联系，关系到国家稳定与发展，关系到军队是否能存在并正常发挥作用，因此其目标则包括稳定社会和稳定军心的双重目标，具有明显的政治性。这是其他社会保障子系统所不具备的。

（4）优抚待遇的激励性。一方面，与普通国民的保障相比，社会优抚的待遇相对较优厚，如退役军人的就业安置一般有政策保障，离、退休军人的待遇较地方同职级的离、退休人员的待遇标准要高，对军人的抚恤标准要高于一般劳动者的工伤抚恤等，对军、烈属的照顾也是对军人保障待遇较优的体现。另一方面，在军人保障中，又根据军人平时的贡献有所区别对待。这种待遇的优厚性和差别性，既体现了国家与社会对军人保家卫国、付出牺牲的补偿性，又体现了对军人的激励性。

第二节　社会优抚的形式、原则和作用

一、现代社会优抚的主要形式

现代优抚事业是在社会保障制度的不断完善过程中形成的，成为现代社会保障体系中的一个特殊部分。但是，优抚保障并不是一种与其他社会保障截然不同的、独立于其他保障措施之外的一种特殊形式，而是与其他保障形式互相结合、交叉发展的一种保障形式。综合考察当代优抚事业，其发展形式大致可归为三类。

（1）社会保险式的优抚保障。这种优抚活动，是以社会保险方式来实施社会优抚保障措施的，将社会优抚纳入社会保险系列。美国和中国的台湾都是采用此种类型。美国政府在实行职业军人特殊退休制度的同时，从 1957 年开始，对所有的军事人员实行“老残遗属及健康保险”投保制度。中国台湾的社会保险制度中有“军保”的内容，“军保”的对象是现役军

人，具体项目有死亡给付、残废给付和退伍给付。当然，这种“军保”制度是与军人退休抚恤制度同时发挥作用的。

（2）社会救助式的优抚保障。此方式是由政府对退役人员或对现役者的家属提供救济和帮助。日本和中国的优抚工作中有此类措施，美国的优抚政策中也有此项内容。日本的退役军人在患病就医期间，可给予生活津贴。我国对优抚对象，特别是对农村的退伍军人及现役人员的家属实行救助性措施，如定期补助、临时性补助，可优惠得到发展生产的资金或贷款及物资。美国的退役军人可以得到“农场贷款”和其他生产性贷款。

（3）社会福利褒扬性的优抚保障。由于优抚对象在社会保障中具有特殊地位，因此福利褒扬性的措施较多。福利性也是现代优抚活动的主要方式，其中包括资金保障和服务保障。资金保障是由政府对死亡军人家属或伤残军人提供抚恤金，对退役军人发放复员费或安家费。另外，政府对优抚对象减免税收、减免交通费、实行免费医疗等，也构成资金保障的内容。服务保障是指对优抚对象优先安排就业和就学，优先安排就业前的职业培训，如我国培养军地两用人才的工作。对伤残军人则实行福利性收养，如我国的荣誉军人光荣院、疗养院等。

以上这些优抚形式往往是综合发挥作用的。在一个国家内，政府可以采用多种优抚形式来实现优抚保障。目前，由于社会保障整体水平提高，优抚对象的社会福利保障有了更大的发展，福利性的优抚已成为当代社会优抚的主要形式。

二、社会优抚的原则

社会优抚虽然属于社会保障的一部分，但它与其他的社会保障的内容不同，具有自身的特殊性，因此社会优抚必须遵循以下基本原则。

（1）保障待遇激励性原则。国防是国家安全的屏障，为保证军队建设的可持续性，优抚政策应该对军人有较大的补偿，既能激发现役军人的献身精神，也能保证军队人员来源的稳定。另外，群体内部也应根据贡献的大小设定不同的优抚标准，以使其具有激励性。如抚恤金的多少与立功大小成正比等。

（2）实行综合保障原则。军人具有服从命令的天职，不可避免地在个人利益方面有所损失。这既体现在服役的当期，如造成与家属生活的不便等，也体现在退役后，如服役对生理和心理的损伤等。因此，社会抚恤应该实行综合的保障政策，既有资金保障，又有服务保障等。

（3）内外公平原则。在确定优抚标准时，应与服役状况挂钩，充分考虑退役士兵的服役性质、服役地区、服役年限、立功受奖等因素，体现不同服役状况获得不同的优抚，保证优抚政策对军队与国防建设的促进作用。对于退役士兵中的农村兵与城镇兵、退役义务兵与转业士官等，他们之间的相对公平是很重要的。另外，社会优抚还需要处理好与其他社会保障的关系，既要对社会有褒扬教育的作用，又要维持好社会的公平和稳定。

（4）明确责任主体原则。国家是社会优抚的责任主体，不过优抚保障却因其内容的复杂性和对象群体分散的特殊性而只能采取多方面共同参与并分担责任的做法。因此，还应当明确划分优抚保障的责任主体。其中，地方政府与社区应当成为责任主体；国家则主要是制定基本的政策原则作为依据，并在需要中央一级出面才能解决的问题上进行协调；社区群众不能成为责任主体，但需要配合协助开展优抚工作，并使之成为一种社会风尚。可见，军人优抚需要由国家充当直接责任主体，但在责任承担方面是有一定差异的，即扩充了社区责任等。

我国最新修订的《军人抚恤优待条例》的指导思想和基本原则是：坚持有利于提高军人的社会地位，有利于激发军人献身精神的原则；坚持为军队的改革和建设，巩固和加强国防，促进经济发展和社会稳定的服务原则；坚持对军人的抚恤优待厚于一般社会成员的原则；坚持国家抚恤优待为主，社会各界广泛参与为辅的原则；坚持继承与发展、需要与可能，体现中国特色与借鉴外军经验相结合的原则，体现“以人为本”和“全面、协调、可持续”的科学发展观。

三、社会优抚的作用

社会优抚，是由国家及其政府出面对有特殊贡献的人员实行的一种保障制度。在不同国家都有对军人及对国家有功人员及其家属的优待抚恤保障，有的国家将其单列，有的国家对符合优抚条件的人员在整体社会保障制度中给予优待。优抚保障的基本特征是直接与国家的政治利益需要相联系，具有明显的政治色彩。社会优抚的主要作用是：

（1）优抚事业是国家稳定与发展的保证。优抚事业是和国家的军事活动紧密相连的，它的地位和作用与军队的地位和作用紧密相关。军队是国家政权的重要组成部分，只要有国家存在，就必然有军队存在。同样，要使军队存在并正常发挥作用，就必须建立优抚事业。支持军队建设，加强军政、军民团结，做好优抚工作，是国家长治久安、社会稳定发展的重要保证。

（2）优抚事业是社会经济繁荣发展的重要保证。优抚制度与政治、军事一样，同属上层建筑范畴，是为社会经济基础服务的。国家通过优抚事业促进军队建设，安定军心，可以使军队在保卫国家，维护和平，为社会经济建设创造和谐、安定的环境中充分发挥作用，从而促进经济和社会的发展。同时，国家通过优抚工作，可以增强军队实力，融洽军政、军民关系，可以使军队在和平时期直接参与地方建设，为社会经济发展作贡献。

（3）优抚事业是鼓舞士气、焕发民族精神的重要环节。国家通过优抚工作，可以鼓舞和调动军事人员的民族献身精神，同时，在群众性的优抚活动中，可以使军人的献身精神得到弘扬，使民众和各界人士的爱国热情得到鼓舞，从而使国家的精神文明建设得到进一步发展。

（4）优抚制度具有稳定社会的作用。优抚对象在生活和工作上得不到合理安排和必要保障时，必然会对他们造成物质和精神上的损害，从而形成社会上的不稳定因素。优抚项目的实施，不但可以解除优抚对象的困难，而且可以解除正在服役者的后顾之忧，使他们安心服役，尽心尽力，完成军队的各项任务。

第三节　社会优抚的对象、标准和资金

一、社会优抚的对象

社会优抚的对象是由各个国家的政府依法认定的。由于各国政治背景和社会发展水平不同，对优抚对象的规定范围也有所不同，但一般是指现役军人、退役军人、现役军人的家属。具体地说，优抚对象是指现役军人、伤残军人、退役军人、因公牺牲的军人遗属、病故军人家属和现役军人家属。在优抚实际工作中，政府主管部门还制定出可操作性的具体规定。从我国的情况来看，直接得到优抚的对象包括：

（1）革命伤残人员，包括伤残军人、伤残民兵、伤残民警。

（2）复员退伍军人。复员军人，是指1954年我国《兵役法》颁布以前参军的人员和《兵役法》颁布以后入伍的军事干部。退伍军人，是指1954年《兵役法》颁布以后应征入伍并经部队批准退伍的义务兵。

（3）革命烈士家属是指为革命事业牺牲并取得革命烈士称号的人员的遗属。

（4）病故军人家属是指在各个时期病故的革命军人的遗属。

（5）现役军人家属。现役军人家属指现役军人和实行义务兵役制的人民警察（包括武装、边防、消防民警）的家属。另外，对家属的界定，我国规定是军人（包括非军人的革命烈士）的父母、配偶、子女、依靠军人生活的18周岁以下的弟妹、军人曾依靠其抚养长大而后又依靠军人生活的其他亲属。

二、优抚事业的资金来源

目前各国优抚资金的来源渠道主要有三条：一是国家财政拨款，二是社会募集统筹，三是个人投保。我国优抚保障制度没有采取社会保险方式，而是采取社会救助和社会福利这两种手段，因此，优抚资金筹集方式中不包含优抚对象个人投保。

优抚资金的主要来源是国家财政拨款。属于国家预算安排的优抚事业费，是国民收入再分配用于消费基金的一部分，是国家实行优抚方针政策的主要财力保证，由政府民政部门负责管理和使用。

除国家财政拨款之外，优抚基金的另一种来源是社会募集统筹。具体讲，这种筹集方式是从社会集团、企业以及个人捐助取得优抚基金。例如，近年来我国各级福利企业创收留利中用于补贴优抚事业的经费；城镇街道、居民委员会创办“第三产业”收益中用于开展拥军优属活动的支出；社会福利基金或社会各界直接捐献的钱物用于优抚事业的支出或补贴与日俱增。

另外，在优抚保险项目中，优抚对象个人以投保的方式投入一部分优抚保障金，如医疗保险金、养老保险金、人寿保险金等。在我国经济发展水平较高地区，已开始出现优抚对象自己向社会保险机构投保，以备医疗和养老等需要的做法。

优抚保障资金的来源和筹集是多渠道和多层次的。随着社会经济的发展，国家法定的财政拨款方式将不断改革和完善，社会筹集资金的规模将不断增加，个人投保方式也将不断发展。

三、优抚事业费的使用与运行

优抚资金管理使用的机构是各级政府的民政部门及基层政府派出机构的有关部门。国家财政划拨经费的使用支出范围是：牺牲病故抚恤费，残废抚恤费，烈军属、复员退伍军人的生活补助费，退伍军人安置费，优抚事业单位经费，集体办优抚事业单位补助费，烈士纪念建筑物管理、维修费等。

优抚保障资金，一般分为抚恤、安置和补助三大类，资金的给付方式也各有区别。抚恤和安置经费，由地方民政部门和军队有关部门直接发放到优抚对象手中，凡是法定的抚恤对象和安置对象都可以按规定得到抚恤费或安置费。补助则分为国家补助和社会优待。国家补助采用社会救助方式，即只向一部分生活有困难的优抚对象提供。补助的具体办法又有定期补助和临时补助两种。前者是长期给付，为生活困难且在短期内无法摆脱困境的优抚对象补贴日常支出；后者是一次性给付，为生活暂时发生困难的优抚对象应急使用。

优抚资金的使用与运行是与其他各项社会保障事业费结合进行的。但是，由于优抚对象的划分标准比较明确和便于掌握，加之优抚工作具有特殊性和优先地位，因此，优抚资金的使用与运行相对形成了一个独立的资金系统，如图 12-1 所示。

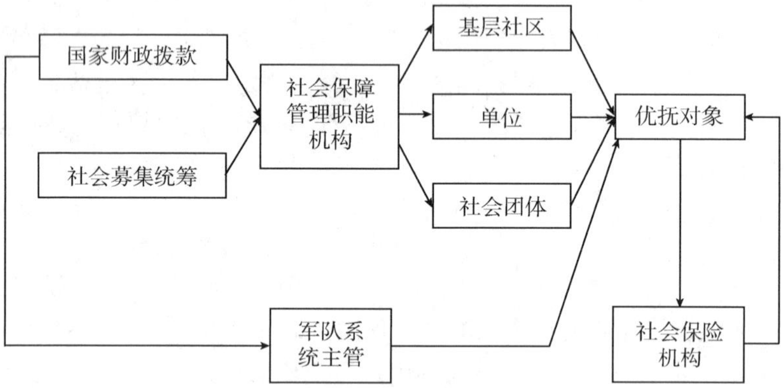

图 12-1　优抚资金运行系统

第四节　我国社会优抚工作的现状

社会优抚工作是为军队和国防建设服务的一项社会保障制度，新中国成立以来，特别是改革开放以来，逐步形成了以《宪法》、《兵役法》为基本准则，以《军人抚恤优待条例》为核心依据，内容丰富、涵盖全面的具有中国特色的优抚政策实施体系。根据《军人抚恤优待条例》的规定，优抚工作的保障对象主要包括中国人民解放军（含武装警察部队）现役军人、服现役或退出现役的残疾军人以及复员军人、退伍军人、烈士遗属、因公牺牲军人遗属、病故军人遗属、现役军人家属等。截止到 2013 年年底，全国共有享受国家抚恤补助的重点优抚对象 968.9 万人。从社会优抚的外延概念来讲，我国社会优抚工作的现状如下。

一、军人抚恤

军人抚恤包括残疾抚恤和死亡抚恤两个方面。

（一）残疾抚恤

1. 残疾抚恤金

残疾抚恤金是对因战、因公致残的军人给予补偿的费用。根据《军人抚恤优待条例》[①]有关规定，军人因战、因公致残被评定为一级至十级残疾的，因病致残被评定为一级至六级残疾的，享受抚恤金。服现役的残疾军人抚恤金由所在部队按照规定发给；退出现役的残疾军人抚恤金由县级以上人民政府民政部门按月发给。一级残疾军人的抚恤标准（包括现在按规

① 国务院、中央军事委员会公布《军人抚恤优待条例》(2011 年修订).

定发给的副食品价格补贴和生活补贴），应当参考全国职工平均工资标准确定，其他各个残疾等级依次按一定比例酌减，同一级因战、因公和因病致残的抚恤金标准，拉开档次，体现差别，保障残疾军人生活不低于当地的平均生活水平。

2. 护理费

对分散安置的一级至四级残疾军人发给护理费，护理费的标准为：因战、因公一级和二级残疾的，为当地职工月平均工资的 50%；因战、因公三级和四级残疾的，为当地职工月平均工资的 40%；因病一级至四级残疾的，为当地职工月平均工资的 30%。退出现役的残疾军人的护理费，由县级以上民政部门发给，未退出现役的残疾军人的护理费，经军队军级以上单位批准，由所在部队发给。

3. 残疾军人死亡的有关规定

根据《军人抚恤优待条例》规定，退出现役的因战、因公致残的残疾军人因旧伤复发死亡的，由县级人民政府民政部门按照因公牺牲军人的抚恤金标准发给其遗属一次性抚恤金，其遗属享受因公牺牲军人遗属抚恤待遇。退出现役的因战、因公、因病致残的残疾军人因病死亡的，对其遗属增发 12 个月的残疾抚恤金，作为丧葬补助费；其中，因战、因公致残的一级至四级残疾军人因病死亡的，其遗属享受病故军人遗属抚恤待遇。

（二） 死亡抚恤

死亡抚恤是国家对革命烈士遗属、因公牺牲和病故军人遗属及因公牺牲病故的国家机关工作人员家属、人民警察家属提供一定的抚恤金，以保障他们基本生活的社会优抚安置制度。死亡抚恤分为一次性抚恤和定期抚恤两种。

1. 一次性抚恤金

一次性抚恤金指国家按规定一次性发给革命烈士家属、因公牺牲和病故军人家属、因公牺牲和病故国家机关工作人员及人民警察的抚恤金。现役军人死亡，根据其死亡性质和死亡时的月工资标准，由县级人民政府民政部门发给其遗属一次性抚恤金，标准是：“烈士和因公牺牲的，为上一年度全国城镇居民人均可支配收入[①]的 20 倍加本人 40 个月的工资；病故的，为上一年度全国城镇居民人均可支配收入的 2 倍加本人 40 个月的工资。月工资或者津贴低于排职少尉军官工资标准的，按照排职少尉军官工资标准计算。”获得荣誉称号或者立功的烈士、因公牺牲军人、病故军人，其遗属在应当享受的一次性抚恤金的基础上，由县级人民政府民政部门按照规定比例增发一次性抚恤金。一次性抚恤金发给烈士、因公牺牲军人、病故军人的父母（抚养人）、配偶、子女；没有父母（抚养人）、配偶、子女的，发给未满 18 周岁的兄弟姐妹和已满 18 周岁但无生活费来源且由该军人生前供养的兄弟姐妹。

2. 定期抚恤金

定期抚恤金是国家对符合下列条件之一的烈士遗属、因公牺牲军人遗属、病故军人遗属，发给定期抚恤金：父母（抚养人）、配偶无劳动能力、无生活费来源，或者收入水平低于当地居民平均生活水平的；子女未满 18 周岁或者已满 18 周岁但因上学或者残疾无生活费来源的；兄弟姐妹未满 18 周岁或者已满 18 周岁但因上学无生活费来源且由该军人生前供养的烈属、因公牺牲军人遗属、病故军人遗属定期抚恤金标准，如表 12-1 所示。

---

① 国务院、中央军事委员会公布《军人抚恤优待条例》（2011 年修订）.

表 12-1　定期抚恤金标准　　　　单位：元/年

类别	烈属	因公牺牲军人遗属	病故军人遗属
城镇	13 860	11 890	11 190
农村	7 970	7 610	7 290

注：图表摘于民政部网站，从 2013 年 10 月 1 日起执行

二、补助优待

对优抚对象实行定期定量的经济补助，是国家保障优抚对象生活的一项重要措施。主要有以下定期定量补助。

“三红”人员生活补助标准，如表 12-2 所示。

表 12-2　“三红”人员生活补助标准　　　　单位：元/年

在乡退伍红军老战士	在乡西路军红军老战士	红军失散人员
30 250	30 250	13 650

注：此标准从 2013 年 10 月 1 日起执行

一是物质优待。主要体现在城乡义务兵家庭优待上，义务兵服现役期间，其家庭由当地人民政府发给优待金或者给予其他优待，优待标准不低于当地平均生活水平。

二是社会生活优待。按照《宪法》、《兵役法》和《军人抚恤优待条例》规定，优抚对象除享受物质优待外，还在社会生活的其他方面得到广泛的关怀和照顾。例如，义务兵和初级士官入伍前的承包地（山、林）等，应当保留；国家对一级至六级残疾军人的医疗费用按照规定予以保障；现役军人凭有效证件、残疾军人凭《中华人民共和国残疾军人证》优先购票乘坐境内运行的火车、轮船、长途公共汽车以及民航班机；残疾军人享受减收正常票价 50%的优待。现役军人（义务兵和士官）凭有效证件乘坐市内公共汽车、电车和轨道交通工具享受优待；残疾军人凭《中华人民共和国残疾军人证》免费乘坐市内公共汽车、电车和轨道交通工具。现役军人、残疾军人凭有效证件参观游览公园、博物馆、名胜古迹享受优待；义务兵和初级士官退出现役后，报考国家公务员、高等学校和中等职业学校，在与其他考生同等条件下优先录取。经军队师（旅）级以上单位政治机关批准随军的现役军官家属、文职干部家属、士官家属，由驻军所在地的公安机关办理落户手续。随军前是国家机关、社会团体、企业事业单位职工的，驻军所在地人民政府人力和资源社会保障部门应当接收和妥善安置；随军前没有工作单位的，驻军所在地人民政府应当根据本人的实际情况作出相应安置；对自谋职业的，按照国家有关规定减免有关费用等。

三、军人保险

军人保险是指国家通过立法，对现役军人的个人福利和赡养亲属给予经济保障的措施，主要是指基本的军人保险，包括退役军人养老保险、军人伤亡保险和退役军人医疗保险，所侧重的是针对现役军人职业特点给予的一种经济补偿，是我国在社会主义市场经济条件下优抚保障体系的一项创新。《中华人民共和国军人保险法》已于 2012 年 7 月 1 日起施行。

它是新中国成立以来国家专门就军人生活待遇颁布的第一部法律，是一部规范和指导军人保险工作的基本法律。《军人保险法》对军人伤亡保险、退役养老保险、退役医疗保险和随军未就业的军人配偶保险的建立、缴费和转移接续等作出明确规定，是具有中国特色的《军人保险法》，对维护军人合法权益，解除军人后顾之忧，激励官兵履职尽责，增强部队吸引力、凝聚力、战斗力，具有十分重要的意义。

四、军人安置

我国实行义务兵役制和士官兵役制相结合的兵役制度，士兵分为义务兵和士官。义务兵服役期 2 年，士官实行分期服役。1987 年发布的《退役士兵安置条例》规定，士兵退出现役，根据其户籍性质、服役时间、年龄、军衔职级，以及立功受奖和伤病残等情况，规定不同安置政策待遇，主要是城乡区别和安置方式差别。城镇退伍的义务兵、城镇一期二期复员士官、三期以上转业士官、服役期间荣立二等功以上奖励的农村退役士兵，作为城镇退役士兵安置，部分地区对服役期间被评为 5~8 级残疾的，也可以享受城镇安置待遇。农村退伍义务兵、农村一期二期复员士官返回原籍生产生活。另外，符合退休条件的士官，参照军队退伍干部政策作退休安置；伤病残退役士兵，根据残疾等级、性质，以及患病情况，区分安置。新《退役士兵安置条例》自 2011 年 11 月 1 日起施行，文件规定：义务兵和服现役不满 12 年的士官退出现役的，由人民政府扶持自主就业。对自主就业的退役士兵，由部队发给一次性退役金，一次性退役金由中央财政专项安排；地方人民政府可以根据当地实际情况给予经济补助。另外，士官服现役满 12 年的、服现役期间平时荣获二等功以上奖励或者战时荣获三等功以上奖励的、因战致残被评定为 5~8 级残疾等级和烈士子女的，可由人民政府安排工作。这一条例的出台较好地解决了计划经济时期形成的指令性安置与社会主义市场经济发展要求不相适应的矛盾。

五、军人福利

社会福利事业是任何公民都需要的，军人当然更应该包括在内，主要是指职业福利和社会福利。军人福利是优抚保障系统中水平与层次最高的项目，是国家、社会以及军队为改善和提高军人物质和文化生活水平而采取的社会政策和措施。目前，军人福利的内容包括：住房福利（如住房公积金、房租补贴）、职业福利（如集体福利设施、休假待遇和各种生活福利）、社会补贴（如军粮供应、军服生产的财政补贴）、特殊福利（如向残疾、老年军人提供康复、护理、收养等服务）等。

第五节　我国社会优抚存在的主要问题及其政策建议

随着经济社会的快速发展，社会保障制度大幅度完善，我国的优抚保障问题也日益受到国家和社会各界的高度关注，目前的优抚保障体系逐步趋于完善，保障内容日益丰富，保障的手段和方式更加科学合理，为保障优抚对象权益、服务国防和部队现代化建设、维护和谐稳定大局发挥了重要作用。

一、我国社会优抚存在的问题

（一）优抚保障工作存在非连续性

现在，优抚保障对象包括优待、抚恤、安置对象等人员在内，保障对象的范围逐渐扩大，保障的标准逐年提高，但在优抚保障工作中也呈现出了非连续性的问题。突出表现在退伍士兵安置工作上，首先，新《退役士兵安置条例》公布实施后，除四种情况外其余人员要全部选择自主就业，也就是说，退伍士兵退伍后就必须重新选择单位就业，面临着二次就业的压力。其次，能由政府安置工作的退伍人员可以由单位继续接续部队期间的养老、医疗、住房保险，但自主就业人员特别是入伍前是农村籍的士兵，退伍时部队已将服役期间的养老保险、住房补贴等一次性结清并发放给本人，退伍后若找不到合适的单位，服役期间的各项保险便只能中断，不能实现有效的接续。另外，优抚保障的非连续性还表现在部分优抚对象去世后，他们的亲属得不到生活补助，除烈士遗属、1~4 级残疾军人配偶按照国家规定可享受相关待遇外，老复员军人、带病回乡退伍军人与参战、涉核及 60 岁以上退伍老兵去世后遗属不能享受生活补贴。

（二）优抚保障工作的执行存在滞后性

优抚保障工作的目的就是努力让全体优抚对象的生活能够有所保障。首先，从优抚保障资金的情况看，自建立优抚补助制度以来，国家已经连续 18 次提高了残疾军人抚恤金标准，并连续 21 次提高了“三属”（革命烈士、因公牺牲军人、病故军人的家属）定期抚恤金标准和退伍红军老战士生活标准，年增幅达 15%~20%，优抚保障经费也由 2000 年的 12 亿元增加到了 2013 年的近 300 亿元，增长了近 24 倍，总体增长幅度逐年提升。其中残疾军人抚恤金标准是参照全国职工的平均工资水平来确定的，“三属”的定期抚恤金标准是参照全国城乡居民家庭人均纯收入水平确定的，其他优抚对象补助标准原则上不低于当地居民人均生活水平，但在落实中，仍有部分优抚对象生活补助金远低于这个标准。其次，从优抚医疗保障情况看，现役军人可享受免费医疗，民政部门每年为退役后的不同类别优抚对象参保，除 1~6 级残疾军人外，其余优抚对象 95%以上参加新型农村合作医疗，参加新农合的优抚对象门诊费用只有年人均 150 元，民政年人均门诊补助 200~300 元，两项相加最高不超过 450 元，还不能有效满足多数优抚对象门诊需求。再次，住房保障体系尚未建立。现役军人住房可享受部队补贴，但只能在转业或退休时使用，大多数军人领到的住房补贴不能按照现在的市场价格购买到合适的住房，与政府和大型的企事业单位的福利性质分房有一定的差距。退役后的优抚对象住房保障工作缺少可操作性强的文件支持，各地基本上延续早年的救助模式，对需修缮、新建住房的给予少量的救助，不能从根本上解决优抚对象住房难的问题。

（三）优抚经费投入不足

与实际经济发展水平相比，优抚费用的投入还存在明显的不足。虽然国家在不断增加优抚支出，但与整个经济的增长比例有一定差距， 此外，与西方国家相比，也存在着一定的差距。美国现役军人的福利待遇很高，覆盖的范围也很广，据统计，一名美国军官每年享受的福利待遇高达 15 万美元。

（四）优抚法规不够完善

这一时期的优抚法规虽然颁布较多，但仍不健全。总体来讲，从新中国成立到现在国家实施的优抚法规数量已经不少，一个相对较为完善的优抚法规体系建立起来了。但就优抚制度的某一方面来讲，还明显存在需要完善的环节，比如，现役军人福利制度法规的缺失，按照当前国外的通行惯例是需要作出相应法律规定的；关于现役军人优待金的标准、发放和管理没有明确的法律规定，更多的是依靠地方自行规范和实施，从某种程度上易造成稳定性、持久性的缺乏，等等。

二、完善我国社会优抚的政策措施

针对现有的优抚保障制度建设中的一些问题，我们可以结合中国的实际，借鉴国外成功的做法，走出一条中国式的优抚保障道路。

（一）加强宣传教育，增加人民对优抚保障工作的了解

优抚保障工作与军队稳定、国防建设密切相关，对我国经济发展和社会稳定产生了重要影响。军队是国家政权的重要组成部分，是维护国家主权和社会稳定的重要力量，没有强大的军队作保障，国家就会被动挨打，经济发展就没有保证，人民也无法安居乐业。从一定意义上来讲，优抚保障工作关系到每个人、每个家庭。全社会都应该关心并自觉参与到做好优抚对象保障工作行列中来。一是引导优抚对象保持和发扬自强不息的精神，理解国家的困难，不等不靠，勤劳致富，发挥军人吃苦耐劳、敢挑重担的正面作用，为建设美好家园贡献自己的一份力量。二是普及全民国防教育。引导广大人民群众特别是民营企业界人士，以各种方式支持部队建设，树立“富而不忘国家、不忘国防”的思想，努力营造全社会关心优抚对象的氛围，积极履行优抚保障的职责和义务。三是着力提高从事优抚保障工作人员的素质。优抚工作政策性强，涉及面宽，工作难度大，为此，从事该项工作的机关工作人员，要有强烈的责任心和事业感，要牢固树立情系优抚对象、心系优抚工作的思想，切实做到政策熟、业务精、善协调，要把做好本职工作当作为党和政府分忧、促进社会稳定和部队官兵思想稳定的一件大事来抓，切实履行好职责。

（二）加快优抚保障法制化进程

法制化是一种必然的趋势。无论从优抚制度发展的历史来看，还是现在的经济、社会条件，都决定了优抚制度法制化是一种必然趋势。

社会主义市场经济的存在与发展决定了优抚制度的法制化。优抚制度属于上层建筑，其存在与发展必然受到社会经济及生产力发展水平的影响和制约。改革开放以后，中国社会经济经历了一个由计划经济到市场经济的发展过程，而且随着市场经济得到进一步健全和发展，各种制度的市场化将进一步明显，其中法制化就是一种重要的表现。优抚制度作为市场经济基本保障制度的一个重要组成部分，在其发展过程中表现出了与市场经济发展要求相一致的状况，法制化水平在逐步地提高。事实上，市场经济越发展，法制化要求就越高，而优抚制度的法制化水平也就越高。

再者，从国外的建设经验上来看，必须采取法制化的道路。由于西方国家市场经济发展得较早和法制化程度较高，优抚制度法制化的发展趋势尤为明显。许多国家都根据自己的基

本国情制定了非常完善的优抚法规。比如，就国外的现役军人来讲，有许多国家建立了薪金福利待遇制度、优抚安置制度、军人保险制度等方面的法律规定。就现实情况而言，中国的优抚保障制度法律化还要有一段较长的路要走，为此，我们必须积极地吸收各国优抚保障制度的法制化建设经验，在全球化的背景下，在保持优抚保障制度特色的情况下更多地实现与世界的接轨。

（三）落实优抚经费预算，建立健全保障资金自然增长机制

优抚保障工作是一项带有福利性质的社会保障制度，其发展必须有强有力的资金注入来作支持。鉴于当前社会经济发展水平制约，造成各级财政对于优抚保障工作的投入不足或不均衡，优抚保障资金的缺口仍然存在，随着制度完善的需要，如不进一步倾斜，势必会进一步加大。因此，要进一步完善优抚保障资金自然增长机制，切实提高保障水平，确保优抚对象的实际生活水平不受物价增长的影响。同时，在将来国家经济实力允许的情况下，要更加注重对于优抚对象全方位、无差别、人性化保障需要的满足，加大资金投入力度，进一步健全优抚对象生活、就医、住房、就学、培训等保障体系，切实纠正因区域差别、城乡差别所导致的不公平待遇，实现以优抚保障项目齐全、内容完整、分工明确、协调发展的理想目标。[①]

（四）推进优抚保障工作社会化

社会参与不可忽视。无论优抚建设的制度化怎样发展，都离不开社会民众的参与，社会民众的参与是优抚制度得以发展的基本支撑。

我国目前的优抚保障工作是以政府为主导进行的，与发达国家相比，社会面的参与远远不够。要积极培育和发展社会中介组织参与优抚保障工作。如美国设有许多退伍军人组织，在协会会员遇到困难时为其提供财政援助，帮助寻找新的就业机会，有的协会还给退伍军人提供职业培训。这些社会组织起到了很好的补位作用，成为政府主体之外的有力补充。[②]大力倡导社会参与优抚事业单位拥军的浓厚氛围。动员发动社会各方面力量，开展各种形式的优抚保障，为优抚对象生活、住房、就医等现实问题提供服务，帮助优抚对象解决实际困难。社会中介组织参与优抚保障是建立社会主义市场经济体制的客观需要，是转变政府职能的必然要求，是优抚保障社会化的有效途径和实质性标志。可以从群众性优抚服务组织中引导一批经济实力强、管理规范、制度健全、有一定专业水平的组织转变为具有独立法人资格的社会团体或民间机构，使其实体化、专业化、规范化，直至成为职业化的从事优抚保障的社会团体或民间机构，为优抚对象提供医疗、康复、保健、供养以及社会公益服务。积极引导国有企业、集体企业、私营企业、合资企业、外资企业特别是“两新组织”开展拥军优属活动，为优抚对象解决实际困难，已成为新型经济组织和新的社会阶层的责任和义务。充分调动和发挥他们参与社会公益事业的积极性，充分利用社会财力、人力、物力以及管理服务的优势[③]，为广大优抚对象服务，以减轻政府的负担，分担国家的责任。这有利于形成政府主导、部门协作、社会参与的优抚保障新格局。[④]

---

① 戴均良. 2011. 优抚安置社会工作研究. 北京：中国社会出版社.
② 戴均良. 2011. 优抚安置社会工作研究. 北京：中国社会出版社.
③ 李风臣. 2012. 中国军人社会保障体系探析. 吉林大学学报，(4)： 21.
④ 贾亚生. 2013. 优抚工作三点论. 中共太原市委党校学报，(4)：35.

（五）加强优抚保障信息化建设，切实提高优抚科技工作水平

信息化是时代的要求，且发展十分迅速。当前，优抚保障工作普遍存在着信息化建设滞后的现象，信息化管理手段相对落后，信息采集、数据统一、经费测算和资金发放容易出现漏洞，随着优抚保障工作的发展，必须下大气力对传统的工作手段进行完善，积极进行信息化装备。要在全面普查的基础上，努力建设覆盖面全、内容具体、安全可靠、高效便捷的优抚保障信息管理系统和信息数据核查系统，切实把优抚保障工作提高到一个新的发展水平。

（六）发挥政府的主导作用

未来优抚保障制度的基本模式应是：在国家引导和管理下，以市场为运作主体，调动社会积极地参与。国家是优抚保障建设的主体，对优抚保障制度发展起着根本作用。国家是优抚制度建设资金投入的主体。优抚制度是社会保障制度的重要组成部分，是社会民生的重要组成部分。就整个社会民生建设而言，主要依靠国家的财政投入，同样作为社会民生工程一部分的优抚制度更离不开国家投入。虽然在一定程度上社会可以给予优抚保障一些财力和物质的投入，但这不能从根本上解决优抚保障问题，也起不到根本性的发展作用。可以说，在整个优抚保障建设过程中，国家财力和物力的投入程度决定了优抚保障的水平。国家又是优抚保障政策制定的主体。优抚保障制度作为一项重要的社会制度和民政工程，从建设角度讲，需要国家长远战略的具体规划，这就需要一定的政策和法规作为支撑。而国家的基本社会管理职能决定了对优抚保障事业的管理和组织责任，对优抚政策和法规的落实及执行则是履行社会管理职能的一项具体要求，就会担负起优抚保障法规与政策制定和实施的根本任务。从某种程度上讲，国家对优抚的刚性制度建设决定了优抚保障事业的发展方向和保障水平。

[案例分析]

【案件基本情况】

退伍军人陈某原籍为建始县某乡镇，1947 年 2 月山东解放后入伍，作战 5 次，负伤 2 次，残疾等级三等乙级。1955 年 2 月复员回建始。1960 年因刑事犯罪被判刑 20 年，1980 年刑满释放，未回原籍，随后在荆州沙洋农场与易某结婚安家落户。2002 年，其妻易某去世，陈某在无依无靠的情况下，于 2002 年年底回建始（其户籍仍在荆州）随女儿生活。从 2003 年 2 月开始，陈某开始在建始县上访，要求解决优抚待遇等问题，2003 年 9 月 19 日，其女儿将其送到建始县民政局后回家。在陈某无家可归的情况下，建始县民政局通知其原籍乡民政办公室将其接回，安置在乡福利院。2004 年 3 月 13 日，陈某在福利院病故，福利院按农村习俗办理了丧事，将其安葬。

2008 年 4 月，陈某之女开始上访，建始县民政局和恩施州民政局按照信访程序进行处理，认为陈某户籍不在建始县，不属于建始县解决落实优抚待遇的范围。2009 年 5 月 14 日，陈某之女向建始县人民法院提起行政诉讼，要求发放抚恤金 120 960 元，赔偿损失 156 020 元。经法院开庭审理后，申请撤诉，与县民政局进行调解，法院于 2009 年 8 月 30 日裁定准予撤诉。调解未达成一致意见，原告于 2010 年 1 月再次向一审法院起诉，一审法院于 2010 年 9 月判决民政局履行发放抚恤金的法定职责，并赔偿原告的损失 10 000 元。一审被告民政局不服，上诉至州中级人民法院，2010 年 12 月 13 日，恩施州中级人民法院行政判决维持了一审判决。

【法院审理情况】

一审法院认为，本着以人为本和尊重历史以及客观现状的态度，由于该案的特殊性，在法律适用问题上，应综合考虑适用 1950 年《革命残疾军人优待抚恤暂行条例》、1988 年实施的《军人抚恤优待条例》和 1989 年民政部《关于贯彻执行<军人抚恤优待条例>若干问题的解释=以及 2004 年实施的《军人抚恤优待条例》和 2008 年施行的《湖北省军人抚恤优待条例实施办法》的规定，由建始县民政局履行发放抚恤金的职责不冲突法律规定。同时，结合 2004 年施行的《军人抚恤优待条例》第四十六条关于“因不履行优待义务使抚恤优待对象受到损失的，应当依法承担赔偿责任”的规定精神，考虑本案原告存在诸如增加祭祀不便和开支的合理因素，酌情确定被告建始县民政局赔偿损失计 10 000 元。陈某的抚恤标准应按 2008 年 10 月 1 日起执行的抚恤标准（三等乙级套改八级）4320 元/年计发 120 960 元，但因陈某已于 2004 年 3 月 13 日死亡，故此诉求与事实和法律政策不符，其女儿主张在诉求中形成的误工费、交通费等损失，共计 106 015 元的观点事实依据和法律依据均存在欠缺，不予支持。因此判决：一、被告建始县民政局依法履行向陈某之女发放陈某抚恤金的法定职责；二、被告建始县民政局依法赔偿原告陈某之女损失计人民币 10 000 元；三、驳回原告其他诉讼请求。

被告建始县民政局不服一审行政判决，提出上诉，二审法院审理认定上诉人一、二审均未依法提交证据证实其具体行政行为的合法，其主张没有任何证据证明。被上诉人提交的复员军人登记表、州民政局证明等证据，证实上诉人建始县民政局将陈某纳入优抚对象，享受在乡老复员军人定补政策。被上诉人因为陈某优抚待遇的问题，几年多次的反映，实际支出了车费、住宿费等。故原判判决上诉人履行法定职责并赔偿被上诉人一定的经济损失，认定事实清楚，证据确实充分，判决结果正确。因此驳回上诉，维持原判。

HAPTER 13

第十三章　社会救助制度

[内容摘要]

社会救助的目的在于保障贫困群体的最低生活水平，因此具有一定的普遍性。本章全面阐述了我国社会救助的概念和社会救助制度的主要内容；阐述了当前我国社会救助制度存在的主要问题，以及完善我国社会救助制度的主要对策。

[学习要点]

（1）我国社会救助制度的主要内容。
（2）当前我国社会救助制度存在的主要问题。
（3）完善我国社会救助制度的主要对策。

第一节　社会救助制度概述

一、社会救助的概念

社会救助（social assistance）一词，缘起于原始社会人类基于慈爱之心或是出于宗教信仰而对生活贫困的人群施以援手的慈善事业。在传统社会中，人们使用的并不是社会救助这一概念，而比较多使用的则是救济、济贫等词汇。从救济、济贫到社会救助的转变，表明社会救助的内涵已经发生了深刻的变化。

在学术界，不同的学者对于社会救助这一概念大多都有着自己的理解与阐释。例如，郑功成认为："社会救助是指国家与社会面向由贫困人口与不幸者组成的社会脆弱群体提供款物接济和扶助的一种生活保障政策，它通常被视为政府的当然责任或义务，采取的也是非供款制与无偿救助的方式，目标是帮助社会脆弱群体摆脱生存危机，以维护社会的稳定。"[①]而唐钧在《市场经济与社会保障》一书中写道："社会救助是现代国家中得到立法保障的公民基本权利之一，当公民难以维持最低生活水平时，由国家和社会按照法定的程序标准向其提供保证最低生活需求的物质援助的社会保障制度。"[②]

从学者们对社会救助这一概念的一般性理解，我们可以从如下方面勾画出对社会救助这一概念具有普遍性含义的理解：①社会救助是国家或政府通过国民收入的再分配；②在国民因主观或客观的原因导致生活陷入贫困，无法维持其最低生活水平时；③通过法定的程序向其提供一定的物质帮助或服务的一种保障制度。

二、社会救助的对象

社会救助的目的在于保障贫困群体的最低生活水平，因此具有一定的普遍性。只要是符合救助标准的任何个人或家庭都可以通过法定的程序获得国家的救助。根据造成贫困的原因，对社会救助的对象作出如下分类：

（1）生活没有依靠以及没有生活来源的社会群体。这一人群大多数是需要政府给予长期救助的对象，他们没有收入来源，生活长期处于贫困中。比如，孤儿群体、长期遭受疾病折磨的人群等，以及其他一些原因而造成丧失劳动能力，生活陷入困境的社会群体。

（2）因为突发性的灾害而造成生活暂时困难的人群。这部分民众具有一定的劳动能力，本身也有固定的收入来源，只是由于意外灾害的降临，像地震、洪水等自然灾害，使其遭受了巨大的财产损失以及人身伤害，导致其生活陷入了困难，需要社会给予一定的救助。这一类的社会救助起因于突发性或是损害程度很严重的冲突。[③]

（3）有一定的收入来源，但是其生活水平低于国家所规定的最低生活保障线的社会群体。这一类社会群体有自身的生活来源，但是收入较少，不能保障当地最低的生活水平。例如，下岗失业人员在享受失业津贴期满后仍然未找到工作且需要供养配偶和未成年子女的人群等。

---

① 郑功成. 2000. 社会保障学——理念、制度、实践与思辨. 北京：商务印书馆：13-14.

② 唐钧. 1995. 市场经济与社会保障. 哈尔滨：黑龙江人民出版社：11.

③ 乐章. 2008. 社会救助学. 北京：北京大学出版社：13.

三、社会救助的标准

社会救助制度的根本在于弥补其他社会保障制度的不足，帮助那些陷入贫困的社会群体，以满足他们基本的生活需求，保障其基本的生活水平。因此，社会救助是带有一定的条件性的，并不是面向全体国民，国家法定的救助对象是有一定的选择性的，即只有生活贫困的群体才有资格接受国家的救助。这样就涉及救助的资格与标准的问题，我们该如何界定贫困以及哪些人群是需要救助的呢？在国际上，有两种基本方法来确定救助的对象：定性的方法和定量的方法。在我国通常是采用定量的方法，即国家确定一条或几条最低生活保障线，凡是低于这一标准的人群即确定为需要救助的群体。

关于应该如何划定最低生活保障线是一个比较复杂的问题，许多学者对确定贫困线的方法也进行了一定的归纳与总结。例如，童星、林闵钢在其所著的《我国农村贫困标准线研究》一文中，提出 3 类共 12 种度量贫困的定量方法。他们认为，客观绝对贫困是指从事实上看，某些人的生活水平低于一个确定的最小值，测定的基本途径有两个，即确定贫困线和编制贫困指数。[①]在这里具体地分析几种比较常用的绝对贫困线的测定方法。

（1）恩格尔系数法。恩格尔系数（Engel's Coefficient））是由 19 世纪德国统计学家恩格尔根据统计资料发现的一个消费结构的变化规律，他认为，一个家庭的收入越少，家庭收入中用来购买食物的支出所占的比例就越大，随着家庭收入的增加，家庭收入中用来购买食物的支出则会随之下降。根据恩格尔定律，我们可以得出恩格尔系数，用公式表示就是：恩格尔系数=食物支出金额 ÷ 总支出金额 × 100%。在上述公式中，恩格尔系数越小，反映一个国家或地区的生活越富足；系数越大，则表明该国家或地区越贫困。改革开放以来，我国城镇和农村居民家庭恩格尔系数已由 1978 年的 57.5%和 67.7%分别下降到 2012 年的 36.2%和 39.3%[②]。用恩格尔系数法来确定最低生活保障线的方法是，用家庭食品消费的绝对支出除以恩格尔系数得出所需消费支出，可得出最低生活保障金额。

（2）生活需求法。首先，需要确定一张生活必需品的清单，内容包括维持为社会所公认的最起码的生活水平的必需品的种类和数量。其次，根据市场的价格来计算拥有这些生活必需品需要多少的现金，以此来确定的现金金额就是贫困线。

（3）收入比例法。这种方法通常的做法是以一个国家或地区社会中位收入或平均收入的 1/3~1/2 作为这个国家或地区的贫困线。

以上所涉及的确定贫困线的方法都是从理论层面来界定的。在具体的操作层面，采用何种方法来确定最低生活水平线，需要依据本地的具体情况而定。同时，贫困线的确定也是一个动态的标准和过程，各个国家和地区会依据当地的经济和社会发展情况，不断地调整社会救助的标准。例如，广州市从 2013 年 7 月 1 日起，再次提高最低生活保障社会救助标准，全市城镇低保标准从 530 元提高到 540 元；城镇低保中“三无人员”的救济标准按低保标准的 1.3 倍同步提高；番禺区、萝岗区、南沙区农村低保标准从 530 元提高到 540 元；白云区、花都区、从化市、增城市农村低保标准从 420 元提高到 480 元。

---

① 童星，林闵钢. 1994. 我国农村贫困线研究. 北京：中国社会科学出版社.

② 国家统计局网站. http://www.stats.gov.cn/was5/web/search?channelid=.288041&andsen=%E6%81%A9%E6%A0%BC% E5%B0%94%E7%B3%BB%E6%95%B0 [2014-01-22].

四、社会救助的类型

社会救助制度是由不同的救助项目组成的，不同的国家和地区，社会救助制度的类型和内容不尽相同。比如，依据救助的主体不同，可以划分为政府救助、社会救助等；按照救助手段的不同，可以划分为现金救助、实物救助等。在这里，我们根据救助的项目，将社会救助区分为以下四种类型。

1. 生活救助

生活救助是指对那些人均收入低于当地最低生活保障线的城乡居民家庭，提供一定的差额补贴的一种社会救助制度。以家庭为单位，给予一定的帮助，以保障他们在衣、食、住、行等方面的一些基本需求。该项救助制度主要体现为城乡居民最低生活保障制度。

2. 灾害救助

灾害救助指的是国家和政府对因遭受不可预知的自然灾害而陷入困境的社会成员而进行一定的援助，以维持其最基本的生活水平，助其渡过难关的一种社会救助制度。由于灾害具有不可预测性和破坏力巨大等特点，因此比较容易造成受灾民众的财产和人身损失，所以国家和政府需要援助受灾群众的基本生活以及对灾后的重建给予一定的帮助。

3. 发展性救助

发展性救助，也称为“扶贫救助”，主要是针对一些经济、社会发展落后的地区，给予一定的资金、技术等方面的支持，以促进当地经济发展，摆脱社会贫穷落后局面的一项社会救助项目。扶贫救助对于我国广大农村贫困地区的发展具有十分重要的意义，是社会救助制度的重要组成部分。

4. 特殊领域的救助

该项救助包括两个方面的内容：一是特殊领域的公共援助，包括教育、住房、医疗和法律等普遍存在的救助项目；二是对社会上的一些特殊人群提供的广泛的社会救助，包括残疾人、下岗失业者、流浪乞讨人员等社会弱势群体。[①]

五、社会救助的特点

社会救助制度作为社会保障制度的一项基本制度安排，在整个社会保障制度的运行与发展中具有重要的作用。与社会福利、社会保险制度相比，社会救助制度具有以下几个方面的特点：

（1）救助的对象是面向特定的人群而并非全体的国民。社会救助制度是为社会弱势群体提供一定的帮助，以维持其最低生活水平的一项制度安排。因此，它的救助对象是特殊的人群，只有符合法定的救助标准的群体才能得到国家的救助。

（2）社会救助制度在社会保障制度中起基础性的保障作用。社会保障制度是由社会保险、社会福利、社会救助和社会优抚等几个部分组成的。相比其他三个部分来说，社会救助是最低层次的，是“最后一道防线”。

（3）保障目标的低层次性。社会救助的目标是向救助对象提供最低的生活需求和简单再生产的资金和实物，是在于保障社会贫困群体的基本的生活水准，而不是以追求和改善社会

---

① 乐章. 2008. 社会救助学. 北京：北京大学出版社：19.

成员的生活待遇为目标。

（4）义务的单向性。社会救助制度并不像其他的保障制度一样要求遵循权利与义务相对等的原则，受助者只要符合社会救助的条件和标准，就可以从国家得到相应的帮助，不需要以缴纳一定的费用为前提。

（5）社会救助是具有时效性的。绝大多数的救助行为是应急性的，比如，灾害救助、扶贫救助等。只要受助对象一旦摆脱了贫困的困扰，基本的生活水平有了保障，其享受的社会救助待遇就会相应地削减甚至是取消。

六、社会救助的功能

作为国家帮助与扶持社会弱势群体的一项基本制度，社会救助制度无论对于施助者还是受助者来说都具有重要的意义，其基本的功能主要体现在以下三个方面。

（1）保障社会弱势群体的基本生活。这是社会救助制度的最基本和最直接的功能。社会救助制度设置的目的就在于向低于基本生活保障线的贫困群体，提供一定的生活必需的物质帮助和服务，以维持他们最基础的生活，通过救助改善其生活状况。

（2）促进社会和谐，维护社会稳定。社会救助制度是国家、政府通过国民收入的再分配对低收入者给予基本的生活保障的制度。目的在于在公平与效率之间找到一个平衡点，这样就有助于缩小贫富差距，维持社会弱势群体的一种正常的心理状态，促进他们对于社会的认同与支持，促进社会的公平与正义，维持社会的稳定与和谐。

（3）社会整合的功能。社会整合是由社会学家帕森斯提出的一个概念，指的是社会不同的因素、部分结合为一个统一、协调的整体的过程及其结果。社会救助的对象是一个特殊的群体，这部分人群容易被贴上特殊的标签，从而使其游离于主流社会之外，使社会处于一种离析、不整合的情形。通过社会救助制度，对贫困群体进行一定的帮助，可以使他们更好地融入社会之中，产生对社会的认同感和归属感。

第二节　我国社会救助制度的发展现状

一、前制度化阶段

20世纪50年代中后期，伴随着实现社会主义工业化的宏伟目标的提出，产生了利用“工农业剪刀差”积累原始财富的体制。在城乡二元分治结构的影响下，城镇职工离开了土地，离开了农村，集中于工厂与城市建设的相关产业，对于工人的劳动成果，大部分归于国家或雇主，只有小部分以工资的形式发放到个人的手中，在这种情况下我国建立起了城镇职工“企业保障模式”。

20世纪70年代末，中国农村贫困问题凸显，处于绝对贫困的人口有2.5亿人。随着改革开放政策的确立，我国的贫困问题日益受到国内外关注，国家首先推行了以家庭联产承包责任制为主的一系列“富民政策”，到1985年按照200元的贫困线，贫困人口减少了一半，还剩1.25亿人。随后，国家于1993年制定“八七”扶贫攻关计划，经过几年的努力，到1999年农村贫困人口减少到3000多万人。对此，国际社会给予了高度的评价，这一阶段的扶贫被称为“伟大的脱贫运动”。

上述社会救助制度在不同的发展阶段起到了突出的作用，但是随着城镇下岗失业人口增多，原有的企业保障模式被打破，以及土地生产效率下降，土地保障作用减弱，原有的社会救助制度已经不能起到应有的作用。

二、制度化阶段

正是由于城镇企业保障模式的基本瓦解和农村土地保障作用的弱化，我国于 1999 年 9 月颁布《城镇居民最低生活保障实施条例》，自 2002 年起我国又逐步在各地推行了农村居民最低生活保障制度，我国制度化的社会救助模式日益完善，逐步形成了城镇社会救助制度和农村社会救助制度。

三、我国社会救助制度的现状

自 2003 年 3 月十届全国人大一次会议召开以来，全国民政系统着力推进以保障和改善民生为重点的社会建设。1997 年，我国建立城市低保制度，2007 年建立农村低保制度，2003~2005 年，先后建立城乡医疗救助制度，近些年我国还在推进临时救助制度建设，可以说我国已经基本建立社会救助体系。2012 年，我国城乡已经有效地保障了 7400 多万人的基本生活，中央财政和地方各级财政支出社会救助资金的总量已达到 1300 多亿元。[①]

（一）城市社会救助制度

中国城市目前正在执行的救助项目主要有四种：城市居民最低生活保障、城市医疗救助、城市住房救助和城市教育救助。

1. 城市居民最低生活保障制度

城市居民最低生活保障制度，是我国社会保障体系的重要组成部分。1999 年 9 月 28 日，国务院第 21 次常务会议通过《城市居民最低生活保障条例》并予发布，自 1999 年 10 月 1 日起施行。该《条例》的颁布标志着我国城市居民最低生活保障制度政策法规的规范与完善，极大地推动了城市居民最低生活保障工作的开展。2012 年年底，全国城市低保对象共有 1114.9 万户、2143.5 万人，各级财政共支出城市低保资金 674.3 亿元。[②]城市居民最低生活保障制度的实施取得很大进步。

《条例》规定，持有非农业户口的城市居民，凡共同生活的家庭成员人均收入低于当地城市居民最低生活保障标准的，均有从当地人民政府获得基本物质帮助的权利；在保障标准方面，《条例》中规定："直辖市、设区的市的城市居民最低生活保障标准，由市人民政府民政部门会同财政、统计、物价等部门制定，报本级人民政府批准并公布执行。""城市居民最低生活保障标准，按照当地维持城市居民基本生活所必需的衣、食、住费用，并适当考虑水、电、燃煤费用以及未成年人的义务教育费用确定。"在保障资金的来源与分担制度方面，规定"城市居民最低生活保障所需资金，由地方人民政府列入财政预算，纳入社会救济专项资金支出项目，专项管理，专款专用"。

2. 城市医疗救助制度

城市医疗救助是通过政府拨款和社会各界自愿捐助等多渠道筹资，对城市居民最低生活

① 佚名. 2013-03-14. 已经基本建立社会救助体系. 法制日报，10 版.

② 见国家统计局网站数据.

保障对象中未参加城镇职工基本医疗保险人员、已参加城镇职工基本医疗保险但个人负担仍然较重的人员以及其他特殊困难群众实行的医疗救助。城市医疗救助的目的是切实帮助城市贫困群众解决就医方面的困难和问题。该制度从2005年国务院办公厅发布《关于建立城市医疗救助制度试点工作的意见》开始，之后用2年时间在各省（自治区、直辖市）部分县（市、区）进行试点，之后再用2~3年时间在全国建立起管理制度化、操作规范化的城市医疗救助制度。

城市医疗救助的资金主要是通过财政预算拨款、专项彩票公益金、社会捐助等渠道筹集。救助方式包括降低医疗收费、优惠供给常用药和医疗费用救助相结合，事前救助和事后补助相结合，以及基本医疗救助、大病医疗救助和临时医疗救助相结合。此外，各地还采取了各种救助方式，如开设慈善药店（柜台）、鼓励社会力量兴办面向低保对象的平价药店、慈善医院（病房）等，以缓解救助对象看病难问题。

3. 城市住房救助制度

城市住房救助制度主要包括廉租房制度和经济适用房制度。

城镇廉租住房是指政府和单位在住房领域实施社会保障职能，向具有城镇常住居民户口的最低收入家庭提供的租金相对低廉的普通住房。县级以上地方人民政府价格主管部门是廉租住房租金的主管部门，廉租住房租金实行政府定价，租金标准原则上由房屋的维修费和管理费构成，并与城镇最低收入家庭的经济承受能力相适应。

经济适用房是指由政府提供政策优惠、限定建设标准、供应对象和销售价格，具有保障性质的政策性商品住房，建设的责任主体是市、县人民政府，价格确定原则为保本微利。最低收入家庭住房保障原则上以发放租赁补贴为主，实物配租和租金核减为辅。①

4. 城市教育救助制度

《城市居民最低生活保障条例》对救助内容规定："城市居民最低生活保障标准，按照当地维持城市居民基本生活所必需的衣、食、住费用，并适当考虑水、电、燃煤费用以及未成年人的义务教育费用确定。"因此，理论上最低生活保障标准应该要能满足低收入户的生活支出以及未成年人的教育费用，应包含对贫困居民子女的教育救助。

国家对贫困家庭子女的教育救助首先体现在对贫困地区专项教育拨款上，1995年6月，开始实施"国家贫困地区义务教育工程"。在教育救助的措施上主要有减免学杂费和书本费、发放助学金和奖学金、发放教育券等。教育救助的资金主要来源于中央、省市财政拨款以及区县财政配套资金，还有当地民政、教育部门等筹集的资金以及社会各界的捐赠。

2008年7月30日，国务院常务会议决定，从2008年秋季学期开始，在全国范围内全部免除城市义务教育阶段学生学杂费。对享受城市居民最低生活保障政策家庭的义务教育阶段的学生，继续免费提供教科书，对家庭经济困难的寄宿学生补助生活费。

（二）农村社会救助制度

中国农村目前正在执行的救助项目主要有六种：农村最低生活保障、五保户救济、特困户救济、自然灾害救济、医疗救助和教育救助。

---

① 整理自《经济适用住房管理办法》（2007年）、《城镇廉租住房租金管理办法》（2005年）、《经济适用住房管理办法》（2004年）、《国务院关于促进房地产市场持续健康发展的通知》（2003年）.

1. 农村居民最低生活保障制度

2007年，全国农村居民最低生活保障工作会议召开，会议提出："在全国范围建立农村居民最低生活保障制度，各地应根据当地经济发展水平和财力状况，确定低保对象范围、标准，鼓励已建立制度的地区完善制度，支持未建立制度的地区建立制度，中央财政对财政困难地区给予适当补助。"农村最低生活保障制度的建立标志着城市低保朝国民低保（农村低保和城市低保）转变，也意味着中国在再分配领域开始了划时代意义的变革。2012年年底，全国有农村低保对象2814.9万户、5344.5万人，全年各级财政共支出农村低保资金718.0亿元。①

农村最低生活保障对象是家庭年人均纯收入低于当地最低生活保障标准的农村居民，主要是因病残、年老体弱、丧失劳动能力以及生存条件恶劣等造成生活常年困难的农村居民。最低生活保障标准由县级以上地方人民政府按照能够维持当地农村居民全年基本生活所必需的吃饭、穿衣、用水、用电等费用确定，并且要随着当地生活必需品价格变化和人民生活水平提高适时进行调整。②

2. 农村五保制度

农村五保供养是指在吃、穿、住、医、葬方面给予村民的生活照顾和物质帮助。为了做好农村五保供养工作，保障农村五保供养对象的正常生活，促进农村社会保障制度的发展，国务院于2006年通过《农村五保供养工作条例》。

农村五保制度供养的对象是老年、残疾或者未满16周岁的村民，既无劳动能力、又无生活来源，又无法定赡养、抚养、扶养义务人，或者其法定赡养、抚养、扶养义务人无赡养、抚养、扶养能力的村民。供养内容包括：①供给粮油、副食品和生活用燃料；②供给服装、被褥等生活用品和零用钱；③提供符合基本居住条件的住房；④提供疾病治疗，对生活不能自理的给予照料；⑤妥善办理丧葬事宜。供养的形式可在农村五保供养服务机构集中供养，也可以在家分散供养。农村五保供养标准可由各地政府根据当地实际情况确定，不得低于当地村民的平均生活水平，并要根据当地村民平均生活水平的提高适时调整。农村五保供养资金，在地方人民政府财政预算中安排。中央财政对财政困难地区的农村五保供养，在资金上给予适当补助。③

3. 农村特困户救济

农村特困户主要指因大病、重残等丧失劳动能力、造成生活常年困难的贫困对象。其与五保户不同之处在于，特困户救助从性质上具有标准低、阶段性的特点。获益形式既有现金支付也有实物提供。决定是否符合受益条件的收入和资产门槛，通常由本地决定。随着农村低保项目的推广，特困户救助目前已纳入低保制度中。2003年5月，民政部颁发了《关于进一步做好农村特困户救济工作的通知》，要求各级政府向农村特困户发放农村特困户救助证。截止到2007年年底，特困户救助的人数已经急剧下降到大约30万人。

4. 自然灾害救助

自然灾害是指人类依赖的自然界所发生的不以人的主观意志为转移的异常自然现象，即

---

① 见国家统计局网站数据.

② 整理自国务院于2007年7月发布的《关于在全国建立农村最低生活保障制度的通知》.

③ 整理自国务院于2006年通过的《农村五保供养工作条例》.

指由于自然异常变化造成的人员伤亡、财产损失、社会稳定、资源破坏等一系列事件。为了规范自然灾害救助工作，保障受灾人员的基本生活，2010 年 6 月 30 日国务院第 117 次常务会议通过《自然灾害救助条例》。

自然灾害救助工作遵循以人为本、政府主导、分级管理、社会互助、灾民自救的原则。实行各级人民政府行政领导负责制，村民委员会、居民委员会以及红十字会、慈善会和公募基金会等社会组织，依法协助人民政府开展自然灾害救助工作。国家鼓励和引导单位和个人参与自然灾害救助捐赠、志愿服务等活动。

自然灾害救助措施包括：①向社会发布规避自然灾害风险的警告，宣传避险常识和技能，提示公众做好自救互救准备；②开放应急避难场所，疏散、转移易受自然灾害危害的人员和财产，情况紧急时，实行有组织的避险转移；③加强对易受自然灾害危害的乡村、社区以及公共场所的安全保障；④责成民政等部门做好基本生活救助的准备。①

5. 农村医疗救助

农村医疗救助是指对没有参加以及没有能力参加新型农村合作医疗保险的，或者参加新型农村合作医疗保险后无力承担自己支付的部分的农村困难农民进行帮助的一种社会救助。根据 2002 年《中共中央、国务院关于进一步加强农村卫生工作的决定》和 2003 年《民政部、卫生部、财政部关于实施农村医疗救助的意见》的规定，我国目前农村医疗救助制度建设正处于初步探索阶段。

农村医疗救助的对象包括农村五保户、农村贫困户家庭成员，以及地方政府规定的其他符合条件的农村贫困农民。农村医疗救助制度应遵循以下原则：①因地制宜，量入为出；②政府主导，社会参与；③形式多样，多方救助；④属地管理，政府分级负责；⑤公开、公平、公正。农村医疗救助具体可以分为门诊医疗救助和住院医疗救助。救助方式分为政策减免、现金支付为主模式和政策减免、现金支付与服务照顾兼顾模式。农村医疗救助基金主要通过各级财政拨款和社会各界自愿捐助等多渠道筹集。

6. 农村教育救助

2006 年，西部地区首先实施农村义务教育经费保障机制改革，逐步将农村义务教育全面纳入公共财政保障范围，建立中央和地方分项目、按比例分担的农村义务教育保障机制。

自 2006 年我国在西部地区实施农村义务教育保障机制并且取得了显著成效以后，从 2007 年起国家对中东部农村义务教育阶段的农村学生全部免除学杂费，从四个方面对农村义务教育经费保障体制进行改革：①全部免除农村义务教育阶段学生的学杂费。对家庭贫困的孩子，国家免费提供教科书；对家庭贫困的寄宿生提供生活费的补助。免除学杂费的资金是由中央财政与地方财政按比例共同负担的。②同步提高农村中小学的公用经费的保障机制。③建立农村中小学校舍维修的长效机制。④进一步坚固和完善农村中小学教师工资的保障机制。中央财政对于中西部地区以及中部部分地区农村中小学教师工资经费给予补助，各地积极筹措资金，确保农村中小学教师工资能够按照规定的标准及时、足额发放。②

---

① 整理自 2010 年 6 月 30 日国务院通过的《自然灾害救助条例》.

② 中国网. 教育部介绍农村义务教育经费保障机制改革有关情况. http://www.china.com.cn/zhibo/2007-02/27/content_8785153.htm. [2013-10-20].

第三节　我国社会救助制度存在的问题

经过多年的积累与发展，我国已经基本上形成了以最低生活保障制度为主体，以农村五保供养制度、医疗救助、教育救助、住房救助等专项救助为补充的综合性救助体系。我国的社会救助体系的建设取得了很大的成就，但这并不意味着没有问题存在。在当前经济、社会转型增速的时期，我国的社会救助制度还存在着较多的问题，主要体现在以下方面。

一、价值理念滞后，专项法律规范缺失

作为指导思想，救助理念的落后造成了制度的停滞不前。对生活困难的社会弱势群体给予一定的帮助，以保障其基本的生活都是政府应尽的责任和义务。所以，只要符合救助标准的贫困群体就应得到国家的救助，但实际上，在我们社会生活的诸多领域中却存在着对社会弱势群体的排斥现象。比如，广大进城务工人员群体，他们为我国的城市化进程贡献了自己的全部力量，但他们在很多领域却没有被纳入社会救助体系。他们在遭遇疾病、失业、灾害等变故时，只能依靠个人的力量来解决遇到的问题。在就业、医疗、子女教育等很多的领域，他们不仅不能和城市人口一样具有平等的权利，相反，还受到诸多的排斥和挤压。

理念的滞后同样体现在与社会救助有关的法律规范的制定上。由于没有充分地认识到法律规范在社会救助制度的发展历程中所应起到的重要作用，所以我国制定的与社会救助有关的法律规范还非常少。即使是已经制定并颁布的一些法规，也是以行政性法规、规章和地方性规定居多，立法层次较低。到目前为止，我国还没有形成一部完整的《社会救助法》，社会救助法律体系建设亟待加强。由于没有明确的法律文件作指导，各地在制定救助的标准、范围、条件等方面存在较大的差异。同时，由于缺少有效的法律规范的约束，各地在具体实施社会救助制度的过程中，存在着较大的随意性。政策朝令夕改的现象时有发生，这非常不利于社会救助的制度化发展。

二、救助标准偏低，城乡差距较为明显

社会救助的资金筹集机制不合理，社会救助的资金大部分还是由地方财政负担，而很多地方政府的财政能力有限，因此，地方政府在制定救助的标准时，尽可能将救助的标准压低到较低的水平线。根据研究，全国很多地区的城市居民最低生活保障标准要比当地的实际贫困线低很多，一般只占实际贫困线的 79%，有的地区最低生活保障标准仅占实际贫困线的 54%。[①]

2012 年全国城市平均低保标准为每人每月 330.1 元，低保对象每月人均补助为 239.1 元，各级财政共支出城市低保资金 674.3 亿元；全国农村平均低保标准为每人每月 172.3 元，每月人均补助为 104 元。[②]随着社会的发展和物价上涨，这种偏低的救助水平已不能有效地支持贫困群体的基本生活，而且，城乡的补助差距较为明显。较低的社会救助水平和城乡二元的救助制度设计，在特殊的历史时期起到了积极的作用和效果，但是，随着我国经济的发展和城

① 洪大用. 2003. 城市居民最低生活保障标准的相关分析. 北京行政学院学报，(3)：25-28.

② 见国家统计局网站数据.

乡人口的流动逐渐频繁，这种救助格局已经严重影响到城乡的统筹和协调发展。

三、社会救助资金筹集机制不合理

政府作为社会救助的责任主体，是社会救助资金的主要来源对象，但是在各级政府机构中，我国更加强调的是地方政府的责任。比如，我国制定的《城市居民最低生活保障条例》规定：该项制度实行地方各级政府负责制，所需资金由地方政府列入财政预算。这样地方政府的低保审批权就与本地区的低保财政支出构成一种反比例关系，即审批的对象越多，制定的标准越高，则本地政府所负担的财政压力就越大。由于地方财政困难，在各个地区故意压低救助标准的现象普遍存在，而这不只是最低生活保障制度所独有的特点。

随着制度的发展，国家认识到地方政府在社会救助资金的筹集过程中承担了过重的压力，因此，中央政府自 2002 年以来逐年增加了社会救助的资金投入。然而，中央财政投入的增加却引发了新的问题，即地方政府开始过度依赖中央的投入，地方政府投入热情逐渐冷却。社保资金的投入成为中央政府与地方政府的一场博弈。社会救助资金的投入总量和财政投入方面的各级财政关系的混乱，已经严重地影响到了社会救助制度的发展。因此，建立合理的资金筹集机制，明确中央政府和地方政府的责任势在必行。

四、社会救助机制僵化，不能适应市场经济的多元变化

按照贫困的标准，我们可以将其划分为绝对贫困和相对贫困。绝对贫困是指收入难以维持最低限度的生活水平。相对贫困是相对于某一参考标准而言的一种生活状态。我国的社会救助是以绝对贫困线为基础来划定救助标准的，即只有收入水平低于当地绝对贫困线的居民才能得到政府的救助。政府救助的标准和水平是由相关的文件规定好的，受助家庭的生活方式和消费行为同样被政府按照最低的标准所“计划”好了。这种静态的救助模式容易产生这样一个问题：政府的投入没有减少，救助的标准没有降低，但受助家庭的生活水平却呈下降的趋势。造成这种后果的原因可能有很多，比如，物价上涨就是其中一个非常重要的影响因素。

自 2007 年以来，由猪肉价格的高涨而引发了生活必需品价格的全面上涨。这种高涨的物价，对贫困家庭来说几乎是灾难性的。生活来源没有明显的改善，相反，消费支出却大幅度地提高，由此，使他们本来已经捉襟见肘的生活显得更加难以为继。面对这种由市场不确定因素导致的弱势群体家庭生活更加困难的局面，我们的社会救助制度明显地缺乏有效的应对机制。尽管有的城市已经建立了低保标准的调整机制，但这种调整总是滞后于市场所带来的变化。由此可见，我国救助体系急需由静态救助模式朝动态的救助模式转变，以应对市场多元变化所带来的风险。

第四节　完善我国社会救助制度的对策

一、转变思想观念，完善法律体系，确保公民的受助权益

思想是行动的指南，只有切实转变社会救助的思想观念，才能推动制度向前发展。作为施助的主体，政府组织及其工作人员应切实转变对社会救助的认识。现代意义上的社会救助，

已不是政府临时性、同情性的慈善行为，而变成了一项基本性的制度安排。在处理具体的救助案例时，不能带有歧视性和敌对性的态度，更不能给受助群体贴“标签”，把他们归为社会的“异类”。作为受助者，同样需要转变自身的观念，要将受助看作自身的权利，而不是政府的施舍。

思想的转变是基础，制度的良好运行更需要法律规范的保障。这就需要我们尽快完善社会救助的法律体系，以确保公民的受助权益。以法律法规形式确认社会救助在社会保障体系中的基础性地位，确保国民的受助权益，规范社会救助的运作体系，是我国社会救助制度改革的当务之急。为此，我们急需制定《社会救助法》，从整体上来规范和协调社会救助制度的有序发展。令我们比较欣慰的是，政府也意识到了社会救助法缺失给制度发展所带来的不利影响，2008 年 8 月，国务院法制办公室公布了《中华人民共和国社会救助法（征求意见稿）》，标志着我国的社会救助法制化进程迈出了很重要的一步。

二、积极促进城乡统筹发展，实现城乡救助的一体化

城乡二元分割而治是国家根据社会经济的发展需要采取的一种发展策略，在这种时代背景下，社会救助制度的设置也被分解成城市救助和农村救助两个板块。这种偏重于城市发展的选择，为我国社会经济的发展做出了很大的贡献。但现如今，这种人为制造的城乡差别模式已经不适应时代的发展要求，因为我们已经进入城市反哺农村、城乡统筹发展的阶段。缩小城乡差别、消灭城乡差距是我们发展社会主义现代化的重要目标。作为社会政策的重要组成部分的社会救助也应尽快实现城乡统筹的发展。

加速社会救助制度的一体化发展，就需要整合现有的救助制度，使其面向城乡的所有居民。针对目前很多农村救助制度落后于城市的现状，应该加快低保、医保救助以及住房等专项救助在农村的推广与普及。但鉴于中国农村和城市的经济发展差距，在具体的救助标准、救助水平等方面不可能做到完全一致。相对一致的实现还是有很大的可能性的。此外，还需要进一步优化社会救助运行的外部环境，即消除城乡户籍制度的阻隔，改变制度与户籍相挂钩的局面，从而推动城乡一体化救助的发展。

三、明确中央和地方政府的责任，建立合理的财政分担机制

对生活困难的民众进行一定的救助，是建立在人权基础上的一项基本制度设计，因此，救助的责任主体自然是政府。救助所需要的资金自然是来自政府的财政拨款，但对各级政府在资金筹集体系中所应承担多大的责任，各国有着不同的标准。有的国家全部由中央政府承担救助费用，像英国；有的则是由中央政府和地方政府共同承担，如荷兰。我国则是第三种模式，即地方政府责任模式。

我国的社会救助资金由各地方政府自行筹集，中央财政对困难地区给予适当的补贴。在这种资金筹集模式下产生了诸多的问题。在我国，各地方政府的财政状况基本都比较困难，因此，给制度的运行增加了很多不确定性的因素。在我国分税制的体系下，如何合理地划分各级政府的责任就显得尤为重要。就目前我国的社会经济发展水平来说，中央政府完全有能力承担更多的责任。所以，中央政府应该加大财政转移支付的力度，在各项救助体系中，增加财政责任的承担比例。

四、适应市场多元变化，建立动态救助模式

我国的社会救助制度在确定受助的资格线时，采用的是绝对贫困的方式。受助的标准也是由各地方政府统一划定的，也就是说，受助群体能够从政府得到多少救助是固定的。这种救助方式容易产生一个潜在的“陷阱”。政府的补助没有减少，但由于其他方面的影响因素，受助群体的生活水准却呈现下降的趋势。为此，我们需要建立一种动态的救助模式。

所谓的动态救助模式，就是救助的水平和标准不能固化，应该随着市场的多元变化而进行灵活的调整。随着国民经济的发展和物价的大幅度上涨，我们应该定期提高救助的水平，以保障受助群体的生活水平。另外，针对物价的高速上涨，还可以采用临时性的专项补助等方式，对弱势群体进行暂时性的补助。考虑到救助制度的动态调整会增加制度的运行成本，我们还可以采用基本救助标准不变，给受助家庭发放临时性补助的方式，来帮助贫困家庭缓解因物价上涨等不确定因素给他们造成的生活压力。

HAPTER 14

第十四章　中国农村社会保障

[内容摘要]

本章全面阐述了中国农村社会保障的主要内容，阐述了我国农村社会保障体系构成，并且选择了农村合作医疗保险、农村社会养老保险、农村最低生活保障这三个具有代表性的内容来论述我国农村社会保障体系，以及我国农村合作医疗保险、农村社会养老保险、农村最低生活保障存在的主要问题和改进的方向。

[学习要点]

（1）我国农村社会保障体系构成。

（2）农村合作医疗保险、农村社会养老保险、农村最低生活保障存在的问题。

（3）农村合作医疗保险、农村社会养老保险、农村最低生活保障改进的方向。

1996年3月，全国人大八届四次会议批准的《中华人民共和国国民经济和社会发展“九五”计划和2010年远景目标纲要》中明确提出，在我国要建立社会保险（失业、医疗、工伤、养老）、社会救济（包括最低生活保障）、社会福利、社会安置和社会互助、个人储蓄积累保障相结合的多层次社会保障制度。我国农村社会保障体系包括社会保险、社会救济、社会福利、优抚安置和补充保障。社会养老保险是社会保障制度的重要组成部分，是社会保险五大险种中最重要的险种之一。农村社会养老保险制度是指国家和社会按照一定的法律法规，对农村居民，由国家、不同的农村集体组织以及农民个人，根据规定的标准缴纳的保险费前提下，达到国家规定的解除劳动义务年龄或丧失劳动能力退出劳动岗位，享受基本养老保险待遇，以确保农村老年居民基本生活需要的一种重要的社会保险制度①。新农村合作医疗制度的实施改变了农民没有任何医疗保障的状况，给农民解决了医疗保障问题，解除了生活的后顾之忧，实施几年来，大大改善了农民的就医条件，提高了农民的健康水平和生活质量，得到农民的拥护和支持。但是不管是农村养老保险、农村合作医疗还是农村最低生活保障，纵观其发展历程，探究现在的发展状况，我们就能找到存在问题的原因，提出改进的建议。

第一节 中国农村合作医疗

一、农村合作医疗的发展历程

《国务院办公厅转发卫生部等部门关于建立新型农村合作医疗制度意见的通知》(国办发〔2003〕3 号）中指出：“新型农村合作医疗制度（以下简称新农合）是由政府组织、引导、支持，农民自愿参加，个人、集体和政府多方筹资，以大病统筹为主的农民医疗互助共济制度。”首先我们纵观新农合的发展历程。

1. 农村合作医疗制度的萌芽期（1938~1954年）②

1938年，陕甘宁边区创办“保健药社”，1939 年成立“卫生合作社”，也叫医药合作社，是我国农村合作医疗制度的萌芽。1944 年边区政府委托大众合作社办理农村合作医疗。当时的农村合作医疗是民办公助的医疗机构，它由“保健药社”和大众合作社共同投资建立，并且吸纳了私人和团体的股金，同时获得了政府赠送的部分药材。1946 年，这样的卫生合作社数量已经达到43个。这些具有互助共济特点的合作性的医疗卫生制度是典型的集资医疗的形式，是中国农村医疗保障的雏形。

2. 农村合作医疗制度的初期（1955~1957年）

我国正式的农村合作医疗保障制度出现在农村合作化高潮时期。1955 年年初，山西省高平县米山乡建立了第一个卫生医疗保健站是农村合作医疗制度建立的标志，其作用是让农民“无病时早防，有病时早治，在省工省钱的同时做到了方便、快捷、可靠”。基本做法是：根据自愿的原则，农民每人每年缴纳2角钱的“保健费”，就可免费享受保健服务，治疗免收挂号、出诊等费用；保健站坚持预防为主，巡回医疗。毛主席称赞合作医疗“是医疗战线上的一场大革命”，“解决了农村群众看不起病、买不起药的困难”，“值得在全国推广”。③ 1956 年

① 王柄钱. 2013. 农村新型社会养老保险制度研究. 浙江海洋学院硕士学位论文.

② 乔益洁. 2004. 中国农村合作医疗制度的历史变迁. 青海社会科学, 5 (3)：65-67，40.

③ 赵曼. 2009. 中国医疗保险制度改革回顾与展望. 湖北社会科学, (7)：42-46.

6 月 30 日，全国人大一届三次会议通过了《高级农业生产合作社示范章程》，从法律层面上保障了农村社会成员“病有所医”的权利，明确了集体在农村医疗保障中的责任。

3. 农村合作医疗制度的发展期（1958~1965 年）

1958 年，即“人民公社化”运动时期，合作医疗得到较快的发展。到 1959 年 11 月，农村合作医疗制度的形式得到卫生部的肯定，促进了合作医疗的兴起和发展。1960 年，中央转发《关于农村卫生工作现场会议的报告》，把农村合作医疗制度称为医疗保健制度。当时，全国各地积极响应，实施的效果良好。

4. 农村合作医疗制度的高潮期（1965~1980 年）

1965 年 6 月，毛泽东主席做出“把医疗卫生工作的重点放到农村去”的重要指示。1966 年 12 月，毛泽东主席批复了湖北省长阳县乐园公社的合作医疗经验，随后全国农村掀起了实行农村合作医疗制度的高潮。据世界银行报告，当时，中国用全国 20%的卫生总费用，解决了占全国总人口 80% 的农村人口的医疗卫生保健问题。一年后，国家发布了《农村合作医疗章程》试行草案，对农村合作医疗制度进行了进一步规范。到 1980 年，有 90%的行政村实行农村合作医疗保健制度，20 世纪 80 年代初，农村合作医疗制度被世界卫生组织誉为“发展中国家解决卫生经费的唯一范例”。①

5. 农村合作医疗制度的衰退期（1981~1990 年）

家庭联产承包责任制实行后，农村集体经济逐步解体，农村合作医疗失去了经济基础。政府对合作医疗的资助和管理力度逐渐减弱。国家财税体制的系列改革使政府的财权上移，事权下移，很多乡镇政府财政陷入困境，无法为公共医疗保障提供供给。村里的卫生室大多被个人承包变为私人诊所。到最后，还继续合作医疗的行政村仅占全国行政村总数的 4.8%。农民又重新开始自己拿钱看病。2000 年世界卫生组织对 191 个成员国卫生筹资和公平性进行评估，中国列 188 位，倒数第 4 位。由于医疗产品和服务逐步市场化，医疗费用逐年提高，逐渐导致农民到了“看不起病、买不起药”的境况，农民因病致贫、因病返贫现象比较严重。

6. 农村合作医疗制度的恢复与重建期（1991~2002 年）

进入 20 世纪 90 年代后，我国政府提出“恢复与重建”农村合作医疗制度，但一直进展缓慢。1991 年 1 月，国务院批转了“关于改革和加强农村医疗卫生工作的请示”，提出要稳步推行农村合作医疗保健制度。1994 年，开始在全国的 7 个省份 14 个县进行新农合的试点工作。1997 年 5 月，国务院批转了卫生部等部门提交的《关于发展和完善农村合作医疗的若干意见》，积极推动农村合作医疗制度的恢复和发展。但是这次的恢复和重建工作一直进展缓慢，并没有取得预期效果。

7. 合作医疗制度的创新期（2002 年至今）

2002 年 10 月，《关于进一步加强农村卫生工作的决定》颁布，我国农村合作医疗制度再次兴起。2003 年 1 月，《关于建立新型农村合作医疗制度的意见》中明确规定：自 2003 年起，各省、自治区、直辖市至少要选择两到三个县市试点，然后逐步推广；直到 2010 年，在全国基本实现覆盖新农合。新型农村合作医疗由政府组织、引导、支持，农民自愿参加，个人、集体和政府多方筹资，以大病统筹为主，门诊为辅。由于国家高度重视，政府提供大量的资金支持，这次的合作医疗工作进展较快，可以看到一组这样的数据：2005 年的覆盖率

① 数据引自中国农村卫生协会网站.

为 75.20 %；2006 年的覆盖率为 75.66%；2007 年的覆盖率为 80.66 %；2008 年的覆盖率达到 86.20%；2009 年的覆盖率达 91.50%。2010 年的覆盖率为 96%，2011 年的覆盖率已达到 97.5%。

2012 年 3 月 14 日，国务院印发了《“十二五”期间深化医药卫生体制改革规划暨实施方案》，明确提出要提高基本医疗保障水平，并提出到 2015 年，政府对新农合的补助标准提高到每人每年 360 元以上，个人缴费水平也相应提高，逐步探索建立与经济发展水平相适应的筹资机制。另外，新农合政策范围内住院费用支付比例达到 75%左右，缩小与实际住院费用支付比例之间的差距；进一步提高最高支付限额。新农合门诊覆盖所有统筹地区，支付比例提高。

二、新型农村合作医疗的现状和存在的问题

（一）参合农民对新农合的认知不足，缺乏权利意识，且未达到全覆盖的目标

王兰芳等利用抽样调查的实证方法，研究江苏省新型农村合作医疗对农民产生的影响。调查发现，江苏省新型农村合作医疗对农民的医疗支出、家庭消费及储蓄、农民家庭经济状况、健康状况等所产生的影响并不明显。其原因是农民对新型农村合作医疗的认知、态度与政府的预期及发布的信息也存在一定差距。[①]梁硕轩开展了农民对新农合的满意度调查[②]，其中有一项是农民参合率，如表 14-1 所示。

从表 14-1 中我们可以知道，新农合的参与率达到了 95.1%，而那些未参加新型的农村合作医疗的农民的比率也有 4.7%，我们应当仔细、全面地找出原因，提高其对新农合的认识。

表 14-1 农民参合率

参加的医疗保障	人数（比重/%）
新农合	400（95.1）
商业保险	46（10.7）
新农合与商业保险	46（10.7）
没参加	21（4.7）

（二）基层医疗机构服务人员待遇低，影响基层医疗服务质量

实行国家基本药物制度， 推行药物零差价政策的主要目的是阻止“以药养医”现象，减轻参合农民的负担，引导人们合理利用医疗资源。就目前的研究，对药物零差价政策的评价并不如想象中高。孙强等通过调查发现，新农合数据从整体表明，基本药物政策的实施使到乡镇卫生院就医的农民获得了实惠，似乎是实现了政策设计的“降低患者医疗费用负担”的目标，但乡镇卫生院反而出现门诊和住院人次下降的现象。也有不少研究提出基本药物制度的实行，降低了基层医疗服务机构人员的收入，也挫伤了其工作积极性。

① 王兰芳， 孟令杰， 徐芳. 2007. 新型农村合作医疗对农民影响的实证研究——以江苏的调查为例. 农业经济问题，(7)：32-35.

② 梁硕轩. 2003. 新型农村合作医疗参合农民满意度评价及影响因素研究. 河北经贸大学硕士学位论文.

（三）政府在资金、管理方面有待提高

首先，新农合的管理体系不健全。组织的管理体系不能适应新农合的发展已经是新农合制度实施过程中的突出问题。黄磊[①]在探究崇明县新型农村合作医疗制度的现状时，得出政府的问题和矛盾体现在管办人员的人事问题、卫生部门角色不清晰的问题、基层资源不足的问题、农民居住分散导致成本过高的问题、医疗机构管理混乱，等等。周晓颖[②]提出新农合制度筹资困难，运转成本高。收缴工作的繁重和报销程序的烦琐增加了制度运行成本。目前新农合在基层的推广面和资金收缴工作多采取干部挨家挨户宣传和收缴的方式，每年在农民“参合”费用的收缴、人员信息登计上，都要耗费大量的人力、财力和时间，乡镇、村街和卫生部门工作量很大。现行新型农村合作医疗基金中用于门诊消费的家庭账户基金，数额小、涉及面广，又需进行身份识别，管理成本高，惠农力度小，而群众意见较大，这与农民本身对新农合的信任危机形成恶性循环，加重了筹资困难和运转成本高的困难局面，亟须探索出简易、低成本和受农民欢迎的运转方式。

其次，资金匮乏问题始终是新农合的核心问题。平新乔[③]探究农村医疗的融资机制，得出以下结论：①中国财政对卫生的公共支出占全国卫生总支出的比率，已到了世界最低行列；占中国人口 80%的农民在非公共卫生支出中只占不到 20%；中国西部的农民的医疗卫生负担与东、中部农民相比，呈累退趋势，即越穷负担越重。②中国农村居民对医疗价格与药品价格的弹性为负，卫生支出对收入的弹性为正，因此，引入保险机制与财政补贴，会产生医药开支的膨胀，膨胀系数为 0.863；中国西部农民对医疗服务价格的需求弹性显著为负，且小于–1，中国东部农民对药品价格的需求弹性显著为负，且小于–11，在补助医还是补助药上，西部与东部应该采用不同的融资方式。计量结果表明，西部农民的看病、买药决策显著取决于收入水平；而在东部地区，这一关系不显著，收入政策在西部仍有较大发展空间。③财政支出在东部已经起到了降低农民医疗负担的功效；而在西部农村，则尚无这方面的效果。若由政府全部负担农民医疗开支，则负担规模会达到 1500 亿元/年。政府若改农业税为农村医疗社会保障基金，则靠农业税目前的规模，在考虑到医疗保障会产生的医疗支出膨胀的前提下，仍能使医疗费的报销率达到 42%。

三、对新农合的建议和展望

（一）提高农民对新农合的满意程度

梁硕轩[④]通过问卷调查和个案访问的方法，得到参合农民对现行新农合的满意度评价，具体如表 14-2 所示。

数据显示，在总体水平上，超过 60%的农民对新农合表示满意，仅有 25%的农民表示比较不满意或不满意。详细而言，在所交费用方面，大部分农民能够接受所交费用的水平。在起付线、报销封顶线方面，有 60.6%的农民表示不满意，因此，提高参合农民对新型的农村合作医疗的满意度应着重从规范药品价格竞争、规范报销药品种类及改善报销起付线与封顶

---

① 黄磊. 2013. 发达地区新型农村合作医疗制度现状及发展研究. 华东理工大学硕士学位论文.
② 周晓颖. 2011. 论我国新型农村合作医疗面临的问题和对策. 现代商业，(2)：18-23.
③ 平新乔. 2003. 从中国农民医疗保健支出行为看农村医疗保健融资机制的选择. 管理世界，(11)：25-29.
④ 梁硕轩. 2013. 新型农村合作医疗参合农民满意度评价及影响因素研究. 河北经贸大学硕士学位论文.

线入手，使参合农民真正从新农合制度上获得实实在在的经济收益。在报销比例方面，也有30.1%的农民表示不满意，在实践中，在省市级医院花钱最多，可是报销不多，帮助不大；在乡镇卫生院看的都是小病，治得起，反而报销较多。因此，应着手修改报销比例，使得新农合发挥其真正的作用。

表 14-2　农民对新农合满意度评价　　单位：%

项目	非常满意	较满意	一般满意	较不满意	不满意
总体水平	10.3	29.5	21.4	22.1	3.4
所缴费用	20.8	47.9	10.6	10.3	8.4
起付线、报销封顶线	4	25	10.4	25.4	35.2
报销比例	12.4	23.1	34.4	10.3	19.8
补偿方式	13.3	20.4	34.2	20.4	11.7
报销药品种类、价格	10.1	16.3	12.5	26.1	35

（二）政府应加大支持力度、开拓筹资渠道

首先，目前在新农合的筹资、管理、补偿等环节都没有一个完善的法律来规范运作，新农合制度的实施是各地在自由发挥的情况下运行的，没有法律作保障，新农合基金安全和农民参合资金的筹集等事宜都将无法保障。故应实现新农合实施有法律的保障。其次，在资金的筹集、管理和利用方面，有学者有不同的观点：宋凤轩和谷彦芳[①]以如何增强制度的合理性和可得性，以尽快建立起覆盖全体农民的医疗保障体系和如何实现制度的可持续性，以建立起一种保障农民身体健康的长效机制为目标，提出应侧重于政府职能的转变，认为政府不仅应当加大转移性支付，也应当注重服务水平的提高，真正实现由“经济建设型政府”朝“公共服务型政府”的转变。张岩松[②]从财政的角度进行阐述，他认为筹资水平的提高，一方面要靠中央财政的稳定支持，另一方面更要靠地方财政的合理统筹。

（三）关于新农合的改革

新农合的改革主要包括组织管理的科学化和新型农村合作医疗保险的改革。首先，应加强农村“四个体系”改革，促进新型农村合作医疗制度体系的建设，以达到组织管理的科学化：①改变乡村卫生机构单一的公有制的产权结构，实行多元化，调动各方面的积极性。②改革农村卫生服务组织的管理体制，大力推进农村县、乡、村三级农村卫生服务网建设，使三级医疗卫生服务网络进一步完善。加强县级卫生行政部门对乡镇卫生院的管理，进行机构合并与调整，乡镇医疗机构的技术服务向村延伸。③卫生行政部门要合理规划县、乡、村医疗卫生机构的功能定位，使其在农村医疗保障中发挥重要的作用，做到医疗服务和卫生保健协调发展。④提高医护人员素质和医疗服务水平，加强基层卫生人员培训，加大城市卫生支农工作力度。⑤县级卫生行政部门要合理确定农村医疗保障定点医疗服务机构，制定和完善诊疗规范，实行双向转诊制度，切实加强监督，严格控制医疗收费标准，不断提高医疗服

---

① 宋凤轩， 谷彦芳. 2008. 建立可持续发展的新农合制度的政策建议. 中国卫生事业管理，（3）: 188-190.

② 丁学东，张岩松. 2007. 公共财政覆盖农村的理论和实践. 管理世界，（10）: 47-50.

务质量，向农民提供合理、有效、质优、价廉的医疗卫生服务。⑥完善农村基层卫生机构内部运行机制，改革人事制度，精简人员，调整结构，提高素质；改革分配制度，人员收入与其水平、态度和贡献挂钩，建立内部激励机制。⑦控制药品收入比重，促进农村药品供应网络的建设，逐步推行农村卫生机构药品集中采购，制定乡村医生基本用药目录，规范用药行为。⑧完善公共卫生体系，加大公共卫生投入力度。[①]其次，杜金亮[②]通过商业保险机构参与新型农村合作医疗保险的可行性分析，得出结论，商业保险参与新型农村合作医疗保险是新农合改革的新视角，并以江阴模式、宜兴模式、湛江模式等试验成功的案例加以证明。曲绍旭[③]通过对中国农村社会保险的多元 logistic 回归分析发现，在新型农村养老保险方面，未来养老问题与养老金领取年龄的规定与新农保的制度评价呈显著正相关；在新型农村合作医疗方面，建立医疗保险专有账户与新农合的发展有较大关联性，故提出需要在商业化养老保险的介入，医疗保险专有账户的建立以及特殊社会保险的实施等方面完善农村的社会保险制度。杨国平[④]用公共经济学的理论来思考新农合的问题，他认为在新农合传统的供（政府与公立医疗机构）、需（参合农村住户）体系中，缺乏重要的“第三方”，即商业保险机构的介入。而当所谓的“第三方”介入后，新农合的可持续发展问题将发生质变，对于政府职能、市场机制、逆向选择等问题，则需重新考虑。

第二节　农村社会养老保险制度

一、农村社会养老保险制度理论

农村社会养老保险制度是基于我国二元农村经济社会结构的情况，结合众多农民的实际需要，以政府的财政经济扶持为亮点，确保社会公平的一个新的社会养老制度发展方向，它包括制度所覆盖的广泛群体，符合缴纳年龄的纯务农人员；包含了保险的金额标准，保障农民的基本生活需求，根据各个地方的实际情况和财政能力以及农民自己的经济收入情况来制定，不少于当地农村最低生活保障水平，并设置一个集体账户，可以根据生活中的通货膨胀，申请国家给予适当补助；也包含了资金的筹资模式，是由国家、集体和个人三方面筹资的方式。2009 年 9 月 1 日，国务院颁布了《关于开展新型农村社会养老保险试点的指导意见》(以下简称新农保)。“新农保”制度克服了“老农保”中参保对象缴费水平低、无政府补贴等缺陷，实行“个人缴费、集体补助、政府补贴”相结合，是符合中国农村情况的一种较为完善的社会养老保险制度。它具有保基本、广覆盖、有弹性、可持续等特点，因此受到了广大农民的欢迎，实施效果较为明显。据人力资源和社会保障部的统计资料显示，截至 2011 年 6 月，全国试点地区参加新农保的人数达到 1.99 亿人，有 5408 万人领取了基础养老金，其中北京、浙江、江苏、宁夏、西藏等 9 个省区实现新农保制度的全覆盖。[⑤]

---

① 杨国平. 2008. 中国新型农村合作医疗制度可持续发展研究. 复旦大学硕士学位论文.

② 杜金亮. 2013. 新型农村合作医疗保险问题研究. 中南林业科技大学硕士学位论文.

③ 曲绍旭. 2013. 城乡社会保障统筹制度的实证研究——基于农村社会保险的多元logistic回归分析. 中国经济问题，(6)：13-19.

④ 杨国平. 2008. 中国新型农村合作医疗制度可持续发展研究. 复旦大学硕士学位论文.

⑤ 苏保忠. 2009. 中国农村养老问题研究. 北京：清华大学出版社：60-61.

二、农村社会养老保险制度的现状及问题

新型农村社会养老保险是指国家以立法的形式，对符合缴费年龄要求的纯务农人员，规定由国家、所在农村集体组织（包括农村集体经济组织、乡镇企业等企业和机构）和农民自己根据国家规定的一定比例缴纳养老保险费用，建立个人账户和集体账户，来解决达到国家规定的农村劳动人员，或因年迈丧失劳动能力不再从事劳动后，可领取与以前缴纳保险相对应，且随着生活水平的提高而增加的养老保障金，以保证农村老年化居民的基本生活要求的一种良性社会养老保险制度。[①]表 14-3 为新农保历年发展状况表。

表 14-3 新农保历年发展状况表

年份	参保人数/万人	领取养老金人数/万人	收入/亿元	全年支付养老金/亿元	累积结余/亿元
2007	5 171	392	—	40	412
2008	5 595	512	—	56.8	499
2009	8 691	1 556	—	76	681
2010	10 277	2 863	453	200	423
2011	32 643	8525	1 070	588	1 199

资料来源：2007~2011 年劳动和社会保障事业发展统计公报

从表 14-3 中可以看出：①2007 年参保人数为 5171 万人，领取养老金的人数为 392 万人；到 2011 年参保人数达到 32 643 万人，增加了 6.3 倍，领取养老金的人数也达到了 8525 万人。新农保的覆盖率越来越高。②全年支付养老金从 2007 年的 40 亿元，经过五年的增长，达到了 588 亿元。这说明农民们逐渐接受新农保，但是依旧存在很多问题。

（一）农民参保意愿和积极性不高

我国农民受传统家庭观念影响，养儿防老的思想根深蒂固，家庭养老模式依旧是养老的主要方式，所以很多农民无法真正认识到养老保险的作用，也可能是由于新型农村养老保险的宣传不到位，只是局限于电视、报刊、散发宣传资料、挨家挨户访问等形式，因此农民参加新农保的意愿并没有预想的强烈。

（二）农民的缴费水平低，给付水平也低

新农保的缴费分为 5 个档次：每年缴费 100 元、200 元、300 元、400 元、500 元，由农民根据自己的经济承受能力采取自愿选择的原则选择自己的缴费档次，然后集体补助、政府补贴，政府最低补贴每年 30 元。最少缴费 15 年之后，农民在 60 岁之后可以领取养老保险金，每月领取的金额是个人账户中每月可以领取的钱与政府补贴的基础养老金之和，基础养老金每月最少是 55 元，个人账户总额除以 139 个月就是个人账户中个人每月可以领取的金额。即按照新农保计算方法，60 岁之后个人可以领取的养老金是个人账户积累额除以 139 个月，再加上基础养老金。个人账户积累额是至少 15 年的个人缴费总额和政府补贴和相应的存款利息以及可能的集体补贴之和。新型农村养老保险还没有取得老百姓的普遍认同，没有深入人心

① 邱云生. 2011. 政府在新型农村养老保险机制构建中的角色定位. 农村经济，（6）: 68-71.

和真正意义上的认知，使得农民们谨慎选择养老的方式，故参保农民普遍选择较低的 100 元档次缴费，使得养老保险的缴费收入很低，这样，在农民 60 岁的时候，其给付水平就会很低。

（三）新农保基金的保值增值问题

简单来说，国家规定，保险基金只能由县级农村社会养老保险机构在指定的专业银行建立农村养老保险的基金专户，进行专账专管，专款专用。基金的保值增值渠道单一，保险基金只能用于购买国债或者进行银行储蓄，不能够进行其他的投资，但国债收益和银行利率较低，收益远远赶不上通货膨胀率的上升，因此导致给付水平不高，后期工作困难等。李香允[①]在北京的调查发现，经过试点探索、政策调整和城乡并轨后，农村社会养老保险参保率及养老金待遇水平较高；但在调整个人账户养老金计发月数、增设年限养老金、提高养老基金存款利率水平、拓宽投资渠道等方面，还有待进一步的完善。

（四）基层组织管理工作的问题

现阶段所拥有的工作人员不足于保障新农保工作的良好运行。加上基层新农保的办公基础设施不齐全，网络信息技术不健全，而且新农保信息系统设计中还存在一些问题，制约着新农保制度的迅速发展。

（五）新农保没有与城镇职工养老保险衔接起来[②]

城乡经济二元化，导致我国各项政策都将城乡之间区别开来，社会养老保险也是一样。从模式上来讲，城镇社会养老保险的保障对象是城镇劳动者，其养老保险费的缴纳是由政府、企业、个人三方出资，同时还具有法律强制性。而农村社会养老保险则主要是由个人出资为主，政府给予适当补贴和政策支持，完全遵循自愿参保的原则进行。可以发现，农村社会养老保险缺乏稳定性，始终存在一定的风险隐患，这对农民来说显得很不公平。

（六）人口老龄化的加剧

以广东省为例，广东省人口老龄化呈现出来的特点有：①人口老龄化速度相对缓慢，老龄化进程起伏明显。也就是说，大量年轻化的外来务工流动人口涌向广东，最终弱化了广东省的老年人口比重，使得老龄化速度相对其他城市缓慢。根据各地区第六次人口普查 65 岁及以上老年人口比重数据可以看出，广东省 65 岁及以上老年人口比重在 1982 年为 5.46%，1990 为 5.93%，2000 年为 6.17%，2005 年迅速上升到 7.41%，而 2010 年又下降到 6. 75%，但 2011 年又小幅回升至 6.80%。广东省的老龄化趋势基本与全国一致，但又有其自身特点，老龄化进程起伏较为明显。②广东省人口老龄化分布地区不均。③广东省老龄化水平城乡倒置，具体讲，在人口老龄化水平方面，城市一般高于乡村，但是广东省的情况却相反，广东省农村的老年人口比重要高于城市，农村的老年化问题更为严重。故老龄化的加剧，使得人数众多的农村老年人的养老保险成为一个较大的问题。[③]

---

① 李香允. 2012. 农村社会养老保险政策分析及对策建议——基于北京市农村养老保险制度改革的调查研究. 农村经济，(3): 45-49.

② 郁苗. 2013. 浅谈我国农村社会养老保险存在的问题和对策. 今日中国论坛，(17): 196.

③ 谢超颖. 2013. 基于人口年龄结构的农村老年人养老保障问题研究. 陕西师范大学硕士学位论文.

三、农村养老保险制度的建议和展望

（一）提高农民对新农保的认知程度

梁艳华等[①]分析新型农村保险发展初期存在的问题，提出以下建议：加大宣传力度，转变农民养儿防老的传统养老观念，家庭养老模式是我国社会保障的一个重要部分，但是以下原因使这种模式正逐渐弱化：第一，我国实施了计划生育基本国策几十年，使得农村以户为单位的单元人口越来越少，这种家庭小型化并且主要围绕孩子为中心的趋势越来越明显。第二，改革开放以来，我们跟外界的交流越来越多，传统的关于赡养老年人的道德约束跟社会舆论谴责越来越弱化，人们更倾向于关注自身的事情。第三，也是最具有时代特点的一点是，我国的经济水平有了很大的发展，社会在飞速的进步，这就带来了城市化与工业化，工业占用农业，有更多的农村青壮年外出务工，空巢老人及空巢家庭随即出现，而且在不断增多。以上三个方面的原因都对农村家庭养老模式提出了挑战。

（二）政府应提供大力支持

政府的支持体现在资金、管理等方面。第一，新农保的组织机构的管理科学化，目前的组织机构建设难以满足新农保的发展，应加快组织机构的管理建设，实现新农保工作的信息化和专业化，实现新农保制度与其他养老保险制度接续。第二，拓宽新农保资金的来源，例如，参保农民实行缴费激励和补贴增长的政策。王柄钱[②]针对河南省的新型农村社会养老保险制度提出，应根据河南省农村经济和社会发展的实际情况，依据河南省的实际财政能力、农民缴费能力、当地消费水平，根据平均生命和保险精算原则确定个人账户养老金缴费标准，以建立一个政府、集体和个人的资金来源方式灵活化、缴费渠道多样化、三方筹资的制度。第三，积极寻找基金保值增值的途径。保证农保基金的安全性和流动性是实现基金管理工作的首要任务，其次实现基金保值增值则是农保制度实现可持续发展的关键。因此要加快农保基金的省级统筹规划步伐，由于省级统筹具有信息灵、专业人才多、投资面广等特点，这都有利于发挥基金效益，实现基金的可持续发展。

（三）应对人口老龄化带来的副作用——制度的创新

人口老龄化对农村养老保险制度的影响主要体现在农村社会养老保险政策的制度设计过程中。中国农村社会养老保险制度经历了一段相当长的形成及完善过程。在计划经济时期，基于当时较低经济水平的五保制度（农村地区对无劳动能力、生活无保障的成员实行的包括保吃、保穿、保烧、保教、保葬等五个方面的社会保险）是中国家庭保障制度的一种补充。却是非常重要的一种社会保障制度。它对安定社会秩序，保障社会最贫困群体的基本生存发挥了巨大作用。20 世纪 90 年代以来，随着中国改革开放，经济建设在深度推进过程中农村出现不同于计划经济时期的新情况、新问题。1992 年 1 月 3 日受国务院委托，民政部办公厅制定了县级农村社会养老保险基本方案试行（简称为老农保）。该方案确定了农村社会养老保险制度的一些基本原则：一是从农村生产力水平较低的实际出发，以保障老年人基本生活为目的。二是坚持资金个人缴纳为主，集体补助为辅，国家予以政策扶持，实行储备积累的形

---

① 梁艳华，吴国强. 2012. 新型农村养老保险制度存在的问题及措施建议. 四川省干部函授学院学报，(4)：35-36.

② 王柄钱. 2013. 农村新型社会养老保险制度研究. 浙江海洋学院硕士学位论文.

式，并根据积累的资金总额和预期的平均领取年限领取养老金。三是坚持自助为主，互济为辅。四是坚持社会养老保险与家庭养老相结合。五是坚持农村务农、务工 、经商等各类人员社会养老保险制度一体化的方向，由点到面，逐步发展。2009 年 9 月 1 日，国务院颁布了《关于开展新型农村社会养老保险试点的指导意见》,在总结开展老农保经验教训的基础上，结合社会经济发展的实际情况，开展新型农村社会养老保险的试点工作。《指导意见》规定农村社会养老保险的具体办法由各试点地结合各地实际情况自行制订并对参保农民实行属地化管理。

以广东省为例，根据国家关于建立农村社会保险制度的基本指导思想，广东省于 2009 年 11 月 2 日印发《广东省新型农村社会养老保险试点实施办法》, 其目标是探索建立以社会统筹与个人账户相结合为基本制度模式，个人缴费、集体补助、政府补贴相结合的新农保制度，并与家庭养老、土地保障相配套，与城镇职工基本养老保险制度相衔接，切实保障农村居民老年基本生活，并按照国家的统一安排，2009 年在全省 10%的县（市、区）开展试点，以后逐步扩大试点，2020 年以前基本实现全覆盖。这样新农保政策就从制度上解决了集体补助、国家政策支持难以落实的窘况，极大地调动了广大农民参加新农保的积极性。制度的创新体现在 2013 年广东省政府发布《关于印发〈广东省城乡居民社会养老保险实施办法〉的通知》，广东新型农村社会养老保险（新农保）和城镇居民养老保险（城居保）将合二为一，缴费标准有所提高，其中个人缴费最低标准由原来的每年 100 元提高到 120 元，缴费档次分为 10 个。待遇方面，基础养老金为每人每月 65 元，比过去提高 10 元。

第三节 农村最低生活保障制度

一、农村最低生活保障制度的理论

农村最低生活保障制度（以下简称为农村低保制度）是对年收入低于最低生活保障标准的贫困人口，按最低生活标准实行定期差额补助的一种制度安排。该制度是在农村特困群众定期定量生活救济制度基础上逐步发展和完善的一项规范化的社会救助制度。[①]长期以来，受理念、经济、城乡二元管理模式等多种因素的影响，我国的农村低保制度一直没有实现较好的发展，甚至在很长一段时间内还处于停滞不前的窘境。20 世纪 90 年代中期以后，随着国外立法案例的引入和具体制度的传入，加之国人对我国农村社会保障制度的反思，越来越多的人开始在理论、立法、执法、区域性差异等方面密切关注农村低保制度的建设与完善，我国农村低保制度开始进入制度化、规范化、科学化的发展轨道。[②]

（一）农村最低生活保障的发展历程

农村低保制度的建立与发展经历了四个时期。第一个时期为准空白期（即新中国成立初期至 1978 年）。基于新中国成立初期的历史背景，农村低保制度在制度层面上实属空白。但

① 焦克源，张婷. 2011. 农村低保制度实践的异化及其矫正——基于西北农村低保制度实践的调研. 云南社会科学，(5)：113-117.

② 胡永飞. 2011. 农村最低生活保障制度的缺陷及改进对策——以陕西省志丹县某乡为例. 现代交际，(9)：32-33.

在实践过程中，党和国家非常重视部分特别困难群众的生存和生活问题，虽然在制度上没有形成相应的救助机制，却采取了一些具体且有效的紧急救济措施，如召开人民救济代表会议，并确立了“政府领导下，以人民自救自助为基础开展人民大众的救济福利事业”的基本救济原则来解决严重的如饥民、流民、灾民、难民，以及孤、寡、残、幼等社会极度贫困群众的问题，社会主义改造完成以后，救助制度在制度层面上有了一定的雏形，但从实际运作来看，由于受到“文化大革命”等因素的影响，相关制度和政策没有得到较好的落实，贫困人口救助工作也没有得到顺利开展。

第二个时期为过渡期[①]（即 1978~1992 年）。党的十一届三中全会以后，我国的社会主义建设事业开始全面恢复，对贫困群众的救助工作也开启了新的局面。1978 年 5 月，民政部正式恢复成立，并设专门机构，成立了农村社会救济司，主管农村社会救济工作，之后各级民政部门也纷纷设立了相应的主管机构。1983 年全国民政工作会议确立“依靠群众，依靠集体，生产自救，互助互济，辅之以国家必要的救济和扶持”的社会救济工作基本方针。至此，我国社会救济工作的组织保障和实际运行基本原则得以初步确立，农村和城市并行的社会救济工作均得到某种程度的恢复和发展。这些救济方式虽然部分实现了对特困群众的救济功能，但作为一项制度本身，仍存在明显的救助经费保障不足、救助对象和标准随意、救助程序模糊等问题，规范化操作很不成熟。

第三个时期为准备期（即 1992 ~2006 年）。1992 年，社会主义市场经济体制确立后，我国的农村社会保障体系建设全面发展。

第四个时期为成熟期（自 2006 年开始至今）。2006 年 10 月召开的中共中央十六届六中全会第一次明确提出了在全国“逐步建立农村最低生活保障制度”的目标之后，国务院专门召开工作会议研究农村低保问题，并于 2007 年 7 月发布了《关于在全国建立农村最低生活保障制度的通知》（以下简称《通知》），对农村低保工作做出了统一部署，特别是对低保目标、低保标准、低保机制、低保范围、低保资金等重大事项做出了重要规定，同时要求在年内全面建立农村低保制度，且保证低保金按时足额发放到户。

（二）农村最低生活保障的特点

农村低保制度的特点体现在以下五个方面[②]：

（1）低保义务的承担者为国家或政府。我国《宪法》第 45 条规定，“中华人民共和国公民在年老、疾病或丧失劳动能力的情况下，有从国家和社会获得物质帮助的权利”。根据普遍的法律精神，有权利必有义务承担者，而低保制度的义务承担者就是国家和政府。

（2）低保对象具有普遍性、限定性和变动性。《通知》规定，“将符合条件的农村贫困人口全部纳入保障范围”。也就是说，各地区可以按照本地区的实际情况确定低保条件，但条件一旦确定，所有符合条件的居民均自然成为低保的对象，中间不能因任何理由再进行选择。低保对象具有限定性，一是必须是农村居民；二是必须是本地户籍的农村居民；三是必须是生活常年困难的农村居民；四是生活困难且家庭人均收入低于当地最低生活标准。由于低保对象是依据家庭人均收入及地区最低生活标准确定的，因此，低保对象具有变动性，当家庭

---

① 刘喜堂. 2010. 建国60年来我国社会救助发展历程与制度变迁. 华中师范大学学报（人文社会科学版），(4): 18-22.

② 张芳. 2013. 我国农村最低生活保障问题研究. 山东师范大学硕士学位论文.

人均收入发生变动或地区最低生活标准发生变动时，低保对象也会随时调整，或调入或调出。

（3）保障水平具有指向性、浮动性和差异性。根据《通知》的规定，低保主要用于保障基本生活所必需的吃饭、穿衣、用水、用电等方面，而且低保的标准要根据当地生活必需品价格的变化和人民生活水平的提高适时进行调整。另外，低保制度保障的地方性决定了，受地区经济发展水平、发展模式、分配方式、计算标准等因素的影响，各地低保群体的保障水平和标准存在差异性。

（4）低保目标具有明确性，管理具有规范性。虽然各地区可以根据发展情况确定低保条件，但根据《通知》的精神，该低保条件必须达到“稳定、持久、有效解决温饱问题”的程度，否则设定的低保条件将是违反规定的，必须予以修正。而且，从低保资格的申请、审核、审批到低保资金的发放，中间各个环节都有严格的程序限制，都必须履行相应的手续。

（5）低保资金具有多重性，方式具有差额性。根据《通知》的规定，低保资金以地方为主，省级财政要加大投入，中央财政只对财政困难地区给予适当补助。低保方式具有差额性，即各地根据财政状况和农村居民生活水平先划定最低生活标准，然后通过某种计算方式确认特困居民的家庭人均收入，最后根据两者间的差额确定保障的标准。

二、农村最低生活保障的现状和问题

目前，我国31个省（自治区、直辖市，不包括台湾省）2777 个农村县已全部建立起农村最低生活保障制度，相关配套机制也开始有条不紊地逐步推进。据统计，从农村低保人数看，2007年年底全国农村低保人数为 3566.3 万人，2008~2011 年农村低保人数分别为 4305.5 万人、4760 万人、5214 万人、5305.7 万人，2013 年农村低保人数达到 5355.8 万人；从低保资金投入看，2007 年，中央投入农村低保资金为 30 亿元，地方投入 74 亿元，2008 年中央投入 90 亿元，地方投入 138 亿元，2009 年中央投入 255 亿元，地方投入 108 亿元，2010 年中央投入 269 亿元，地方投入 176 亿元，2011 年中央财政投入 502.6 亿元，地方财政投入 165.1 亿元，2013 年，农村最低生活保障累计支出 5 669 525.3 万元；从低保标准看（以月为单位），2007 年低保人均 70 元，人均补助水平 39 元，2008 年人均 82.3 元，人均补助水平为 50.4 元，2009 年人均 100 元，人均补助水平为 68 元，2010 年人均 117 元，人均补助水平为 74 元，2011 年人均 143.2 元，人均补助水平为 106.1 元。[①]

通过以上数据可以发现最低保障呈现的基本特点有：①农村居民享受低保的人数逐年增加。从统计数据看，2013 年享受低保的人数比 2007 年增长了 1789.5 万人，增长 50.18%，增长了一倍，期间年增长平均达到了 11%。这可能有贫困人口客观增加的因素，但更重要的是随着低保标准的提高，农村居民“被低保”的范围不断扩大。②低保财政投入逐年增加，中央财政增长幅度明显高于地方财政，且所占比例不断提高。从统计数据看，2007 年，中央和地方财政共投入农村低保资金 104 亿元，之后逐年增加，到 2011 年达到 667.7 亿元，五年增长了 563.7 亿元，增幅达 542%，期间年平均增长率为 62.8%，且 2011 年至今持续增加。2007 年，中央财政投入农村低保资金 30 亿元，到 2011 年达到 502.6 亿元，五年增长了 472.6 亿元，增幅达 1575%，期间年平均增长率为 118.8%。2007 年，地方财政投入农村低保资金为 74 亿元，到 2011 年为 165.1 亿元，五年增长了 91.1 亿元，增幅达 123%，期间年平均增长率

① 中华人民共和国民政部网站. http://www.mca.gov.cn/article/zwgk/tjsj/ [2014-01-08].

为 37.3%。2007 年，中央财政投入农村低保资金占低保资金总额的 28.8%，到 2011 年，这一比例达到了 75.3%，五年增长了 46.5 个百分点，期间年平均增长 14 个百分点。③农村居民人均最低生活保障标准和人均补助水平不断提升。从统计数据看，2007 年，农村居民人均享受的月低保标准和月补助水平分别为 70 元和 39 元，到 2011 年分别达到 143.2 元和 106.1 元，均翻了一番还多，五年时间分别增长了 73.2 元和 67.1 元，增幅分别为 105%和 172%，期间年平均增长 17.3%和 29%。

（一）低保对象不确定

《通知》规定，农村低保对象是家庭年人均纯收入低于当地最低生活保障标准的农村居民，主要是因病残、年老体弱、丧失劳动能力以及生存条件恶劣等造成生活常年困难的农村居民。也就是说，凡家庭年人均纯收入低于当地低保标准的农村贫困居民，均有权利申请低保。但对于低保家庭年人均纯收入是否低于当地农村低保标准，就需要进行家庭调查。许多地方政府出台的《实施细则》中也明确规定了可优先享受农村低保的情况。原则上讲，家庭年人均纯收入低于当地农村低保标准的农村贫困人口，都有权利通过申请享受农村低保来获得基本物质生活救助。可是地方政府为了简化管理，方便操作，在《实施细则》中同时明确规定了一些不予纳入保障范围的情况，主要包括：有劳动能力和条件而不参加劳动造成生活困难的；3 年内修建、集资商品房或高标准住房的；违背计划生育超生子女的；家庭成员中有吸毒、赌博等违法乱纪行为而造成生活困难的；有子女供养而子女不尽义务的；有子女在行政事业单位工作的；户在人不在一年以上的等。

（二）低保标准过低且增长缓慢，覆盖不全

以广州市为例，2011 年 6 月 29 日，广州大学广州发展研究院发布《广州城市低收入居民生活现状与对策研究》，由国家统计局广州调查队开展的这项调研结果显示，广州低收入群体实际保障水平低于北京、上海和深圳，为 467 元。从 2009 年调查当年的低保标准来看，广州市低保标准为 365 元，低于上海市（425 元）、深圳市（415 元）、北京市（410 元），且低保标准的增长速度也低于上述城市，这些钱虽然在一定程度上缓解了贫困家庭的困难，但解决不了他们在就学和就医方面的问题。在现实生活中，由于受各方面原因的限制和约束，并不是每一名符合享受低保条件的农村居民都被纳入了低保对象，譬如，在实践过程中，在确认低保对象时，县里将名额分给乡里，乡里再分给村里，村里再具体分到某位村民。这种名额分配制本身就说明低保名额的稀缺性，也印证了其实还有很多应当享受低保的居民因“名额受限”而没有被纳入真正的低保对象之内。

（三）低保资金落实难

资金问题是困扰我国农村低保工作开展的核心问题。《通知》规定，农村低保资金的筹集以地方为主，地方各级人民政府要将农村低保资金列入财政预算，省级人民政府要加大投入力度。地方各级人民政府财政部门要根据保障对象人数等提出资金需求，经同级财政部门审核后列入预算。中央财政对财政困难地区给予适当补助。这就要建立中央—省—市—县四级筹资体制，在经济不发达的地区，中央财政应承担主要责任，省级财政作补充，加大对财政贫困市县的支持力度，确保其能建立规范、稳定运行的农村低保制度。在经济较发达的地区，由于省级和市县级财政资金较为充裕，农村城镇化水平也较高，农村低保资金可以由省级和市县级财政自己负担，中央只需适当给予补助。依据民政部公布的数据，中央财政所占比例逐年增大，从2007年的 28%增加到了2011年的75%。虽然近年来中央和地方财政用于支出低保资金的数额越来越大，但相对于更为庞大的农村应保群体来说，仍然显得“力不从心”，再加上通货膨胀的因素，导致在客观上出现低保资金增多、低保标准提高，但低保水平却没有实质性改善的“尴尬”局面。这种低投入与低标准之间很可能形成了一种恶性循环，因为投入少，资金不足，所以低保标准增长缓慢；因为低保标准增长缓慢，所以对资金需求减弱，低保投入减速。

（四）农村基层低保管理、监管工作不当

目前，基层民政部门在人力配备上还达不到要求；低保工作运作相对呆板、不能及时适应变化的形势，还有硬件设施投入不足等。而且我国的农村低保制度在运行的多个环节上都缺乏必要的监管。在低保标准的制定上，几乎没有农村居民参与的声音。低保的受益者是农村贫困群体，低保标准直接决定着贫困群体的切身利益。现在低保标准的制定程序上没有贫困群体的参与环节或听证、论证环节，基本处于政府操作下的非透明状态，这样的模式怎么可能使低保标准符合贫困群体的生活需要，又怎么能接受贫困群体和其他农村居民的监督。

（五）低保制度法治化程度不够

目前，农村低保制度已实现了制度性、地域性全覆盖，但令人遗憾的是，这项重大的制度建设至今没有实现法治化的建设进程：农村低保制度依据的仍然是国务院的《通知》、民政部的《关于进一步规范农村最低生活保障工作的指导意见》和地方人大或政府出台的地方性文件，没有全国人大颁布的法律或国务院制定的行政法规。

三、对农村最低生活保障的建议和展望

（一）最低生活保障制度的法制化

完善立法规范是推动和促进农村低保制度不断完善和健康运行的重要前提和保障，我国的农村低保制度必须尽快建立位阶效力更高、保障内容更丰富、操作性更强的法律体系。当然，建立完善的农村低保制度法律体系，其目的也不只是在于为低保制度提供立法上的依据，更重要的作用在于澄清、恢复低保制度应有的内涵，使低保的运行成为社会共识而不是政策引导，成为整个社会制度中权利义务关系的必要一环，而不是被管理的对象，成为贫困群体的诉求主张，而不是等待被选定。

（二）准确界定农村低保对象

准确界定农村低保对象要以通过最大劳动努力仍达不到低保线为衡量标准。农村低保对象的确定要在全面调查了解掌握贫困家庭的成员结构、收入水平、生活费支出、致贫原因等情况的基础上，根据当地农村贫困线，分类别、分情况制定低保对象的条件和范围，严格按审批程序确定。农村低保对象审查一般由民政局带头，财政、统计、残联等部门和乡镇干部配合，对各乡镇低收入户进行调查摸底，初步确定保障对象范围，然后由贫困户申请，乡镇张榜公布，最后由民政局审批，再交给乡镇张榜公布，力争达到不错保一个、不漏保一个，让那些难以维持生计的农村贫困居民，在政府的救助下真正解决温饱问题。

（三）科学确定农村低保标准

农村低保标准能否科学制定直接影响着农村低保制度的实际运行效果。科学的农村低保标准既要能保障农村贫困群体的基本物质需要，又要与当地农村经济发展水平和地方政府财政承受能力相适应，以免低保标准制定得太低，难以实现农村低保的基本保障目标；低保标准制定得太高，产生福利依赖现象。因此，乡级基层政府在科学确定农村低保标准时应充分考虑以下几个因素：第一，维持农村贫困居民吃饭、穿衣、用水、用电等最基本的物质生活需要。这可以通过调查计算出贫困群体的年人均消费水平和人均基本生活费支出，然后根据其与维持基本生存水平之差计算出低保标准。第二，农村社会经济发展水平，这主要是考虑当地的人均国民生产总值和农村居民的恩格尔系数。第三，当地政府的财政承受能力。由于乡级农村低保资金是由上级政府共同承担的，因此在制定低保标准时必须考虑上级政府的具体财政情况。第四，物价变动指数。低保标准应随着物价的变化适时进行调整，以保证低保对象获得的救助金足以维持其基本生存需求。基层政府只有全面考虑这些因素，才能有效保证农村低保标准制定得客观、科学、公正。

（四）逐步完善农村低保资金筹集机制

稳定的资金来源是农村低保顺利运行和不断完善的重要保证，因此要高度重视农村低保资金筹集机制的完善和创新。一方面，要建立多渠道筹资机制。当前基层农村低保资金来源渠道单一，仅依靠上级地方政府财政资金拨款不能完全满足农村低保需求，这在一定程度上制约了农村低保的发展。因此，基层政府应建立以政府财政资金为主、社会参与为辅的农村低保多渠道筹资机制，这也就是说，基层政府应在保证上级政府公共财政对农村低保投入不断增加的基础上，充分调动社会各界参与本地区农村低保事业的积极性，以拓宽农村低保资金筹集渠道，保证农村低保资金的充足。另一方面，要合理分配政府间投入比例。目前，基层农村低保资金由各级政府财政资金负责筹资，由于各级政府的财政实力不同，这就需要合理划分各级政府的财政责任，明确各级政府的财政负担比例，以保障基层农村低保资金的充足。

（五）合理规范农村低保管理工作

农村低保制度运行的各个环节紧密联系，相互依存。基层政府要想顺利运行农村低保，必须抓好每一个环节，完善低保工作管理制度，健全低保组织机构，合理规范低保操作流程，使之有效发挥整体效应。第一，加强整合，建立专门机构。为适应农村低保不断发展的要求，基层政府应完善“政府领导、民政主管、部门配合、基层落实”的工作机制，加强农村低保组织机构建设，整合相关业务机构和人员，建立农村低保专门工作机构，提高农村低保的工作效率。重点要加强乡镇农村低保管理和服务机构建设，在乡镇人民政府建立农村低保工作站，对各村农村低保救助信息、资源与施救进行统一调配和管理。第二，扩充人员，加强人才培养。农村低保涉及项目多，工作任务重，如低保对象的选定与审查，低保标准的确定与调整，低保资金的筹集与管理等，都需要大量的工作人员，并且需要不断加强对这些工作人员的专业培养，以使其准确掌握和管理农村低保，保证农村低保工作的顺利开展①。

① 申丽琴. 2013. 农村最低生活保障制度运行研究. 山西财经大学硕士学位论文.

CHAPTER 15

第十五章　中国的社区服务

[内容摘要]

社区服务在我国城市经济社会发展中的地位和作用显著提升。本章重点阐述了社区服务的含义、内容、特点和功能；阐述了我国社区服务面临的主要问题，以及完善社区服务的相关法律的对策。

[学习要点]

（1）社区服务的含义、内容、特点和功能。
（2）中国社区服务发展现状。
（3）我国社区服务存在的主要问题。
（4）完善社区服务的政策措施。

社区服务是社会保障的重要组成部分。社会保障有经济保障和服务保障。保障的形式有两种：一是自下而上，以政府为主体，直接向居民提供服务；二是把服务重心放在基层，政府予以必要的指导和适当的资助，由社区组织居民进行自我服务。第二种保障形式即为社区服务。[①]

跨入新世纪，社区服务在我国城市经济社会发展中的地位和作用显著提升。党的十六大首次将“发展社区服务，方便群众生活”写进了党的政治报告。2011 年，为适应统筹城乡经济社会发展、加强和创新社会管理需要，强化社区自治和服务功能，保障和改善民生，促进社会和谐稳定，国务院颁布《社区服务体系建设规划（2011—2015 年）》。党的十八大又提出“增强城乡社区服务功能，充分发挥群众参与社会管理的基础作用”。鉴于此，本书探讨中国社区服务的含义和主要特征、现状和问题，对于深化社区服务理论和指导社区服务实践具有现实意义。

第一节 社区服务的含义、内容、特征及功能

一、社区服务的含义

社区服务是工业化、现代化的产物，最早起源于 19 世纪 80 年代的英国，起初是作为资本主义早期社会福利的一种形式出现的，目的是为了解决因工业革命的发展所引起的社会失业和贫困问题。社区服务的本义应该是福利服务，公益性服务，是一种社会服务。其外延或适用范围是社区。[②]在西方国家很少有人直接使用“社区服务”（community service）一词，用得最多的是“社会服务”（social service）、“社区照顾”（community care）或“社区福利服务”（social welfare service）等。在我国，1987 年初民政部第一次公开提出“社区服务”的概念，并以此代替“街道社会福利网络”，且赋予社区服务以基本特征和属性，即区域性、福利性、服务性及互助性。1989 年的《居民委员会组织法》中正式采用了“社区服务”的概念，提出了居民委员会应该向其居民提供社区服务。随着对社区服务的理论探讨和社区服务的实践展开，对社区服务的界定出现了以下两种不同的意见，概括起来主要有广义和狭义两种理解。

狭义的社区服务说认为，社区服务是指社区福利性、公益性（非营利性）服务，不应该包括商业性服务。与狭义社区服务说不同，广义社区服务说认为，社区服务不仅包括社区福利性、公益性服务，还包括一定程度的商业性或 “准商业性”的便民利民的生活服务，以及为社区内企事业组织提供的后勤保障服务。[③]

事实上，不管是狭义还是广义的社区服务说，都有一定的理论依据或实践依据，同时也有各自难以解决的矛盾。拿狭义社区服务的定义来说，持这种观点的学者大都把国外关于社区服务的理念作为自己的重要依据，他们强调发达国家和地区的社区服务一般是指社区福利性、公益性服务，不包括商业性服务，中国也应该是这样。他们认为“既视社区服务为公益性、福利性的社会服务事业，又视社区服务为一种便民利民的第三产业，这种对社区服务的‘一仆二主’或‘一身二用’式的定位，在理论上存在着难以克服的缺陷，在实践中埋下了

① 全国社会工作者职业水平考试教材编写组. 2009. 社区工作者实务. 北京：中国社会出版社.

② 郭安. 2011. 关于社区服务的含义、功能和现有问题及对策. 中国劳动关系学报，(2)：22-26.

③ 唐忠新. 2004. 中国城市社区服务的含义和主要特征. 理论与现代化，(2): 34-37.

令人担忧的隐患”。他们把基层社区组织存在的“政企不分”、“社企不分”，以及在开展社区服务过程中片面追求经济利益和营利性服务的倾向，看作是这种缺陷与隐患的突出表现[①]。的确，由于狭义社区服务说的理论逻辑的单一性，避免了诸多学术推演的矛盾性。但是，这种界定与我国城市社区服务发展状况明显存在脱节，因此难以被社会广泛认同，也难以显示应用价值。然而，广义社区服务说避免了这一缺陷。广义社区服务说是从现阶段的中国实际出发，通过总结中国城市社区服务的实践经验而得出的一种具有中国特色的社区服务的理论界定。它既包含了狭义社区服务的性质和内容，把社区福利性、公益性服务看作是社区服务的核心内容；又把一定程度的社区商业性、有偿性服务纳入社区服务体系之中，相比之下，狭义社区服务更具包容性。这种界定考虑到了中国城市社区服务从一开始就肩负着福利服务和方便居民生活的双重使命，同时将福利性、公益性服务与一定程度的营利性服务相结合，换句话说，只有将无偿、低偿与有偿服务相结合，才能在经济尚不发达的中国持续地推进社区服务，也才有可能做大福利性服务这块“蛋糕”。这种界定比较符合中国城市社区服务的发展实际，因而具有比较明显的应用价值。当然，广义社区服务说也同样存在着某些不足：它包容了性质不同的福利性服务与营利性服务，从而加大了理论解释、学术推演和指导社区服务实践的复杂化程度。在这种情况下，不仅需要对社区服务进行一般性的概括、探讨，而且需要对其中的福利性、公益性服务与营利性服务以及二者之间的关系进行具体研究、分类研究和分类指导。[①]

根据以上分析可以看出，狭义社区服务说与广义社区服务说最大的区别是社区服务能否包含一部分商业性的便民利民服务。事实上，我们认为是可以包含的。因为社区服务中的福利性、公益性（非营利性）服务主要是靠政府财政拨款的，没有政府的资金支持，社区是无力举办这些福利性、公益性（非营利性）社会服务的。在目前的情况下，政府的社会资源不足，不可能满足居民的所有社会福利需求，而居民又迫切需要这些社区服务。因此，适当地引入商业性的便民利民服务项目是必需的，也是必要的。但是，对于引入社区的商业性便民利民服务项目，政府可以通过减免税收、落实政策优惠、提供场所设施等措施，降低其运营成本，为社区内居民服务。税收减免部分体现为福利性、公益性服务，以有偿服务形式使其成为福利性、公益性服务的提供载体[②]，既可以通过弥补政府社会福利资源的不足，以有偿、低偿服务来承担和完善从政府剥离出来的福利性服务功能，同时也能使这些有偿、低偿服务的企业的逐利性得到一定满足。

综上所述，我们可以对社区服务界定如下：所谓社区服务是指在党和政府的主导下，以一定范围的基层社区为操作单元，动员社区力量，整合社区资源，为社区成员提供福利性、公益性服务和便民生活服务，以不断满足社区成员日益增长的物质文化需要的过程。[③]这个定义表明，中国城市社区服务既包括社区福利性、公益性服务，又包括便民生活服务，因而是广义的社区服务。这个定义强调开展社区服务要在党和政府的主导下，动员社区力量，开发利用社区资源，走社区服务社会化的道路；这个定义告诉我们，社区服务的目的在于不断满足各类社区成员（包括社区居民、社区组织和社区内的企事业单位等）日益增长的物质文化需要，提高人们的生活水平和生活质量。

---

① 徐永祥. 2000. 社区发展论. 上海：华东理工大学出版社.

② 唐忠新. 2003. 社区服务思路与方法. 北京：机械工业出版社.

③ 卜万红. 2003. 社区服务：政府、市场和社会的互动. 中共南京市委党校南京市行政学院学报，(3):45-48.

二、社区服务的具体内容

社区服务的具体内容有以下几点。

（1）社会福利服务。包括：①为老年人服务，如老年公寓、老年婚姻介绍所、老年人活动中心等。②为少年儿童服务， 如托儿所、幼儿园、儿童医疗保健站等；③为民政对象服务，如残疾人服务站、精神病人康复中心、军烈属生活照顾、扶贫济困等；④为失业人员、下岗职工提供的服务，如最低生活保障服务、就业和再就业服务等。

（2）便民利民服务。包括：①家政服务，如家庭保姆介绍、病人护理、代换煤气等；②居民生活服务，如便民小吃、便民副食、自行车存放等；③文化体育服务，如青少年校外教育、青少年特长班、健身中心、社区活动室等。

（3）行政性服务。如水电气的供应、房屋维修、社区道路修筑与维护、计划生育、各种证件的办理、社区治安等。

（4）社企之间的服务。如街道、社区为辖区内的企事业单位提供的后勤社会保障服务及辖区单位为街道、社区提供的文化教育、医疗保健等服务。[①]

三、中国社区服务的基本特征

中国社区服务不仅有别于其他服务，而且有别于其他国家和地区的社区服务，具有以下主要特征：

（1）就基本原则而言，强调以人为本，服务社区。把不断满足社区成员的物质文化需要作为社区服务的出发点和归宿，把解决社区居民尤其是弱势人群的基本物质文化需求作为社区服务的首要任务，把满足绝大多数社区成员普遍而又迫切的需要作为拓展社区服务的工作重点，把促进社区成员的全面发展作为社区服务的重要目标，把社区最广大群众的受益率、满意率和参与率作为衡量社区服务发展水平的重要指标。

（2）就服务内容而言，强调“四个面向”[②]。一是面向各类弱势群体和优抚对象开展福利服务。这也是社区服务的最核心的内容和最基本的任务，集中体现着社区服务的本质特征。二是面向普通居民群众开展便民生活服务。这部分服务内容占社区服务很大的比重，并且显示着社区服务业的未来广阔的发展前景。三是面向企事业单位和机关团体开展“后勤保障”服务。这也是经济转轨与社会转型的客观要求，且具有较大的发展潜力。四是面向下岗失业人员开展就业再就业和社会保障服务。“四个面向”表明，中国的社区服务具有“福利服务”和“方便群众生活”的双重任务，发挥着社会保障和社会服务双重功能。

（3）就服务性质而言，强调福利服务和经营性服务有机结合，无偿、低偿和有偿服务相结合。福利服务是社区服务最基本的属性，但是，在现阶段，我国社区福利服务的范围和水平仍然比较有限，具体表现在主要局限于为弱势群体提供无偿、低偿服务，或者围绕社区成员的最基本需要提供公益性服务。随着经济社会的不断发展，社区福利服务的范围、水平将不断扩大和提升，发达国家和地区的社区服务实践都表明了这一点。与此同时，凡是面向普通居民群众和企事业单位、机关团体的社区服务项目则以有偿服务或经营性服务为主，这是

---

① 卜万红. 2003. 社区服务：政府、市场和社会的互动. 政治公共行政学与，中共南京市委党校南京市行政学院学报，(3): 45-48.

② 唐忠新. 2004. 中国城市社区服务的含义和主要特征. 理论与现代化，(2): 34-37.

市场经济的客观要求，也是基于中国国情的一种相对合理的现实选择。[①]

（4）就运行机制而言，强调政府主导，社会参与。政府的主导作用表现为推动、管理社区服务业健康发展，增加社区服务投入，兴办基础性、示范性的社区福利服务设施和服务项目，资助社会力量兴办社区福利服务事业，履行政府职责范围内的低保、优抚、助残、再就业和老年人福利服务等项职能。政府主导并非意味着政府主办，更不意味着政府包办。事实上，自社区服务开展以来，党和政府就一直号召和动员社会各方面广泛参与，并且形成了社区居民、社区内单位和民间组织等参与主体。其中，社区居民是最基本的参与力量，社区内单位和民间组织是重要力量。实践表明，政府主导、社会参与的运行机制符合中国国情，也是中国城市社区服务持续发展的基本保证。

（5）就发展思路而言，强调整体推进，重点突破，分类扶持。所谓整体推进，主要是指全面发展社区服务，逐步形成服务种类比较齐全、服务对象比较广泛、服务数量和质量比较协调、地区发展比较均衡的新型社区服务体系。所谓重点突破，主要是指在全面发展的基础上，从各地区、各社区的实际情况出发，突出解决社区服务的薄弱环节、重点部位、关键问题。所谓分类扶持，主要是指区分不同地区、不同项目给予不同的扶持政策，采取不同的扶持方式。[②]

（6）就发展方向而言，强调社会化、产业化。社会化意味着服务主体、投资主体多元化和服务对象公众化。通过社会各方面力量共同参与，国家、集体、个人多渠道投资，形成社区服务多种形式共同发展的新格局。社区服务不仅为各类弱势人群包括下岗失业人员提供社区福利服务，而且为普通居民群众提供便民生活服务，为社区内的企事业单位和机关、团体提供后勤保障服务，使社区服务的对象扩大到社区全体成员。与此同时，在大力推进社区服务社会化的基础上逐步推进社区服务产业化进程，使社区服务从零散的活动逐步发展为服务业中的一个重要领域，发展为第三产业中的一个重要产业，使社区服务取得一定的经济效益。

（7）就操作层次而言，强调以基层社区尤其是以基层法定社区为主要操作单元，构建城区、街道、居委会三个层次一体化的操作格局。[③]一直以来，中国社区服务主要是依托这三级辖区共同体和三级法定社区组织开展起来的。其中，居委会层次是最基础的操作单元，发挥社区服务总体系中的“前沿阵地”的作用。大部分街道辖区共同体层面形成了相对比较完整的社区服务体系。越来越多的城区通过行使社区服务职能，兴办社区服务中心，在社区服务总体系中发挥着示范和指导作用，于是便有了城区、街道、居委会三级服务网络，三个服务层次的明显特征。

（8）就服务方式而言，强调多样化基础上的邻里互助、志愿服务和设点服务。邻里互助虽具有局限性，但因其固有的成本较低、方便、及时，以及可以增强社区凝聚力等明显优点，成为我国城市社区服务的普遍形式，并且具有一定的发展前景。社区志愿服务是社区服务和社区精神文明建设的一种重要形式。在我国大部分城市社区，主要以社区志愿服务形式来开展福利性、公益性工作。随着社会经济的进步，社区志愿服务还会进一步发展。设点服务主要是指设置专门服务场所（地）为社区成员提供服务，开办各种类型的社区服务中心（站）便属于这种服务形式。它可以弥补邻里互助的不足，可以促使社区服务上规模、上档次。它

① 唐忠新. 2004. 中国城市社区服务的含义和主要特征. 理论与现代化，(2): 34-37.

② 唐忠新. 2004. 中国城市社区服务的含义和主要特征. 理论与现代化，(2): 34-37.

③ 唐忠新. 2004. 中国城市社区服务的含义和主要特征. 理论与现代化，(2): 34-37.

与邻里互助和志愿服务有机结合，构成了中国特色的社区多样化服务方式。

四、社区服务的功能

社区服务的特点，决定了社区服务的功能定位。

第一， 保障弱势功能。美国著名社会学家戴维·波普若认为，“社会保障和社会服务是指社区为了促进个人的功能发挥和使之获得最低的社会生活水平而提供的一系列项目、好处和服务”①。社区服务的活动领域是社区，服务对象为社区居民，基本出发点和基本任务是解决社区本身的矛盾和问题，因此，社区服务的福利性特征决定其能够保障社区弱势群体的基本生活，对优抚对象提供抚恤。这是社区服务首要而基本的服务，具体表现在国家、地方或政府提供资金、政策，通过社区组织实施，维护居民的基本生活权利，尤其是对孤寡老人、残疾人、下岗失业人员、农民工、贫困家庭等弱势群体提供维权服务、社会救助服务以及生活供养、疾病康复、社区照顾等，同时对现役军人、退伍军人、军人家属、烈士家属等提供国家抚恤、生活照顾及就业安置等方面的优抚服务。由此可见，社区服务应该是社会福利服务体系和社会保障体系的子系统。目前来看，社区承担了社会保障的大量事务，如政府调查核实辖区居民的基本生活保障情况、失业人员的救助标准、下岗人员的生活状况等以及社会基本生活保障金和救助金的发放，都是通过社区组织落实的；同时，社区还承担了大量的因社会变迁而衍生的新型社会服务项目。因此，开展社区服务对维护社会稳定、保护改革开放的成果，可谓意义重大。

第二，便民整合功能。通过社区服务，方便了居民群体的生活，整合了人际关系。所谓社会整合，就是指调整或协调社会中不同因素的矛盾、冲突和纠葛，使之成为统一体系的过程和结果。②街道、居委会的社区工作就是为居民群众服务，解决居民的后顾之忧，方便居民群众的生活。当前，居民生活的不便，突出表现在一系列劳务自己难以承担，文化生活得不到满足，基础生活设施跟不上形势的需要。这些问题，涉及广大居民。社区服务就是依靠动员和组织各方面的人力、物力、财力，为居民谋利益，改善居民的生活条件，创造良好的社会环境。在这种自办、文化教育和环境卫生等全方位的服务过程中，自助、自管，共同改善和提高福利事业、文化教育和环境卫生等全方位的服务过程中，不仅使不同阶层的居民拥有了共同的利益基础，而且也为不同社会阶层的人提高了情感交流的机会和场所，是他们在各自的不同之中找到了共同点，进而会融洽彼此之间的关系，并加强他们对社区的归属感和依赖感。随着社区服务水平的不断提高，服务内容的不断扩展，社区服务的整合功能进一步增强。

第三， 调节稳定功能。一方面，通过社区服务，有利于调节社会矛盾，促进社会稳定。因为社会是由无数个社区组成的，因此社区稳定是社会稳定的基础。社区服务工作通过发动和组织社区居民群众，开展各种服务互动，建立社会福利服务网络，在一定程度上满足了居民群众日益增长的多种需要，提高了居民的生活质量。另一方面，也能降低犯罪率。同时通过社区服务调节人们的社会关系，把不稳定因素消除在萌芽状态，有效地减少了社会结构变革过程中社会保障体系发展滞后等带来的某些暂时失衡现象，增强了基层组织的凝聚力，稳定了社区，进而稳定了社会。例如，社区通过民事调解服务，直接解决了社区内大量存在的

① 戴维·波普若. 1999. 社会学. 北京：中国人民大学出版社.
② 于燕燕. 2002. 社区建设基础知识. 北京：中国劳动社会保障出版社.

民事纠纷，缓和了社会矛盾，避免了矛盾的扩大化和重大刑事案件的发生。同时，通过门卫管理，安全巡逻等服务，有效地进行了防盗、防贼和防火等社会治安工作，直接稳定了社会秩序，保证了社会良性运行和协调发展，创造了一个文明、卫生、舒适、和谐的生活环境，对和谐社区的建设起到了重要的作用。

第四，公共福利社会化功能。通过社区服务，推进公共福利事业的社会化。社区服务的范围是以社区为界限，因此，社区服务是一种“地缘性”服务，它服务的对象是社区中有困难的人，这是一种社会化的自助服务。这种社区服务既能调动居民群众的积极性，花钱少且覆盖面宽，方便群众生活，适合服务对象，有利于筹集社会福利事业的资源，优化福利资源的有效配置，能解决国家福利事业中一时难以解决的问题，填补国家举办社会福利事业的不足，由此推进公共福利事业的社会化。[①]

第五，推进改革功能。通过社区服务，为推进政治体制改革和经济体制改革创造条件。在过去的计划经济时代中形成了企业办社会、政府直接管理企业的格局。然而，在当前体制改革和政府转型的情况下，政府需要尽快转变职能，精简机构，下放权力，集中做好立法和宏观调控，包括制定政策和规则、规范管理、提供一些经费及审计监督服务等。社区服务的开展，有力地推动政府社会管理机制的调整和企业的快速发展，同时，也有助于减少或消除改革过程中由于社会结构和社会利益的调整所产生的社会生活某些方面的暂时失调，从而提高整个社会对改革的承受能力，对于减少改革过程中产生的社会矛盾和震荡有积极作用，为体制改革的顺利进行创造了有利的条件。

第六，提高精神文明建设水平。社区服务的开展，除了为居民提供物质文化生活的服务外，更重要的在于，它大力提倡社会互助，组织志愿者队伍，开展一系列尊老、爱幼、助残、济贫、帮困等活动，进一步弘扬了中华民族团结友爱、互帮互助、无私奉献、助人为乐的传统美德。社区服务体现了社会的文明和进步，有利于增强居民爱祖国、爱人民、爱社区的思想感情，培育人们的社会责任感和志愿服务的意识，有利于形成新的社会风气，激发人们的工作热情和爱国热情。社区服务开展邻里互助、楼院互助、军民共建、社会互助、资源共享等活动，在基层社区内倡导团结互助的精神，增强“社区是我家，建设靠大家”的自觉程度，培养和增进人与人之间的亲情、友情、乡情，塑造社区的认同感和归属感，改善人际关系，净化社会风气，为促进社会主义精神文明建设发挥积极作用。[②]

第二节　我国社区服务发展现状

一、我国社区发展的历程

关于我国社区发展的历程，理论界大多认为社区服务发端于20世纪80年代，并划分为四个阶段。

第一阶段为社区服务的倡导与起步阶段。1987年初，民政部首次明确提出了“社区服务”的概念，并经过一些地方的试点，指出社区服务就是在政府的领导下，发动和组织社区内的

① 唐忠新. 2003. 社区服务思路与方法. 北京：机械工业出版社.

② 于燕燕. 2006. 政府在社区服务中的作用. 北京社会科学，(3)：37-41.

成员开展互助性社会服务活动，就地解决本社区的社会问题。1987 年 9 月，民政部在武汉召开了“全国社区服务工作座谈会”，标志着全国性的社区服务工作进入起步阶段，这次会议再次就社区服务的性质、目的与功能作了定位，即在社区内为人们的物质生活和精神生活所提供的各种社会福利和社会服务，它的目的在于调解人际关系，缓解社会矛盾，创造一个和谐、良好的社会环境。1989 年 9 月，民政部在杭州召开了“全国城市社区服务工作经验交流会”，会上提出了在全国广泛开展社区服务的要求。此后，社区服务工作在全国范围内全面推开。1991 年 11 月，在北京召开了“全国社区服务工作研讨会”，就社区服务的内涵和外延、地位和作用、组织和管理等问题展开了深入研讨，明确了社区服务的福利性质，其内容主要包括老年人服务、残疾人服务、优抚对象服务以及便民利民服务等。

第二阶段为社区服务的加快发展阶段。20 世纪 90 年代初，中国内地明确了建立社会主义市场经济的体制目标。随着经济体制改革的深化，随着人口流动的不断加大，政府、企业开始逐步将部分社会服务与社会管理职能剥离出来并交还于社会，城市职工的“单位人”属性也开始向“社会人”转变。与此同时，社区在社会服务、社会管理和社会控制等方面的重要性日益突出。另外，社区也存在着一系列的问题，如公共服务设施缺乏、便民利民商业服务网点少、绿化与卫生环境亟待改善等。在这种情况下，民政部联合国家计委、财政部、卫生部等国务院的 13 个部委于 1993 年颁发了一个政策性文件，即《关于加快社区服务业的意见》，该《意见》指出，“社区服务业是在政府倡导下，为满足社会成员多种需求，以街道、镇、居委会和社区组织为依托，具有社会福利性的居民服务业”，认为社区服务业由社区福利服务业、便民利民服务业和职工社会保险管理服务业组成；强调“要把发展社区服务业作为与提高人民生活水平、提高人口素质密切相关的行业纳入第三产业发展规划及其他有关规划”；要按照“社会化、产业化、法制化的社区服务的方向，积极支持和推动社区服务业的发展”，至此，我国的社区服务业已初具规模并且纳入正常发展轨道。

第三阶段为发展的徘徊期。尽管社区服务的实践在 20 世纪 90 年代得到了长足的发展，但这一时期的社区服务除了民政系统主管的社会福利进社区有所拓展以外，最大的特点就在于社区第三产业发展迅猛，而且，这种第三产业在给居民提供某些便利的同时，又在因居民区占用公共空间，普遍违章搭建而侵害了居民的公共利益，因此，居民对这种商业性社区服务的认同度普遍不高，对社区服务人员的社会评价普遍低下。如中国城市居民职业声望量表的统计显示，社区服务人员的职业声望排序为第 53 位，仅略高于保姆、建筑业民工等[①]。此外，社区服务的居民参与率、享用率普遍较低，一般不足 30%。这些情况在 20 世纪 90 年代末期引起了政府有关部门和学术界的高度关注和反思，有些地方也作了某种调整，但由于在社区服务之本质、功能及运行机制上的认识局限，社区服务自 90 年代末期一直处于徘徊期，难以取得突破性的进展。[②]

第四阶段为市场经济条件下的社区服务的继续探索阶段。2000 年 11 月，中共中央办公厅和国务院办公厅转发民政部《关于在全国推进城市社区建设的意见》，城市社区建设从此进入全面发展时期。社区服务被确定为社区建设的重点发展项目，并确立了社区服务的“四个面向”，即面向老年人、儿童、残疾人、社会贫困户、优抚对象的社会救助和福利服务；面向社

---

① 许欣欣. 2000. 从职业评价与择业选择取向看中国社会结构变迁. 社会学研究，(3)：23-27.

② 徐永祥. 2002. 论社区服务的本质属性与运行机制. 华东理工大学学报：社会科学版，(4)：50-54.

区居民的便民、利民服务；面向社区单位的社会化服务；面向下岗职工的再就业服务和社会保障社会化服务。由此，中国城市社区服务作为社区建设的重要内容的地位被确定下来，社区服务的对象和范围更加明确。2006年，国务院发布《关于加强和改进社区服务工作的意见》，突出强调了发展社区就业服务、社区社会保障服务、社区救助服务、社区卫生和计划生育服务、社区文化、教育、体育服务、社区流动人口管理和服务、社区安全服务等政府公共服务的内容。此外，强调新形势下的社区服务既不是单纯的政府行为，也不是单纯的民间活动，而是政府、居委会、民间组织、企事业单位和居民共同参与的过程。①2011年，为适应统筹城乡经济社会发展、加强和创新社会管理需要，强化社区自治和服务功能，保障和改善民生，促进社会和谐稳定，根据党的十七大和十七届五中、六中全会精神，依据《中华人民共和国国民经济和社会发展第十二个五年规划纲要》，制定《社区服务体系建设规划（2011—2015年）》。可见，进入21世纪以来，国家更加注重突出发展社区公共服务。

二、社区服务的现状

自1986年民政部倡导社区服务以来，社区服务已从最初探索社会福利社会办和职工福利向社会开放，向社会生活更广泛的领域拓展和延伸，这对于促进经济发展、社会安定和人民生活质量的提高，发挥了重要作用。社区服务范围和内容得到拓展。根据中华人民共和国中央人民政府网2012年的数据，全国有6923个城市街道，8.7万个城市社区。“十一五”期间，各地认真贯彻落实《国务院关于加强和改进社区服务工作的意见》（国发〔2006〕14号），社区服务体系建设取得显著成效。

一是社区服务设施建设取得初步进展。全国共建成街道社区服务中心3515个，社区服务站44 237个，社区综合服务设施覆盖率达50.81%。

二是社区服务内容不断拓展。劳动就业、社会保险、社会服务、文化娱乐、社会治安等政府公共服务事项逐步向社区覆盖，社区志愿者注册登记制度广泛推行，社区志愿服务蓬勃开展。家政服务、物业管理、养老托幼、食品配送、修理服务、再生资源回收等便民利民服务项目及超市、菜市场、早餐等服务网点逐步进入社区，方便了社区居民生活，提高了生活质量。

三是社区服务队伍不断壮大。依法选举产生一批社区居委会成员，逐步面向社会公开招聘专职社区工作人员。一大批素质高、能力强、作风正、愿意为群众服务的居民走上社区工作岗位。截至2010年年底，全国共有社区居民委员会成员43.9万人，社区公共服务从业人员105.9万人。有507.6万社区居民成为社区志愿者，活跃在社区服务各领域，成为推动社区建设和社区服务的重要力量。

四是社区服务方式不断改善。不少地方依托街道社区服务中心、社区服务站，实行“一站式”服务；利用现代信息技术，推动社区信息化建设，方便快捷地满足了居民多样化需求。有的地方通过政府购买服务、设立项目资金、开展项目补贴等方式，引导社会组织、企事业单位和居民参与社区管理和服务活动，增强了社区服务的活力和社会组织的服务能力。

五是社区服务制度环境初步形成。国家围绕老年人、未成年人、残疾人权益保护工作出

① 李迎生. 2009. 对中国城市社区服务发展方向的思考. 河北学刊, (5)：134-138.

台了法律，围绕社区卫生、社会救助、劳动就业、文化教育、社区服务设施等内容出台了相关政策，各地也相继出台了积极推进社区服务的政策措施，社区服务的政策法规逐步完善，各级党委、政府对社区服务的重视程度越来越高，社区居民对社区服务的认同感和归属感越来越强。

实践证明，加强社区服务体系建设是保障和改善民生、提高居民生活水平和生活质量的民心工程，是拉动内需、扩大就业、促进经济发展方式转变的助力工程，是加强和创新社会管理、维护社会和谐稳定的基础工程。

三、社区服务的发展目标

根据《社区服务十二五规划》，从我国基本国情和经济社会发展现实出发，按照加强和创新社会管理的总体要求，社区服务的发展目标是进一步健全新型社区管理和服务体制，强化社区服务体系和信息化建设，到 2015 年初步建立起较为完善的社区服务设施、服务内容、服务队伍、服务网络和运行机制，农村社区服务试点工作有序推进。

第一，合理配置社区服务设施。力争到“十二五”期末，社区服务设施综合覆盖率达到 90%，每百户居民拥有的社区服务设施面积不低于 20 平方米，基本建成以社区综合服务设施为主体、各类专项服务设施相配套的综合性、多功能的社区服务设施网络。积极推进社区服务信息化建设，在有条件的地区，建设社区综合服务信息平台，逐步提高社区信息装备条件和社区服务的信息化水平。

第二，优化社区服务内容。推动社区公共服务广覆盖，群众性互助和志愿服务制度化，社区专业服务和商业服务规范便利，建立公共服务、便民利民服务、志愿服务有效衔接的社区服务体系，实现居民群众生活舒适方便。力争到“十二五”期末，基本公共服务项目覆盖到所有社区。

第三，壮大社区服务队伍。扩大来源渠道，提高社区服务人员的专业化、职业化水平，大力推行社区志愿者注册登记制度。力争到“十二五”期末，新增社区服务从业人员 200 万人，每个社区至少拥有一名大学生或一名社会工作专业人员，80%以上的社区党员和 30%以上的社区居民参与社区志愿服务活动，基本形成一支专业素质较高、服务能力较强、社区居民满意的社区服务队伍。

第四，完善社区服务体制机制。完善社区服务体系建设的法律法规和政策，建立健全社区组织，着力理顺社区内外权责关系，健全政府部门之间的协调机制、政府与社区之间的协作机制、社区组织之间的互动机制，优化社区服务发展的制度环境。支持引导社区自治组织、各类社会组织、志愿者参与社区服务。力争到“十二五”期末，80%以上的社区居民委员会实行直接选举，每个社区拥有 5 个以上的社区社会组织，80%以上的驻区单位与社区签订共驻共建协议。基本建立多方参与、优势互补、利益协调、规范有序的社区服务运行机制。

第三节 我国社区服务存在的主要问题

一、 行政化倾向

我国的社区服务是在政府的领导下通过自上而下的方式逐级推进的，因此， 从一开始就不可避免地带有浓厚的行政色彩，行政化倾向仍较严重。[①]主要表现在：第一，社区服务体系的构成上行政化色彩浓重，政府位于社区服务体系的中心，在其中发挥主导作用。社区服务组织体系大都是与行政体系相对应的，一般都是按区、街道和居委会三个层次用行政命令的方式建立的。其负责人大都由同级政府主管部门的领导或居委会负责人担任，社区服务组织的其他领导成员和主要管理人员也有不少是由相关行政部门的领导（或代表）或居委会的干部兼任的。第二，社区服务作用不突出，工作本末倒置。随着政府工作中心下移，政府各职能部门都在社区设立机构，将原本由部门承担的工作转嫁给了社区。其直接后果就是现有社区管理体制的确立既未明显减轻政府的社会管理负担，也未从更深层次上提高广大居民的民主参与社会管理意识。第三，社区服务的开办项目行政化突出，在已开办的项目中，属于政府动员型的项目占有较大比例。这些由政府自上而下举办的社区服务项目中的大部分不是根据社区居民的实际需要建立的，而是政府为达标、出政绩、造亮点用行政手段强行推动的，它们的实用价值小，利用率低，居民群众的满意度差，其中有不少在应付完政府检查验收之后，就形同虚设，造成资源极大浪费。[②]

二、专业化程度低

我国虽然已经建立了一支由专职人员、兼职人员和志愿者组成的社区服务队伍， 但总体来看，这支队伍仍处于追求数量扩张的外延型发展阶段，专业化水平还很低。以安徽省为例，2012 年年底，安徽省接受过专业教育的社会工作人才仅仅 7752 人。即使以每个行政村或社区配置一名专业社会工作计算，全省的需求量也在 2 万人左右，这还不包括其他社会工作领域的需求。[③]由于社区服务从业人员受文化教育的水平偏低，同时缺乏有针对性的专业技能培训，他们所提供的服务内容和项目有时不能满足居民群众的实际需要，专业性和智力性的项目在社区中开展得很少。这种现状严重地制约着社区服务内涵方面的扩大以及服务质量的提高。此外，从发达国家的经验来看，社区服务要求从业人员具有相当多的专业知识和技能，如在英国，从事社区照料和管理的人员、关键工作人员和照顾人员均受过水平不等的专业训练。所以，在我国培养一支专业化、职业化的社区服务工作队伍，提升社区服务队伍整体素质，是当前非常重要的一项任务。

三、社区服务资金不足，资源整合不力

社区服务的正常开展，有赖于服务资源的供给和利用。一般来说，社区服务的资源是由物质资源和人力资源两大部分构成的，而资金则是物质资源的重要组成部分。[③]目前，社区服务的资金来源主要有以下四个方面：一是政府对社区服务的资金投入。由于社区服务承担着相当部分的社会保障任务，因此政府应是社区服务资金的主要供给者之一。但是实际上我国政府投入在整个社区服务资金供给中的比重是比较低的。在发达国家，政府的投入一般占社区服务资金构成的 50%以上。我国政府的这种投入目前最多占 30%左右。[④]二是社会捐助资金

① 陈雅丽. 2006. 社区服务研究：理论争辩与经验探讨. 理论与改革，(6): 37-40.
② 万永丽. 2013-06-13. 社区服务呼唤专业化. 安徽日报，3 版.
③ 孙健. 2006. 我国城市社区服务的现状、问题及对策. 黑龙江省政法管理干部学院学报，(4): 32-37.
④ 江涛. 2007 -09-11. 完善社区服务体系的思考. 光明日报，第 3 版.

投入，这是一种非经常性的资金来源。三是有奖募捐基金投入，目前，这成为我国发展社区服务事业的主要资金来源。四是社区服务的自身积累。由于社区服务的福利性和公益性，其自身积累能力较小，积累的资金数量也比较有限，因此，社区内可提供服务的资源较分散。由于计划经济体制的影响，社区内已经形成一套相对比较完整的服务资源，主要供社区内部使用。虽然随着管理体制的改革，社区一部分资源和职能已经归属社会，但是实际上这种归属是一种不完全的，因此出现两种情况：一方面是社区内各种设施、资源不能与其他社区共享；另一方面是社区内现有资源使用出现闲置浪费现象。所以，如何筹措资金，加强社区资源整合也是当前社区服务工作中面临的一个重要问题。

四、服务项目欠缺

一般来说，社区人力资源的多寡和专业化程度，直接决定了社区服务项目的数量和质量。从我国目前的情况来看，社区服务的项目还不多，且大都集中在社区保洁、社区绿化、老年人照顾、孤残儿童照顾、残疾人照顾、贫困家庭救助、职业介绍、计划生育辅导等方面。即使是这些服务，体力劳动和经验性的服务远多于知识和技能含量高的专业化服务。尤其进入21世纪以来，我国人口老龄化进程加快，老年人对社区服务的需求在数量和质量上不断提高。与此同时，新的服务对象和新的服务需求也在不断增长。如外来流动人口的服务需求激增，居民心理咨询与辅导、问题青少年的行为矫治与辅导、暴力家庭与单亲家庭的辅导和治疗、弱智儿童辅导、精神障碍者回归社会的辅导、刑满释放人员的社会化辅导、居民的康复辅导、职业培训与就业指导等知识含量高的专业化服务，则至今没有或很少开展起来。而这方面专业人才的供给也极其短缺。

为了解社区居民的服务需求和对社区工作的态度，针对他们所关心的“热点问题”及时开展工作，北京市东城区东华门街道办事处委托中国农业大学人文发展学院社会学系，在其所辖的 14 个社区进行了“居民社区服务需求调查”。调查的内容包括：社区居民对各类社区服务的需求及解决需求途径的偏好；居民对社区服务的了解、对现有服务设施的使用率、满意度；社区居民对社区工作的评价和参与意愿，等等。调查表明，居民对社区服务的接受率总体上不太高，其中人们对日常的解难服务的满意度相对较高，平均为 28. 3%，但对满足人们发展需求的服务项目成效的评价相对较低，平均为 5.1%。这类项目主要包括医疗保健、文化娱乐和教育服务，其中教育服务含新婚教育、老人教育、未来妈妈教育、家庭教育、家庭生活科学教育、青少年教育以及迁居心态教育等。[①]随着社会经济的发展，人们的生活质量不断提高，人们对满足发展需求的服务项目的要求也更高，因此，必须提高社区综合服务的专业性。

五、 居民参与不足

新时期的社区服务应当坚持居民群众的广泛参与。广泛参与有两层含义：一是指社区服务参与主体的广泛性。衡量一个社区的服务工作是否达到广泛参与的程度，首先要看社区居民是否普遍参与了社区服务活动，即居民是否具有较高的参与率；二是指参与活动的广泛性，

---

① 蒋爱群，郑飞. 2004. 城市居民社区服务需求调查. www.mca. gov. cn /artical/content/200422392114.

即社区居民是否参与到了社区服务的诸多方面。居民作为社区生活的主人，他们的积极、广泛参与是社区服务持续发展的生命力。但在我国，居民参与不足已成为社区服务发展中一个突出的矛盾和难题。居民对社区服务参与不足，主要表现为总体参与率不高，而且也不平衡，不同年龄、收入、文化程度、居住区域的人参与率有很大不同。即使一些社区居民参与社区服务，也是行政性的被动式参与，而不是发自内心的主动式参与。[①]

六、相关法律制度不健全，制度不够完善

完善的法律制度是社区服务发展的重要保证，因为这不仅关系到社区服务发展水平的高低，而且对其能否深入发展起着决定性的作用。早在 1994 年，民政部、国家计委等 14 部委就颁发了《关于加快社区服务业发展的意见》的通知，但随着我国经济和社会的快速发展，社区情况已经发生了很大的变化，社区服务发展也面临一些新问题和契机，所以这项管理规定的很多条款已经不能适应新形势的要求，亟待修订。

事实上，近年来，出于社区服务发展形势的迫切要求，各级政府有关部门已经制定了一系列政策法规。但是，没有及时出台配套的实施细则，导致政策缺乏可操作性。另有一部分政策法规虽然较为明晰，但缺乏权威性，存在执行不到位的问题。与此同时，社区服务发展所必需的各项具体的规章制度，如社区服务项目的决策、过程的监督、效果的评估等制度，都还没有普遍建立起来。制度规范的缺位，导致社区服务发展过程中常常处于无章可循的境地，使社区发展缺乏制度化保障。

第四节　完善社区服务问题应采取的对策

一、界定政府在社区服务中的职能，积极培养和利用社会团体

要严格界定政府在社区服务中的职能，政府要转变角色、明确定位，对社区要从过去的领导转变为指导，从指令转变为协调，从管理转变为服务。政府应该坚持社区服务的福利性，激励社区服务的公益性，合理地介入属于自己管辖范围内的社区服务。同时政府绝不能包揽社区服务，避免重蹈西方“福利国家”的覆辙。否则，政府背上沉重的社会福利包袱，不利于政府职能的转变。[②]

根据国外的经验，社区服务的许多内容和项目可以由民间组织或社会团体来实施，社会团体对完善和发展社区服务有积极重要的意义。一方面，社会团体及其活动可以对政府领导和组织的社区服务活动起到放大作用，提高政府工作效率，充分利用社区内的社会资本，弥补政府社会福利资源的不足。另一方面，独立的社会团体本身就是社区凝聚力和社区认同的结果和标志。利用社会团体实施社区服务将极大地提高社区服务的效率和效益。培育社区内社会团体、引进社区外社会团体以及组建社会团体联合会。政府可以根据法规和章程监督、指导和支持社会团体，给予它们足够的自我发挥空间，利用它们承担和完善政府剥离出来的福利服务功能。

---

① 郭安. 2011. 关于社区服务的含义、功能和现有问题及对策. 中国劳动关系学报，(2)：22-26.

② 孙健. 2006. 我国城市社区服务的现状、问题及对策. 黑龙江省政法管理干部学院学报，(4)：32-37.

二、加强社区服务队伍建设，提高社区服务队伍专业化程度

社区服务队伍的状况如何，这是社区服务得以运转的重要条件，也是衡量一个地方社区服务事业发展水平的重要尺度。现在，我国各地区已逐渐建立起一支以专职人员为骨干、以兼职人员为主体、以志愿者为基础的社区服务队伍。总体上看，这支队伍尚处于粗放式的追求数量与外延扩张的发展阶段，而其服务的项目内涵、质量及专业化技能尚处于较低水平，这需要我们在以下几个方面加强社区服务队伍的建设。

首先，要在政府指导下，依靠社会教育机构，有计划、有步骤地对在岗的社区社会工作人员及管理者进行系统的培训，努力提高他们的专业能力和专业水平，还可以通过采取讲座和参观学习等方式，培养不同层次的社会工作者。此外，可以借鉴香港的经验，设置见习社会工作师、助理社会工作师、社会工作师、主任社会工作师、社会工作员五个级别，并分别规定其学历，进行绩效考核，给予相应的工资福利待遇，要从人事制度改革入手，启动社会工作教育的振兴，利用学历教育的社会分层功能，激励社会工作者的敬业精神和专业进修的热情，引导社区工作队伍专业化的进程。

其次，应大力发展社会工作教育事业，解决社会工作专业人才稀缺的问题，培养一支富有社会工作价值观，并掌握现代社会工作理论、知识、方法和技巧的专业社区服务工作者队伍。同时，还可参照发达国家和地区的成功做法，积极筹划和实施适用于我国社会工作者的专业技术职务晋升制度，切实提高社会工作者的社会地位和收入水平。

最后，要积极引导与鼓励工会、妇联、共青团等半官方的群众政治团体，掌握并运用专业化的社会工作知识和方法介入社区社会工作事务。在社会工作事务尚无法从它们的团体事务中分离出来之前，在社会工作职业化分工短时间内难以理清的条件下， 引导这些半官方、半社会的团体分支部分走向专业化是完全可能的，并且这些团体的长期实践对社区工作人员的教育和启发作用不可低估。

三、开源节流，提高资金使用效率

社区服务事业资金作为社区提供公共服务的基础条件，政府有责任投入。从构建和谐社会，加强社会管理出发，更应加大社区服务事业资金的投入力度。现阶段，政府应考虑把社区服务业作为政府加强公共服务的重要领域，重点支持建设和改善社区组织的工作用房和老年人、青少年活动场所等公益性服务设施，以及社区服务信息网络等。根据社区服务具有公益性和经营性不同性质的特点，在加大政府投入的同时，还应积极拓宽资金的筹措渠道，通过建设示范项目或以补助、贴息等形式推动更多的资金投入。要研究有利于社区建设投融资的具体措施，引导和鼓励社会力量以多种形式投资社区建设，吸引和鼓励企业、社会团体和个人进行捐赠赞助，共同推动社区服务设施的完善。①

同时，要在坚持利益共享、风险共担原则的基础上，积极推动社区服务机构资源的共享和共建，以解决社区基础设施建设资金不足的问题。驻社区机构应将所属文化体育设施向其他社区开放，这样不但增强了社区组织和社区成员的参与意识及社会责任感，而且减少了重复建设所造成的浪费，大大提高了社区服务资金的使用效率。

---

① 孙健. 2006. 我国城市社区服务的现状、问题及对策. 黑龙江省政法管理干部学院学报，(4): 32-37.

四、逐步完善和扩大社区服务项目体系，提供更全面专业的服务项目

社区服务最初是从福利性服务开始的，福利性服务的对象是低保对象、残疾人、优抚对象等，属于原民政工作范围，范围狭小。然而，随着人民群众生活水平的提高，城市居民生活消费观念的转变，社区需要逐步完善和扩大社区服务项目体系，为居民提供更多的服务项目[①]。目前，我国城市社区服务主要是由街道社区服务中心、各社区服务分中心、各便民服务网点组成的。我们要弄清楚的是，随着商业和服务业的发展，在第三产业领域内的需求完全可以交由市场来解决，社区服务要突出市场不能解决的问题，诸如公益性质的社区活动中心、电子阅览室、图书馆等文体设施和文体活动，应该交由社区服务中心来解决。具体来说，要开展以下系列的社区服务：社会保障服务系列。此项服务是帮助解决社区中需要经济或物质援助的人渡过难关，满足其基本及特别需要。家庭及儿童福利服务系列。此项服务是协助家庭建立相互关怀的家庭关系，预防及处理个人及家庭问题，提供家庭需要的而家庭自身又无法满足的服务。青少年服务系列。此项服务旨在帮助青少年成为对社会负责及有贡献的一员，为青少年们的身心健康和成长发展提供各种帮助。残病人康复服务系列。此项服务主要针对残疾人在生活、婚姻、就业、受教育等方面存在的特殊困难而提供有关服务，帮助残疾人融入社会，并在其自身条件下尽展其能。老人服务系列。此项服务旨在使60岁或以上的老人享有一个受尊重、有保障的晚年，目标模式是使其老有所养、老有所医、老有所乐、老有所伴、老有所为。失足违法者服务系列。此项服务旨在帮助违法者重归正途，协助他们改过自新，成为奉公守法的公民，并重新融入社会。民俗改革服务系列。此项服务主要是为居民的婚事、丧事改革提供系列服务，以帮助居民克服和改革在其婚事和丧事中仍然存在的愚昧的、落后的习俗，倡导文明、健康、科学的生活方式。

五、广泛动员社区群众参与社区服务，提高居民参与率

社区内的居民是社区服务可开发的人力资源，然而目前我国很多社区的大部分居民并没有充分发动起来参与社区服务，群众不能主动积极参与社区服务的原因是没有较强的社区意识。因此要强化宣传教育，培养各类社区群众的社区意识和参与意识，使他们意识到享受社区服务是他们的权利，而参与社区服务是他们的义务。社区要注重运用共同需求、共同利益来调动各类社区群众广泛参与的积极性，让居民从社区服务中得到实惠，切实解决居民燃眉之急。通过解决大多数社区成员普遍关心的热点、难点问题来激发大家共同参与社区服务的决策，实现“自我管理、自我教育、自我服务”。要建立和完善参与机制，包括激励机制和责任机制，以推动广泛参与朝制度化、规范化方向发展。既提倡无私奉献精神，又要兼顾个人合理利益，不使参与活动成为人们活动的沉重负担。提倡居民群众从身边小事做起，力所能及，积少成多，并且注意发挥每个参与者的特长，使他们在参与社区服务活动中得到乐趣，找到自己的位置，实现自身价值。

六、完善社区服务的相关法律制度体系，优化社区服务的制度环境

社区服务的法律制度建设，应是社区建设的工作重点。具体来说，其一，为适应当前社

---

① 郭安. 2011. 关于社区服务的含义、功能和现有问题及对策. 中国劳动关系学报，(2): 22-26.

区服务发展的现实需要，应在对当前社区管理体制进行改革的基础上，制定一部综合性的《社区管理法》，对社区中的政府、市场主体、社区服务组织三者的地位、职能及它们之间的关系给予定位和调整，从而划清社区服务发展中政府行为和社区行为、专业管理和综合管理、市场管理和行政管理及自治管理的界限，化解它们之间的矛盾和冲突，从而促进社区服务发展的有序进行。其二，进一步完善现有的政策法规，强化其具体性和可操作性，并加大执行力度，使有利于社区服务发展的各项政策法规能落到实处。从当前的实践来看，要做好《城市居民委员会组织法》、《城市街道办事处组织条例》和《村民委员会组织条例》的修改和完善工作。其三，建立健全社区服务的各项规章制度，包括民主决策制度、民主监督制度和科学评估制度等，切实提高社区服务的管理水平。其四，要尽快清理和废止已过时的社区管理法规、政策和规章，使当前的社区服务发展免受已僵化的条条框框的束缚。总之，建章立制，优化社区服务的制度环境，将为社区发展实现法制化、制度化和规范化打下坚实的基础。①

第五节　英美发达国家社区服务的发展模式及对我国的启示

社区服务在国外起步较早，运作模式较为成熟，管理水平也较高，其经验对于我国社区服务业发展具有可借鉴之处。其中作为资本主义国家发展最早的英国和经济最发达的美国的社区服务最具有典型性。

英国是实行社区发展计划较早的国家。社区服务在英国称为社区照顾， 20 世纪 70 年代的财政危机和人口老龄化趋势，使由政府对全体人口进行的照顾成为不可能，于是就兴起了“非政府化”和“非中央化”运动。②20 世纪 80 年代，撒切尔夫人任首相后，对英国的福利政策进行了调整。社会服务的决策权限下放到地方政府甚至社区，服务的提供也不由政府全包，而由政府、民间组织和志愿者团体共同承担，甚至也要发动亲友及邻舍提供非正规照顾。由此开始，多渠道照顾代替了政府的单一照顾。概而言之，社会各界支持政府实现了多方力量的整合，从而使英国形成了以政府为主导者，以社会为支撑点的服务供给模式。③英国社区照顾的内容主要包括以下几个方面：①对个体需求者提供照顾及反应灵活、灵敏的服务；②对所提供的服务消费者可以有一定的选择范围；③重点为那些急需服务者提供服务。具体项目主要有：建立社区活动中心、儿童照顾、为老年人服务、提供其他社区服务。英国社区照顾的工作对象主要是特殊困难人群，具有多元化的经济成分，而政府是社区照顾的主要财力提供者和政策支持者。

美国的社区服务不同于英国的社区照顾。整体上，美国形成了以社会力量为基础的社会化社区服务模式。 这一模式的成功运转既得益于政府的统筹管理、有效监管，也依赖于社区内其他社会主体唇齿相依的互构关系。而其中民众普遍的志愿服务精神是非营利组织能形成庞大力量的根基所在。④就社区服务的提供者来说，美国的社区服务分为政府提供的服务和志愿者提供的服务。政府提供的社区服务限于涉及居民最基本需求的部分，如水、电、煤气、

① 孙健. 2006. 我国城市社区服务的现状、问题及对策. 黑龙江省政法管理干部学院学报，(4): 32-37.
② 韩央迪. 2004. 英美社区服务的发展模式及对我国的启示. 理论探讨，(3): 23-25.
③ 唐忠新. 2003. 社区服务思路与方法. 北京：机械工业出版社.
④ 韩央迪. 2004. 英美社区服务的发展模式及对我国的启示. 理论探讨，(3): 23-25.

通信设施、绿化、保结和照明等，主要由政府出资委托或承包给专业公司。美国社区服务的另一部分是由志愿者提供的，他们提供社区所需要的各种各样的社区服务。在美国志愿者服务蔚然成风，大约有一半的美国成年人参加过社区志愿者服务活动。政府支持志愿者服务，希望通过志愿者弥补市场经济的不足，希望依靠志愿者服务把美国带回充满互爱和志愿者行动的黄金时代，但由于政府补贴不足，志愿者服务机构为了生存，不得不对部分商业性服务进行收费，由此引起了一些营利性社会服务业开始抢夺原来属于志愿者服务的领地。就社区服务的内容来说，美国的社区服务可以说是囊括了社区居民需要的各方面。这也是它与我国社区服务相似而不同于英国及欧洲的特点。但是值得一提的是，美国社区服务中不同于我国的一个重要特点是它重视政府和市场之外的第三部门的作用，也就是不以营利为目的的非政府、非营利组织。这些组织起到了政府和营利性组织所起不到的作用，但同时必须取得政府、各种基金会、教会、 私人公司和银行的大力支持。事实上，政府给予这些组织一些资金的支持是城市未来发展及管理的一种明智选择。[①]

囿于庞大的人口总量和匮乏的社会资源间的刚性矛盾，我国的社区服务建设既任重道远又刻不容缓。从英美两国的社区服务发展进程中，我们不难看出，社区服务政策得以成功运转需要诸要素的有机配合。如何协调不同主体的行动逻辑并将其纳入统合的行动目标，直接决定了政策的成效。尽管社会背景不一，面临的困难和挑战也不尽相同，但我们仍然可以从中吸取到有益的借鉴。

“十二五”时期，随着工业化、信息化、城镇化、市场化、国际化进程逐步加快，我国城乡基层社会正在发生深刻变化，社区服务体系建设面临难得机遇和重大挑战。一方面，我国经济社会快速发展，财政保障能力逐步增强，基本公共服务体系逐步完善，各级党委、政府对社区发展高度重视，为社区服务体系建设提供了有利条件。另一方面，社会转型、企业转制和政府职能转变，越来越多的“单位人”成为“社会人”，大量政府社会管理和公共服务职能向社区转移，社区居民的服务需求日趋个性化、多元化，社区的“兜底”功能作用日趋明显，加强社区服务体系建设已势在必行。

综上所述，社区服务已不单是为解决某些社会问题而采取的一项权宜之计，而成为社会进步与经济发展的一个重要标志，开展社区服务，显然也是我国政治与经济体制改革的客观需要，是建设社会主义精神文明的需要，以社区服务为突破口的社区建设实质上是政府提高效率、企事业单位增强效益的产物。 社区发展是一个长远的发展过程，其真正基础是把社区建设变为承接政府社会管理服务职能、企事业单位后勤保障功能社会化的动态发展载体。凭借现代科技进步水平，社区服务业将不断改进和发展至更高的水平。

---

① 吴铎. 1997. 社区问题若干理论问题的探讨——内地与香港社会福利发展第四次研讨会观点综述. 中国社会工作， (4): 55-57.

CHAPTER 16

第十六章　社会保障立法

[内容摘要]

社会保障法是调整社会保险、社会救济、社会福利等活动中各种关系的法律规范总称。本章主要阐述了社会保障立法的概念、特征及意义，阐述了社会保障立法的基本原则，以及社会保障的内容和调整对象。最后就中国社会保障立法概况和存在的问题提出了相关对策建议。

[学习要点]

（1）社会保障立法的概念、特征及意义。
（2）社会保障立法的基本原则。
（3）社会保障的内容和调整对象。
（4）中国社会保障立法概况、存在问题及相关对策。

第一节 社会保障法的概念、特征和意义

一、社会保障法的概念

社会保障（social security）一词最早用于1935年美国颁布的《社会保障法》，此后新西兰、英国等国家先后使用。社会保障是指国家立法强制建立的、由国家财政和社会出资支撑的，对公民在年老、疾病、伤残、失业、生育、死亡、遭遇灾害、面临生活困难时给予物质帮助，旨在保障公民个人和家庭基本生活需要并提高生活水平，实现社会公平和社会进步的制度。[①]

关于社会保障法的概念，目前我国学术界主要有以下几种: ①覃有土，社会保障法是指调整社会保障关系的法律规范的总称。②方乐华，社会保障法即国家为维护社会安定和经济稳步发展而制定的，保障社会成员基本生活需要和经济发展享受权的各种法律规范的总称。[②] ③史探经，社会保障法是调整以国家和社会为主体，为了保证有困难的劳动者和其他社会成员以及特殊社会群体成员的基本生活，并逐步提高其生活质量而发生的社会关系的法律规范的总和。[③] ④蒋月，凡是依据社会政策制定的，用以保护某些特别需要扶助人群的生活安全，或用以促进社会大众福利的立法，便是社会保障法。[④]⑤贾俊玲，社会保障法是调整社会保险、社会救济、社会福利等活动中各种关系的法律规范总称。[⑤]⑥林嘉，社会保障法是调整以国家社会和全体社会成员为主体，为了保证社会成员的基本生活需要并不断提高其生活水平，以及解决某些特殊社会群体的生活困难而发生的经济扶助关系的法律规范的总和。社会保障法具有社会属性，以行政给付为核心，具有强制性，因此，我国台湾地区学者认为其偏向于公法属性。[⑥]

二、社会保障法的特征

1. 广泛的社会性

社会保障法的社会性特征，主要体现在以下几个方面：一是目的的社会性。社会保障设立的目的是为了社会利益，保障社会全体成员的生活安全。二是权利主体的普遍性。社会保障的权利主体应为全体社会成员，随着社会的进步和经济的发展，社会保障的适用范围不断扩张，项目不断增加，可能的权利主体也不断增加。三是社会保障资金来源的社会化。社会保障所需资金来源包括国家、用人单位和社会成员等多个主体。四是社会保障运行的社会化。社会保障制度的运行涉及多个方面，需要社会多方参与，如社会保障所需服务的提供、管理的参与等。

---

① 林嘉. 2009. 劳动法和社会保障法. 北京：中国人民大学出版社.
② 覃有土，樊启荣. 1997. 社会保障法社. 北京：法律出版社.
③ 史探经. 2000. 社会保障法研究. 北京：法律出版社.
④ 蒋月. 1999. 社会保障法概论. 北京：法律出版社.
⑤ 贾俊玲. 1999. 社会保障与法制建设. 中外法学，(1):28; 刘诚. 2003. 社会保障法概念探析. 法学论坛, (2): 41-45.
⑥ 林嘉. 2012. 社会保障法学. 北京：北京大学出版社.

2. 严格的法定性

社会保障法严格的法定性包括以下两个方面的意思：一是社会保障的行政严格按照法律规定的条件和标准进行，原则上法律未规定的内容或者未满足法定条件的，国家不承担相应的行政给付职责；二是社会保障法具有强制性，排除当事人的意思自治，当事人不得通过约定的方式免除双方的社会保障的义务。

三、社会保障法的意义

社会保障涉及全部公民的一生，是公共服务的龙头。西方学者马赛（T.H.Marshall）精辟地比较和概括了社会保障法的功能和地位："民事权利创立于 18 世纪，它导入了个体自由和财产权利；政治权力创立于 19 世纪，它授权于公民参与政治和国家权力；社会保障权利创立于 20 世纪，它使全体公民有权利分享社会财富。"继 1804 年法国《民法典》之后，社会保障法被称为现代法制建设的里程碑，因为它创造了社会权利，使每个公民平等地分享社会财富，而在面对社会风险时得到国家和社会的保护。它决定社会保障法也是实施宪法的主要途径，是政府介入民生保障领域的有效途径：通过社会财富再分配，创造社会公平与民主的政治功能；通过储蓄和保险工具抵御社会风险，改善劳资关系与和谐社会的社会功能；通过科学合理制度结构，促进公民健康和提高人力资本、应对人口老龄化和促进有效投资的经济功能。

社会保障法立足于行政法、民事法和劳动法，如美国《社会保障法案》、英国《国民社会保险法》等。①具有独立的调整对象和目标。公法维护的标的是公共利益和国家安全，社会法维护的标的是社会群体利益和社会安全，私法维护的标的是个人利益和公民安全。社会保障法的调整对象是社会生活中的群体，如低收入群体、纳税缴费群体、职工群体、居民群体和特殊群体等。立法宗旨是协调社会群体的公平收入分配关系，改善民生和消除社会歧视与贫困。法律机制是社会契约、公众参与、政府主导、公共管理与服务、市场机制的结合。②有特定的立法原则，强调国家义务、政府责任和公民权利及其义务；强调政府主导下的合作伙伴关系等。③有专门的内容体系，基于国际劳工组织 102 号公约，社会保障立法围绕"六大社会风险和三个制度环节"的基本内容已经自成体系。总之，社会保障立法散存于行政法、民法和劳动法的时代已经过去。社会保障法归属第三法域，即亦公亦私的社会法范畴，是宪法的延伸、社会法的龙头法，行政法和民法的补充。

第二节 社会保障立法的基本原则

政治民主动机、国家理财路径和社会和谐目标需要法制保障。社会保障法属于社会法范畴，即非公非私的第三法域，以区别于行政法和民法。社会保障法由亦公亦私的法律部门构成，如劳动法和社会保障法，由此形成社会法的体系。因此，社会保障立法的意义在于，就国家的社会保障义务，公民的社会保障权利，以及按照公平效率相结合的原则建设社会保障体系达成社会共识，通过实现社会安全来保障个人安全和国家安全，这是社会保障立法的社会基础。①

---

① 杨燕绥. 2012. 社会保障法. 北京：人民出版社.

一、国家义务原则

国家合理存在的前提即能够为其公民提供基本生活安全保障。国家社会保障义务包括与之相适应的责任及履行责任的必要权力，以便构建国家和公民个人的合作机制。德国《宪法》第二十条规定，德意志联邦共和国是民主的、社会福利的联邦制国家，联邦宪法法院一贯的司法解释为福利国家，即国家负有提供社会福利的义务。

恩格斯在《家庭、私有制和国家的起源》一文中提出，人为什么能在大猛兽中间生存，他以伴随猿人群居产生的生产工具不断进步和为争夺生产资料而发生战争的社会现象，揭示了国家的起源和本质，最后引用摩尔根的文明概念，描述了国家合理存在的前提条件，即保障公民安全，包括管理民主和权利平等。

第一，社会保障写入宪法。我国《宪法》（2004 年修正案）第十四条规定："国家建立健全同经济发展水平相适应的社会保障制度。" 1793 年法国《宪法》明确规定："公共救助是国家的神圣义务。"基于宪法原则，国家建立社会保障税收和公共预算制度，国家行政首脑和机构承担构建社会保障体系的责任。

第二，社会保障写入政党的执政纲领。国家合理存在的前提条件即向公民提供社会保障，由此决定执政党的纲领要围绕社会保障目标展开。例如，中国共产党的十七大报告指出："加快建立覆盖城乡居民的社会保障体系，保障人民基本生活。要以社会保险、社会救助、社会福利为基础，以基本养老、基本医疗、最低生活保障制度为重点，以慈善事业商业保险为补充，加快完善社会保障体系。"

第三，社会保障是政府责任。宪法原则和执政党纲领将转化为政府的社会保障责任，包括公共预算责任、制定政策和方案的责任、提供社会保障公共服务的责任。政府的社会保障责任可以分解为直接责任和间接责任，即"供人食鱼"和"授人之渔"的关系，前者由政府提供福利，后者鼓励公民自储公助。还要分离政府的社会保障责任和功能，将社会保障公共服务功能通过合作伙伴关系，委托非政府组织提供社会保障服务。例如，社会保障经办机构与商业银行密切合作，也称社会保障银行。

二、公民权利原则

公民对国家的第一需要即提供基本生活的安全保障，由此形成公民权利。公民权利（rights & benefits）是宪法的概念，即公民有权得到某种好处，一般情况下，权利与义务是统一的。

1. 公民权利和义务具有一致性

公民是国家的成员，个性需要寓于共性，公民具有维护国家利益的义务；国家由公民组成，共性寓于个性，国家具有保护公民的义务。我国《宪法》第三十三条规定："凡具有中华人民共和国国籍的人都是中华人民共和国公民。中华人民共和国公民法律面前一律平等。国家尊重和保障人权。任何公民享有宪法和法律规定的权利，同时必须履行宪法和法律规定的义务。"公民义务主要包括劳动、纳税、服兵役和遵守国家法律。

2. 劳动是公民的权利，也是公民的义务

根据宪法原则，劳动是公民的权利，也是义务。公民安全从劳有所得做起。

公民劳动权利的主要内容：接受职业培训和就业服务；积极求职和签订劳动合同；履行劳动职责和遵守劳动纪律；获取劳动报酬，包括最低工资，社会平均工资和绩效工资；得到劳动安全保护，预防工伤事故和职业病。

国家保护公民劳动的相应责任：国家的义务和责任，即指通过各种途径，创造劳动就业条件；加强劳动保护，改善劳动条件；在发展生产的基础上，提高劳动报酬和福利待遇；对就业前的公民进行必要的劳动就业训练；发展劳动者休息和休养的设施；规定职工的工作时间和休假制度。同时，国家提倡公民从事义务劳动，奖励劳动模范和先进工作者。

自食其力是人类的基本原则。社会保障是在公民劳动能力缺失和履行劳动义务的基础上发生的，不是免费的午餐。①公民劳动能力缺失，即指未满16周岁的未成年人和丧失劳动能力的成年人，国家有义务保障他们的基本生活，首先要培育家庭供养能力，其次才是国家直接供养；②履行劳动义务，即指公民进入就业和经济活动的状态，并履行了缴税纳费的义务，他们应当享有减免税率、领取相应福利的权利。

可以根据公民的劳动能力和收入状态将其分为三类：一是雇员，包括公务员、专业技术人员、职工；二是自雇人，包括个体户、农村家庭联产户；三是居民，包括具有稳定收入、非稳定收入和无收入的人群。这种分类的意义在于，基于公民的劳动能力建立社会保障体系，根据公民劳动能力的缺失提供福利。在宪法原则下要避免根据出身、职业和户口等人为条件形成身份歧视和待遇歧视，宪法的基本原则是创造平等的、和谐的人际关系和社会关系。

三、公平与效率相结合原则

根据政治经济学的基本原理推论，工业化的时代特征是卖方市场和内部竞争（国家化），社会保障的基本原则是公平，以消除贫困为目标，保障生存权；后工业化和信息化的时代特征是买方市场和外部竞争（全球化），社会保障的基本原则是公平效率的有效结合，效率不是优先选择项，而是实现更高层次公平的条件，以改善民生为目标，保障体面生存权，并增强国家竞争力。

1. 坚持公平原则消除社会贫困

法律意义的公平原则：第一，民事主体地位平等，包括人身权和财产权的平等；第二，主持正义，促进社会就人人平等和公平分配等问题达成“认识、共识和妥协。”公平原则进入社会保障法律范畴，即建立覆盖全体公民各类社会风险的制度体系，强化政府责任实现消除贫困的目标。主要用于社会保障公平品的生产和提供：①保障最低生活，如最低生活费、廉租房、医疗救助、赈灾救济等；②制定贫困线和最低保障标准，以补差的方式提供持续收入；③准入退出制度，让收入达到一定标准的人群（视为非贫困）退出，并非取消他们的权利；④与收入关联的纳税费义务，高收入人群的共享总是要大于低收入人群。

2. 坚持效率原则改善国力民生

法律意义的效率原则：第一，人人具有社会责任，包括爱护自己和帮助他人；第二，追求效率，促进社会就管理绩效和市场融资等问题达成共识，并做出制度安排。效率原则进入制度安排，强化个人和社会责任，实现改善民生的目标。主要用于社会保障准公共品的生产和提供：①改善生活，如职业养老金和个人养老储蓄、限价房和公积金、补充医疗保险等；②制定税收优惠政策，以鼓励雇主和个人进行风险储蓄；③建立委托人和社会保障基金安全运营机制，确保其增值保值。

第三节　社会保障法的内容和调整对象

一、社会保障法的内容和体系

法律内容是本法主体的权利义务所指向的事务。基于国际劳工组织《社会保障（最低标准）公约》(102号公约)，社会保障立法是基于公民权益记录，围绕“生、病、残、老、失业、居住和灾难”七大社会风险和“筹集资金、管理基金、支付待遇及相关服务”三个制度环节，使用福利、保险、救助、互济、合作、补偿、自储公助等政策工具，以及社会保障公共服务组织系统和信息系统的制度体系，即国家保障公民基本生活的安全网。

《国际社会保障法律全书》的编纂体系如下：①总则，包括宗旨和原则、制度模式、管理体制、监督机制等；②养老保障的覆盖对象金额资格审查、保障项目（含养老金、养老补贴、退养、遗属抚恤等)、资金筹集、提供方式；③医疗保障的覆盖对象和资格审查、保障项目、资金筹集、提供方式；④就业保障的覆盖对象和资格审查、保障项目（职业伤害、失业保险)、资金筹集、提供方式；⑤失能保障的覆盖对象和资格审查、保障项目、资金筹集、提供方式；⑥困难救助的覆盖对象和资格审查、保障项目（家庭救助、灾难救助等)、资金筹集、提供方式；⑦法律责任；⑧求索和诉讼。

在170多个加入国际劳工组织102号公约的国家和地区，其社会保障立法已经达到下述三个条件：①立法内容全面覆盖上述内容，风险覆盖率达标；②应保人群参保覆盖率达标；③最低保障水平达标。但这是20世纪50年代的最低国际标准，OECD国家的实际标准普遍高于这个水平。发展中国家的情况参差不齐，中国目前尚没有参加该公约。

纵观全球社会保障立法模式如下：①合并式立法，如美国《社会保障法》，以老、遗、残人群为保障对象，规范了联邦政府和州政府的保障责任；智利、墨西哥等国家也有综合性社会保障法律；其实，新加坡的《公积金法》，以职工自储公助为主要模式，覆盖家庭成员，涉及健康、住房、养老、遗属抚恤等方面，也属于综合性的社会保障立法。②编纂式立法，如法国编纂《社会保障法典》，保持了原有立法的形态。③分散式立法，也称实用型立法，由一系列独立法令构成社会保障法律体系，如德国《雇员医疗保险法》、英国《养老金法》等，针对社会风险特征实施立法。立法模式不同，社会保障法律体系的表现形式也不同。

中国先后颁布了《老年权益保障法》、《青少年权益保障法》、《促进就业法》等原则性法规，但缺乏实体法和程序法的内容；继续颁布实施了具有实体法内容的《社会保险法》，由此决定中国需要基于宪法原则制定法律效力更高的《社会保障立法纲要》，由其统率上述法律和继续新的立法，如《社会救助法》、《养老金法》等。

二、社会保障法的调整对象

社会保障法的调整对象，即社会保障法所调整的社会关系，也可以称为社会保障关系，理解社会保障关系是把握社会保障法内涵的关键。社会保障法调整社会关系的研究主要包括以下三个方面：①社会保障关系的主体及其各自的权利义务；②社会保障关系的属性；③社会保障关系的确定。

1. 社会保障关系的主体及其各自的权利义务

社会保障关系的主体究竟包括哪些?首先，有学者认为，保障的政府机制的形成，或者说导致政府介入社会保障的原因是由于工业化、城市化以及市场经济的固定特征所致。在市场经济条件下，由于“看不见的手”无法增进公共利益，实现公共消费，必须构造一只“看不见的手”——政府机制的“社会保障”，去实现这一任务。这也是自工业革命以来为社会多数人们所接受的逻辑。还有学者认为社会保障制度的建立是以国家责任为基础的，例如，西方一些学者从经济学的角度看待社会保障，认为其是市场经济条件下政府的一项经济职能，为实现社会公平而对国民收入进行分配和再分配，因而，从一般原理看，是市场失效的客观现实和社会对公平的关注，为政府干预经济、插手社会保障提供了理论依据。确实，任何一个国家的社会保障制度都离不开政府的参与。尽管近年来西方许多福利国家纷纷进行社会保障制度的改革，减轻和分散政府的责任，调动市场和个人机制的作用，但这只是要解决以往的高福利政策所酿成的政府财政危机并导致经济效率下降这一弊病，就高层自身无法克服的“市场失灵”而言，政府仍应是社会保障关系的主体。当然，政府是一个泛化的概念，社会保障项目的确立、社会保障的管理和运作、监督乃至出现争议的解决，都要通过具体的社会保障机构以及国家的职能部门来操作。因而，在社会保障实施过程中，社会保障职能机构就始终代表着国家一方。而且，由于现代市场经济中的社会保障是因政府基本职责而启动的，因而社会保障关系的一方必须是社会保障职能机构，即国家。

社会保障关系主体中的“社会”，在我国主要指用人单位、社会公共部分、社会服务机构。西方发达国家社会保障的实践表明，政府通过经济政策手段干预调节经济运行过程的作用是有限的，不可能完全担负起社会保障的责任。在美国，一些经济学家在分析市场失效的过程中，发现政府也存在失效。“当政府政策或集体行动所采取的手段不能改善经济效率或道德上可接受的收入分配时，政府失灵便产生了。”例如，英国贸工部专家指出，英国失业问题还在于半个多世纪以来，英国历届政府对“坐吃山空”的高福利政策不敢触及，以致为所欲为者依赖政府津贴仍能度日，客观上助长了不少惰性。因此，在发展中国家，尤其是在经济转轨国家，例如，我国，基于目前的国情，财政基础较薄弱，在“效率优先，兼顾公平”的指导思想下，国家不可能承担起全部或大部分的保障，必须分散到社会或个人，构筑起一个多层次的社会保障体系。不能片面强调社会保障稳定社会、实现社会平等的作用，还要重视其促进经济发展、提高经济效率的功能。从目前我国的保障措施来看，无论是“国家、用人单位、劳动者三方负担”，还是“社会统筹与个人账户相结合”，都体现了经济发展与社会公平兼顾的原则，所以社会和个人也是社会保障制度的重要主体。特别是个人，其在社会保障制度中主体身份可以说是双重的，不仅是社会保障被给付主体，在许多项目上（例如，社会保险的一些项目上）还是资金来源主体（从该意义上讲，也有说是给付主体）。

2．社会保障关系的属性

研究社会保障关系的属性，可以分为以下几个层次：

（1）社会保障关系具有人身关系和财产关系相结合的属性。社会保障包括社会保险、社会救助、社会福利，以及优抚安置等。除社会福利具有广泛性以外，社会保险、社会救助、优抚安置都是针对特定社会群体的，只有具备一定的主体身份才能享受这些保障项目。而社会保障的核心是给付，通过给付，使保障对象获得生活的必需，因此，社会保障关系又是一种典型的财产关系。

（2）社会保障关系既不完全是平等主体间的关系，也不完全是体现国家权力的管理和服从关系。传统公、私法的二元划分理论认为，公法调整的是政治国家的关系，即国家权力运作产生的诸种关系；私法调整的是市民社会的关系，即市民社会中的个人权利。而随着现代“公法私法化”和“私法公法化”的相互渗透，有学者认为已出现了一个新的法域——社会法。社会法以社会利益为本体，追求社会公平的实现，社会保障法即为典型的社会法。所以其中既有国家权力干预的关系，又有公民享受国家给付的权利的关系。有学者以社会保障关系中的核心——给付关系为例进行了阐述，认为给付关系实质上是一种特殊的合同的约定关系。在给付关系中，存在行政法律关系中基于行政权力的管理与被管理关系，而是平等主体间基于合同约定而产生的权利义务关系，但这种约定又是国家依据行政权力单方面做出的一种授益约定。因此，给付关系是一种国家依据行政权力做出授益约定，社会保障管理机构依法履行授益的约定的关系。按照有的学者的说法，认为它是一种社会连带责任关系。通过社会保障权利与社会保障义务将国家、社会团体以及全体社会成员联系在一起，形成一种社会连带责任关系。

（3）社会保障关系中的权利义务具有非对等性。这种权利义务的非对等性是指在社会保障关系中，既有无形履行了义务的法定权利，也有不享受任何权利的国家义务。前者体现在社会救济、社会优抚和社会福利法律关系中，享受社会保障权利的公民，不需要履行任何社会保障义务（ 不需要履行缴费等法定义务），只要符合一定的条件或主体身份，即可享受社会保障权利。例如，在社会救济中，只要公民生活在国家规定的贫困线和最低生活标准以下，就可以获得救济。此外，在社会保障项目中，劳动者对养老、医疗和失业保险都负有缴费义务，其中，养老保险和医疗保险都充分体现了权利与义务的对等原则，但对失业保险来说，缴纳失业保险费是劳动者的法定义务，但并非所有缴费者都享受失业保险待遇。

3. 社会保障关系的确定

在确定和理解社会保障关系的内容上，一个难点就是社会保障关系的内容是只限于对公民最低生活的保障，这不仅包括对公民最低生活的保障，还包括国家逐步提高公民生活质量的保证。

我国与西方国家社会保障的范围是不一样的。西方国家的社会保障是社会福利的一部分，因此许多国家的学者认为，社会保障只限于对公民最低生活的保障，是社会福利中的最低层次。因此，我们看到的西方“福利国家”早已超越了这个层次。而我国社会保障制度本身隐含了社会福利，因而我国的社会保障关系的内容不应只限于对公民最低生活的保障。社会福利是国家为改善和提高全体社会成员物质、精神生活而采取的措施，提供的设备和服务，社会福利是社会保障的最高境界。因此，我国的社会保障关系的内容应是指后者。但同时要注意的是，由于社会福利的普遍性和高水平，它必须是在经济发展水平达到较高的程序时才能充分实施，否则会导致“福利危机”，阻碍经济的发展，今日西方一些高福利国家的“福利病”就证实了这一点。所以，我国目前社会保障制度还只能将其作为一个未来的发展目标，就目前我国的经济发展水平来说，还不具备现实的可行性。这与我国社会保障“低水平、广覆盖”的精神是相适应的。

第四节 中国社会保障立法概况、存在问题及相关对策

一、中国社会保障立法概括

（一）新中国成立初期我国社会保障制度的发展

1949年新中国成立后，中央政府即着手建立新中国的社会保障制度。1951年2月26日，政务院正式颁布了《中华人民共和国劳动保险条例》，该条例的颁布实施，标志着我国除失业保险外，包括养老、工伤、疾病、生育、遗属等的职工社会保险制度已初步建立。与此同时，国家机关工作人员的社会保险制度也以颁布单行法规的形式逐步建立起来，如1950年的《革命工作人员伤亡抚恤暂行条例》，1952年的《关于全国各级人民政府、党派、团体及所属事业单位的国家机关工作人员实行公费医疗预防措施的指示》，1955年的《国家机关工作人员退休处理暂行办法》等。

从1957年开始，随着社会主义经济建设全面展开，国家对社会保障制度进行了一些调整。1958年国务院颁布了《关于工人、职员退休处理的暂行规定》和相应的实施细则，统一了企业和国家机关的退休、退职办法。1957年卫生部和全国总工会联合颁发了《批准工人、职员病、伤、生育假期的试行办法》和《医务劳动鉴定委员会组织通则》，同年，卫生部还制定了《职业病范围和职业病患者处理办法的规定》，将职业病列入工伤保险的范围。1962年国务院发布了《关于精简职工安置办法的若干规定》，规定了对精简职工的安置办法。在此期间，国家在城市开始兴建社会福利院，如养老院、残疾人习艺所、精神病院等，在农村开始建立农村合作医疗制度、集体五保户制度等。

“文化大革命”期间，我国的社会保险工作受到严重挫折。从中央到地方的劳动保险管理机构被撤销或停止工作；企业职工社会保险费用统筹制度被迫废弃，改变了社会保险原有的统筹调剂功能，使社会保险成为“企业保险”；异地支付社会保险待遇的办法也被迫停止。

（二）改革开放以来我国社会保障制度的发展

自20世纪70年代末起，我国开启了波澜壮阔的经济体制改革。与此同时，社会保障制度也进行了全面的改革和重构。改革开放30多年来，我国社会保障法律制度经历了三个发展阶段。

1. 1978~1992年，社会保障改革起步阶段

1978年以来，随着我国经济体制改革的全面推进，我国社会保障制度也开始了改革探索。1983年年底，国家开始在一些省市实行医疗制度改革试点，1984年开始实行退休基金社会统筹的试点。1986年国务院颁布《国营企业实行劳动合同制暂行规定》，规定对劳动合同制工人的退休养老基金实行社会统筹，该规定正式拉开了社会保险改革的序幕。同年7月，国务院还颁布了《国营企业职工待业保险暂行规定》，在我国首次建立了失业保险制度。1991年6月，国务院发布了《关于企业职工养老保险制度改革的决定》，提出了建立多层次养老保险的目标，基本养老保险实行社会统筹，先由市、县级统筹再逐步过渡到省级统筹。1993年4月，国务院发布了《国有企业职工待业保险规定》，将失业保险进一步扩大，同时，在农村社会保障制度方面，主要开展了中央政府主导下的大规模扶贫运动。

这一阶段中国社会保障制度设计的目标主要是为当时国有企业改革配套，为国有企业与国有职工服务以及缓解农村贫困现象。社会保障的相关立法也主要围绕这一目标而展开。

2. 1993~2003 年，社会保障制度重构阶段

1992 年党的十四大报告提出了建立社会主义市场经济体制的目标。1993 年 11 月，党的十四届三中全会通过了《关于建立社会主义市场经济体制的若干问题的决定》，明确将社会保障制度确认为市场经济正常运行的维系机制的五大支柱之一。为此，我国出台了一系列社会保障方面的法律、行政法规和规章。1994 年全国人大通过了《中华人民共和国劳动法》，专门规定了“社会保险和福利”，规定了企业职工社会保险项目，包括养老保险、疾病保险、工伤保险、失业保险、生育保险和死亡遗属津贴等。在养老保险方面，1995 年国务院发布《关于深化企业职工养老保险制度改革的通知》，确立了社会统筹和个人账户相结合的养老保险制度改革方案。1997 年国务院发布了《关于建立统一的企业职工基本养老保险制度的决定》，规定到 20 世纪末，要基本建立起适应社会主义市场经济体制要求，适用城镇各类企业职工和个体劳动者，资金来源多渠道、保障方式多层次、社会统筹与个人账户相结合、权利与义务相对应、管理服务社会化的养老保险体系。在医疗保险制度方面，1994 年经国务院批准，国家体制改革委员会、财政部、劳动部、卫生部印发了《关于职工医疗制度改革的试点意见》，明确提出职工医疗保障制度改革的目标是建立社会统筹医疗基金和个人账户相结合的制度，并使医疗保险制度逐步覆盖城镇所有劳动者。1996 年国务院批准了《关于职工医疗保障制度改革扩大试点的意见》，在全国范围内进行了医疗保险制度改革的试点。1998 年国务院正式发布《关于建立城镇职工基本医疗保险制度的决定》，规定城镇所有用人单位，包括企业、机关、事业单位、社会团体、民办非企业单位及其职工，都要参加基本医疗保险。在失业保险方面，1999 年国务院发布《失业保险条例》，将失业保险的范围扩大到城镇企业事业单位及其职工。在生育保险方面，1994 年劳动部颁发了《企业职工生育保险试行办法》，规定在企业实行职工生育保险制度。在工伤保险方面，1996 年劳动部发布了《企业职工工伤保险试行办法》，2003 年国务院正式颁布《工伤保险条例》，规定各类企业及有雇工的个体工商户都应当参加工伤保险，工伤保险费由用人单位缴纳，职工个人不用缴纳。在社会保险费征缴方面，1999 年国务院发布《社会保险费征缴暂行条例》，对社会保险费的征缴作了明确规定。此外，在社会救济方面，国家开始更多地关注弱者，为了解决社会低收入人群的生活问题，1999 年国务院颁发《城市居民最低生活保障条例》，建立了城市居民最低生活保障制度。

这一阶段的社会保障立法，主要是围绕市场经济制度的确立而展开的，在立法的指导思想方面，遵循了“效率优先，兼顾公平”的原则，在内容上，通过国务院一系列行政法规的出台，基本建立起了城镇职工养老、医疗、失业、工伤、生育等社会保险制度和城市居民最低生活保障制度。

3. 2004 年至今的社会保障全面深化阶段

2004 年党的十六届四中全会提出了构建社会主义和谐社会的目标，社会保障成为国家的基本社会政策。2005 年国务院颁布《关于完善企业职工基本养老保险制度的决定》，进一步扩大养老保险的覆盖范围，改革了养老金计发办法。2006 年国务院颁布《关于解决农民工问题的若干意见》，提出积极稳妥地解决农民工社会保障问题。2007 年国务院颁布《关于在全国建立农村最低生活保障制度的通知》，规定在全国农村建立低保制度；同年国务院颁布《关于开展城镇居民基本医疗保险试点的指导意见》，决定将基本医疗保险逐步覆盖全体城镇非从业居民。

新时期，我国社会保障制度的目标是建立城乡统筹的社会保障制度，要着力解决我国长期存在的、由城乡二元结构导致的农村社会保障制度薄弱问题，在立法的指导思想上，社会公平的价值观进一步确立，政府责任得以加强。党的十七大明确提出，"到 2020 年基本建立覆盖城乡居民的社会保障体系"。最高立法机关则规划制定社会保险法、基本医疗卫生保健法、精神卫生法、社会救助法、慈善事业法等。2010 年 10 月 28 日，全国人大常委会通过了《社会保险法》，明确了我国社会保险制度的基本原则和目标以及基本的制度框架，而《社会救助法》也在起草制定过程中。

我国《社会保险法》通过后，一系列配套的法规和规章制度陆续出台，社会保险法律法规体系逐步走向完善。根据 2010 年 12 月 30 日国务院《关于修改〈工伤保险条例〉的决定》，修订后的《工伤保险条例》于 2011 年 1 月 1 日起施行。人力资源和社会保障部也通过了修订的《非法用工单位伤亡人员一次性赔付办法》、《工伤认定办法》、《部分行业企业工伤保险费缴纳办法》，这三个部门规章均自 2011 年 1 月 1 日施行。2011 年 6 月 7 日，国务院发布了《关于开展城镇居民社会养老保险试点的指导意见》（国发〔2011〕18 号），对城镇居民社会养老保险制度进行了原则性规定。人力资源和社会保障部于 2011 年 6 月 29 日公布了《实施〈中华人民共和国社会保险法〉若干规定》、《社会保险个人权益记录管理办法》、《社会保险基金先行支付暂行办法》，这三个部门规章已于 2011 年 7 月 1 日起施行。

2011 年是我国"十二五"规划的开局之年，《中共中央关于制定国民经济和社会发展第十二个五年规划的建议》中明确提出，"十二五"期间，健全覆盖城乡居民的社会保障体系的目标。坚持广覆盖、保基本、多层次、可持续方针，加快推进覆盖城乡居民的社会保障体系建设。实现新型农村社会养老保险制度全覆盖，完善实施城镇职工和居民养老保险制度。实现基础养老金全国统筹，推动机关事业单位养老保险制度改革，进一步做实养老保险个人账户，实现跨省可接续。扩大社会保障覆盖范围，逐步提高保障标准。发展企业年金和职业年金，发挥商业保险补充性作用，实现城乡社会救助全覆盖，积极稳妥地推进养老基金投资运营。大力发展慈善事业。加强社会保障信息网络建设，推进社会保障卡应用，实现精准管理。

2012 年 11 月 8 日，在党的十八大报告《坚定不移沿着中国特色社会主义道路前进为全面建成小康社会而奋斗》中，提到统筹推进城乡社会保障体系建设。报告中指出社会保障是保障人民生活、调节社会分配的一项基本制度。要坚持全覆盖、保基本、多层次、可持续方针，以增强公平性、适应流动性、保证可持续性为重点，全面建成覆盖城乡居民的社会保障体系。改革和完善企业和机关事业单位社会保险制度，整合城乡居民基本养老保险和基本医疗保险制度，逐步做实养老保险个人账户，实现基础养老金全国统筹，建立兼顾各类人员的社会保障待遇确定机制和正常调整机制。扩大社会保障基金筹资渠道，建立社会保险基金投资运营制度，确保基金安全和保值增值。完善社会救助体系，健全社会福利制度，支持发展慈善事业，做好优抚安置工作。建立市场配置和政府保障相结合的住房制度，加强保障性住房建设和管理，满足困难家庭基本需求。坚持男女平等基本国策，保障妇女儿童合法权益。积极应对人口老龄化，大力发展老龄服务事业和产业。健全残疾人社会保障和服务体系，切实保障残疾人权益。健全社会保障经办管理体制，建立更加便民快捷的服务体系。[①]

二、社会保障法立法存在的问题

1. 立法工作严重滞后

纵观世界各国社会保障制度建立和发展的历史，无一例外不是立法在先。比如，开社会保障先河的德国，就是在1883年由政府颁布《劳工疾病保险法》，堪称世界第一部社会保险法律，而后又于1884年和1889年分别颁布《劳工伤害保险法》和《残废和老年保险法》，奠定了社会保险立法的基础，一时间成为各国效仿立法的楷模。然而，中国直到2010年才颁布了第一部综合性社会保障法律《社会保险法》。《社会保险法》虽然是一部涉及养老、医疗、失业、工伤、生育五大险种的法律，对各项社会保险作出了全面的制度安排和规范，但是法律的实际运行效果还需看执行情况，并且要尽快制定相应的配套法规，为社会保险法的全面实施提供更具操作性的法律依据。这部法律中有多处授权国务院或省级政府规定、决定的条款，少数条文也显得过于原则，实施中迫切需要用更具体、更细化的规范来指导。因此，国务院应及时制定相应的行政法规，如社会养老保险条例、医疗保险条例、社会保险经办机构条例等，以便使制度运行真正有"法"可依。这是社会保险法能顺利实施的保证。总体来说，我国立法行动总是落在经济发展的后面，处于一种被动状态。

另外，我国的社会保险制度仍不完善，呈碎片化状态，正处在渐进改革过程中。社会保障与劳动体制密切相关，而我国的劳动就业体制本身也不完善，改革还没有完成，并且农民工具有高度的流动性。因此，在这种情形下，社会保险立法要形成高度共识非常难。

2. 立法体系不健全

作为社会保障法的核心部分《社会保险法》刚刚出台，其余组成部分如社会救济、社会福利和优抚安置则几乎处于立法的空白地带，现有的零散颁布的各种条例、决定、通知和规定，相互之间缺少必要衔接，不能形成配套法律体系，实践中的许多问题无法可依。由于中央集中立法进程缓慢，地方立法畸形发展，地方制定的规章制度，立法者是多种主体参与，如劳动、卫生、财政、民政、银行、保险公司乃至工会等，"法出多门，各行其是"，各部门的规章制度的适用范围不尽一致，甚至相互冲突和矛盾，使一些本来已有的地方社会保障立法也陷入"有法难依"的困境。这种现状充分反映了建立统一社会保障法律体系的迫切需要。然而，由于各地社会保障制度模式多，路径依赖严重。许多地方都在创新社会保障模式，如深圳模式、东莞模式、青岛模式等。创新太多、模式太多容易形成路径依赖，反而不利于制度的有效整合。

3. 立法层次不高

社会保障法是中国市场经济法律体系中的一个独立的法律部门，同其他各部门法一样，其效力应该仅仅低于宪法，在立法层次上按理应该由全国人民代表大会制定，但现实是人大立法少，行政法规多，立法层次低。这些行政法规大多数以"规定"、"试行"、"暂行"、"决定"、"意见"、"通知"的形式出现，它们是解决社会保障工作所面临问题的主要法律依据。这种现状显然与社会保障法的地位是不相符合的，它带来的结果是社会保障立法严重缺乏权

① 胡锦涛. 2012. 坚定不移沿着中国特色社会主义道路前进　为全面建成小康社会而奋斗——在中国共产党第十八次全国代表大会上的报告. 北京：人民出版社.

威性和稳定性。另外，社会保险在西方是劳资双方博弈的结果，在我国表现为部门分割、部门之间博弈的结果。各部门利益往往不能协调，不能一致。所以需要提高社会保障立法层次，由全国人民代表大会统筹社保立法。

4. 立法认识存在误区

立法过程中公众对待《社会保险法》意见不统一，公众对社会保险领域存在重大内容认识的分歧，有学者主张去掉《社会保险法》中农村合作医疗部分，认为这是固化城乡分割，后来经过反复讨论又恢复在《社会保险法》中。所以说立法过程中如何正确处理解决这些认识误区是当代中国社会保障立法所面临的一个重要问题。

5. 中央与地方之间存在利益分歧

例如，部分学者认为养老保险全国统筹会影响发达地区的养老金水平。另外，也有学者认为发达地区有大量的基金结余，若要上交则利益受损。上述两点的关键问题在于养老保险实行全国统筹以后，公众担心中央财政要对养老保险负有很大的责任，而地方政府则不负责任。这就需要理性协调与发展。因此，中央与地方存在的利益分歧也是影响社会保障立法的一个重要问题。

6. 法律效力低及实施机制弱化

社会保障的实施机制包括行政执法、司法、争议解决的仲裁活动及法律监督程序等。实施机制较弱的主要原因是社会保障法律中缺乏法律责任和制裁措施的规定。社会保障法律关系中的责任是有其自身特点的，比如，工伤保险责任的归责原则是“无过错原则”，发生了工伤事故，无论雇主是否有过错，都要承担赔偿责任，实际上是推定雇主责任原则。[①]

三、建立健全中国社会保障法律制度的对策

第一，加快社会保障立法，完善社会保障立法体系。在当今世界的法治国家，法律是管理国家和社会事务的主要手段。已建立较完善社会保障制度的世界各国，其社会保障的基本特征都是由国家立法实行强制和互济的，政府依据立法组织和实施社会保障的各个项目。因此，建立健全独立的社会保障法律是社会保障事业发展的重要目标和保证。目前，中国的社会保障立法有待完善，与党的十七大提出“到2020年基本建立覆盖城乡居民的社会保障体系”的目标尚有一段距离。

综观世界社会保障的立法体系，主要有两种典型模式：

（1）集中立法模式，或称综合、统一、整体、总体立法模式，是指一个国家或地区立法机关制定一部社会保险法，较完整地规定关于社会保险的各项制度。采取集中立法模式的国家又可以分为两类：一类制定《社会保障法》，其中包括社会保险法的内容，以德国、美国等国家为代表。德国《社会法典》（1975年制定，分篇逐步通过）实际就是一部社会保障法典。美国1935年发布的《社会保障法》，第一次使用了社会保障的概念，第一次在一部法律中规定了社会保险、社会福利和社会救济等内容，该法经修订后至今仍在生效。另一类制定《社会保险法》，以英国、瑞典等国家为代表。英国1946年的《国民保险法》、瑞典1962年的《国民保险法》即以社会保险为核心，泰国1990年的《社会保险法》、蒙古1994年的《社会保险

① 胡锦涛. 2012. 坚定不移沿着中国特色社会主义道路前进 为全面建成小康社会而奋斗——在中国共产党第十八次全国代表大会上的报告. 北京：人民出版社.

法》也属于这一类。

（2）分散立法模式，或称单向、单行、个别立法模式，是指在多部法律中分别规定社会保险各方面制度的立法模式。每部法律的内容均不够全面，一般一部法律只涉及社会保险的某一个方面或几个方面，只有把多部法律的内容综合起来，才能够形成社会保险比较完整的法律制度。社会保险立法采用分散立法模式的国家和地区以日本、中国台湾地区为代表。如中国台湾地区的社会保险法有“国民年金法”、“全民健康保险法”、“就业保险法”、“公教人员保险费”、“军人保险条例”、“劳工保险条例”等。

从社会保险立法的历史发展来看，绝大多数国家是先采取分散立法模式，在相关法律成熟后再采取集中立法模式。如德国在世界上最早进行保险立法，1883 年颁布了《劳工疾病保险法》，1884 年颁布了《劳工伤害保险法》，1889 年颁布了《残废和老年保险法》，1911 年颁布了《孤儿寡妇保险法》，并将疾病保险、工伤保险和养老保险合并为单一的社会保险。1923 年颁布了《矿工保险法》，1927 年颁布了《职业介绍和失业保险法》，1975 年开始制定综合性的《社会法典》。

我国《社会保险法》作为新中国成立以来第一部社会保险制度的综合性法律，主要确立了社会保险法的原则、框架和基本制度，与《民法通则》在民事立法中的地位类似，由此，我国的社会保险立法模式与集中立法方式和分散立法方式均有一定区别。目前我国社会保险制度仍处在改革探索阶段，许多具体制度仍有较大争议，理论准备也不够充分，只能先制定一部原则性的社会保险基本法，待条件成熟后再考虑细化为社会保险法典。

第二，在权利与义务相统一的前提下，扩大立法保障的覆盖面，提高社会保障的社会化程度。社会保障作为一个国家法定的经济制度和社会制度，必须以保障全体国民的基本生活需要并不断提高其福利水平为立法宗旨。社会保障法律制度应把所有劳动者都纳入其保障范围。企业和个人都有依法交纳社会保障税费的义务和享受社会保障的权利。必须强调指出的是，随着中国农村经济的发展，传统的“家庭保障”模式正在发生变化。特别是由于农村老龄化程度高、数量大，目前表现的并不算突出的农村养老保险问题必将成为当代中国社会保障的一大难题。因此，必须加快对农村社会保险立法问题的研究，根据农村的特点，制定出有别于城镇社会保险模式的农村社会保险专门法规，尽快把广大农民纳入社会保险的范围。

第三，强化社会保障基金筹集与运营的法律，规范社会保障基金是依法建立的用于社会保障事业的专项资金。社会保障基金的筹集、使用、保值增值和管理涉及国家、法人团体以及社会成员等社会保障主体权利与义务的平衡，是一个国家社会保障制度能否顺利实施和正常发挥作用的关键。因此，必须建立一套完善的社会保障基金法律制度。首先，确立适合中国国情的社会保障基金筹集的法律模式，通过法律的强制手段确保社会保险费的及时足额征缴。其次，完善社会保障基金管理运营的法律机制。通过立法统一建立社会保障事业经费的基金化、专业化管理制度，把社会保障经费的收支纳入国家和地方各级政府的预算管理中，杜绝社会保障经费收支的随意性。再次，健全社会保障基金保值增值的法律制度。社会保障基金如何保值增值是中国社会保障和法制建设工作必须研究的重要课题。在社会主义市场经济条件下，社会保障积累基金保值增值的实质是要变基金的传统行政化管理模式为资本化管理模式。这一根本性转变有一定风险，因此，必须通过立法建立健全社会保障基金安全、有效的投资制度。

第四，强化社会保障法律制度的行政执法和司法保护措施。行政执法和司法保护是社会保障基本立法的重要内容，是确保社会保障法律制度正常运行的具有强制性的法律措施。在目前人们社会保障法制观念不强，各种拒缴、欠缴、挤占、挪用社会保险基金等现象严重存在的情况下，加强社会保障的行政执法和司法保护显得尤为重要。首先，鉴于《中华人民共和国刑法》并未将社会保险基金列入特定款物的刑法保护之内，而只规定了“挪用用于救灾、抢险、防汛、优抚、扶贫、移民、救济款物，情节严重，导致国家和人民群众利益遭受重大损害的，对直接责任人员，处三年以上七年以下有期徒刑”（273 条）。中国最高立法机关必须加紧制定有关制裁挤占、挪用社会保险基金的违法犯罪行为的法律，以确保社会保障法规的有效实施。其次，对于拒绝履行缴纳社会保障税、费的法定义务人，各社会保障管理机构和社会成员有权提请行政执行机关对其进行处理，或直接向司法机关提起诉讼。再次，社会保障受益人在社会保障管理机构及其工作人员因玩忽职守使其遭受损害时，或因单位和个人采取欺诈、贿赂等非法手段取得社会保障金而使其利益受损时，有权提请行政裁决或司法裁判，追究责任人的行政责任、民事责任直至刑事责任。最后，要积极创造条件，加快建立中国专门的劳动和社会保障法院，对社会保障领域发生的违法犯罪案件进行专门审判，为社会保障受益人的合法权益提供有力的司法保护。①

[案例分析]

案例一：宁夏社保基金案

【案情摘要】

2006 年 9 月，国家审计署在审计石嘴山市医疗保险事务管理中心有关资金使用情况时，发现该医保中心资金存在问题。审计人员到医保中心调取有关账目时，该医保中心财务科科长李斌借机外逃。审计人员在随后的查账过程中，发现医保中心有 3 张总计金额为 605 万元的银行承兑汇票没有入账，且该银行承兑汇票去向不明，遂将有关材料移送石嘴山市人民检察院。随后，国家审计署又向石嘴山市人民检察院移送 7 张未入账的银行承兑汇票，总计金额为 2165 万元。

2006 年 9 月 27 日，宁夏回族自治区审计厅再次向石嘴山市人民检察院移送 11 张未入账的银行承兑汇票，总计金额为 613.556 万元。至此，审计部门共向检察机关移送未入账的银行承兑汇票 21 张，总计金额达 3383.556 万元。检察机关指控，2004 年春，被告人徐福宁得知其哥哥徐福新领导的石嘴山市医保中心管理的医保基金有企业缴纳的银行承兑汇票，遂产生借用承兑汇票进行质押借款投资做生意之念。短短一年间，被告人李斌就将其保管的（挂账处理）宁夏煤业集团缴纳的面值 3233.556 万元的 19 张银行承兑汇票陆续交给被告人徐福宁使用。徐福宁则分 4 次将 16 张面值 2533.556 万元的银行承兑汇票交给他人贴现，全部用于房地产公司、煤矿、夜总会等投资经营和个人挥霍，直至案发未能退还。

【处理结果】

2008 年 2 月 1 日，吴忠市中级人民法院一审对宁夏吴忠市人民检察院起诉的石嘴山市医保资金被挪用一案进行公开宣判。法院认定石嘴山市医保中心原主任徐福新（副处级）、石嘴山市医保中心原财务科长李斌、石嘴山瑞祥达房地产开发公司原董事长徐福宁 3 人挪用医保资金 3233 万元，以挪用公款罪判处李斌无期徒刑，剥夺政治权利终身；以挪用公款罪判处徐福新无期徒刑，剥夺政治权利终身，以受贿罪判处其有期徒刑 1 年，决定执行无期徒刑，剥

① 丁康. 2001. 中国社会保障立法的现状、问题及对策. 江西财经大学学报，（3）：42-44.

夺政治权利终身；以挪用公款罪判处徐福宁无期徒刑，剥夺政治权利终身，以非法拘禁罪，判处其有期徒刑 1 年，决定执行无期徒刑，剥夺政治权利终身；以挪用公款罪判处刘飞有期徒刑 14 年；以挪用公款罪判处艾斌有期徒刑 10 年；以掩饰、隐瞒犯罪所得罪判处马小春有期徒刑 1 年，并处罚金 1000 元。法院同时判决各被告人违法所得的一切财物予以收缴。

【分析】

社保基金有两大特点：一是数额大，年年积累下来的资金总量甚巨；二是社保资金的积累和支付不同步，时间跨度往往长达几十年，这使得挪用等违规行为更具隐蔽性。本案例情况表明，社保基金之所以成了撬动一些企业和个人贪欲的杠杆，其支点在于失去了监督的“管家”权力。

以上海为例，社保基金管理中心、企业年金管理中心这些履行社保基金管理职能的部门，由于直属于上海市社保局，使得社保局多年来集政策制定、费用收缴、投资运作、监督查处等权力于一身，既当“运动员”即基金营运，又当“裁判员”即行政监督。在财务管理方面，由于只设收入户，没有支出户及财政专户，其收入、提取、支付全由地方社保部门说了算，不透明运作导致个别管理者将社保基金当成了“自留地”。

这种钱、账、权一把抓，“左手管右手”的管理架构，一方面使得社保部门负责人“一人独大”；另一方面，作为地方政府的行政部门负责人，这种大权还可能被个别上级领导“相中”，有关部门则成为长官意志操控下的前台“木偶”。

国家审计署第 6 号审计结果公告指出，“宁夏 3000 多万元社保基金被轻易转到了个人账户上，建设银行贵州省分行与工商银行贵州省分行少申报缴费基数、截留了 6000 多万元社保基金，并且征得了贵州省社会保障局的同意。这些明显违规的行为之所以发生，就是因为社保基金监管制度的缺乏”。

经济学家吴敬琏指出，行政管理机关和基金管理机关合一，而行政管理机关拥有对社保基金的收缴、保管和发放全权处理的权力，他们只要对上级领导负责，而不必向广大受益人报告，也不受他们约束，这正是腐败分子滥用权力、贪污挪用“养命钱”能够得手的体制上的原因。

在党和国家的高度重视下，发生在一些地方的社保基金案件被侦办，腐败分子被查处。与此同时，对于社保基金审计查出的问题，有关部门采取了逐项整改、清理回收资金等一系列措施。对于老百姓关心的“被挤占挪用的资金究竟能不能追回来”这一问题，劳动和社会保障部表示，能收回的，立即纠正；无法清收的资金，由同级政府偿还到位。因“历史遗留问题”而无法收回的社保基金，有关部门要求各地政府“埋单”、“填坑”，从而保证社保基金的安全完整。不仅是“亡羊补牢”，为防患于未然，架设制度“高压线”更成了一个着力点。2011 年《中华人民共和国社会保险法》的颁布实施，规范了社会保险关系，规定了用人单位和劳动者的权利与义务，强化了政府责任，明确了社会保险行政部门和社会保险经办机构的职责，确定了社会保险相关各方的法律责任。同时，政府正在酝酿建立信息披露制度，以提高社保基金运营管理的透明度。多管齐下维护“高压线”，千方百计保护“养命钱”。

案例二：维护公众利益受伤能否按工伤认定并享受待遇

【案情摘要】

某运输公司的班车遇车祸，职工黄某下车协助现场的交通民警抢救伤员时被另一卡车撞成脑挫裂伤，颅内血肿，脾破裂，进行了脾切除手术等治疗。黄某所在运输公司不同意按工伤给予待遇。黄某诉至当地劳动争议仲裁委员会。

【处理结果】

当地劳动争议仲裁委员会受理后，经过调查，裁决运输公司给予支付黄某工伤保险待遇，黄某胜诉。

【分析】

本案例涉及的核心问题是：职工在维护国家、社会和公众利益的活动中受伤，能否享受工伤保险待遇？

根据《工伤保险条例》第十五条关于“职工有下列情形之一的，视同工伤：……（二）在抢险、救灾等维护国家、社会和公众利益活动中受到伤害的”规定，黄某乘坐的班车遇车祸，其下车主动帮助现场交警抢救伤员时撞成重伤，他虽不在工作岗位上致伤，但却是帮助抢救伤员、在为社会公众做好事的现场致伤，依上述规定应视同工伤。

此前国家有关部门为鼓励为人民、为社会多做好事，制定了一系列相关政策规定。劳动部中薪字【1963】17 号文第二项规定，“在从事对社会有利的工作情况下伤亡的”应享受工伤待遇；全国总工会劳动保险部《关于劳动保险问题解答》【1964】第 54 号规定“在紧急情况下（如抢险、救灾、救人等）”，从事对企业或者社会有益的工作而造成的疾病、负伤、残疾或者死亡，可以享受工伤待遇等。国务院新修改并颁布实施的《工伤保险条例》，明确规定在抢险、救灾等维护国家、社会和公众利益的活动中受到伤害的职工，可“视同工伤”。这在法律层面上作出了抢险、救灾等维护国家、社会和公众利益的活动中受到伤害的职工，可享受工伤保险待遇的保障。因此，本案中黄某根据以上规定，可申请工伤认定，应该享受工伤保险待遇。

我国是社会主义国家，提倡一心为公的社会公德，鼓励为人民、为社会多做好事。在建设社会主义文明社会的今天，我们尤其要注重精神文明建设，从制度上保证那些为社会、为人民作出贡献的人享有合法权益。这起劳动争议当事人黄某在车祸现场协助交通民警抢救伤员，帮助清理事故现场，使伤员尽快得到医治，黄某的做法对社会对公众有利，黄某虽不幸被其他车辆撞伤，按照国家规定，他应该享受工伤保险待遇。

CHAPTER 17

第十七章　中国社会保障管理体制

[内容摘要]

健全的社会保障管理体制，是保证社会保障整体效能的一个中心环节。本章全面阐述了中国社会保障管理体制的主要类型，阐述了中国社会保障管理体制的发展现状，以及当前中国社会保障管理体制存在的主要问题。最后提出了我国社会保障管理体制改革的方向。

[学习要点]

（1）中国社会保障管理体制的类型。
（2）当前中国社会保障管理体制存在的主要问题。
（3）我国社会保障管理体制改革的方向。

第一节　社会保障管理体制的基本含义和主要类型

一、基本含义

社会保障管理体制是指国家为实施社会保障事业而规定的从中央到地方的各种社会保障管理机构、管理原则和管理机制的总和。[①]其中，社会保障管理机构是其核心部分。健全的社会保障管理体制，是保证社会保障整体效能的一个中心环节。它是否科学、合理，不仅关系到社会保障功能能否充分、有效地发挥，而且关系到国家的经济建设能否顺利进行，整个社会能否稳定。

二、主要类型

一个国家的社会保障管理体制，往往由于不同的历史背景、社会制度和经济发展水平等因素而存在一定的差异，因此国际上社会保障管理体制的类型较多。经过总结归纳，我们把国际上比较典型的社会保障管理体制大致划分为以下四种类型。[②]

（1）集中统一型。这种类型的社会保障管理体制的主要特征是在整个国家或地区只建立一个社会保障机构，统一管理有关的各项目的事务，并通过统一征集税收（目的税），以保证社会保障的各项支出。例如，英国的社会保障部，就集中统一管理几乎所有社会保障事务，除下属六个委员会和两个管理中心办公室外，在全国各地还普遍设立分支机构，而每个分支机构属下又有多个福利办公室。因此，整个管理系统十分庞大。

（2）统分结合型。这种类型的社会保障管理体制的主要特征是立法、政策、资金和监督四种职能实行统一管理，而具体的社会保障各项目管理则分别由各职能部门分工管理。例如，法国的社会保障管理体制实行了统一立法、统一资金征集管理、统一实行监督，但社会保障各项目的具体管理事务则主要由社会保险局和社会事务局等机构分工管理。前者负责医疗、年金等社会保障工作，后者主要负责残疾人、老人、儿童等的社会福利工作。此外，还有些特殊性质的项目，如失业保险的管理则由国家劳动部承担。

（3）分头自治型。这种类型的社会保障管理体制的主要特征是在统一立法和统一监督下，对各种社会保障项目实行分头自治管理，相互独立，互不融通。例如，德国就属于这种类型，医疗保险、年金、战争被害者的援助等工作由劳动社会部自治管理；医疗、保健、食品卫生、医药和社会福利则由青少年、家庭、妇女保健部实行自治管理。

（4）市场运作型。这种类型的社会保障管理体制的主要特征是政府部门只作一般监督和政策规划，而社会保障的具体事务，都转为民间部门根据立法参与运作和承办。例如，智利的政府社会保障部门只负责制定政策和发展规划，具体业务和基金运营则由包括私营保险公司在内的民间机构承担，政府对基金运营过程实行动态监督。

---

① 郑成功. 2005. 社会保障概论. 上海：复旦大学出版社.

② 参考智库百科. http://wiki.mbalib.com/wiki/社会保障体制.[2014-01-08].

第二节　中国社会保障管理体制的变迁

一、第一阶段，中央人民政府成立与社会保障行政体制肇建（1949~1956 年）

1949 年 10 月 21 日，中央人民政府政务院宣告成立，下设 30 个部、会、院、署、行，其中负责管理社会保障事务的部门主要是内务部、劳动部、卫生部等部门。新中国成立初期，由于尚未出现“大一统”的社会保障概念，还谈不上有统一的社会保障行政管理机构，社会保险、社会救济、社会福利等社会保障事务自然也处于分割管理的状态。当时，社会保障行政管理的基本分工是：内务部主管救灾救济、社会福利与国家机关工作人员的社会保险；劳动部主管企业的劳动保险；卫生部主管公费医疗等医疗保障业务。中央人民政府人事部成立后承接了原由内务部主管的国家机关工作人员社会保险等业务；财政部对社会保险、公费医疗也负有一定的财务管理职责；内务部主管的救济福利事业与卫生部、教育部密切相关。实际上，基本形成了一种以内务部、劳动部、卫生部为主管，以人事部、财政部、教育部等为辅助的社会保障行政格局。就社会保险行政体制而言，虽然存在企业与机关事业单位社会保险分割管理的不足，但企业劳动保险实行监督权和执行权分离是值得充分肯定的，这实际上就是当下念兹在兹的“管办分离”原则。在社会救济和社会福利方面，新中国成立初期形成的由民政部门主管的局面实际上奠定了新中国社会救济和社会福利行政体制的基本格局，而在民政部门内部，社会救济与社会福利行政体制合一是新中国成立初期一个重要特色，起初城乡社会救济和社会福利均由内务部社会司统一管理，后虽增设救济司专管农村社会救济和社会福利，也只是将城乡分开管理，但不论是管城市的社会司，还是管农村的救济司，都是统管社会救济和社会福利的综合行政机构；管办合一的制度设计是新中国成立初期社会救济和社会福利行政体制的又一个重要特色，这种制度设计在百废待兴的新中国成立初期有其必要性，后来却在计划经济体制下不断被强化。

考察新中国成立初期的社会保障管理体制，不难发现：①新中国成立初期民政、劳动、工会、卫生等部门在社会保障事务管理工作中的分工，为以后社会保障管理格局和体制的形成奠定了基础。这一时期，政府在社会保障管理方面所做的开创性工作，对中国社会保障事业的发展影响深远。②城乡二元结构差异在社会保障管理工作中清晰地反映出来。政府当时推行的劳动保险和社会保险主要是针对城镇劳动者的，而农村劳动者则享受不到这种待遇。内务部负责的社会救济和社会福利工作，也被人为地割裂为城镇和农村两部分。1953 年 8 月，内务部调整各司业务，将社会司面向城市，另设救济司主管救灾和农村救济。1955 年 5 月，内务部又分别设置城市救济司和农村救济司。这些做法在一定程度上有利于明确城乡不同的工作重点，却强化了人们对城乡两种不同身份在待遇上的认知差异，为社会保障制度二元结构的长期存在埋下了伏笔。③在劳动保险管理模式方面，全国总工会和劳动部进行了执行权和监督权分离管理的尝试。《劳动保险条例》实施的头几年，在劳动保险的管理上，中华全国总工会拥有最高领导权，各级工会和产业工会具有执行权，劳动部拥有最高监督权，基本实现了劳动保险执行权和监督权的分离。④在劳动保险基金的筹集机制上，中华全国总工会与各级地方工会组织切实参与管理劳动保险总基金和劳动保险基金，确立了以企业单方付费制为基础的现收现付筹资机制，实现了筹资渠道的社会化，凸现了劳动保险的互济性。

二、第二阶段，计划经济时期社会保障管理体制的曲折发展（1957~1984 年）

随着“三大改造”和“一五计划”的完成，自 1957 年开始，国家转入了全面开展社会主义建设时期。在计划经济体制下，中国社会保障制度选择的是国家–单位保障制度模式，国家直接承担着统一制定各项社会保障政策和组织实施有关社会保障事务的责任，城镇党政机关、企事业单位负责本单位职工的保险和福利待遇及其家属的有关社会保障费用，农村集体组织则担负着合作医疗、五保供养和农村贫困户以及优待烈军属等责任。为了适应政治、经济、社会形势的变化与发展，国家对社会保障管理体制也做过一些调整，但是，由于对基本国情缺乏科学认识和决策失误，中国社会保障管理体制走的是一条曲折发展与变迁之路。

1. 社会主义建设道路初步探索时期的调整

从 1957 年到“文化大革命”爆发，中国社会保障管理体制基本上延续了新中国成立初期所形成的由内务部、劳动部、总工会和卫生部主管的分割管理格局。1958 年 8 月，内务部将农村救济司改为农村救济福利司，将城市救济司改为城市社会福利司。1959 年 7 月，农村救济福利司更名为农村救济社会福利司，城市社会福利司更名为城市救济社会福利司。国家机关工作人员的保险和福利业务又重新划入内务部。内务部负责社会保障业务的机构调整为农村救济社会福利司、城市救济社会福利司、优抚局、政府机关人事局等几个单位。

2.“文化大革命”对社会保障管理体制的破坏

“文化大革命”时期，中国在政治、经济、文化等方面都遭受严重挫折和损失，社会保障管理体制同样未能幸免，为以后的社会保障工作留下了后遗症。

1969 年 1 月，内务部被撤销，原内务部所主管的业务由其他部门分别接管。据统计，当时全国优抚对象 4000 多万人、残疾人 700 多万人、五保户 300 多万人，困难户和受灾人口每年都在 1 亿人左右。对于如此众多人口的生产和生活问题，缺乏一个专门的主管部门，业务上自然就失去了统一指导的效能。

“文化大革命”以前，从中央到地方都有比较健全的社会保险管理机构，并配备有经过专业培训的专职干部。“文化大革命”开始后，社会保险工作受到了很大的冲击，当时管理企业职工劳动保险业务的中华全国总工会被迫停止活动，各级工会组织也几乎处于瘫痪状态，劳动保险的管理工作由工会组织转到了企业行政方面。

3.“文化大革命”结束后和改革开放初期对社会保障管理体制的恢复性建设

“文化大革命”结束后，中国重新回归以经济建设为中心的轨道。为适应新形势发展需要，党中央和国务院加强对社会保障工作的领导，社会保障管理体制进入了恢复性建设阶段。1978 年 5 月 18 日，中华人民共和国民政部正式成立，其内设机构有办公厅、政治部、优抚局、农村社会救济司、城市社会福利司、民政司、政府机关人事局和中国盲人聋哑人协会。紧接着，地方民政工作的管理机构也开始重建。民政部基本上延续了原内务部的职能，主管的社会保障事务有优抚、复退安置、生产救灾、社会救济和社会福利，以及国家机关、事业单位工作人员的退休、退职及工资、福利等。

1979 年 7 月，国家劳动总局增设保险福利司，各地劳动部门相继设立保险福利处（科），工会各级组织也陆续重建。1980 年 3 月，国家劳动总局、中华全国总工会联合发布了《关于整顿与加强劳动保险工作的通知》，对企业行政与基层工会组织、地方劳动部门与工会组织在社会保险业务工作方面的分工提出了要求，强调各级劳动部门和各级工会组织要互相配合，密切协作，共同加强对基层劳动保险工作的领导。

改革开放初期，卫生部门基本上延续了原有的体制格局。卫生部主管的医疗保障工作主要有两件大事：一是1979年12月卫生部联合农业部、财政部等部门发布了《农村合作医疗章程（试行草案）》，对合作医疗制度进行规范；二是针对公费医疗费用持续攀升问题，1984年4月，卫生部、财政部联合发出了《关于进一步加强公费医疗管理的通知》，开始启动医疗保障制度改革。

总体而言，计划经济时期的社会保障管理体制有以下特点：

（1）社会保障管理体制依然是多部门分割管理的格局。内务部（后来是民政部）主管社会救济、社会福利和社会优抚，尽管福利与救济界限不清，但城乡分治。机关事业单位人员的社会保险无论是国务院人事局直接管理，还是内务部（或民政部）政府机关人事局，或是国家人事局以及劳动人事部主管，都与工会和劳动部门先后主管的企业职工劳动保险事务相分离。卫生部主管的医疗保障业务由城市扩展到农村，合作医疗成为卫生部医疗保障业务的重要组成部分。这就在社会保障制度结构上，形成了国家-单位保障制度模式下的国家保障、城镇单位保障和农村集体组织保障三大板块。相关管理部门对城镇社会保障工作的推进，大多是具体的、明晰的、强制性的。而对农民保障措施的规定，往往是规划性的、粗略的、指导性的，这或许是“文化大革命”中城镇社会保障制度遭到较大破坏，而农村合作医疗却有较快发展的原因之一。

（2）社会保险工作有合并管理的倾向，但由于由不同部门管理，社会保险的二元特征还是被延续下来。1958年《国务院关于工人、职员退休处理的暂行规定》公布实施，标志着将企业职工养老保险与机关干部养老保险纳入一个共同的公共养老保险计划之中，即两套社会保险体系中最重要的养老保险开始出现制度上的趋同倾向。1978年国务院颁布的《关于安置老弱病残干部的暂行办法》和《关于工人退休、退职的暂行办法》是“文化大革命”结束后国家恢复重建退休养老制度的重要标志，但由于他们是对干部和工人分别规定办法，致使社会保险工作合并管理的倾向中止。虽然1982年5月组建劳动人事部以后，社会保险工作由劳动人事部综合管理，但机关事业单位和企业的社会保险业务在具体执行时依然是双重标准。

（3）劳动保险社会化筹资机制遭到破坏。1969年2月，财政部发出《关于国营企业财务工作中几项制度的改革意见（草案）》，规定“国营企业一律停止提取劳动保险金”，“企业的退休职工、长期病号工资和其他劳保开支，改在营业外列支”。这一改变，使劳动保险丧失了原有的统筹调剂职能，即社会性和互济性功能，劳动保险变成了“企业保险”。其所带来的不仅是这一时期社会保险方面的混乱局面，而且是长期影响中国社会保险制度改革和发展进程的一个重要因素。

三、第三阶段，向市场经济转轨时期社会保障管理体制的改革探索（1985年至今）

随着中国计划经济朝市场经济转轨，20世纪80年代中期以后，社会保障制度模式逐渐由原来的国家-单位保障模式朝国家-社会保障模式转变，社会保障管理体制在经历了一段分散化管理的改革探索之后，又趋于相对集中，这是在特定时代背景下多种因素综合影响的结果。

1985年9月，中国共产党全国代表会议通过的《中共中央关于制定国民经济和社会发展第七个五年计划的建议》提出："社会保障机构要把社会保险、社会福利、社会救济工作统一管起来，制订规划，综合协调。"这不仅是新中国首次将社会保险、社会福利、社会救济和社会优抚等项目纳入社会保障概念之下所做的论述，而且也是新中国首次把建立统一管理社会保障事务的行政机构确立为社会保障行政管理体制改革的目标。

1986~1993年，国务院批准铁路、邮电、水利、电力、建筑、交通、煤炭、银行、民航、石油、有色金属11个部门对其直属企业职工实行养老保险的行业统筹。此外，中国人民保险公司还承担着部分城镇集体企业单位职工的养老保险，卫生部门负责管理机关事业单位职工的公费医疗保险，财政部社会保障司负责全国养老保险基金财务监督。而这种分散化管理社会保险事务的行政格局明显不适应市场经济发展和社会进步的要求。

1998年3月，九届全国人大一次会议审议通过国务院机构改革方案，"建立统一的社会保障管理机构"才真正被提上议事日程。1998年国务院机构改革，组建劳动和社会保障部，保留民政部，统一管理社会保障事务。到2002年，劳动和社会保障部与民政部"两家主管"社会保障事务的格局形成。

在1998年的机构改革中，新划入劳动和社会保障部的社会保险职能有人事部承担的机关事业单位工作人员社会保险职能，民政部承担的农村社会保险职能，卫生部承担的公费医疗管理，原国务院医疗保险制度改革小组办公室承担的医疗保险制度改革职能。

进入21世纪以后，随着社会保障制度走向法制化、规范化和覆盖面的进一步扩大，为加强对社会保障事务的管理，2004年2月，民政部增设了最低生活保障司，承担的主要职能有城市居民最低生活保障及医疗救助等相关工作，有农村特困户、五保户的救济，农村合作医疗，农村最低生活保障的探索等业务工作；救灾救济司在保留救灾处的基础上，新成立了备灾处和社会捐助处，救灾的责任分工进一步细化。2004年3月，劳动和社会保障部将医疗保险司所负责的工伤保险工作分离出来，专门成立了工伤保险司。

2008年2月，中共十七届二中全会通过《关于深化行政管理体制改革的意见》，拉开了大部制改革的序幕。在大部制改革中，劳动和社会保障部与人事部合并为人力资源和社会保障部，原劳动和社会保障部主管社会保险事务的内设机构，从机构名称到职责划分基本上原封不动地被合并进来。而民政部的社会保障职能则通过内设机构的调整有所加强，原最低生活保障司改为社会救助司，负责城乡居民最低生活保障、"五保户"的社会救济政策、健全城乡社会救助体系等工作。可以预见，中国社会保障管理体制在未来相当长的时期内，可能都将维持着一个"两家主管、多家协管"的格局。

2013年11月，中共十八届三中全会通过的《中共中央关于全面深化改革若干重大问题的决定》指出："建立更加公平可持续的社会保障制度。坚持社会统筹和个人账户相结合的基本养老保险制度，完善个人账户制度，健全多缴多得激励机制，确保参保人权益，实现基础养老保险全国统筹，坚持精算平衡原则。"《决定》同时指出要"健全社会保障财政投入制度，完善社会保障预算制度。加强社会保险基金投资管理和监督，推进基金市场化、多元化投资运营"，还要"深化医药卫生体制改革。统筹推进医疗保障、医疗服务、公共卫生、药品供应、监管体制综合改革"。①

---

① 参考2013年中共十八届三中全会通过的《中共中央关于全面深化改革若干重大问题的决定》.

第三节　国际社会典型的社会保障管理体制及其借鉴意义

一、国际社会三种典型的社会保障管理体制

（一）英国的社会保障管理体制

目前英国的社会保障管理机构主要包括以下部门。

1. 社会保障部

英国的社会保障由社会保障部统一管理，其业务范围相当广泛，包括制定、监督和实施养老保险、遗属津贴、伤残津贴、失业救济、儿童津贴、医疗保险、优抚和安置等方面的政策。社会保障部内设三个行政管理机构，即财务管理局、政策规划局、法律事务局；外设六个相对独立的执行机构，即待遇发放机构、基金收缴机构、安置机构、信息技术服务机构、战争优抚机构、儿童扶助机构。社会保障部的负责人是国务大臣，由首相任命，直接对首相和议会负责。其下属常务次官及各机构负责人名义上也要由首相任命。常务次官在社会保障部中起着承上启下的关键作用，他既要设法达到国务大臣提出的许多目标，又要考虑社会保障庞大的费用支出和面临的问题。社会保障的所有机构，每年都要定期公布政策的制定、执行和基金收支、运行情况，介绍各自的职责业务范围，从而使英国基本形成由政府、议会统一制定政策、非政府部门负责具体实施、司法和全体国民监督的社会保障管理服务体系。此外，英国的卫生部管理着全国的医疗保障事务，国民救济署负责国民社会救济事务的管理，就业部则管理着失业保障事务等。

2. 津贴发放局

津贴发放局为英国最大的社会保障业务执行机构，于 1991 年成立，占全国社会保障系统人数的 74.53% ，其主要职责是审核申请人的申请报告，依法管理和发放 20 多项待遇津贴。津贴发放局在全国建立了垂直管理网络，在全国共设立了 22 个地区局及 159 个分区办事处。地区局一般由一个主任负责，下设接待科、发放业务科（ 按项目分设）、职员培训科、财务科、人事科和家庭及收入调查科。基本工作程序是：先根据受益人的申请表或诉说进行调查、核实；在一周内给予申请人明确答复，并通过计算机处理，报地区局决算中心；经地区局审核，确认待遇计算无误后，将保险金划拨或通过邮局支付给受益人。津贴发放局每三年召开一次全国性会议。

3. 缴费局

缴费局于 1992 年成立，是英国审核保障系统中第二大机构，占全国社会保障系统人数的 10.42%。缴费局的管理与津贴发放局大体相同，在全国设有许多分支机构，形成收支两条线。缴费局的主要职责: 一是管理雇主、雇员、主谋职业者缴纳的社会保障费用；二是记录个人的有关缴费情况；三是为社会保障部及有关部门提供社会保险资料和相关服务。缴费局每年通过税收部门直接征收的社会保险费为 400 多亿英镑。

4. 法律事务局、政策规划局、财务局

这三个局隶属于社会保障部，其主要职责：一是协助常务次官研究制定社会保障方面的各项政策法规；二是与国家有关机构及其他国家建立和发展社会保障方面的合作关系；三是

调整各机构之间的业务关系；四是为有关机构、会议提供法律和政策方面的分析、咨询服务；五是协助常务次官支持国务大臣解释和落实制定的法律法规，争取在议会获得通过。

5. 信息技术服务局

信息技术服务局有 3800 多名工作人员，相当于全国社会保障系统人数的 4.09%。信息技术服务机构的主要职责：一是在社会保障计算机软硬件技术方面向社会保障部及所属机构提出方案和建议；二是负责机构之间网络的技术工作；三是为有关机构提供预测、分析等信息服务。此外，还有儿童抚助局，职员人数约为 5900 人；安置机构约为 180 人；战争优抚机构为 1400 多人。另外，还有完全独立于社会保障部之外的社会保障争议仲裁机构、司法机构等。

英国的社会保障管理模式属于典型的集中管理模式，是把社会保险各个项目（养老保险、医疗保险、失业保险、工伤保险等），以及其他的社会保障项目全部放在一个管理体系里统一管理，并成立统一的社会保障管理机构，此机构同样负责社会保障基金的营运和监督。

（二）美国的社会保障管理体制

在美国，社会保障总署负责全国社会保障事务的统一管理，社会保障总署下设多个部门，每个部门负责一项业务。财政部是具体的办事机构，挂靠在财政部的社会保障基金管理委员会主要负责管理信托基金，选择信托基金的投资方向，以及评估联邦社保基金的收支状况；国内税务部门负责征收职工的工资税，还要负责向社会保障总署汇报个体经营人员的纳税情况；劳工部的主要任务是负责监督私营的养老计划和退休计划，同时还要负责监管全国在岗员工的福利状况。社保基金的筹集和发放也由社会保障总署负责，但不负责社保基金的投资运营。基金的投资运营由专门成立的社保基金信托投资委员会负责。

针对社会保障项目的复杂性和产生的一些特殊问题，美国还成立了一些机构专门负责管理各类社会保险项目和解决一些特殊问题。这些机构有健康筹资委员会、社会保障局、社会保障咨询团以及社会保障咨询理事会等。社会保障局主要负责幸存者、管理老年、伤残保险计划，以及其他几个社会保障计划；健康筹资委员会负责管理医疗方案，包括住院保险和补充医疗保险等；社会保障咨询团是一个临时性的组织，通常由社会保障局、国会或者其他一些有关部门，专门为了解决某些特殊问题而建立。每个咨询团的目的、使命和组成都不一样，主要任务就是针对有关特殊问题提出可行的解决方案，一般在任务完成后便解散。社会保障咨询理事会是对社保基金进行监管的机构，主要负责评估社保基金的投资风险、提出社会保障财务问题对策，还负责完善国家社会保障体系。

除此之外，美国还成立了一些顾问机构和组织，负责监督社会保障基金的营运。例如，社会保障顾问理事会，这个机构是一个完全独立于行政部门的咨询理事会，主要负责监督与评估联邦社保基金的投资运营。

美国的社会保障管理模式是典型的集散结合管理，集散结合管理模式则是集中管理模式和分散管理模式的有机结合，即将社会保障项目中有较多共同点的项目集中在一起，由一个统一的机构管理，而把剩下的保障项目交由不同的政府部门分散管理。

（三）德国的社会保障管理体制

德国人力资源和社会保障事务涉及的部主要包括劳动和社会事务部、卫生部和德国联邦劳动服务局，以及相关的法人组织、团体和基金会。

1. 德国劳动和社会事务部

德国劳动和社会事务部的主要工作职能是保证整个社会体系的正常运转、为促进就业创造有利条件、帮助残疾人和弱势群体融入社会。在工作过程中，劳动和社会事务部要与其他部门相互协调、共同合作。在处理涉及各联邦州和各乡镇的工作时，要积极与相关地区相互协商，妥善处理。为了保证社会福利政策的顺利实施，劳动和社会事务部要与劳动和社会事务委员会紧密合作。德国劳动和社会事务部的任务主要包括四个部分：稳定养老保险制度；稳定劳动力市场；认清社会福利政策和经济发展的关系；帮助残疾人和弱势群体融入社会。

2. 德国联邦卫生部

德国联邦卫生部的核心职责是保障法定医疗保险以及护理险的有效运行和促进其发展。在德国联邦卫生部的各部门中，部门 2 负责法定医疗保险以及护理险。部门 2 下又设三个分部，分别负责医疗保险、健康保障和护理险。其中，分部 22 负责医疗保险，分部 23 负责护理保险。

3. 德国联邦劳动服务局

德国联邦劳动服务局是一个自主管理的带有机构性质的、联邦直属的公共法律法人代表。德国劳动和社会事务部对德国联邦劳动服务局进行法律监督，在一些领域对德国联邦劳动服务局具有指令权并进行专业监管，比如，劳动力市场统计、外国人就业方面。德国联邦劳动服务局的主要职责包括：职业咨询；介绍职业培训机会和就业岗位；雇主咨询；促进残疾人就业；保持和创造就业岗位；促进职业培训；促进职业进修；为没有收入的人群发放福利金，如失业救济金或者破产人员救济金。同时，德国联邦劳动服务局还负责对劳动力市场和各类职业进行研究，对劳动力市场进行观察和描述以及对劳动力市场的相关数据进行统计。此外，德国联邦劳动服务局还负责支付儿童补贴、抵制社会福利金滥用。

除了联邦政府以外，德国地方政府中也设置了专门的人力资源和社会保障管理部门，在不同的州，这些部门略有不同。以巴登–符腾堡州劳动和社会事务部为例，其共设 5 个部门，分别负责管理、劳动和社会基本保障、妇女和家庭、社会保险、卫生五个方面的工作。

德国的社会保障模式是典型的分散管理模式，针对不同的社会保障项目，各自分别成立不同的政府部门进行管理，每一个保障项目有其独立的保障经办机构、资金营运机构以及保障监督机构。

二、国际社会典型社会保障模式对我国的借鉴意义

1998 年，我国成立了劳动和社会保障部，旨在统一管理全国的社会保障事宜。但是中央的一些其他部门以及地方政府仍然具有社会保障管理的职能。这种模糊不清、交叉管理的方式使得政策很难统一，或者使政策在执行的过程中大打折扣，导致了当前我国社会保障管理混乱不堪、效率低下。另外，我国当前的社会保障管理体制上还存在着职责划分不明晰等问题，中央和地方常在一些涉及重要民生利益领域互相推诿，这些都严重阻碍了我国社会保障事业的发展。国际社会其他国家的社会保障制度在以下方面值得我国借鉴：

第一，建立统一的社会保障管理机构。

第二，完善社会保障管理的监督机制，建立一套完整的、科学的社会保障管理监督机构。

第三，在部分有条件的地区，逐步开展社会保障改革，让市场和民营资本进入社会保障领域。

第四，重视基层管理，在社会的基层组织中设立社会保障管理机构，使社会保障管理更加灵活、全面。

第四节 当前我国社会保障管理体制改革的必要性

一、社会保障面临人口老龄化的挑战

按照人口学基本原理，如果 60 岁以上人口占总人口的 10%，或者 65 岁以上老人占总人口 7%以上，一个社会就进入了老龄化社会。我国早在 1999 年就已进入老龄化社会。我国人口老龄化具有以下特点：第一，老龄人口基数大。根据 2010 年全国人口普查统计数据，我国内地现有人口 13.4 亿人，其中 60 岁以上人口占总人口比例为 13.3%，65 岁以上人口占总人口比例为 8.9%。第二，老龄人口增长速度快。中国作为一个发展中国家，人口老龄化程度和速度紧随日本和欧洲发达国家。预计到 2050 年 60 岁及以上老年人口将超过 4 亿人，占总人口的 30%以上。第三，高龄化明显。预计到 2050 年 80 岁及以上的高龄老人将达到 9500 万人。

我国是一个“未富先老”的发展中国家，在人均国民收入远远低于发达国家水平之时，就进入了老龄化社会。人口老龄化加大了对老年人赡养的困难，导致社会养老负担系数快速提高，医疗费用大幅增加，对社会保障体系的平稳可持续发展提出了严峻挑战。因此，必须加大社会保障建设力度，切实改革管理体制，不断增强管理服务能力，以有效化解老龄化问题蕴藏的社会危机。

二、社会保障面临家庭保障功能弱化的挑战

我国通过实施严格的计划生育政策，家庭户人口持续减少。根据第六次全国人口普查统计数据，2010 年平均每个家庭户的人口为 3.10 人，比 2000 年第五次全国人口普查的 3.44 人减少 0.34 人。目前三人户和二人户是中国家庭户的主要类型。与之相应，已基本形成了“四二一”或“四二二”的家庭结构。也就是说，一对夫妻要赡养四个老人、抚养一个或两个小孩，家庭传统的保障功能已经普遍弱化。

家庭保障功能弱化尤其体现在独生子女家庭和空巢家庭中。首先，独生子女家庭面临“失独”风险。据估算，我国至少有 100 万个家庭失去独生子女，成为“失独家庭”，每年新增失独家庭 7.6 万个。其次，“空巢家庭”比例快速大幅增加。2000 年 65 岁以上老年人口生活在“空巢家庭”的占 22.8%。2009 年，城乡老年人家庭中“空巢家庭”均超过 50%，部分城市大于 70%。家庭保障功能普遍弱化，迫切要求在推进社会保障制度建设的同时，改革完善社会保障管理体制，使各项制度措施落实到位，从而消除由于家庭保障功能弱化给全社会带来的不利影响。

三、社会保障面临新型工业化、城镇化的挑战

党的十八大报告提出，我国要走中国特色新型工业化和城镇化道路，要加快完善城乡发展一体化体制机制，推进公共服务的一体化。加快城镇化建设对我国社会保障提出了挑战。长期以来，我国的社会保障体系在一定程度上存在着城乡分割，限制了劳动力的合理流动，

阻碍了城镇化的进程，不利于城乡居民社会保障基本权利的实现，不利于基本公共服务均等化的推进。要推进社会保障的一体化，就要在统筹城乡社会保障制度的同时，改革城乡分割的社会保障管理体制，向所有社会群体提供公平优质的社会保障服务。

四、推进社会保障事业发展要求改革管理体制

通过多年的建设和努力，我国社会保障事业取得了长足进展。第一，体系框架基本形成。我国社会保障从国有企业扩展到各类企业和用人单位，从单位职工扩展到灵活就业人员和城乡居民，从城镇扩展到农村，填补了多项社会保障制度建设的空白，初步形成了以社会保险、社会救助、社会福利为基础，以基本养老、基本医疗、最低生活保障制度为重点的社会保障体系框架。第二，保障水平大幅提高。在养老保险方面，2005~2012 年，国家连续 8 年较大幅度调整企业退休人员基本养老金水平。2012 年调整后企业退休人员月人均养老金达到 1721 元，与 2005 年调整前月人均 700 元的水平相比，8 年累计月人均增加 1021 元。同时，医疗保险、失业保险、工伤保险、生育保险以及城乡低保、农村五保、优抚对象抚恤和生活补助标准均进一步提高。第三，覆盖人群迅速扩大。据人力资源和社会保障部统计，相比 10 年前，当前我国城镇基本养老保险、城镇基本医疗保险、失业保险、工伤保险、生育保险的参保人数均显著增加。特别是医疗保险，由于实行了新农合和城镇居民基本医疗保险制度，覆盖人数从 2002 年的 1 亿多人迅速扩大到 2011 年的 13 亿多人，10 年增长 10 多倍。综上所述，我国社会保障建设取得重大进展，社会保障体系基本建成。相比 10 年前，现在改革社会保障管理体制的时机更加成熟。

五、防范社会保障运行风险需要改革管理体制

社会保障工作任务艰巨、头绪繁多，社会保障管理运行过程中隐藏着巨大的道德风险、财务风险、技术风险和体制风险。为防范和降低社会保障管理运行过程中的各种风险，增强制度运行的规范性，提高工作效率，改革创新社会保障管理体制十分必要。国家审计署 2012 年对全国社会保障资金审计结果表明，“十一五”以来，中国社会保障事业健康快速发展。但审计中也发现了不少问题：部分地区扩大范围支出或违规运营社会保障资金，部分地方在制度执行和业务管理方面还不够严格，部分人群相关保障政策尚未完全落实到位，部分行业和单位社会保险基金仍封闭运行，部分省份企业职工基本养老保险尚未完全实现省级统筹。审计署有关负责人指出，审计中发现的问题，很多是社会保障快速发展与相关部门管理和服务能力不足之间的矛盾带来的，另有一些问题与个别人员道德失范相关。

六、市场经济对我国社会保障管理体制提出了新要求

市场经济的特质就是高效率和高风险，这决定了社会保障对于维护社会成员基本生活和社会整体有序运行具有重要意义。市场经济的发展方向是使政府从“全能政府”朝“有限政府”过渡，社会维护和调节更多依赖市场自身功能的发挥。而市场自身存在滞后和失灵的问题，容易引发社会动荡。市场经济的效率要求容易使社会公平受到损害，社会弱势群体的利益维护变得艰难。要解决市场经济的这些不足，就必须有一套社会秩序稳定机制和社会公平维护机制。健全的社会保障管理体制关系到社会保障制度作用的发挥。

市场经济的基本原则是效率优先，优胜劣汰。计划经济体制下建立起来的社会保障管

理体制是为了适应当时的经济发展状况而设立的。随着市场经济的运行，传统管理体制所表现出来的管理机构分散、机构重叠、职责不清、人浮于事、效率低下等弊端，使社会保障管理环节增多、成本上升、社会保障资金使用效率低下，从而直接影响了社会保障政策的实施成效，妨碍了市场经济的健康运行。市场经济的效率要求同时体现在社会保障管理体制的构建必须完备而精练，否则就容易造成权责不清、职能交叉和责任推诿，降低社会保障管理效率。

综上所述，为了有效应对社会经济发展新形势的挑战，适应社会保障制度自身发展的需求，防范社会保障运行过程中各种潜在风险，必须从全局和战略的高度，明确社会保障的发展目标，在加快推进社会保障制度体系建设的同时，改革和完善社会保障管理体制，统筹城乡社会保障建设，充分发挥社会保障作为社会发展"减震器"、社会公平"调节器"、社会安定"稳定器"的作用，让全体人民共建共享和谐社会。

第五节　当前我国社会保障管理体制存在的主要问题

我国社会保障的发展历程具有明显的历史阶段性和国情特殊性，1998 年和 2008 年两次社会保障管理体制的重大变革，深深地体现了政府管理体制的嬗变以及管理职能的调整过程。随着市场经济体制改革的进一步深化以及社会管理体制的不断创新，原有社会保障管理体制已难以与市场经济条件下政府新型社会管理职能相适应，暴露出的管理问题严重阻碍了社会保障统筹事业的整体推进。

一、社会保障法制建设滞后于现实需要

首先，立法缺乏城乡统筹的整体规划，"重城市、轻农村"的偏向明显，农村社会保障建设中的一些成熟经验没有被及时地"法律化"，法律或政策"盲区"下的一些农村社会保障问题和纠纷尚无妥善的解决途径，城乡社会保险制度的衔接更是缺乏明确的执法依据，致使农村社会保障实践中"人治"氛围浓厚，官民关系紧张。

其次，社会保障领域立法主体多元化、地方利益法律化问题严重。由于全国统一的社会保险法长期缺位，很多社会保障具体项目的立法都是由省甚至市级相关部门制定的，而立法者多数从保护地方利益角度出发，各地间的社会保障关系缺乏充分的沟通协调，整体上欠缺对城乡和地域间统筹发展的考虑，不同主体制定的劳动与社会保障法律、法规必然存在不适应或相冲突之处，直接表现就是各地的社会保障"做法"差异较大，社会保险关系对接不畅，地方保护主义行为盛行，严重阻碍了社会保障城乡统筹的进程。

再次，社会保障的立法体制不规范，体系不健全，立法层级总体较低，人大层次的立法少。长期以来，具体指导社会保障管理的大多是"条例"和"办法"等行政法规，农村社会保障的相关法律还存在"空白区"。全国统一的《社会保险法》尽管已于 2011 年 7 月 1 日生效实施，为各类下位法的制定与修订提供了参照上位法的标准，避免了立法主体多元化、利益部门化和多头管理，具有里程碑式的意义。但《社会保险法》的出台毕竟有些"迫不得已"，也存在若干遗留问题还没有给出明确的解决办法，例如，国家机关、事业单位工作人员的社会养老保险如何改革，以及与企业职工社会养老保险如何对接等问题还需要在实践中继续摸索经验，不断改革完善。

二、社会保险制度统筹层次不高，社会保障业务管理机构的社会化服务能力不足

由于社会保险项目长期被多部门封闭管理，部门利益倾向和地方保护主义色彩浓厚，社会保险统筹也未能完全打破区域和单位所有制形式的界限，致使不同所有制的企业缴费标准难以统一，新老企业负担轻重迥异，职工的保障程度高低悬殊。尽管原有的单位统筹和行业统筹已然“破冰”，扩大了社会统筹范围，也建立了相对统一的社会保险管理体制，但在保险项目、保险费的缴纳比例、保险给付的待遇标准等方面还存在明显的差异。更为严重的是，目前的社会保险制度统筹层次普遍不高，社保资金分散在市级甚至县级政府的社保管理部门手中，资金调剂范围十分有限，抵御风险的能力也随之降低，再加上监管制度的不完善，社保基金“流失”的风险加大。统筹层次难以提高，直接导致依赖和强化这种按区域界限实施保障的管理体制，无形中造成社会保障管理的“诸侯割据”现象，增加了社会保障管理成本，降低了社会保险“大数法则”的功效，更放大了以身份、级别及单位性质为标准的社会群体间的不公平。社会保障业务管理机构的社会化服务能力难以整体提高，完全不能适应我国社会主义市场经济条件下各地区之间、多种经济成分之间共同发展的要求，阻碍了劳动力在全国范围内的自由流动，这无疑成为影响社会保障城乡统筹发展的严重障碍。

三、社会保障监管“虚化”问题

社会保障的监管包括政策性的宏观管理和社会保障的具体事务监管。我国现行的社会保障管理体制基本上是一种分散管理体制，缺乏宏观协调平衡机制。在社会保障制度的实际运行中，哪些保障政策应该由全国统一制定，哪些可以由地方政府制定并不十分明确。在一些保障项目的责任担负上，中央和地方的责权同样不清晰。正是社会保障宏观政策缺乏统一性，导致社会保障政策的宏观管理基本上处于“头痛医头，脚痛医脚”的状态，政策管理和协调效果不佳。目前，我国社会保障政策的制定、实施、检查和监督大多都是由社会保障管理部门来进行的。决策制定者同时又是决策执行者和监督者，这就导致了社会保障监管的“虚化”，使社会保障机制健全与否、社会保障效果好坏的标准缺乏公信力。

社会保障具体事务监管中最突出的问题是社会保障基金管理。一是社会保障基金的挤占、挪用和盲目投资现象突出，影响社会保障基金安全。据国家审计署统计，2006 年全国共查出 308 亿元社保资金被挪用，这还不包括上海和西藏的问题。二是社会保障基金管理不规范问题突出。审计署 2006 年 1 月 23 日发布的第 6 次审计结果公告，公布了审计署对 29 个省（自治区、直辖市）和 5 个计划单列市的企业职工基本养老保险基金、城镇职工基本医疗保险基金和失业保险基金的审计结果，发现社保费代征机构未按规定时间将保险基金收入的 16.20 亿元交入专户；社保经办机构在决算中少计保险基金收入 8.12 亿元。三是社会保障基金的管理层级太低，有的地方甚至还停留在县级统筹管理，这样不仅容易失控，而且容易造成制度不统一、负担不公平。比如，养老保险制度，本来应该是全国统一的，现在是地区统筹，结果成为劳动者的流动障碍和有损市场经济公平竞争。因此，要让社会保障制度实现其维护社会公平正义和保障国民共享发展成果的功能，必须提高管理层级，其中养老保险应当尽快实现全国统筹，这样才能使养老保险制度真正起到维护公平正义和实现共享发展成果的作用。

四、社会保障管理信息化建设落后，全国统一数据库亟待建立

加强社会保障管理信息化建设是扩大社会保障覆盖面，提高社会保障水平，让更多的群众享受经济发展成果的必要措施，但是我国社会保障管理工作中面临的一个突出问题就是流动人口不断增加。由于我国居民只有全国统一的身份证号码，而没有全国联网的社会保障号码，这就使得流动人口的社会保障情况处于社会保障管理机构的“失控”状态。美国在1935年的《社会保障法》中规定，企业要为每位员工建立档案系统，记录员工的工资情况以供在计算老年、遗属和伤残保险和失业保险补偿水平时使用。在1936年，这一要求最终导致了9位数字的社会保障号码的产生。每个人一生可能多次变换工作和住址，但社会保障号是固定不变的。个人就业时，雇主必须记录个人的社会保障号。每次发工资时，雇主直接把社会保障税从工资单中扣除，缴纳到国税局，同时把个人收入情况报告给社会保障局。个体经营者的收入情况，由国税局代报给社会保障局，社会保障局就记录了任何一个就业人员的历年收入情况。由于我国的居民身份证信息没有包括居民的社会保障情况，因此，社会保障机构不能及时掌握流动人口的社会保障情况，而这部分人多数恰恰是最需要获得社会保障支持的。目前，我国城市居民最低生活保障信息管理系统建设虽然已经起步，但还没有实现全国联网。除此之外，农村居民的社会保障信息采集工作几乎处于停滞状态，这对建立全国统一的居民社会保障信息数据库是极为不利的。

第六节　我国社会保障管理体制改革的方向

我国社会保障管理体制中存在的问题如果得不到妥善解决，将阻碍我国社会保障事业的顺利进行，进而影响我国社会主义和谐社会的建设。从当前的现实情况来看，需要从以下几个方面对我国社会保障管理体制的改革和建设进行创新。

一、循序渐进地建立健全城乡社会保障法律法规，由完备性逐步过渡到法治化

毫无疑问，社会保障法制建设的历程是漫长而艰辛的，尤其是我国长期深受城乡二元分治体制的影响，社会保障在地区间和城乡间发展的非均衡性在短期内无法消除。目前，制定一部对所有社会保障内容都适用的《社会保障法》还不太现实。渐进式的改革方式还是社会保障制度得以稳健向前推进的“法宝”，较为可行的做法是在尊重城乡和地区间社会保障发展差距的前提下，逐步做到社会保障法制的“从无到有，从有到全，从全到优”。可先从具体的社会保障项目入手，把同质性较强的项目整合立法，把异质性较强的项目实行差异化立法，对发展相对成熟的项目逐步制定单行法规和实施细则，以法律的形式来规范社会保障参与主体的行为，以及相互间的权利义务关系，提高立法的层次性和统一性，加强法律实施细则的可操作性，避免出现法律空白和自由裁量权过大的现象。待城乡社会保障发展到一定程度，就可以解除城乡间、地域间的社会保障法律限制，形成城乡“无缝对接”的《社会保障法》，并加强在社会保障立法、执法、司法、守法和法律监督等方面的法律完备性和制度规范化，实现社会保障的法治化管理。

二、集散结合，更加注重集中管理

继续实行积累式筹资模式，但在管理上应将养老保险、医疗保险、住房公积金，以及不实行积累筹资，但与医疗保险有密切联系的生育保险集中起来，建立统一的社会保障管理机构，实行集中化管理。把与就业促进、工伤预防密切相关的，不实行积累筹资的失业保险、工伤保险另外集中起来，交与劳动部门管理。这种集散结合、集中为主的管理体制，有以下几个好处：一是由一个部门统一管理，扭转当前政出多门、衔接不畅的局面，较好地解决了社会保障管理上统一性与独立性的关系；二是顺应我国转方式、调结构需要，将失业保险与就业促进共同交与劳动部门管理，更好地促进充分就业；三是减少环节、降低成本，精简部门；四是将积累式与非积累式筹资的项目分别集中在一起，有利于操作。

三、建立系统的社会保障监管机制，增强管理者的责任意识

逐步提高社会保障监管的统筹程度，体现多重化与权威化。社会保障内容庞杂，涉及面广，从国内外的发展时间来看，每个国家都不可能由一个机构来行使监控职责，因此，构建多重化的监督机制是社会保障制度的内在要求；同时，对社会保障制度的运行进行监控的目标是通过纠察失误、预警危机等措施来保证社会保障制度的正常运行。统一的前提在于，国家应设立社会保险总局，由上而下，垂直管理。“届时，人力资源和社会保障部作为直接决策部门，而社保总局作为政府执行机构——这种机制便于‘政事分开’，引入市场机制，进行政府社会化管理和服务的改革。”①发达国家由于社会保障制度建立较早，对社会保障的监控也已由过去只重视事后监督转向重视日常监督和中、长期预警监督并重的阶段。而中国缺乏有效的社会保障监控机制的现状及社会保险基金征集与管理中存在的问题，则表明建立健全有效的社会保障监控机制显得十分重要。重视日常监管和实行中、长期预警监控相结合，应当成为决策层与社会各界的共识。一些专家还建议加强信息公开和社会监督，将所有的社保经办机构、投资管理机构都置于“阳光下”，使广大人民群众有机会进行监督，确保大多数人的利益，减少各种骗保现象，使社会保障实现其存在的真正意义。

四、利用居民身份证，加强全国统一的居民社会保障信息数据库建设

针对我国流动人口不断增加的现实，加强全国统一的居民社会保障信息数据库建设显得尤为迫切。经过几年的建设和发展，我国社会保障管理信息化工作取得了一定的进展。特别是省市两级数据中心建设及公共服务系统建设等方面全面推进，取得了阶段性成果。2004 年我国完成了部、省劳动保障业务专网建设，劳动和社会保障部与 32 个省级单位（含新疆生产建设兵团）全部实现联网。截至 2005 年年底，已有 12 个省份实现了与所辖全部地市的联网，72%的地市级以上城市实现了与省数据中心的联网；城域网已经覆盖到 64%的经办机构，有条件的地区网络已延伸到街道、社区，部—省—市三级网络结构已初步形成。在联网应用方面，截至 2005 年 9 月底，有 26 个省级单位实现了养老保险监测数据的联网传输，数据的传输量占全部参保人数的 50% 以上；失业登记和失业保险监测已进入全面实施阶段。有 14 个省市完成了监测软件的实施，已经上传数据近 70 万条。但目前这些信息化建设还局限于部分

① 叶响裙. 2013. 论我国社会保障管理体制的改革与完善. 中国行政管理，(8): 12-16.

省市范围，县乡（镇）、农村居民以及省际之间和全国范围都还没有实现居民社会保障信息共享，不利于社会保障水平的确定和社会保障对象的选定。鉴于居民身份证已在全国范围统一，当前可以考虑实施的措施是增加居民身份证的信息容量，将居民的收入、纳税、社会保险缴费情况等社会保障信息涵盖其中，实现居民社会保障信息全国联网，从而保证需要得到社会保障支持的人能及时享受到其应有的社会保障待遇，同时避免社会保障待遇发放的对象错位和档次偏移，实现社会保障效果的最优化。

[案例分析]

案例一：提起辞职老板要我承担“违约金”怎么办？①

【案情摘要】

2008 年 1 月，小林通过应聘进入富强机械厂工作，双方签订了劳动合同，约定小林工作年限为 5 年，如果合同期满前辞职的，应当向单位支付 30 000 元违约金。经过学习和钻研，小林已成为技术骨干，不断有单位高薪聘请小林。2012 年 10 月，经过慎重考虑，小林提出辞职，但是老板说合同没有到期，如果小林离职的话，就要向单位交违约金 30 000 元。面对违约金，小林该怎么办？

【以案说法】

为了避免劳动者的流失，一些企业会采取在合同中与劳动者约定提前离职的必须向企业支付一定金额的违约金的办法。2008 年后，根据规定除特殊情况以外，用人单位不得和劳动者约定由劳动者承担违约金。

对于用人单位约定违约金的合法情形，劳动者应当了解以避免误触雷区而发生承担违约金的不利后果。第一，用人单位为劳动者提供专项技术培训，并且承担培训费用的，可以与劳动者约定服务期。劳动者如果违反服务期约定的，用人单位可以要求劳动者支付违约金。第二，用人单位可以通过签订具有竞业限制条款的协议，要求负有保密义务的劳动者承担违约责任。

【案情评析】

虽然《劳动合同法》对违约金已经做出了明确规定，但不少用人单位仍然沿袭以往的做法，在合同中约定违约金，对此违法行为，劳动者应当如何维护自己的权益呢？

甄别违约金性质。在约定服务期违约金以及竞业限制违约金的两种情形下，用人单位是可以要求劳动者承担违约金的，因此劳动者在提出离职前，可以首先确认自身在工作期间是否存在符合上述条件的情形。如果既没有参加培训也不负有保密义务，用人单位要求劳动者支付违约金的，劳动者可以拒绝，或者请求降低违约金。如果约定了服务期，劳动者参加了培训，且用人单位支付培训费用的，劳动者在服务期满前提出离职的，需要依据约定支付违约金。但根据法律规定，违约金不得超出用人单位提供的培训费用，且不得超过服务期尚未履行部分所应分摊的培训费用。如果约定的违约金过高，劳动者可以提出违约金数额过高，违反法律规定，要求降低在培训费用以内，并可以扣除已经履行的服务期内应当分摊的费用。

避免违反竞业限制。如果劳动者负有保密义务，双方签订的协议约定了竞业限制的条款。劳动合同解除或者终止后，在竞业限制期限内用人单位履行了按月给予劳动者经济补偿的义务时，劳动者应当信守竞业限制的约定，避免构成违约而承担违约金。

---

① 中国养老金网. http://www.cnpension.net/sbal/fwtd/2013-08-24/1404251.html[2014-01-08].

案例二：职工在试用期内，可不参加医疗保险吗？①

【案情摘要】

李某于2001年1月23日进入一家中外合资公司市场部负责某省市场营销工作。公司口头约定两个月的试用期，试用期满后经考试合格正式签订劳动合同，并享受各种福利待遇，试用期间只发给月基本工资800元，其他概不负责。李某出于求职心切，在没有和公司签订任何书面协议也没有约定具体考核办法的情况下开始正式上班。同年4月8日，按当初的口头约定，李某的试用期应该结束了。可公司通知李某：经考核，李某不能胜任公司市场营销工作。解除了和李某的劳动关系，并结算工资2000元，医疗保险也没有缴纳。李某不服，来到劳动保障部门咨询，试用期内的医疗保险是不是应该由公司缴纳？

【案情评析】

李某的问题也是大多数劳动者在求职过程中遇到的问题，一些用人单位往往对试用期的理解有偏差。实际上，试用期也属于合同期的一部分，《关于适用（劳动法）若干问题的解释》（劳部发〔1995〕309号）第二部分第18条明确规定："劳动者被用人单位录用后，双方可以在劳动合同中约定试用期，试用期包括在劳动合同期限内。"也就是说，试用期间，劳动者和用人单位之间也是存在劳动关系的，劳动者的合法权益也应该受到《劳动法》的保护。那么劳动者就应该享受《劳动法》第70条规定的"国家发展社会保险事业，建立社会保险制度，设立社会保险基金，使劳动者在年老、失业、工伤、患病、生育等情况下能获得帮助和补偿"的权利。因此，试用期内用人单位也必须为劳动者缴纳医疗保险费。

（1）本案中，李某和该中外合资公司虽然没有签订劳动合同，但已经存在事实劳动关系，该公司必须为李某补缴2001年1月23日到4月8日间的医疗保险，当然也包括其他社会保险。

（2）对类似问题的处理意见。约定试用期为用人单位和劳动者进行双向选择提供了方便。但试用期内用人单位必须遵守《劳动法》的规定，维护劳动者的合法权益。

---

① 中国养老金网. http://www.cnpension.net/sbal/fwtd/2013-08-24/1404251.html[2014-01-08].

参考文献

曹艳春. 2009. 我国城乡社会救助系统建设研究. 上海：上海人民出版社.
陈佳贵，王延中. 2010. 中国社会保障发展报告（2010）No.4：让人人享有公平的社会保障. 北京：社会科学文献出版社.
陈银娥. 2000. 现代社会的福利制度.北京：经济科学出版社.
戴均良. 2011. 优抚安置社会工作研究. 北京：中国社会出版社.
戴维・波普若. 1999. 社会学. 北京：中国人民大学出版社.
董华中. 2009. 优抚安置. 北京：中国社会出版社.
郭士征. 1996. 社会保障：基本理论与国际比较. 上海：上海财经大学出版社.
蒋月. 1999. 社会保障法概论. 北京：法律出版社.
林嘉. 2009. 劳动法和社会保障法. 北京：中国人民大学出版社.
林嘉. 2012. 社会保障法学. 北京：北京大学出版社.
刘燕生. 2001. 社会保障的起源、发展和道路选择. 北京：法律出版社.
马斌. 2006. 社会保障理论与实践. 北京：中国劳动社会保障出版社.
穆怀中. 2001. 社会保障国际比较. 北京：中国劳动社会保障出版社.
全国社会工作者职业水平考试教材编写组. 2009. 社区工作者实务. 北京：中国社会出版社.
史探经. 2000. 社会保障法研究. 北京：法律出版社.
苏保忠. 2009. 中国农村养老问题研究. 北京：清华大学出版社.
孙光德，董克用. 2000. 社会保障概论. 北京：中国人民大学出版社.
孙建勇. 2004. 社会保障基金监管制度国际比较. 北京：中国财政经济出版社.
覃有土，樊启荣. 1997. 社会保障法. 北京：法律出版社.
唐钧. 1995. 市场经济与社会保障. 哈尔滨：黑龙江人民出版社.
唐忠新. 2003. 社区服务思路与方法. 北京：机械工业出版社.
徐永祥. 2000. 社区发展论. 上海：华东理工大学出版社.
许琳. 2012. 社会保障学. 北京：清华大学出版社.
杨团，林卡. 2011. 当代社会政策研究. 北京：中国劳动社会保障出版社.
杨燕绥. 2012. 社会保障法. 北京：人民出版社.
姚玲珍. 2011. 德国社会保障制度. 上海：上海人民出版社.
于燕燕. 2002. 社区建设基础知识. 北京: 中国劳动社会保障出版社.
郑秉文，和春雷. 2001. 社会保障分析导论. 北京：法律出版社.
郑春荣. 2012. 英国社会保障制度. 上海：上海人民出版社.
郑功成. 2009. 论中国特色的社会保障道路. 北京：中国劳动社会保障出版社.
郑功成. 2009. 中国社会保障论. 北京：中国劳动社会保障出版社.
郑功成. 2011. 中国社会保障改革与发展战略. 北京：人民出版社.
郑功成. 2000. 社会保障学——理念、制度、实践与思辨. 北京：商务印书馆.
钟仁耀. 2011. 社会保障学教程. 北京：北京大学出版社.